OBEN: So sinnlich wie berauschend – das Blütenmeer von Hever Castle

UNTEN: Dieses Plätzchen zum Verweilen und Träumen findet sich im Nymans Garden in Handcross, West Sussex.

IT'S TEATIME

Feinstes Porzellan und auf Hochglanz polierte Tabletts mit Scones und anderen süßen Leckereien stehen bereit. Nun noch die Etikette in die Erinnerung rufen: kein Schlürfen, lautlos umrühren bitteschön und den Griff der Tasse stets nur zwischen Zeigefinger und Daumen nehmen! Die britische Teatime ist Kult. Wunderbare Gelegenheiten, sie zu zelebrieren, gibt es zur Genüge.

Der Tee dampft, die Erwartung steigt.
Etwas Milch? ►

»Es gibt wenige Stunden im Leben, die angenehmer sind als die der Zeremonie des Afternoon Tea«, schrieb **Henry James** 1881 in »A Portrait of a Lady«. Handelt es sich um einen altmodischen Brauch, der nicht mehr in unsere Zeit passt? Keinesfalls! James' Aussage bekräftigte 100 Jahre später **Douglas Adams**, Autor von »Per Anhalter durch die Galaxis«: »Eine Tasse Tee würde meine Normalität wieder herstellen.« Zwar geht seit Jahren der Teekonsum auf der Insel zugunsten von Kaffee zurück, doch wird immer noch weitaus mehr kochendes Wasser auf lose Blätter und Teebeutel als auf gemahlene Bohnen gegossen – landesweit kommen da

Alles da? Zum Cream Tea gehören die traditionellen Scones. Und damit es nicht zu kalorienarm wird, auch noch Sahne und Konfitüre.

täglich geschätzte **165 Mio. Tassen** zusammen. Und für jede körperliche Schwäche oder seelische Notlage heißt das Patentrezept: »Have a nice cup of tea!«

Im Alltag trinkt der Engländer starken schwarzen Beuteltee, meist mit Milch. Richtig zur Geltung kommt das Getränk erst, wenn man die Muße für einen Afternoon Tea findet. Stilecht werden dabei feines Porzellangeschirr mit Goldbordüren, vielleicht ein verspieltes Zuckerdöschen und Milchkännchen und natürlich eine schwere, silberne Kanne dampfenden Tees aufgefahren. Dieser entfaltet das zarten Aroma frischer Primeln, das einen Frühlings-**Darjeeling** auszeichnet. Der First Flush dieses Hochlandtees gilt in Kennerkreisen als Nonplusultra. Bestellt man **Cream Tea**, werden als Beilage zudem hausgemachte Scones mit eingedickter Schlagsahne (Clotted Cream) und Erdbeermarmelade gereicht. Kommen gehaltvolle Sandwiches und weitere Kuchensorten auf einer festlichen Etagère hinzu, dann handelt es sich um einen ausgewachsenen **Afternoon Tea**.

Wie alles begann

Die Einführung des Afternoon Tea verdanken die Engländer der **7. Herzogin von Bedford**. Da man zu Beginn des 19. Jh.s in Adelskreisen eher spät zu Abend aß, die Herzogin aber häufig vorher Hunger verspürte, ließ sie sich mit ihren Freundinnen nachmittags einen kleinen Imbiss aus Tee, Gebäck und Sandwiches zubereiten. Für Queen Victoria war Tee zeitlebens das Lieblingsgetränk – neben schottischem Whisky. In der zweiten Hälfte des 19. Jh.s erschien in englischen Städten der Tea Room, eine Gaststube, in der auch unbegleitete Damen verkehren durften. Während der Industrierevolution wurde für Büro- wie Fabrikarbeiter der Tea Break zur unerlässlichen Trinkpause. Der berühmte **Five o'clock Tea**, wenn auch in England kaum so genannt, kam in den 1930er-Jahren auf, als Cafés und Salons der großen Hotels Tanztees mit Gebäck gaben.

Heute serviert jedes Hotel, das etwas auf sich hält, Afternoon Tea oder Cream Tea in einer gediegenen Lounge oder im Garten. Jedes Dorf, in dem Ausflügler verkehren, besitzt eine Teestube, und der Besuch eines Gartens oder Herrensitzes findet zuverlässig im angeschlossenen Tea Room seinen Abschluss.

BAEDEKER DAS IST ...

AKTIVITÄT

The **Grand Hotel in Eastbourne** verdient seinen Namen. Im zauberhaften Ambiente, garniert mit einem ungetrübten Meeresblick, zelebriert man hier den Afternoon Tea wie zu Zeiten der 7. Herzogin von Bedford (King Edwards Parade, tgl. 14.45 – 18.30 Uhr, 26 – 28,50 £, www.grandeastbourne.com). Im **Pump Room von Bath**, einem Kursaal mit schwerem Kronleuchter, geht es nicht weniger stilvoll zu (tgl. 14.30 – 18 Uhr, 25 £; www.romanbaths.co.uk/pump-room-restaurant). Und das Gute ist: Bei beiden Adressen kostet das Vergnügen nur halb so viel wie in den feinen Londoner Hotels.

IMMER OBEN AUF

Zerklüftete Felsen, einsame Schmugglerbuchten, Sandstrände und Fischerdörfer – bei einer Wanderung auf Klippenpfaden zeigt sich die südenglische Küste von ihrer schönsten Seite. Einfach losgehen, es lohnt sich!

◄ Eins mit der Natur auf dem South West Coastal Path bei St Anthony Head

AMERIKA IM BLICK

Ein spektakulärer Teil des South West Coast Path führt 66 km von der Kunststadt St Ives zum alten Fischereihafen Penzance. Drei bis vier Tage lang geht es entlang der wilden Klippenküste über die westliche Spitze Großbritanniens, dem Land's End. Wer verlängern will, kommt in der nächsten Etappe – sofern gerade Ebbe ist – zum St Michael's Mount. Alle Infos über Wege, Unterkunft, Gaststätten, Gepäckbeförderung gibt es hier: www.southwestcoastpath.com, www.nationaltrail.co.uk.

STOLZE 1020 km lang ist der **South West Coast Path**, die Königsstrecke der südenglischen Küste. Sieben bis acht Wochen braucht der Durchschnittswanderer für die Strecke durch Cornwall, Devon, Somerset und Dorset, Sportliche schaffen die 52 Sektionen in 30 Tagen. Doch nur stramm Kilometer abzulaufen, wäre schade: Überall entlang des Pfades, der den Spuren von Schmugglern und Soldaten folgt, lohnt es sich, innezuhalten, locken ein charmantes B&B, eine urige Kneipe, malerische Häfen, Leuchttürme, Kapellen, alte Burgen – und die Begegnung mit den Menschen. Man trifft sich, plaudert ein wenig entlang des Weges, hilft sich, tauscht Tipps aus und taucht dann wieder ein in die Einsamkeit weiter Heideflächen. Man passiert Ginster, der sich gelb leuchtend bis zum Horizont erstreckt, spaziert an feudalen Badevillen, Surfern und Seglerhäfen vorbei. Dann folgt eine Wildnis aus tiefrotem Granit, an die hohe Wellen branden, man marschiert beständig hinauf und hinab und überwindet so auf der gesamten Strecke Höhendifferenzen von insgesamt 35 000 m!

Das richtige Pensum macht's

Natürlich kann man eine leicht zu bewältigende Tagesetappe aussuchen und abends mit dem Bus zum Ferienort zurückkehren. Auch sind viele schöne Rundwege mit dem Küstenpfad verbunden (Informationen vor Ort und über die Websites auf der linken Seite). Wohl liegt die große Auswahl daran, dass die Briten in ihrer Freizeit gerne zu Fuß unterwegs sind – nicht zuletzt deshalb, weil so viele einen Hund besitzen. Ein dichtes Netz von Wegen und Pfaden

Verlaufen schwer gemacht – entlang des Coast Path weisen zahlreiche Schilder den Weg.

überzieht daher das ganze Land. Doch hat die Fernwanderung gegenüber der Tagestour den besonderen Reiz einer Pilgerfahrt. Und der South West Coast Path ist nur einer von 16 mit einer Eichel markierten **National Trails**. Beliebt ist auch der 160 km lange **South Downs Way** ab der Domstadt Winchester. Abseits von Lärm und Getümmel folgt der Weg dem Höhenzug der Downs, überquert kleine Flüsse, läuft durch alte Dörfer und belohnt den Wanderschweiß mit weiten Ausblicken. Wer hier eine Tageswanderung sucht, beschränkt sich auf den herrlichen letzten Abschnitt an den markanten Kalkklippen **Seven Sisters** bei Eastbourne – die richtige Erfrischung bietet dabei ein Bad im Cuckmere Haven. Weiter östlich quert der **North Downs Way** ähnliche Landschaften und endet in Dover.
Damit nicht genug: Bis 2020 soll die Vision von einem Wanderweg rund um die gesamte Küste von England verwirklicht werden: der **England Coast Path**. Große Teilstücke sind bereits fertiggestellt.

Wandern und baden – an der Jurassic Coast wie hier am Durdle Door ist dies kein Entweder-Oder.

LIEBENSWERT SCHRÄG

Sie ist das jährliche Großereignis in jeder englischen Grafschaft: die County Show, ein schrulliger Mix aus Agrarmesse und Volksfest, bei der die Engländer ihre Verherrlichung des ländlichen Lebens leidenschaftlich zum Ausdruck bringen. Und als Außenstehender gewinnt man so ganz nebenbei authentische Einblicke in englische Lebensgewohnheiten, zeigt sich das Volk doch von seiner sympathisch-skurrilen Seite.

Nicht Karneval, sondern die Cornwall Show bei Wadebridge ►

Die Engländer lieben den sportlichen Wettkampf. Kein Wunder also, dass sich auch die Viehzüchter mit der Konkurrenz messen wollen und mit tierischem Ernst bei der Sache sind.

Nur für die Bauern handelt es sich um eine ernste Angelegenheit, gilt es doch, einen der vielen **Wettbewerbe** zu gewinnen, etwa für das schönste Schaf der Suffolk-Rasse oder das fetteste Gloucester-Old-Spot-Schwein. Der prächtigste Zuchtbulle, die feinste Wolle und die besten Gänseeier werden prämiert. Die Imker führen ihre Arbeit vor und verkaufen Honig. Auch rustikales Handwerk ist immer gut vertreten: Sattler, Schmiede und Holzdrechsler werkeln vor einem neugierigen Publikum. Kleine Lebensmittelhersteller verkaufen Säfte und Apfelwein, Käse und Wurst, Kuchen und Brot. Überhaupt alles, was auf dem Land hergestellt wird oder für das ländliche Leben nützlich ist, wird feilgeboten, von Sonnen- und Regenhüten über Barbour-Jacken, Schirmen und Spazierstöcken bis hin zu Rasenmähern und ganzen Gewächshäusern.

Ein buntes Treiben

So reihen sich Hunderte von Ständen, Zelten und Hütten aneinander, meist um eine breite, fürs **Unterhaltungsprogramm** reservierte Wiese. Pferdefreunden wird immer ein Reit- und Springturnier geboten, der örtliche Jagdverein führt seine Hundemeute vor, Blaskapellen treten auf, werden aber an Lautstärke von Motorrad-Akrobaten oder einer Monster-Truck-Show überboten. Oft sieht man Oldtimer-Traktoren und Dampfmaschinen, die anno dazumal zum Sägen und Dreschen eingesetzt wurden.

Bio-Stand auf der New Forest & Hampshire County Show in Brockenhurst im Juli

Klein und familiär

Nicht immer hat man das Glück, passend zu einem dieser Großereignisse vor Ort zu sein. Ein kleiner Trost können die bescheideneren **Flower Shows** oder **Village Fairs** sein. Dort wetteifern die Bewohner einer Gegend in charmanten Wettbewerben, beispielsweise um die größten Möhren und Radieschen, um fünf formschöne, auf einem Teller arrangierte Tomaten, um makellose Dahlien und Rosen oder um Kuchen und hausgemachte Erdbeermarmelade – wobei nicht selten ein Mitglied des Women's Insititute, der englischen Landfrauenvereinigung, die heiß begehrte Trophäe abräumt. Anderswo präsentieren die Damen der Pfarrei Strick- und Häkelarbeiten und ihre Ikebana-Kunst. Auch der Kaninchenzüchterverein darf nicht fehlen. Und beim Geschicklichkeitsparcours für Familienhunde sind lautes Schreien und Lachen garantiert.

BAEDEKER DAS IST ...

IMMER WAS LOS!

Für eine große County Show planen Sie einen vollen Tag ein und achten Sie auf die Wettervorhersage: Sonnencreme oder Regenschirm, sogar Gummistiefel, können angesagt sein. Denn da die Festgelände meist keinen asphaltierten Untergrund haben, kann es nach ergiebigen Regenfällen schon einmal matschig werden. Und die kann es im Süden Englands auch im Frühsommer oder im September geben, wenn die meisten County Shows abgehalten werden. Die Royal Cornwall Show in Wadebridge (http://royalcornwallshow.org) beispielsweise zieht jedes Jahr Anfang Juni an drei Tagen mehr als 100 000 Besucher und 1000 Händler an. Ähnlich groß ist die Devon County Show (Mitte Mai bei Exeter, www.devoncountyshow.co.uk). Weitere Termine gibt es unter www.ukcountyshows..

ALLES KÄSE!

Die sattgrünen Wiesen Englands sind die Grundlage für hervorragende Käsesorten, die über die Landesgrenzen hinaus allerdings eher unbekannt sind. Wie schade! Denn jede Region hat ihre eigenen Erzeugnisse. In handwerklich arbeitenden Käsereien gibt es einen vielfältigen kulinarischen Schatz zu entdecken.

◄ Ein Käse mit besonderer Note:
Der Cornish Yarg wird mit Brennnesselblättern ummantelt.

LINKS: Schatzkammer der ungewöhnlich Art: Tief im Untergrund der Grafschaft Somerset reift der Cheddar zu einer würzigen Köstlichkeit heran. RECHTS: Direkt vom Erzeuger stammen die Käselaibe, die auf den Farmer Markets angeboten werden.

BAEDEKER DAS IST ...

DARF'S EIN BISSCHEN MEHR SEIN?

Die würzige Note des Cheddar-Käses liegt in der Luft, während man den Käsern gespannte Blicke über die Schulter werfen darf. Käse-Liebhaber sollten unbedingt einen Abstecher zur **Cheddar Gorge Cheese Company** machen, die im gleichnamigen Ort noch nach überlieferten handwerklichen Methoden Käse herstellt und einen Teil davon in den Höhlen der Cheddar-Schlucht reifen lässt (The Cliffs, Cheddar, www. cheddaronline.co.uk; täglich ab 10 Uhr). Wer's nicht bis nach Cheddar schafft, bekommt in **Neal's Yard Dairy** im Londoner Stadtteil Covent Garden herrlich aromatischen Käse von vielen Kleinproduzenten (17 Shorts Gardens, Mo. – Sa. 10 – 19 Uhr, www.nealsyarddairy.co.uk).

SEINEN Ursprung hat der berühmte Cheddar in der Tiefe der Grafschaft Somerset. Seit mindestens 800 Jahren bieten hier die Höhlen einer Schlucht mit dem Namen **Cheddar Gorge** beste Bedingungen für den Reifeprozess. Doch bereits im 19. Jh. wurde Cheddarkäse mit industriellen Methoden und in weit entfernten Ländern des britischen Empire hergestellt. Den Trend zu Massenware verstärkten während des Zweiten Weltkriegs und danach Bemühungen der Regierung, durch effiziente Herstellung einer einzigen Käsesorte (»Government Cheddar«) das Volk zu ernähren. Überall im Lande stellten kleine Käsereien den Betrieb ein, die Weitergabe des Wissens über unzählige lokale Käsesorten war gefährdet.

Seit 30 Jahren aber gelingt die umgekehrte Entwicklung. Das schlichte Wörtchen »Cheddar« hat zwar die Chance auf eine geschützte Herkunftsbezeichnung längst verwirkt, doch **West Country Farmhouse Cheddar** bezeichnet handwerklich hergestellten, mindestens neun Monate gereiften Käse ohne Zusatzstoffe aus Milch der Grafschaften Somerset, Dorset, Devon und Cornwall. Durch eine Reifezeit von bis zu 20 Monaten erhält er seinen typischen würzigen Geschmack.

Nicht nur Cheddar

Dazu kommt eine enorme Vielfalt anderer Sorten. Typisch britisch ist ein mittelharter oder krümeliger Käse, beispielsweise der milde **Cheshire** aus der gleichnamigen nordenglischen Grafschaft oder der blauschimmelige **Stilton** aus dem östlichen Mittelengland. Und innovative Hersteller haben in letzter Zeit die Palette enorm ausgeweitet. Aus Cornwall kommt der **Yarg**, der in Brennnesselblätter gewickelt wird und eine Rinde mit erdigem Geschmack erhält. Aus Devon stammt der **Devon Blue** mit Blauschimmel, aus ganz verschiedenen Regionen Erzeugnisse aus Schafs- oder Ziegenmilch. Manche Käsesorten brechen mit der englischen Tradition und sind eher mit Pecorino oder Camembert zu vergleichen.

Mittlerweile verteilen sich um die 800 Käsebetriebe über das ganze Land. Von deren hoher Qualität überzeugt man sich am besten direkt vor Ort. Gute Anlaufstellen sind die gut sortierten Cheese Shops in den größeren Städten und Farmer Markets, die Käse aus der jeweiligen Region verkaufen (Infos: www.farma.org.uk/members-map oder www.farmers-markets.co.uk). Und natürlich haben auch die Restaurants des Landes längst den käsigen Trend für sich entdeckt.

T
TOUREN

Durchdacht, inspirierend, entspannt

Mit unseren Tourenvorschlägen lernen Sie Südenglands beste Seiten kennen.

Auch tierische Begegnungen können zu einer Rundreise durch Südengland gehören. ▶

UNTERWEGS IN SÜDENGLAND

Hier, im Stammland Englands, ist die in vielen Jahrhunderten nahezu perfekt geformte Natur die Hauptattraktion. Dramatische Klippen, stille Buchten und Strände, sanfte Hügel und grüne Wiesen, einsame Moore und magische Wälder bestimmen die Szenerie. Dazu mystische Steinkreise, Burgen und Schlösser, Herrensitze und Seebäder, charmante Städtchen, endlose Strände …

Straßenverkehr

»Please drive on the left« informieren Verkehrsschilder ankommende Autoreisende vom europäischen Festland, wenn sie von der Fähre hinabrollen: In England herrscht **Linksverkehr**. Im Leihwagen fällt die Umstellung nicht schwer: Wo der Fahrer sitzt, ist stets der Fahrbahnrand. Im eigenen Wagen können Probleme auftreten: Die Sicht ist schlechter und die Macht der Gewohnheit – besonders auf freien

Strecken – oft stärker, rechts zu fahren. Je weiter man nach Westen gelangt, desto mehr weichen breite, doppelt angelegte »Dual Carriageways« einspurigen, engen Straßen, die in vielen Kurven und Kehren durch das Land mäandern. Lange Baumreihen und hohe Hecken bilden grüne »Tunnel«, die schlecht einzusehen sind. Statt Ampeln lieben die Engländer die »Roundabouts«, Kreisverkehre, die auch dicht hintereinander gekoppelt werden. Vorfahrt hat immer das Fahrzeug im Kreis.

Öffentliche Verkehrsmittel

Gut ausgebaut ist das Busnetz in Südengland; National Express bedient fast jede Stadt, kleinere Regionalbuslinien fast jedes Dorf. Weniger zu empfehlen ist die Bahn: Die Fahrpreise sind höher, die Verbindungen schlechter, die Bahnhöfe nicht immer im Zentrum. Freie Fahrt zu allen Zielen in Südwestengland, einschließlich Cornwall und Oxford, gewährt der **South East Pass**, der vor Reiseantritt im Heimatland über www.visitbritain.com/de gekauft werden muss. Schienennostalgie wird wach bei Fahrten mit der **Kent & East Sussex Railway**, die von Tenterden nach Bodiam schnauft – die Wasserburg

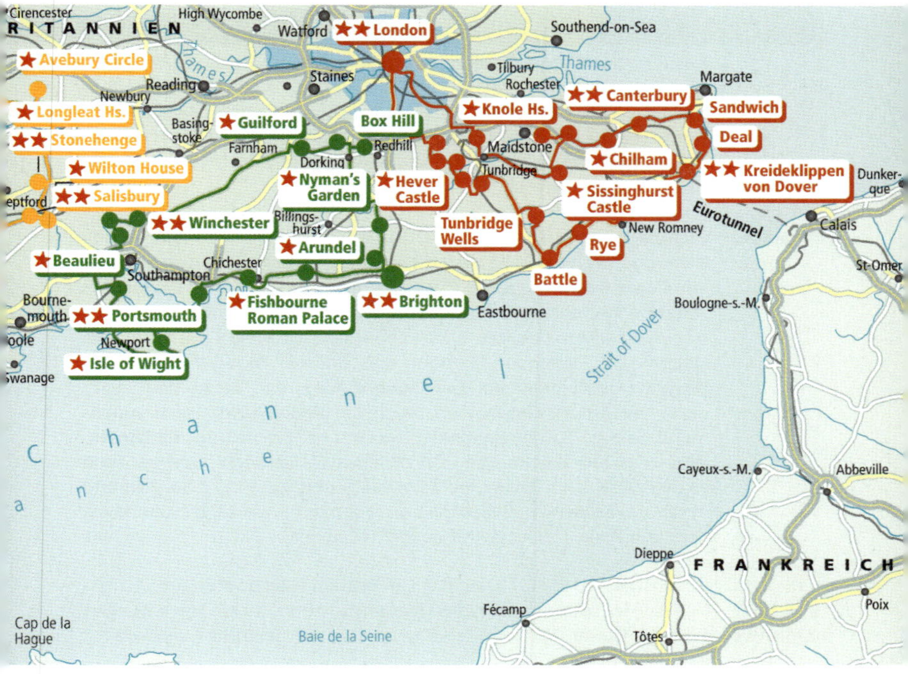

Blitzender Chrom, elegante Kühlerfiguren – nicht wirklich selten in Südengland

Bodiam Castle aus dem 14. Jh. ist fünf Gehminuten vom Bahnhof entfernt. Die 14 mi/22 km lange Schmalspurbahn **Romney, Hythe & Dymchurch Railway** rattert von Hythe zum Leuchtturm auf der Landzunge Dungeness.

Wandern, biken, reiten ...

Fast die gesamte Küste lässt sich auf alten Zöllnerpfaden umrunden. Nach und nach bis 2020 wird die gesamte Strecke zum durchgehenden **Coast Path** ausgebaut (Das ist Südengland, ► S. 16). Ein dichtes Netz von Wanderwegen durchzieht auch die South Downs und North Downs, die Mendips, die Quantock Hills, den New Forest und die Hochmoore Dartmoor, Exmoor und Bodmin Moor. Exmoor und Dartmoor verbindet der **Two Moors Way**, der **Tarka-Trail** führt durch die Moore Ost-Devons. Auch das Radwegenetz wird zunehmend besser. Zu den schönsten Routen gehört der **South Downs Way** zwischen Eastbourne und Winchester. Deutlich hügeliger wird es gen Westen. In Devon und Cornwall geht es beständig bergauf und bergab. Wachsender Beliebtheit erfreuen sich mehrtägige Überlandritte und Pony-Trekkings mit oder ohne Führer.

Mit dem Hausboot unterwegs

Geruhsam und idyllisch wie das Land ist ein Hausbooturlaub. Attraktive Reviere sind vor allem die **Themse** und der 140 km lange **Kennet & Avon Canal**, der von Reading via Devizes nach Bath und weiter nach Bristol führt.

Auf den Spuren der Literaten

Agatha Christie, Daphne du Maurier, Charles Dickens, Thomas Hardy oder Rosamunde Pilcher – Südengland hat die Literaten wie kaum eine zweite Region inspiriert. Themenspaziergänge und Touristenrouten laden ein, Stationen aus dem Leben und Werk der berühmten Autoren zu entdecken, Auskünfte erteilen die örtlichen Touristeninformationen.

Kultursommer

Von Mai bis Oktober verwandelt sich Südengland in eine riesige Bühne, die allerorten mit Konzerten, Open-Air-Aufführungen und Festivals lockt – vom alternativ angehauchten Musikfestival in **Glastonbury**, den Opernfestspielen in **Glyndebourne**, dem Theaterfestival in **Chichester** und dem Freilichttheater im Minack Theatre bis zu Orgelkonzerten in den **Kathedralen** von Canterbury, Winchester und Salisbury.

DER GARTEN ENGLANDS

Länge: 260 mi / 430 km | **Dauer:** 3 – 4 Tage

Tour 1

Kent ist das Tor zu England. Schon weit über das Meer grüßen die weißen Klippen von Dover mit der ältesten Festung Englands. Hinter der Kalkhügelkette erstreckt sich der Garten Englands. Kent, so ließ Dickens schon Mr. Jingles in den »Pickwick Papers« sagen, ist ein Land der Äpfel, Kirschen, des Hopfens und der Frauen. Was er vergaß: 24 500 historische Bauwerke sind hier registriert, darunter auch eine der berühmtesten Kathedralen Englands – Canterbury.

Klippen, Burgen und historische Kleinodien

Von ❶ ★★ **London** geht es auf der A 20 und M 25 südlich nach Sevenoaks, wo das ❷ ★ **Knole House**, eines der größten Herrenhäuser Englands, als Gewirr aus Giebeln, Zinnen und Türmchen den Besucher begrüßt. Das riesige Anwesen mit sieben Innenhöfen, 52 Treppen und 365 Zimmern inmitten eines Wildparks gehörte erst dem Erzbischof von Canterbury, dann Heinrich VIII. Seine Tochter Elisabeth I. überließ es Sir Thomas Sackville, einem frühen Vorfahren von Vita Sackville-West. Gemeinsam mit ihrem Mann Sir Harold Nicolson hat sie mit ❸ ★ **Sissinghurst Castle** zwischen den Ruinen eines elisabethanischen Herrenhauses eine Gartenanlage geschaffen, die durch ihre Raumaufteilung, Blickachsen und Farbgebung besticht – besonders schön: der »Weiße Garten«. ❹ ★ **Leeds Castle**, 12 mi/19 km nördlich, gilt als schönste Burg Englands: ein Wasserschloss in einem See mit schwarzen Schwänen, umgeben von Gärten Capability Browns. Von Leeds Castle aus ist das Open-Air-Museum 5 ★ **Kent Life** am Stadtrand von Maidstone, das mit Farmtieren, Hopfendarren und Traktorfahrten den Bauernalltag von einst aufleben lässt, einen Abstecher wert. Nächster Halt ist das idyllische Dörfchen 6 **Chilham** mit schwarz-weißen Fachwerkhäusern aus dem 17. Jh., dem weiß verputzten White Horse Inn und Chilham Castle, 1616 von Inigo Jones erbaut und ebenfalls von Capability Brown mit einem prachtvollen Landschaftspark umgeben. Das 6 mi / 9,5 km entfernte 7 ★★ **Canterbury** gilt als Wiege des englischen Christentums. 597 gründete hier der Mönch Augustinus im Auftrag Roms Englands erstes Kloster, 603 wurde eine Kirche, 1175 – 1498 die heutige Kathedrale erbaut, die wie die stillen Ruinen von St Augustine's Abbey zum UNESCO-Weltkulturerbe gehört. Richard Chapman lässt sich von der Natur ringsum inspirieren – und gestaltet in der **Canterbury Pottery** aus Ton nützliche Alltagskeramik mit floralen Motiven.

Canterbury Pottery: 38a Burgate | Mo. – Sa. 10 – 18 Uhr
https://canterburypottery.com

1066 Country

Auf der A 257 geht es zur Küste nach 8 **Sandwich**, im Domesday Book Wilhelm des Eroberers noch die viertgrößte Stadt Englands. Ein Spaziergang auf den alten Festungswällen »Butts« oder durch die engen Kopfsteingassen führt in die Vergangenheit der denkmalgeschützten Altstadt. 9 **Deal** lockt mit Golf in den Dünen, Badestränden, einer Pier und Deal Castle, einer der drei mächtigen Burgen, die Heinrich VIII. 1539 zum Schutz der Küste anlegte. Walmer Castle wenig weiter südlich war einst die offizielle Residenz des Lord Warden der Hafenvereinigung »Cinque Ports«. Lunchtime? Dann kehren Sie zwischen Deal und Dover im **The Old Lantern Inn** (https://thelanterninn.co.uk) ein und genießen Sie im Farmhaus des 17. Jh.s authentische Traditionsküche.

Wahrzeichen der Nation

Auf den 120 m hohen 10 ★★ **Kreideklippen von Dover** thront die Ruine der Normannenburg, die in vielen berühmten Filmen als dramatische Kulisse diente, darunter Franco Zefferellis »Hamlet« mit Mel Gibson und Glenn Close. 12 mi / 19 km südwestlich im Seebad Hythe beginnt der Royal Military Canal, auf dem man mit Leihbooten durch die weite Landschaft der Romney Marsh mit ihren grasenden Schafen und einsamen Kirchen schippern kann.

Die Perle der »Cinque Ports«

11 **Rye** ist eine mittelalterliche Stadt wie aus dem Bilderbuch, mit mächtigen Mauern, wuchtigen Stadttoren und engen Kopfsteingassen, deren Häuser gebeugt sind von der Last der Jahrhunderte. Besuchen Sie einen der charmanten Tea Rooms oder speisen Sie im Landgate Bistro (www.landgatebistro.co.uk)!

Normannen, Kürgäste und Schlemmer

In Hastings flicken Fischer ihre Netze am Strand. Die berühmte Battle of Hastings von 1066 fand 10 km nördlich in ⓬ **Battle** statt, wo die Schlachtfelder an der Battle Abbey die Kampfeshandlungen dokumentieren. Von perfekter Symmetrie und Schönheit ist die Wasserburg ⓭ ★ **Bodiam Castle**, die 1385 bis 1388 zum Schutz vor französischen Angriffen gebaut wurde. Auf der A 21 geht es rasch nach ⓮ ★ **Tunbridge Wells**. Herzstück des einstigen Modebades ist das Altstadtviertel »Pantiles«, das seinen Namen einer 200 m langen Ladenallee verdankt. Zu den besten Schlemmeradressen der Stadt gehört **Sankey's** (www.sankeys.co.uk), wo fangfrische Meeresfrüchte aufs Köstlichste zubereitet werden – probieren Sie Hummer aus Cornwall oder schottische Muscheln.

Einblicke in die Welt des Adels

Wer Marc Chagall liebt, sollte einen Abstecher 6,5 mi / 10,5 km nach **Tudeley** machen – in der dortigen Dorfkirche hat der »Malerpoet« die Glasfenster in leuchtenden Farben gestaltet. Peter Greenaway machte das von einem Wassergraben umgebene Herrenhaus ⓯ **Groombridge Place**, rund 6 mi / 9,5 km westlich, mit seinem Film »Der Kontrakt des Zeichners« weltweit bekannt. Sir Conan Doyle verlegte sein Sherlock-Holmes-Abenteuer »The Valley of Fears« hierher. Doch statt Verbrechern stolzieren heute nur einige Pfauen durch die ummauerte Gartenanlage.

⑯ **Penshurst Place** von 1340 gehört zu den frühesten Herrenhäusern des Mittelalters, die ohne Wehranlagen erbaut wurden. Wunderschön sind die Stichbalkendecke der Great Hall und die formalen Gartenanlagen. Von hier ist es nur ein Katzensprung zum **Chiddingstone Castle** (http://chiddingstonecastle.org.uk), in dessen See geangelt werden darf, und dem berühmteren ⑰ ★ **Hever Castle**, auf dem Anne Boleyn ihre Kindheit verbrachte und ihren späteren Gatten Heinrich VIII. traf. 1903 erwarb William Waldorf-Astor das Schloss von 1270, restaurierte die romantische Burg und ließ die bezaubernden Gärten, den See und das Tudordorf anlegen – im Sommer lassen hier Ritter und Bogenschützen das Leben im Mittelalter wieder erstehen. Letzter Höhepunkt der Rundfahrt ist ⑱ ★ **Chartwell**. Der einstige Landsitz von Sir Winston Churchill, auf dem der Staatsmann, Dichter und Maler von 1924 bis zu seinem Tod 1965 mit seiner Familie lebte, ist heute Museum. Über Westerharn erreichen Sie wieder die Londoner Ringautobahn M 25.

CÄSAR, DRAKE UND DIRTY WEEKENDS

Länge: 250 mi / 400 km | **Dauer:** 3 – 4 Tage

Tour 2

Römische Mosaiken, stattliche Herrenhäuser, nostalgische Seebäder und pulsierende Hafenstädte lassen bei der Rundreise durch die Grafschaften Surrey, Sussex und Hampshire die abwechslungsreiche Geschichte Englands von der Antike bis zum Empire Revue passieren. Auf der Isle of Wight und im idyllischen New Forest verbindet sich der abwechslungsreiche Streifzug durch die Vergangenheit Großbritanniens mit Ferienfreuden für Aktive und Genießer.

Seebad und Prunkburg

Vom nur knapp eine Fahrstunde südlich von London gelegenen ❶ ★★ **Brighton**, das mit seinem Palace Pier, dem Royal Pavilion und dem Altstadtviertel »The Lanes« wie kein anderer Ort die Atmosphäre englischer Seebäder verkörpert, geht es auf der A 27 nach ❷ ★ **Arundel** mit seiner viktorianischen Prunkburg. Zu ihren Füßen wird jeden dritten Samstag im Monat ein Bauernmarkt abgehalten, Ende August bietet das Arundel Festival ein breites Kulturangebot, auch Shakespeare-Aufführungen. Ebenfalls eine Hochburg für Schauspiel ist das nahe **Chichester**, dessen schlanker Turm der Kathedrale von Weitem grüßt.

2 mi/3,2 km westlich wurde die größte römische Wohnanlage Englands ausgegraben: ❸ ★ **Fishbourne Roman Palace**. Einen Abstecher wert ist Goodwood House, 4 mi/6,5 km nördlich, mit seiner kostbaren Sèvres-Porzellansammlung. ❹ ★★ **Portsmouth** ist seit Jahrhunderten Englands wichtigster Marinestützpunkt. An die glorreiche Vergangenheit erinnern Lord Nelsons Flaggschiff H.M.S. »Victory«, die H.M.S. »Warrior« von 1866, einst das schnellste Kriegsschiff der Welt, und die H.M.S. »Mary Rose« von Heinrich VIII.

Schnelle Segler, schroffe Felsen

Mit der Autofähre geht es in 30 Minuten hinüber auf die ❺ ★ **Isle of Wight.** Start der Inselrundfahrt ist im Segelparadies Cowes, Wahlheimat der Seglerin Ellen MacArthur (▶ Interessante Menschen, S. 366) und Königin Viktorias, die an der Medina-Mündung ihren italienisch inspirierten Landsitz Osborne House erbauen ließ. Nach Zwischenstopp in der Inselhauptstadt Newport mit dem sehenswerten Carisbrooke Castle geht es über Ventnor und St Catherine's Point vorbei an der Freshwater Bay die herrliche Küste entlang zur Alum Bay mit den **schroffen Felsnadeln der Needles** – vom Sessellift im **Needles-Park** lassen sich herrliche Fotos von den Felsen aufnehmen! Hit für Kids: die Welt der Saurier im neuen 4D-Kino. Von der kleinen Jetty starten von Ostern bis Oktober Bootsausflüge entlang der spektakulären Küste zu den Needles, bei Hunger empfiehlt sich der gemütliche Gastropub **The Taverners** (http://thetavernersgodshill.co.uk) in Godshill, der sich mit Gemüse und Obst selbst versorgt.

Needles: tgl. ab 10.30 Uhr | 20-min. Törn Erw. 6 £, 15-min. Kick im Speed-Boot pro Person 11 £ | www.needlespleasurecruises.co.uk

Weiter zur ersten Hauptstadt Englands

In Yarmouth legt die Autofähre nach Lymington ab, dem Tor zum New Forest. Am Westrand der Wald- und Heidelandschaft verbindet 6 ★ **Beaulieu** drei Attraktionen: eine alte Abtei, ein beeindruckendes Stately Home – und ein Automobilmuseum. Über Lyndhurst wird auf der A 35 die pulsierende Hafenstadt **Southampton** erreicht, von der 1912 die »Titanic« ihre einzige Fahrt antrat. Auf 7 **Broadlands House** residierte Lord Mountbatten – eine Audiovisionsschau in den Stallungen dokumentiert Leben und Werk des letzten indischen Vizekönigs. Nördlich von Romsey, einer Kleinstadt am Test, die sich um ihre normannische Klosterkirche drängt, erhebt sich 8 ★ **Mottis-**

Exotisches Erbe des Empires: Der Royal Pavilion in Brighton ist außen indisch und innen chinesisch ausgestattet.

font Abbey, die unter Heinrich VIII. in einen eleganten Tudorlandsitz umgewandelt wurde. Die erste Hauptstadt Englands, 9 ★★ **Winchester**, besitzt mit 178 m die längste mittelalterliche Kathedrale der Welt. Die Great Hall birgt den legendären Round Table, an dem sich der Sage nach King Arthur und die Ritter der Tafelrunde versammelten. Schönster Pub des Städtchens ist – mit toller Küche und 14 nostalgischen Zimmern – das **Wykeham Arms** (www.wykehamarmswinchester.co.uk), wo im Winter Küchenchef Allen Sorrell Lammfleisch mit Polenta und mediterranem Gemüse am prasselnden Kaminfeuer serviert. Im Sommer lockt das **Loch Fyne** (www.lochfyneseafoodandgrill.co.uk) mit fangfrischem Seafood.

Im Herzen der North Downs

Die A 35 führt durch die Ausläufer der North Downs nach 10 ★ **Guildford**, Hauptstadt und Herz von Surrey. Unser Tipp für den Abend: eine Vorstellung im Yvonne-Arnaud-Theater von 1958. Die Villa von 11 ★ **Polesden Lacey**, 14 mi / 22 km östlich, entführt in die glanzvolle Zeit Edwards VII. In der Studierstube hängt ein Foto Kaiser Wilhelms I., der hier häufig zu Gast war. Der nahe 12 **Box Hill** gehört zu den schönsten Aussichtspunkten von Surrey. Sein 8 mi / 13 km langer Olympic Circuit der Sommerspiele 2012 ist mit einer Reihe von Zickzack-Kehren eine Herausforderung für jeden Radfahrer! An der A 23 zurück nach Brighton lohnt 13 ★ **Nymans Garden** einen Besuch, mit einem versunkenen und einem japanischen Garten eine der schönsten Anlagen des Sussex Weald. Den Abschluss der Rundtour bildet ein Stopp am 14 **Devil's Dyke** – die Fernsicht ist fantastisch!

ENGLISCHE »ESSENTIALS«

Länge: 240 mi / 385 km | **Dauer:** 4 – 5 Tage

Tour 3

Von der quirligen Hafenstadt Bristol zur eleganten georgianischen Bäderstadt Bath, von mystischen Steinkreisen in Stonehenge und Avebury zu den Schwänen von Abbotsbury, vom Gral König Artus' nach Cheddar, der Heimat des berühmtesten englischen Hartkäses: Eine Rundreise durch Avon, Wiltshire, Somerset und Dorset führt zu den Wurzeln von »Englishness«.

Bristol und Bath

Die Seefahrertradition von 1 ★ **Bristol** veranschaulicht die SS »Great Britain«, ein 1843 vom Stapel gelaufenes Dampfschiff, das vollständig restauriert wurde. Der große Ingenieur Isambard King-

dom Brunel baute sowohl das Schiff als auch die beeindruckende Clifton Hängebrücke im gleichnamigen Stadtteil über die Schlucht des River Avon. Auf der A 4 geht es nach 2 ★★ **Bath** mit römischen Bädern und eleganter georgianischer Architektur. Wer mit gutem

Gewissen echt Englisches erwerben will, sollte den OXFAM-Shop (www.oxfam.org.uk) in der Argyle Street 12 aufsuchen – dort werden Hausrat, Bücher, Musik und Mode, die gespendet wurden, sehr günstig verkauft – und vom Gewinn karitative Projekte unterstützt.

Steinkreise und Kathedrale

Im denkmalgeschützten Dörfchen 3 ★ **Lacock** erinnert ein Museum an Henry Fox Talbot, einen Pionier der Fotografie. Vorbei am Cherhill White Horse von 1780 wird Avebury erreicht, dessen Steinkreisanlage 4 ★ **Avebury Circle** nicht nur 1000 Jahre älter, sondern mit 12 ha auch größer als Stonehenge ist. Unweit südlich befindet sich mit dem West Kennett Long Barrow das größte Kammergrab Englands. Die weltberühmten Steinkreise von 5 ★★ **Stonehenge** erheben sich am Schnittpunkt von A 303 und A 344. Der Turm der gotischen Kathedrale vor 6 ★★ **Salisbury**, 6 mi / 9,5 km südlich, ist mit 123 m der höchste im Königreich. Die Steinmetze logierten und speisten im bereits 1220 eröffneten Red Lion (www.the-redlion.co.uk) – heute ein ansprechendes Best Western Hotel mit lauschigem Innenhof, knisterndem Kamin, nostalgischen Zimmern und traditionsreicher Regionalküche.

Ländliche Pracht und Idylle

7 ★ **Wilton House**, 3 mi / 5 km westlich, gehört zu den schönsten Landsitzen Englands – besonders eindrucksvoll: der Double Cube Room mit zehn Gemälden von van Dyck. Auf einem Hügel thront 8 ★ **Shaftesbury**. Seine steile Gasse Gold Hill ist die meistfotografierte Straße in Dorset. Gartenfreunde sollten von hier aus unbedingt einen Abstecher nach 9 ★★ **Stourhead** machen, dem Inbegriff eines englischen Landschaftsparks. 10 ★ **Longleat House**, 6 mi / 9,5 km weiter nördlich, lockt mit Löwen und luxuriösen Staatsgemächern. Lust auf Landidylle? Das 8,5 mi / 13 km entfernte **Mells** gilt als eines der schönsten Dörfer Somersets!

Scharrbild, Kieselstrand und subtropische Gärten

In 11 **Cerne Abbas** schwingt ein 60 m hoher Riese seine Keule – der Gigant wurde in prähistorischer Zeit in den grünen Kreidehügel eingeritzt. Europas größte Hügelfestung der Vorzeit, **Maiden Castle**, erhebt sich 2 mi / 3 km südlich von 12 **Dorchester**, bekannt für seine Modellsiedlung Poundbury nach Plänen von Prinz Charles.
Georg III. machte 13 ★ **Weymouth** zum Modebad der oberen Zehntausend – die Bürger dankten dies dem König mit einem Denkmal an der Seepromenade. Verpassen Sie auf keinen Fall den **Fish Market** am Customs House Quay, er ist ein Erlebnis für alle Sinne und bietet tolle Fotomotive (Mo. – Sa. 9.00 – 16.30 Uhr). Auf **Portland** wird seit dem Mittelalter der gleichnamige grauweiße Stein abgebaut, aus dem auch die St Paul's Cathedral in London errichtet wurde. Die bis zu neun Meter hohe, 120 m breite und 30 km lange Kiesbank von 14 ★★ **Chesil Beach** ist ein Paradies für Angler. In der Lagune »The Fleet« tummeln sich die mehr als 1000 Schwäne, die in der 15 **Ab-**

botsbury Swannery ihre Heimat haben. **Abbotsbury Subtropical Gardens** ist eine üppige grüne Oase in geschützter Lage (tgl. 10 – 17, im Winter bis 16 Uhr).

Kleine Orte – große Attraktionen

Über Yeovil und Somerton führt die Fahrt weiter nach 16 ★ **Glastonbury** mit seiner berühmten Abteiruine. Im Chor markiert eine Steinplatte das Grab von König Artus und seiner Frau Guinevere. Vom turmbekrönten Gipfel des Glastonbury Tor reicht der Blick bei klarer Sicht über die Quantock Hills bis zum Bristol Channel. Alternativ angehaucht wie das berühmte Glastonbury Musikfestival ist der große Farmers Market, der jeden vierten Samstag auf dem St John's Car Park abgehalten wird. 17 ★★ **Wells** ist die kleinste Kathedralstadt Englands. In der Kathedrale mit figurengeschmückter Westfassade führt eine wunderschöne Treppe hinauf zum Kapitelhaus mit einem einzigartigen Fächergewölbe von 1306. Bei Wookey Hole, 2 mi / 3 km nordwestlich, beginnen die Kalkfelsen der Mendips mit der 130 m tiefen Schlucht 18 ★ **Cheddar Gorge**, in der sich im Sommer die Autos stauen. Im Dörfchen Cheddar stellt noch heute als einzige Käserei die **Cheddar Gorge Cheese Company** den würzigen englischen Hartkäse nach altem Handwerk her. Zurück nach **Bristol** geleitet die A 38.

MÄRCHEN, MYTHEN UND LEGENDEN

Länge: 420 mi / 670 km | **Dauer:** 7 – 8 Tage

Tour 4

Im Norden ist die Klippenküste, von der tosenden See attackiert, rau und romantisch. Im Süden wecken kleine Buchten und Sandstrände, gesäumt von Palmen, Zedern und blühenden Mimosen, mediterrane Feriengefühle. Im Landesinnern inspirierten die Hochmoore von Dartmoor, Exmoor und Bodmin Moor Literaten wie Conan Doyle und Daphne du Maurier: willkommen in Devon und Cornwall!

Rund ums Ende der Welt

Vom Nizza des Nordens, 1 ★ **St Ives**, führt die landschaftlich schöne B 3306 zum westlichsten Punkt Englands: 2 **Land's End.** Am eindrucksvollsten sind die Granitklippen, die in den tosenden Atlantik abfallen, im Abendlicht. Ein besonderes Erlebnis ist ein Besuch des 3 ★ **Minack Theatre**, das auf den Klippen bei Porthcurno Oper und Schauspiel open-air präsentiert. 4 **Mousehole** hat trotz der Tagesausflügler den Charme eines cornischen Fischerdorfes bewahrt: Schiefergedeckt umrahmen die granitgrauen Häuschen im Halbkreis den Hafen. Das 2 mi / 3 km entfernte 5 ★ **Penzance** ist der Hauptferienort des südlichen Cornwall: mit der einzigen Promenade der Duchy, dem exotischen Egyptian House und den 1814 angelegten Trengwainton Gardens. Dass auch heute das Erbe der Künstlerkolonie Newlyn fortlebt, beweist die **Galerie Cornwall Contemporary** in der Parade Street mit Ausstellungen zeitgenössischer Künstler. Danach sollten Sie Ihre Schritte in die Chapel Street lenken, wo Andy und Rachel im bakehouse + steakhouse (www.bakehouserestaurant.co.uk) saftige Steaks auftischen und Jakobsmuscheln aus Falmouth mit Kapern und Salbei verfeinern.

Südliches Flair

In der St Michael's Bay ragt die Klosterfestung 6 ★ **St Michael's Mount** aus dem Meer auf – bei Ebbe kann man zu Fuß zum Adelssitz

und ehemaligen Tochterkloster des Mont St-Michel spazieren. 20 mi / 32 km östlich im 7 **Glendurgan Garden** mit einem Labyrinth aus Lorbeerhecken blüht der Tulpenbaum Liriodendron. Sieben Flüsse münden in die weite Bucht von **Falmouth**. Magnolien, Azaleen und 130 Hortensienarten gedeihen im 8 ★ **Trelissick Garden** an der B 3289. Zauberhaft verwunschen sind 17 mi / 27 km weiter östlich die 9 ★ **Lost Gardens of Heligan**. Rund um St Austell erheben sich die »cornischen Alpen«, weiße Abraumhalden, die bei der Gewinnung von Kaolin zurückblieben. Spielerisch und informativ präsentiert der **Wheal Martyn-Themenpark** nordwestlich von St Austell die Tonerdegewinnung und gestattet auch einen Blick auf den heutigen Tagebau. Verladen wurde der Rohstoff zur Porzellanherstellung seit dem Mittelalter im nahen 10 **Fowey**. Heute erinnern Stadt und Umland mit einem zehntägigen Festival im Mai an ihre berühmteste Bürgerin: die Autorin Daphne du Maurier. Der Maler Oskar Kokoschka hat die mediterrane Atmosphäre von 11 ★ **Polperro** mit seinen weißen und pastellfarbenen Häusern in unzähligen Bildern eingefangen. Das wohl schönste Lokal am Ort ist das kleinste: Von den wenigen Tischen im **Kitchen** (www.thekitchenpolperro.com) können Sie zuschauen, wie in der winzigen Küche Fishcakes, Seehecht oder Zitronencheesecake zubereitet wird.

Die Mündung des gleichnamigen Flusses teilt das Fischerdorf 12 ★ **Looe** in Ost und West. Am Hafen und in den Gassen von East Looe lebt noch die Atmosphäre von einst. Kurz vor Torpoint, Anleger für die Autofähre nach Plymouth, lohnt 13 **Antony House** mit Stilmöbeln, Porträts von Reynolds und einer Liliensammlung im Garten einen Besuch.

Heldentaten und Teufelsmacht

14 ★ **Plymouth** schrieb Seefahrtsgeschichte. Hier wurde die spanische Armada geschlagen, begann Englands Aufstieg zum Empire. Auf dem Aussichtsplateau von The Hoe erinnern zahlreiche Monumente und ein Museum an die glorreiche Vergangenheit. Mitte August explodieren am Himmel der Hafenstadt fantastische Feuerwerke während der jährlichen Firework Championships. Die wilde Landschaft des 15 ★★ **Dartmoor National Park** hat Legenden inspiriert: Im gewaltigen Hochmoor mit Krüppelkiefern, Heide und bizarren Granitkuppen, Tor genannt, leben nicht nur wilde Ponys und Schafe, sondern auch Riesenhunde wie Sir Conan Doyles »Der Hund der Baskervilles« und Tausende Teufel, so weiß es der Volksmund. Im Nordwesten vom Dartmoor erinnert Castle Drago an den Spleen des Teehändlers Julius Drewe: Er hielt sich für den Nachfahren des Normannengrafen Drago.

In 16 ★ **Exeter** hat das Viertel um die Kathedrale das Erbe der im Zweiten Weltkrieg zerstörten Stadt sorgsam bewahrt. Wer Märkte liebt: Donnerstags wird im Macnaughton Park von 17.00 bis 21.00 Uhr unter freiem Himmel verkauft, was die örtlichen Bauern ernten.

Zwischen Killerton Gardens, einem Landschaftspark um ein Herrenhaus mit Kostümsammlung, und Tiverton bildet ⑰ ★ **Bickleigh** ein idyllisches Dorfensemble mit einer ursprünglich normannischen Burg, weiß getünchten Cottages, Wiesen, Weiden und einer Mühle am Fluss, in der Weber und Töpfer arbeiten und ausstellen.

Sagenhafte Nordküste

Im Gegensatz zum wildromantischen Dartmoor präsentiert sich das ⑱ ★ ★ **Exmoor** als liebreizende Landschaft mit sanft gewellten Wiesen, schattigen Wäldern, Wildponys und purpurner Heidepracht im Herbst. Die **Tarr Steps** wurden im Mittelalter als Brücke über den Barle aus geschichteten Steinplatten errichtet. Über **Ilfracombe**, das älteste Seebad von Nord-Devon, und die geschäftigen Marktstädtchen Barnstaple und Bideford wird Devons berühmtestes Fischerdorf erreicht: das autofreie ⑲ ★ **Clovelly**, das sich mit weiß gekalkten Cottages malerisch zwischen die Klippen zwängt. Ein lohnender Abstecher führt auf der B 3248 zum sturmumtosten Leuchtturm am Hartland Point. Von Bideford bringt die MS »Oldenburg« Tagesausflügler zur kleinen Vogelinsel Lundy. Vorbei am Seebad Bude, wo Surfer auf den Wellen reiten, geht es zum Zentrum der Artussage: ⑳ ★ **Tintagel**. Auf der gleichnamigen Burg, die auf hohen Klippen thront, soll der legendäre Herrscher geboren worden sein. Ob es stimmt, was der Chronist Geoffrey of Monmouth in seiner »Historia Regum Britanniae« 1136 behauptet, ist bis heute nicht geklärt. Für alle, die die Kliffküste beim Picknicken genießen wollten, stellen **Charlie's Café Restaurant & Deli** an der Fore Street einen persönlichen »hamper« mit den Spezialitäten Cornwalls zusammen. Ein herrlicher Klippenweg verläuft nach Boscastle, wo sich ein Hexenmuseum der besonderen Magie und Mystik Cornwalls widmet. ㉑ ★ **Padstow** an der Mündung des Camel ist nicht nur ein Zentrum der Dinghi-Segler, sondern auch ein Schlemmerparadies, seitdem Rick Stein sein gefeiertes Fischrestaurant eröffnete. Zuviel gefuttert? Dann leihen Sie sich ein Fahrrad und strampeln Sie die Kalorien auf dem 18 mi / 28 km **Camel Trail** nach Poley's Bridge wieder ab!

Heimat der Schmuggler

Nur 10 mi / 16 km landeinwärts beginnt die karge Landschaft des ㉒ ★ **Bodmin Moor** mit zerklüfteten Hügeln, die beim Brown Willy 420 m hoch aus dem Hochmoor ragen, und einer weltberühmten Gastwirtschaft: dem **Jamaica Inn**, das Daphne du Maurier zu ihrem gleichnamigen Schmugglerroman inspirierte. Von der einstigen Postkutschenstation können Sie einen Spaziergang zum 2 mi / 3,5 km entfernten **Dozmary Pool** machen, wo König Artus der Legende nach sein Schwert Excalibur erhalten hat. Letzter landschaftlicher Höhepunkt der Rundfahrt sind die ㉓ **Bedruthan Steps**, riesige Felsbrocken, von der rauen Brandung der cornischen Küste umtost. Zurück nach **St Ives** führt die gut ausgebaute A 30.

Z
ZIELE

Magisch, aufregend, einfach schön

Alle Reiseziele sind alphabetisch geordnet. Sie haben die Freiheit der Reiseplanung.

Daphne du Maurier lebte lange Zeit in Fowey. Ließ sie sich hier zu »Rebecca« inspirieren? ►

★ AVEBURY

Grafschaft: Wiltshire | **Einwohner:** 530

Wir schreiben das Jahr 2000. Wer in der Gegend von Avebury unterwegs war, sah eine staunenswerte, von Menschenhand geschaffene Kultlandschaft. Ein kreisrunder künstlicher Hügel ragte unvermittelt 40 m in die Höhe. Daneben umschloss ein Steinkreis ein 1000 Jahre altes Heiligtum. Von dort leitete eine Prozessionsallee aus 100 aufgerichteten Steinpaaren zu einem zweiten, riesigen Steinkreis, den ein hoher Wall aus leuchtend weißer Kreide umgab.

Mystik der Steinzeit

Die Rede ist zwar vom Jahr 2000 vor Christi Geburt, aber von den Bauwerken der Steinzeit ist genug geblieben, um Besuchern auch im 21 Jh. n. Chr. zu imponieren. Ist der Zugang zum berühmteren, von Touristen umlagerten Stonehenge streng reglementiert, hat man in Avebury die Möglichkeit, sich in einer ruhigeren Umgebung frei zu bewegen und den größten der ca. 1000 Steinkreise der britischen Inseln zu besichtigen. Heute umschließt die große **Steinkreisanlage** mit Sandsteinblöcken, Erdwällen und Graben das ganze Dorf Avebury samt Manor House, weidenden Schafen und einer Straßenkreuzung, die die neolithische Kultstätte viertelt. Zusammen mit dem 25 km südlich gelegenen Stonehenge wurde der Komplex von der UNESCO zum Weltkulturerbe erklärt.

Wohin in Avebury?

Größter Steinkreis Großbritanniens

★ Avebury Circle

Zwischen 2500 und 2200 v. Chr. entstand der Avebury Circle. Die 11,5 ha große Anlage umgaben einst ein 15 m hoher Erdwall von 1,5 km Länge und ein 9 m tiefer Graben mit Durchlässen in den vier Himmelsrichtungen. Innerhalb des Grabens erhoben sich 20–65 t schwere **Sandstein-Monolithe**. Dieser Kreis mit 100 Steinen und einem Durchmesser von mehr als 200 m (Stonehenge: ca. 33 m) umschloss wiederum zwei kleinere Steinkreise um das zentrale Allerheiligste. Nach 1000-jähriger Nutzung diente die Kultstätte späteren Generationen als Steinbruch. Im Mittelalter wurden die Steine als Teufelswerk angesehen. Dass nicht mehr davon entfernt wurden, ist einem Unfall im 14. Jh. zu verdanken, als ein Stein einen Mann unter sich begrub und für ein christliches Begräbnis nicht geborgen werden konnte. Der Aberglaube um die Steine war nun stärker denn je – erst im Zuge der Ausgrabungen der 1930er-Jahre wurde das Skelett freigelegt.

Mächtig, mystisch, rätselhaft: Menhire im Licht der untergehenden Sonne

Prozessionsallee zum Steinzeitfriedhof

Als 2,5 km lange Prozessionsallee führte die Kennet Avenue südlich vom Avebury Circle zum Heiligtum auf dem Overton Hill, dessen Rundbau ab 3000 v. Chr. vermutlich für **Begräbnisriten** errichtet wurde. Erst später entstand auch hier ein Steinkreis, etwa zeitgleich mit der Verbindung zum Avebury Circle. Menschliche Knochen in großer Zahl wurden gefunden, ebenso Speisereste, die als Zeugnisse von Festmahlzeiten gedeutet werden.

★ Kennet Avenue, Overton Hill

Spitzhacken aus Rentiergeweih

Mit 40 m Höhe und 160 m Durchmesser ist Silbury Hill der größte von Menschen geschaffene historische Hügel Europas. Zum Bau des **Schotter-Kegels** verwendeten die Steinzeitmenschen Spitzhacken aus Rentiergeweih und Schaufeln aus Schulterblättern von Ochsen. Auf der Spitze des Hügels gefundene Geweihreste ließen die Vollendung der Arbeiten zwischen 2470 und 2350 v. Chr. datieren.

Silbury Hill

AVEBURY ERLEBEN

AVEBURY TOURIST INFORMATION CENTRE
Avebury Chapel Centre, Green Street, Avebury SN8 1RE
Tel. 01672 53 94 25
www.visitwiltshire.co.uk

Markierte Wanderwege erschließen die Steinkreise und andere neolithische Monumente der Umgebung.

THE LODGE €€€ – €€
Mitten im Steinkreis von Avebury liegt das kleine Gästehaus von Andrew und Susan mit lediglich zwei Gästezimmern, die beide einen kleinen Erker besitzen – vom dort aufgestellten Sessel genießt man eine exklusive Aussicht direkt auf die riesigen Steine im Kreis.
High Street, Avebury
Wiltshire SN8 1RF
Tel. 01672 53 90 23

★ West Kennett Long Barrow

Steinzeitliche Grabkammer
West Kennett Long Barrow, 1 km südlich von Silbury Hill, ist die größte Grabkammer Englands. Sie wurde von 3700 bis 2000 v. Chr. für Begräbnisse genutzt. Hinter dem monumentalen Eingang führt ein 100 m langer Korridor zu fünf Kammern, in denen 46 Skelette und Grabbeigaben gefunden wurden.

Windmill Hill

Prähistorischer Viehtrieb
1,3 mi / 2 km nordwestlich von Avebury entstand zeitgleich Windmill Hill mit drei **konzentrischen Wällen und Gräben**, in denen das Vieh für die Schlachtung im Herbst zusammengetrieben wurde.

Alexander Keiller Museum

Museum zur Steinkreisanlage
Das Alexander Keiller Museum hinter der Pfarrkirche St James erläutert mit Modellen, Schautafeln und Funden die Steinkreisanlage. Der namensgebende Amateurarchäologe Keiller, Spross einer schottischen Marmeladendynastie, führte die Ausgrabungen in Avebury und am Windmill Hill in den 1930er-Jahren durch und ließ dabei viele umgestoßene Steine wieder aufrichten.
Museum: April – Okt. tgl. 10 – 18, Nov. – März tgl. 10 – 16 Uhr
Eintritt: 4,40 £ | www.english-heritage.org.uk
Avebury Stone Circle: freier Zugang
Silbury Hill: 1,5 km südlich des Dorfes Avebury, direkt an der A 4 mit Parkplatz; es ist nicht gestattet, den Hügel zu besteigen.
Windmill Hill: ab Avebury ca. 2,5 km in nordwestlicher Richtung auf dem markierten Fußweg
West Kennett Long Barrow: Parkbucht an der A 4, von dort 800 m zu Fuß, ausgeschildert

Rund um Avebury

Normannenburg und georgianische Ladenkolonnaden

Marlborough

In der Marktstadt am Kennet-Fluss, 11 km östlich von Avebury an der alten Handelsroute zwischen London und Bath, lohnt sich ein Bummel an der platzartigen High Street. Die wohl **breiteste Hauptstraße Englands**, im Osten vom viktorianischen Rathaus und der Kirche St Mary's, im Westen von St Peter and Paul aus dem 15. Jh. begrenzt, säumen georgianische Ladenkolonnaden. Für Besucher offen ist das Merchant's House (1653) an der Nordseite der High Street. Das Domizil des Seidenhändlers Thomas Bayly verfügt über herrliche Interieurs mit Holztäfelung und Möblierung im Stil des 17. Jh.s, gemalten Wanddekorationen und einer Glasmalerei als Sonnenuhr.

Die Reste der Normannenburg in der westlichen Verlängerung der High Street wurden im 16. Jh. in ein Herrenhaus integriert, um das sich seit 1843 die renommierte **Privatschule Marlborough College** ausbreitete. Zu den Ehemaligen gehören Kate Middleton (jetzt Herzogin von Cambridge und Ehefrau von Prinz William), der Autor Bruce Chatwin und der Sänger Chris de Burgh. Dem späteren Hofdichter John Betjeman (1906–1984) gefiel seine Zeit als Schüler dort nicht: »Schicksal! Schwarzes, zitterndes Schicksal! Unerbittliche Glocken für die erste Schulstunde, den Gottesdienst und wieder Schule. Gehetzte Mahlzeiten, Darmverstopfung obligatorisch«, schrieb er in seinem autobiografischen Gedicht »Summoned by Bells«. Zum leider nicht zugänglichen Schulgelände gehört »Merlin's Mound«, ein zeitgleich mit Silbury Hill geschaffener künstlicher Hügel, unter dem einer Legende zufolge der Zauberer Merlin aus der Artus-Legende begraben liegt.

Merchant's House: nur mit Führung, April – Okt. Mo. 11.30, 13.30, Di., Fr., Sa. 10.30, 12, 13.30 Uhr | Eintritt: 7,50 £
www.themerchantshouse.co.uk

Ein Pferd aus der Eisenzeit – und seine Nachfahren

★ Uffington White Horse

Sechs in Kalk geritzte Pferde leuchten weiß aus dem Wiesengrün der Wiltshire Downs. Das älteste und sehenswerteste ist das **Uffington White Horse** an der B 4057 zwischen Swindon und Wantage. Der 114 m lange Pferdekörper aus der späten Eisenzeit liegt direkt am Fernwanderweg The Ridgeway, der quer durch England von Overton Hill (s. oben) im Westen bis zur Themse bei Goring einer vorgeschichtlichen Handelsroute folgt. Das **Westbury/Bratton White Horse** südwestlich von Devizes an der B 3098 entstand 1778 auf den Umrissen eines älteren Pferdes und wurde 1873 mit Steinen gefasst. Weitere Pferde wurden nach diesen Vorbildern im späten 18. und im 19. Jh. ausgehoben.

Uffington White Horse: zu jeder Zeit zugänglich, von der B4507 zwischen Ashbury und Wantage ausgeschildert

★★ BATH

Grafschaft: Avon | **Einwohner:** 88 900

»Von wunderbar einziger Schönheit ist der Anblick der Stadt ...«, schrieb Johanna Schopenhauer 1803, und ihr Urteil über Englands einziges Mineralbad mit heißen Quellen ist bis heute gültig. Sie erlebte die Stadt zur Blütezeit des Kurbetriebs. Wer Rang und Namen hatte, kam zum Flirten und Tanzen oder für seine Gesundheit nach Bath.

Kurort seit Römertagen

Prägend für den Geschmack der feinen Gesellschaft wurde der größte Dandy des 18. Jh.s, **Richard Nash**, »The Beau« genannt, der Etikette und Umgangsformen für Adel und Bürgertum gleichermaßen festlegte. **Jane Austen**, die ab 1801 unfreiwillig hier einige schriftstellerisch unproduktive Jahre verbrachte – sie lebte lieber auf dem Land, doch ihr Vater zog den Kurort vor – hielt in den posthum veröffentlichten Romanen »Northanger Abbey« und »Persuasion« der mondänen Gesellschaft von Bath einen Spiegel vor. Das Gesicht der Stadt prägten bereits zu ihrer Zeit die Bauten von **John Wood dem**

Hier ließen es sich die alten Römer gut gehen: Mittelpunkt der Jahrtausende alten Anlage ist das 24 m lange Große Bad – open air und heute mit Blick auf die Abteikirche.

Älteren, der mit The Crescent, Parades und Queen Square ganze Anlagen im georgianischen Stil des 18. Jh.s errichtete. Die einheitlichen Fassaden der meist dreigeschossigen Häuserensembles sind mit **leuchtend gelbem Bath-Stone** aus den nahen Steinbrüchen verkleidet. Der elegante Kurort mit goldgelben Fassaden, bezaubernden Parkanlagen und geschmackvollen Geschäften ist ein architektonisches Juwel und seit 1987 UNESCO-Weltkulturerbe. Wer heute in Bath einkauft und übernachtet, im historischen Pump Room (Kursaal) speist und sich im modernen Wellnessbetrieb verwöhnt, kann die großen Tage der Stadt im 18. Jh. nachempfinden, als sie **Modebad der englischen Oberschicht** war.

Thermalschlamm und elegante Welt

Stadtgeschichte

Der als Schweinehirt umherziehende Prinz Bladud soll um das Jahr 500 v. Chr. die heißen Quellen entdeckt und seine Leprawunden im Thermalschlamm geheilt haben. 44 n. Chr. gründeten die Römer das Badezentrum **Aquae Sulis**, das nach ihrem Abzug verfiel. Die Sachsen errichteten im 7. Jh. innerhalb der römischen Mauern einen kleinen Ort mit einer Abtei, der im Spätmittelalter Zentrum der Tuchherstellung war. Bausubstanz aus römischer und mittelalterlicher Zeit ist noch zu sehen. 1702 leitete ein Besuch von Queen Anne, die hier logierte, eine neue Epoche ein: Bath wurde und ist heute wieder Schauplatz der eleganten Welt. Die alten Bäder wurden restauriert, neue Glanzlichter wie das Bath International Festival für Musikliebhaber gesetzt.

Wohin in Bath?

Antike Bäder und georgianische Architektur

★★ Roman Baths

Die Römischen Bäder wurden ab 75 n. Chr. erbaut, bis ins 4. Jh. genutzt, nach der keltischen Gottheit Sulis benannt und der römischen Göttin Minerva geweiht. Den Mittelpunkt der Anlage, die erst ab 1755 wiederentdeckt wurde, bildet das 1,60 m tiefe und 12 × 24 m **Große Bad** (Great Bath) mit freiem Blick zum Himmel. Das 46,5 °C warme Quellwasser aus 3000 m Tiefe enthält 43 verschiedene Mineralien – täglich sprudeln hier rund 1 250 000 l hervor. Um weitere Becken und Räume aus römischer Zeit gruppiert sich das dampfendgrüne Great Bath, über dessen antiken Grundmauern die Bauten des 18. Jh.s mit Statuen und Balustraden entstanden. Eine gut konzipierte Ausstellung mit Rundgang setzt audiovisuelle Technik ein, um ausgestellte Funde wie Votivgaben und Mosaike mit Rekonstruktionen der römischen Anlage und der Geschichte des Badebetriebs zu ergänzen.

Tgl. 9 – 18, Juli/Aug. bis 22, Nov. – Feb. ab 9.30 Uhr
Eintritt: 15,50 £, Juli/Aug. 17 £ | www.romanbaths.co.uk

BATH ERLEBEN

TOURIST INFORMATION CENTRE
Abbey Chambers
Abbey Churchyard Bath BA1 1LY
Tel. 0844 847 52 56
www.visitbath.co.uk

Im Mai bietet das International Music Festival Konzerte aller Stilrichtungen, im Sept. ist Kultautorin Jane Austen ein eigenes Festival gewidmet. www.janeaustenfestival.co.uk.

Zu den traditionellen Top-Adressen gehören »The Corridor«, eine Einkaufspassage von 1825 und das Kaufhaus Jolly's von 1831. Neben London gilt Bath zudem als Mekka für Antiquitäten. Beim **Saturday Antique Market** in der Walcot Street bieten 40 Händler jeden Sonnabend Edles und Exquisites aus früheren Zeiten. Zu den ersten Adressen für Kunsthandwerk gehört die landesweit bekannte Glasbläserei **Bath Aqua Glass** Ecke Old Orchard/Walcot Street (Mo. – Fr. 11.15 und 14.15, Sa. 14.15 Uhr Schauvorführungen im Glasblasen, Glasbläser-Schnupperkurse).

FINE CHEESE COMPANY
Baby Cheddar, Sharpham Brie, Stilton, Mönchskäse und Aged Winchester: Die Fine Cheese Company begeistert Käsefans mit über 100 handgemachten Rohmilch-Köstlichkeiten. Einige kann man im angeschlossenen Café probieren.
29 & 31 Walcot Street,
www.finecheese.co.uk

❶ CLAYTON'S KITCHEN €€
Robert Claytons gemütliches Restaurant kombiniert Einflüsse aus Frankreich und dem Mittelmeer mit besten britischen Zutaten und scheut vor ungewöhnlichen Kreationen nicht zurück – zum Nachtisch Eis mit Guinness-Geschmack gefällig?
15A George Street
Tel. 01225 58 01 00,
www.claytonskitchen.com

❷ THE PUMP ROOM €€
Klassische Live-Musik vom Trio oder Klavier erfüllt den diskret beleuchteten Raum aus dem 18. Jh. direkt neben den Römischen Bädern. Breakfast Morning Coffee, Lunch und Afternoon Tea, Dinner nur in Juli und August. »Traditional Afternoon Tea« nach allen Regeln der Kunst mit Sandwiches, Scones und Kuchen kostet 25 £, dann kann man auch auf das Abendessen verzichten.
The Roman Baths,
Abbey Church Yard,
Tel. 01225 44 44 77

❸ THE MARLBOROUGH TAVERN €€ – €
Der Gastropub mit Biergarten nahe Royal Crescent ist eine Institution – und die Küche ein Spiegelbild der Region und ihrer Produzenten. Probieren Sie das »West Country Cheeseboard«.
35 Marlborough Buildings,
Tel. 01225 42 37 31,
www.marlborough-tavern.com

❹ SALLY LUNN'S BUNS €
Im ältesten Haus der Stadt erfand im Jahr 1680 eine junge Französin ein locker-leichtes Brötchen – die Geschichte der »Sally Lunn's Buns« er-

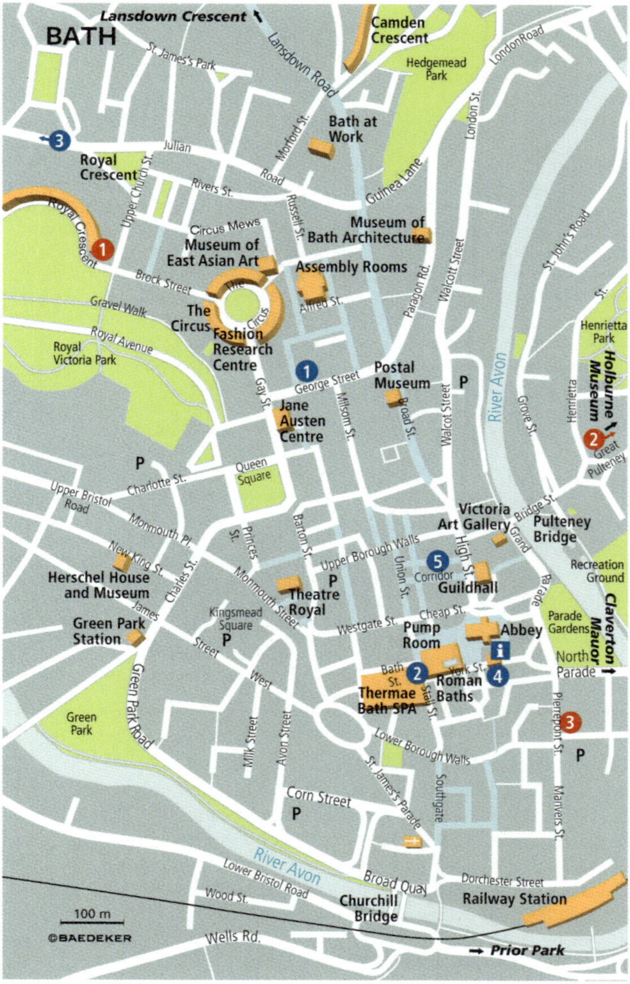

1 Clayton's Kitchen
2 The Pump Room
3 The Marlborough Tavern
4 Sally Lunn's
5 Cœur de Lion

1 The Royal Crescent
2 Dukes
3 The Halycon Apartments

Fußgängerzone

zählt ein Museum, die berühmten Rosinenbrötchen serviert der Tearoom.
4 North Parade Passage,
Tel. 01225 461 634,
www.sallylunns.co.uk

5 CŒUR DE LION €

Im kleinsten Pub der Stadt werden die süffigen Abbey Ales von einer Brauerei aus Bath gezapf – und auch das deftige Essen mundet, beispielsweise Ploughman's Lunch mit Schinken oder Cheddar-Käse aus der Region!
17 Northumberland Place,
Tel. 01225 46 35 68,
www.coeur-de-lion.co.uk

1 THE ROYAL CRESCENT €€€€

In der herrschaftlichen Architektur des Royal Crescent verteilen sich die äußerst luxuriösen Zimmer auf mehrere Gebäude um einen bezaubernden Garten. Für das leibliche Wohl sorgen eine edle Wellness-Oase und das »Dower House Restaurant« mit Terrasse und Gartenblick.
16 Royal Crescent
Bath BA2 6FJ
Tel. 01225 82 33 33,
www.royalcrescent.co.uk, 45 Z.

2 DUKES €€€–€€

Das prachtvolle palladianische Stadthaus mit 18 eleganten, im altenglischen Stil eingerichteten Zimmern – Bucchleuch und Athol haben Himmelbetten! – steht an einer der schönsten Straßen von Bath. Über die Pulteney Bridge erreicht man in fünf Minuten die Stadtmitte. Dukes ist kein Hotel, sondern ein B & B der Extraklasse.
Great Pulteney Street,
Bath BA2 4DN,
Tel. 01225 78 79 60,
www.dukesbath.co.uk

3 THE HALCYON APARTMENTS €€

Die 7 Apartments für 2–6 Personen und 3 kleinere Suiten in bester Lage sind stylisch, die Bar-Lounge Circo ist angesagter Treff für Tapas und Weine.
16 George Street, Bath BA1 2EN,
Tel. 01225 58 51 00,
www.thehalcyon.com

Einst Hotspot der High Society

Pump Room

Anschließend empfehlen sich Erfrischungen im Pump Room, in dem bis heute das Heilwasser gekostet werden kann, das **Charles Dickens** in seinen »Pickwick Papers« 1836 mit einem heißen Bügeleisen verglich. In der reich mit Stuck verzierten Brunnenhalle musiziert Englands ältestes Ensemble zum Afternoon Tea.
Tel. 01225 44 44 77 | www.romanbaths.co.uk

Neue Therme aus dem 21. Jahrhundert

★ Thermae Bath Spa

Im historischen Roman Bath wird nicht mehr gebadet. Herz des Kurbetriebs ist heute eine spektakuläre **Wellnessoase** mit diversen Schwimm- und Dampfbädern. Fantastisch: der Dachpool mit Blick auf die Kathedrale.
New Royal Bath: tgl. 9–21.30, letzter Einlass 19 Uhr
Cross Bath: tgl. 10–20, letzter Einlass 18 Uhr
www.thermaebathspa.com

Gotische Abteikirche

Bath Abbey

Ein Traum, festgehalten an der Westfassade, veranlasste Oliver King, Bischof von Bath und Wells, zum Bau einer Abteikirche an der Stelle einer baufälligen normannischen Kathedrale. Als er im Jahr 1495 die Bischofswürde erhielt, sah er Engel eine Leiter auf- und absteigen, während eine Stimme verkündete: »Lass einen Olivenbaum die Krone errichten und einen König die Kirche erneuern.« Im Innern beeindrucken das reich geschmückte **Fächergewölbe** aus dem 19. Jh. und mehr als 400 Denkmäler und Grabtafeln.

Überbaute Brücke

Pulteney Bridge

Im Jahr 1770 errichtete Robert Adam im Auftrag von Sir William Pulteney die berühmteste Brücke über den Avon: Die **Pulteney Bridge** trägt auf ihren drei Bogen zwei schmale Ladenzeilen und führt auf die klassizistischen Gebäudefluchten der Great Pulteney Street zu.

Prächtiger Platz

Queen Square

Der rechteckige Platz wurde von John Wood d. Ä. (1704 – 1754) angelegt, der Obelisk 1738 von »Beau« Nash gestiftet. Hohe Fenster, Säulen und Pilaster gliedern die einheitlichen Fassaden der Häuser. John Wood d. Ä. wohnte in Nr. 24, Jane Austen lebte 1799 in Nr. 13.

Königlich-bürgerliche Kulisse für ein lässiges Picknick im Royal Victoria Park vor dem Royal Crescent

Berühmte Tochter

★ Jane Austen Centre

In der Gay Street berichtet das Jane Austen Centre vom Leben und Werk der bekanntesten Tochter Baths (▶ Interessante Menschen, S. 361), der ein eigenes Festival gewidmet ist (▶ S. 54).

April – Juni, Sept, Okt. tgl. 9.45 – 17.30, Juli/Aug. 9.30 – 18, Nov. – März 10 – 16, Sa. 9.45 – 17.30 Uhr | Eintritt: 11 £ | www.janeausten.co.uk

Wohnkreis aus 33 Herrenhäusern

★ Circus

Nach römischem Vorbild begann John Wood d. Ä. in seinem Todesjahr 1754 mit dem Bau der kreisrunden Anlage, die vier Jahre später von seinem Sohn fertiggestellt wurde. Die einheitlichen Fassaden der 33 Wohnhäuser gliedern aufsteigende Säulen mit dorischen, ionischen und korinthischen Kapitellen; niedrige Mansardendächer und ein umlaufender Fries mit 560 Motiven schließen die **dreistöckigen Prachtbauten** ab. Am Circus, Vorbild für spätere Wohnkreise in England und Deutschland, wohnte die Prominenz: Premierminister William Pitt (1708 – 1778), der Afrikaforscher David Livingstone (1813 – 1873) und der Maler Thomas Gainsborough (1727 – 1788).

Mode seit dem 17. Jahrhundert

Fashion Museum

Interessante Museen erwecken das Bath des 18. Jh.s zum Leben. In den eleganten **Assembly Rooms** aus der Mitte des 18. Jh.s, die der Abendunterhaltung der Badegäste dienten – das Werk des jüngeren John Wood (1728 –1781) –, sollten Modefans sich die ausgezeichnete Sammlung historischer Kostüme ansehen. Auch zeitgenössische Mode wird hier in Sonderausstellungen präsentiert.

Nov. – Feb. tgl. 10.30 – 16, März – Okt. 10.30 – 17 Uhr | Eintritt: 9 £
www.fashionmuseum.co.uk

Baths Weg zur georgianischen Stadt

Museum of Bath Architecture

In der gotischen Countess of Huntingdon's Chapel erklärt ein großes Stadtmodell die historische Entwicklung und Architektur Baths. Werkzeug, Videos und Skizzen zeigen die Arbeit der verschiedenen Gewerke und die hinter den harmonischen Fassaden versteckten Unregelmäßigkeiten.

Feb. – Nov. Di. – Fr. 14 – 17, Sa./So. 10.30 – 17 Uhr | Eintritt: 6 £
http://museumofbatharchitecture.org.uk

Halbmondförmiger Straßenzug

Royal Crescent

Das Meisterstück von John Wood d. J. stellt der 184 m lange »Halbmond« des Royal Crescent aus 30 Bürgerhäusern dar, deren Fassaden monumentale ionische Säulen bis zur Dachbalustrade zieren. Das Museum in der **No. 1 Royal Crescent** beleuchtet von Keller und Küche bis zu originalgetreu eingerichteten Wohnräumen das Leben in der königlich anmutenden Reihenhaussiedlung, die im 18. Jh. in Bath mehrfach kopiert wurde: John Palmer schuf mit Lansdown Crescent

BAEDEKER MAGISCHE MOMENTE

HEILKRÄFTIGER TEE

Tee, da sind sich die Briten sicher, hilft bei allen Zipperlein, seien sie nun körperlichen oder geistigen Ursprungs. Besonders stilecht genießen lässt sich das Allheilmittel im Kursaal von Bath. Hier schlürfen Sie Ihren Nachmittagstee in einem eleganten, mit Säulen, weißem Stuck und Kristallleuchtern geschmückten Saal aus der großen Zeit des Kurbetriebs, bei klassischer Klaviermusik und den Klängen des Pump Room Trio. Träumen Sie sich doch ein bisschen weg ... Eine Reservierung wird wärmstens empfohlen: Tel. 01225 44 44 77, www.romanbaths.co.uk!

eine mehrere Hundert Meter lange Wohnzeile, John Eveleighs Camden Crescent wurde wegen Statikproblemen nie vollendet.

No. 1 Royal Crescent: Mitte Feb. – Mitte Dez. Di. – So. 10.30 – 17.30, Mo. 12 – 17.30 Uhr | Eintritt: 10 £ | http://no1royalcrescent.org.uk

Kunst in majestätischem Ambiente

★ Holburne Museum

Sir Thomas William Holburnes (1793 – 1874) Sammlungen bilden den Kern des Holburne Museum. Die **hervorragende Gemäldesammlung** residiert in einer palladianischen Villa, die 1797 erbaut und durch einen modernen Anbau erweitert wurde. Sie zeigt neben flämischen, holländischen und italienischen Künstlern Werke von Gainsborough, Stubbs und Raeburn. Ausgestellt sind ferner Silberwaren, Keramik, italienische Majolika und Porzellan.

Tgl. 10 – 17 Uhr | Eintritt zur ständigen Sammlung frei
www.holburne.org

Rund um Bath

Charmante Marktstadt am Avon

★ Bradford-on-Avon

Steile Gässchen und malerische Häuser prägen das Bild der alten Tuchhändlerstadt 8 mi / 13 km östlich von Bath. Eine Steinbrücke aus dem 13. Jh. überspannt den Avon, am Flussufer steht die 50 m lange Tithe Barn, eine beeindruckende steinerne Zehntscheune mit einem Holzdach aus dem 14. Jahrhundert. Um 700 wurde die Kirche St Lawrence erbaut. In den preisgekrönten **Bridge Tearooms** servieren junge Damen in weißen, gestärkten Schürzen sieben verschiedene Tee-Menüs – zum »Queen Victoria Celebration Afternoon Tea« gehört ein Glas Prosecco (27 £).

Tithe Barn: tgl. 10.30 – 16 Uhr | Eintritt: frei
www.english-heritage.org.uk
Bridge Tearooms: http://thebridgetearooms.co.uk

Denkmaldorf und Harry-Potter-Kulisse

★ Lacock

Kinogänger kennen die spätmittelalterlichen Bürger- und Wirtshäuser des winzigen Denkmaldorfes 12,5 mi / 20 km östlich von Bath aus der Jane-Austen-Verfilmung »Emma«. **Lacock Abbey**, 1229 als Augustinerinnenabtei gegründet und 1539 in ein Herrenhaus für die Familie Talbot umgewandelt, wurde 1755 im Stil des Gothic Revival umgebaut und im Jahr 2000 als Kulisse für den Film »Harry Potter und der Stein der Weisen« genutzt. An den Fotopionier und Erfinder des Negativs, **William Henry Fox-Talbot** (1800 – 1877), erinnert ein Museum.

Fox Talbot Museum: tgl. 10.30 – 17.30, Haus 11 – 17 Uhr
Eintritt: 12,70 £ | www.nationaltrust.org.uk

Georgianischer Landsitz mit Rokoko-Park

Bowood House

Der Gartenarchitekt **Capability Brown** legte 1768 den 42 ha großen Landschaftspark von Bowood Housean (4,5 mi / 7 km östlich der Lacock Abbey) an, mit See, Kaskaden, Tempel, Rhododendronhainen, einem 10 m hohen Wasserfall und elf Baumriesen wie der Libanonzeder, die heute 45 m hoch ist. Während der Nachwuchs auf dem Abenteuerspielplatz tobt, lohnt ein Besuch der 1769 von Robert Adam erbauten Orangerie, heute eine Skulpturengalerie, und des Herrenhauses mit Hauskapelle und Bibliothek. Der auf dem Gut angelegte 18-Loch-**Golfplatz** gehört zu den schönsten Südenglands (www.bowood-golf.co.uk).

Ostern – Okt. tgl. 11 – 18 Uhr | Eintritt: 12,50 £ | www.bowood.org

Herrenhaus erster Klasse

★ Longleat House

Das elisabethanische Landschloss 25 mi / 40 km südlich von Bath gehört zu Großbritanniens Big 5, den fünf meistbesuchten Adelsresidenzen des Königreichs. Longleat ist nicht nur der **älteste englische Landsitz der Frührenaissance** und seit über 400 Jahren in Familienbesitz, sondern auch ein Pionier des »stately home business«. 1948 öffnete Henry Thynne, 6. Marquis of Bath, als erster Adliger das Gros der 118 Räume seines Schlosses für die Öffentlichkeit; 1966 schuf er den größten privaten **Safaripark** Europas mit Löwen, Nashörnern, Giraffen und Elefanten – wie Großkatzen jagen, lässt sich seit 2014 hautnah bei der »Deadly Safari« erleben (31,50 £). Heute verwaltet der 7. Marquis das ertragreiche Erbe. Weitere Publikumsmagneten sind die Repräsentationsräume und die mit rund

40 000 Exemplaren umfangreichste Privatbibliothek Großbritanniens im Herrenhaus, der Landschaftspark von Capability Brown, eines der größte Heckenlabyrinthe der Welt, eine Kleineisenbahn sowie ein Abenteuerpark für Kinder.

Juli –Aug. tgl. 10 – 19 Uhr, andere Öffnungszeiten variabel, s. www.longleat.co.uk | Eintritt: Tagesticket All-in-One 34 £, online 29 £; nur Haus und Garten 19 £, online 17 £ | www.longleat.co.uk

Urbild des englischen Landschaftsgartens

★★ Stourhead House and Garden

Stourhead, 6 mi / 9,5 km südlich von Longleat, ist ein geradezu perfekter englischer Landschaftsgarten, ein Gesamtkunstwerk aus gestalteter und freier Natur, geschaffen nach Popes Diktum: »All gardening is landscape painting.« Bis auf die im 19. Jh. angepflanzten Rhododendren und Magnolien ist alles unverändert im Stil des 18. Jh.s erhalten. Baumbestandene Hügel mit kleinen klassizistischen Tempeln ziehen sich um einen künstlichen See. 2012 gesellte sich hier der **Temple of Flora** als Heimstätte der Göttin der Blumen hinzu. Der Park und das palladianische Landhaus wurden 1721/1722 für die Londoner Bankiersfamilie Hoare von Colen Campbell entworfen. Für die Bibliothek lieferte Thomas Chippendale kostbare Stilmöbel, die Gemäldegalerie zieren Arbeiten von Canaletto, Raffael, Nicolas Poussin und Angelika Kauffmann.

Garten: tgl. 9 – 18, Haus: 11 – 16.30 Uhr | Eintritt: Gesamtanlage 16 £, Führungen gratis, King Alfred's Tower 4,20 £
www.nationaltrust.org.uk/stourhead

★ BODMIN MOOR

Grafschaft: Cornwall

Das einzige Moor Cornwalls war jahrhundertelang wegen seiner Gespenster und nächtlichen »Irrlichter« gefürchtet – wandernden Strandräubern und Schmugglern. Ihr Treffpunkt, ein alter Gasthof mitten im wilden Hochmoor, inspirierte Daphne du Maurier zu ihrem Bestsellerroman »Jamaica Inn«.

Schmuggler-Geschichten

1930 logierte du Maurier im Jamaica Inn an der A 30 bei Bolventor, lauschte den Schmugglergeschichten der Gäste, verirrte sich im Nebel bei einem Ausritt und machte daraus ihren Krimi »Rebecca«, den Alfred Hitchcock 1939/40 verfilmte. Die **alte Postkutschenstation** Jamaica Inn wurde 1750 gebaut, zu einer Blütezeit des Schmuggelgeschäfts. Noch übler und blutrünstiger war die Tätigkeit der

»Wreckers«, um die es in du Mauriers Roman geht: Mit Laternen lockten sie Schiffe an die Felsen, ermordeten Überlebende und machten sich mit der Fracht davon. Der Jamaica Inn ist mit niedrigen Deckenbalken und Granitkamin zwar noch immer stimmungsvoll, doch als Restaurant mit Besucherattraktionen – einem Du Maurier-Zimmer voller Memorabilien und einem kleinen Schmugglermuseum – häufig überlaufen.

Jamaica Inn: Tel. 01566 862 50 | www.jamaicainn.co.uk

Wohin in Bodmin Moor?

Tors und Excalibur

Wildes Hochmoor

Noch viel weiter zurück reichen die Legenden über Bodmin Moor. Gegenüber dem Jamaica Inn führt ein Pfad zum angeblich bodenlosen Dozmary Pool, in den der Ritter Bedivere das sagenhafte Schwert **Excalibur** von König Artus geworfen haben soll. Das 260 km² große Moor, das heute von der A 30 durchschnitten wird, ist geologisch und landschaftlich eine kleinere Version von Dartmoor. Oft fegt ein rauer Wind über die unwirtliche Ebene, aus der aufeinandergetürmte Gra-

Ideale Kulisse für Rosamunde Pilcher: Lanhydrock House mit seinen liebevoll gepflegten Gärten

nitfelsen, im Volksmund »tors« genannt, aufragen – das **Rough Tor** in der Nähe des Brown Willy, mit 419 m die höchste Erhebung, das Kilmar Tor und das Garrow Tor. Von der frühen prähistorischen Besiedlung zeugen die bronzezeitlichen **Hurlers-Steinkreise** und der **Cheesewring** bei Minions im Süden des Moors.

Kleinstadt mit Gefängnismuseum und großer Pfarrkirche

Bodmin

Nach Bodmin wird man entweder gesteckt oder gebracht, verraten die Einheimischen schmunzelnd. Sie verweisen damit auf die einst berüchtigten Institutionen der Stadt, das Gefängnis **Bodmin Jail** aus dem 18. Jh. in der Berrycombe Road, heute ein Museum, und die psychiatrische Anstalt, in der die Insassen – damals eine Neuerung – Geld für ihre Familien verdienen konnten und Schreiben und Lesen lernten. Im Gefängnis von Bodmin wurden während des Ersten Weltkriegs die Kronjuwelen aufbewahrt. Einst war die viktorianisch geprägte Kleinstadt, die 1989 den Titel der Grafschaftshauptstadt an Truro abtreten musste, ein religiöses Zentrum. Ihre Pfarrkirche **St Petroc**, 1472 erbaut, ist die größte Cornwalls. In ihrem Innern beeindruckt das verzierte normannische Taufbecken aus dem 12. Jh. mit Engelsköpfen, Lebensbaum und Allegorien von Gut und Böse. Sehenswert sind auch zwei deutsche Tafelbilder von 1500 und das Marmorgrabmal für Prior Thomas Vivian aus dem 16. Jahrhundert.

Viktorianisches Herrenhaus in Parklandschaft

★ Lanhydrock House

Auf einem Hügel 3 mi / 5 km südlich von Bodmin thront inmitten einer wunderschönen Parklandschaft Lanhydrock House – Drehort von zwei Rosamunde-Pilcher-Verfilmungen. Im 17. Jh. von Lord Robartes errichtet, brannte es 1881 bis auf das Torhaus und den Nordflügel mit seiner 35 m langen **Long Gallery** ab, deren Stuckdecke Szenen des Alten Testaments darstellen. Der »Neubau« im Tudorstil vermittelt ein anschauliches Bild vom Leben in einem reichen viktorianischen Haushalt.

April – Okt. Di. – So. 11 – 17.30 Uhr | Gesamtanlage Eintritt: 1 £
www.nationaltrust.org.uk

Kreisrunde normannische Burgruine

★ Restormel Castle

Den Bergfried von Restormel Castle zwischen Bodmin und Lostwithiel umgibt ein fünf m tiefer Burggraben – ein beeindruckendes Beispiel für die Militärarchitektur Cornwalls im 12./13. Jahrhundert.

April – Juni, Sept. tgl. 10 – 17, Juli/Aug. bis 18, Okt. bis 16 Uhr
Eintritt: 4,30 £ | www.english-heritage.org.uk

Cornwalls alte Hauptstadt

Launceston

Eine normannische Verteidigungsanlage überragt die einstige Grafschaftshauptstadt am Nordrand des Moors. Brian de Bretagne, ein Halbbruder Williams des Eroberers, errichtete auf einem Erdwall im

BODMIN MOOR ERLEBEN

TOURIST INFORMATION CENTRE
Shire Hall, Mount Folly Square
Bodmin PL1 2DQ
Tel. 01208 766 16
www.bodminlive.com

Auf der stillgelegten Bahnlinie von Bodmin nach Padstow entstand für Wanderer und Radfahrer der Camel Trail. Rund um das Bodmin Moor führt der 60 mi / 96 km lange Copper Trail. Fahrräder können vor Ort gemietet werden.

TREHELLAS HOUSE €€€ – €€
Das Landhaus aus dem frühen 18. Jh. hieß früher Washaway Inn und zeigte auf dem Tavernenschild ein Wäscheweib mit dem Spruch »Wash away your troubles«. 12 hübsche Zimmer, ein gutes Restaurant mit Wein aus dem nahen Camel Valley Vineyard und ein beheizter Pool im attraktiven Garten machen es auch heutigen Gästen leicht, hier die Alltagssorgen wegzuspülen. 7 mi / 11 km nordwestlich von Bodmin.
Washaway, Bodmin PL30 3AD
Tel. 01208 727 00
www.trehellashouse.co.uk

TREDETHY COUNTRY HOUSE €€€ – €€
Italienische Besitzer verpassten dem viktorianischen Herrenhaus einst eine elegante Einrichtung. Die meist geräumigen Zimmer, teils mit Himmelbetten, haben einen Blick auf Wälder und das sattgrüne Camel Valley. Fr./Sa. wird italienische Küche in der gemütlichen Trattoria serviert; direkt am Ufer des kurvenreichen Camel gelegen, 8 mi / 13 km nördlich von Bodmin.
Helland Bridge, Wadebridge PL30 4QS, Tel. 01208 84 17 07
www.tredethyhouse.com, 11 Zi.

11. Jh. ein erstes **Castle** für die Grafen von Cornwall. 100 Jahre später kam ein Bergfried hinzu. Heute genießt man von der Burgruine einen herrlichen Blick. Von der Stadtmauer ist das **Southgate** aus dem 12. Jh. am besten erhalten.
Mit Bildhauerarbeiten reich verziert ist die Granitkirche **St Mary Magdalene** aus dem 16. Jahrhundert. Ältestes Inventar sind ein normannisches Taufbecken und die vorreformatorische Kanzel. Die schönsten georgianischen Bauten von Launceston finden sich in der kopfsteingepflasterten **Castle Street**. Im stilvollen Eagle House Hotel kann man drinnen oder draußen den Afternoon Tea zu sich nehmen. Die Schmalspurbahn Launceston Steam Railway pendelt im Sommer unter Dampf 4 km durch die liebliche Landschaft zum Dorf Newmills.

Launceston Castle: April – Sept. tgl. 10 – 18, Okt. bis 17 Uhr
Eintritt: 4,30 £ | www.english-heritage.org.uk
Launceston Steam Railway: www.launcestonsr.co.uk

BOURNEMOUTH · POOLE

Grafschaft: Dorset | **Einwohner:** 390 000

Wie kam Robert Louis Stevenson dazu, ausgerechnet im angenehmen Seebad Bournemouth, dem Inbegriff eines Urlaubsziels für die gesetzte englische Mittelschicht, seinen dunklen Roman »Dr. Jekyll and Mr. Hyde« zu verfassen? Waren ihm Konventionen und Anstand der Gäste, die sich in der guten Luft bei Spaziergängen an den Seebrücken erholten, schlichtweg zu viel? Heute tummeln sich Sprachschüler aus aller Welt an den 10 km langen Sandstränden.

Seebad und Hafen

Stevenson suchte in dem milden Klima Heilung von seinem Lungenleiden und war nicht der einzige Autor hochwertiger Fantasy-Literatur, der Bournemouth aufsuchte. »Herr der Ringe«-Autor J. R. R. Tolkien starb hier 1973. Frankenstein-Fans zieht es zur St Peter's Church – dort liegt Mary Wollstonecraft Shelley (1797 – 1851), die Autorin des Monster-Romans.
Neben entspanntem Urlaubsvergnügen am Wasser bietet die Umgebung von Bournemouth mehr Vielfalt als auf den ersten Blick erkennbar ist, auch dank der benachbarten Hafenstadt Poole. Die geschützte Bucht von Poole ist ein großer Naturhafen mit einer ins 12./13. Jh.

Flanieren wie in viktorianischer Zeit? Die gusseiserne Bournemouth Arcade in der Old Christchurch Road lässt eine Ahnung davon aufkommen.

zurückreichenden Seefahrertradition. Die beiden Städte sind längst zusammengewachsen – und bilden mit Christchurch die **South East Dorset Conurbation** mit 390 000 Einwohnern. Der Ortsteil Sandbanks gehört zu den reichsten Gegenden des Königsreichs mit Immobilienpreisen wie in den besten Londoner Stadtteilen. Die Wirtschaft der Region – auch die Gastronomieszene und die Cocktailbars in Bournemouth – profitiert von der starken Präsenz des Finanzsektors. Allein die Bank JP Morgan beschäftigt hier 40 Personen. Eine letzte Überraschung (vorerst): 2015 stieg der 1899 gegründete Fußballverein AFC Bournemouth erstmals in die Premier League auf.

Wohin in Bournemouth?

Pier mit Erlebniswelt

Bournemouth Pier

Mehr als 1000 Fuß (304 m) ragt seit 1880 der hölzerne Bournemouth Pier ins Meer – mit Souvenirladen und Eiskremshop, dem aussichtsreichen Key West Restaurant, Kletterwand, Höhlenweg – und einer Zip Line vom Pier zum Strand.

Jahreskarte für den Pier pro Person 1,20 £ | www.rockreef.co.uk/bournemouth-pier

BOURNEMOUTH UND POOLE ERLEBEN

BOURNEMOUTH TOURIST INFORMATION CENTRE

Pier Approach, Bournemouth BH2 5AA, Tel. 01202 45 17 34
www.bournemouth.co.uk

POOLE TOURISM

Poole Museum, 4 High Street
Poole, Dorset BH15 1BW
Tel. 01202 26 26 00
www.pooletourism.com

Brittany und Condor Ferries fahren von Cherbourg, St-Malo und den Kanalinseln nach Poole.
Brownsea Island wird von den Greenslade Pleasure Boats (www.greenslade pleasureboats.co.uk) und Brownsea Island Ferries (www.brownsea islandferries.com) angefahren; beide Firmen bieten auch Ausflüge entlang der Küste. Zwischen Poole und Purbeck-Küste pendelt tgl. 7 bis 23 Uhr die Sandbanks-Autofähre (www.sandbanksferry.co.uk).

Im Aug. lädt das Sinfonieorchester zu den BSO Classical Proms (www.bsolive.com). Ende Aug./Anfang Sept.: Bournemouth Air Show, u. a. Kunstflugvorführung. Im Okt. findet das Arts by the Sea Festival statt.

RESTAURANT ROOTS €€€

Wer die kreativen 5- und 7-gängigen Menüs (auch vegetarische) probiert

hat, wird sämtliche Vorurteile über die englische Küche ablegen. Sellerie mit Trüffel und Haselnuss, Lamm mit Artischocke, Blaubeeren mit Fenchel und weißer Schokolade werden perfekt ausgeführt. Kein Geheimtipp mehr, deshalb lange im Voraus buchen.
141 Bellevue Road, Bournemouth
Tel. 1202430005
http://restaurantroots.co.uk

RICK STEIN €€€ – €€

Promikoch Stein bietet am Wasser im wohlhabenden Sandbanks mit Blick auf Poole Harbour seine vorzüglichen Fischgerichte. Probieren Sie Brownsea-Austern von der benachbarten Insel, Sardinen aus Cornwall oder einen ganzen Taschenkrebs, asiatisch zubereitet mit Ingwer und Chilli. Dazu passt ein englischer Schaumwein vom Weingut English Oak aus dem Dorf Lytchett Matravers bei Poole.
10 – 14 Banks Road, Sandbanks
Tel. 01202 28 30 00
www.rickstein.co.uk

DURLEY DEAN HOTEL €€€

Die Drei-Sterne-Unterkunft in einem viktorianischen Stadthaus bietet Pool, Sauna und ein sehr anständiges Restaurant, ist aber vor allem wegen der Lage nahe dem Strand von Durley Chine empfehlenswert.
28 West Cliff Road, West Cliff
Bournemouth, Dorset BH2 5HE
Tel. ab Dt. 00800 85 85 12 34
www.durleydean.co.uk

Sandstrand, Klippen, Oceanarium

Chines

Die Klippen von Bournemouth unterbrechen tief eingeschnittene Täler – »Chines« – mit prächtigen Rhododendren. Zum 10 km langen Sandstrand mit Pier und Promenade führen Treppen und zwei Lifte. Im **Oceanarium** beim Pier tummeln sich Clownfische und Seepferdchen, im Unterwassertunnel schweben blau gesprenkelte Rochen über die Besucher hinweg.
Oceanarium: tgl. 10 – 18 Uhr | Eintritt: 12,25 £, online ab 9,95 £
Fütterungen: Otter 11, 13, Stachelrochen 15 Uhr
www.oceanarium.co.uk

Neugotik, Dichter und Denker

St Peter's Church

Die 1879 vollendete Kirche mit 62 m hohem Spitzturm ist ein herausragendes Werk viktorianischer Neugotik. Dort mit **Mary Wollstonecraft Shelley** bestattet sind das Herz ihres Dichtergatten Percy Shelley und die Überreste ihrer Eltern – Mary Wollstonecraft, eine der ersten Feministinnen Englands, und der Sozialphilosoph William Godwin, der als Vorreiter des Anarchismus gilt. Im überaus bürgerlichen Bournemouth ist das ein bemerkenswertes Familiengrab.

Kunst am East Cliff

Russell-Cotes Art Gallery & Museum

In der viktorianischen Villa East Cliff Hall von 1901 zeigt das Russell-Cotes Art Gallery & Museum die Sammlung des Hoteliers Sir Merton Russell-Cotes: Gemälde und Skulpturen, vor allem des 19. Jh.s, sowie japanische Kunst.
Di. – So. 10 – 17 Uhr | Eintritt: 6 £ | www.russell-cotes.com

Kunst unter Bäumen

Pine Walk Art Display

Um Strand und Stadt mit einem schattigen Weg zu verbinden, ließ Stadtgründer Lewis Tregonwell Hunderte von Pinien bei den Lower Gardens pflanzen. Der Pine Walk präsentiert alljährlich von Mai bis September von 9.30 bis 17 Uhr Kunst im Grünen.

Wohin in Poole?

Park, Altstadt, Quay, Sandstrände ...

★ Naturhafen

Poole Quay ist das alte Herz des Hafens mit traditionsreichen Kneipen und alten Speichern, in denen man u. a. den Töpfern der **Poole Pottery** zusehen kann. Über die Geschichte vom Seeräubernest zum modernen Hafen informiert das **Poole Museum**, zu dessen Highlights ein Boot aus der Steinzeit, die größte Sammlung des örtlichen Töpferhandwerks sowie eine wunderschöne Café-Terrasse mit Blick auf den Hafen gehören. Poole Quay, Old Town und Harbourside Park erschließt seit 2012 der interaktive Pool Trail, der am Museum beginnt. Nur für Tagesgäste geöffnet ist **Brownsea Island**, in 30 Minuten per Boot zu erreichen. Die 200 ha große Insel im Besitz des National Trust bietet im Norden ein **Vogelschutzgebiet** und im Süden herrliche Wanderwege und Sandstrände. Die Unversehrtheit der Inselnatur ist der Misanthropin Mary Bonham Christie zu verdanken. »The Demon of Brownsea« erwarb die Insel 1927, vertrieb die 200 Bewohner und ließ bis zu ihrem Tod 1961 keine Besucher dort landen.

Poole Museum: April – Okt. tgl. 10 – 17, im Winter bis 16, So. ab 12 Uhr | Eintritt: frei

Brownsea Island: Juli/Aug. tgl. 10 – 18, April – Sept. tgl. 10 – 17 Uhr Eintritt: 6,75 £ | www.nationaltrust.org.uk

Einer der schönsten Privatgärten Englands

Compton Acres

Das erst kurz nach dem Ersten Weltkrieg angelegte Compton Acres, auf der B 3369 rund 3 mi / 5 km südöstlich, ist eine **perfekte Sinfonie von Gartenstilen** von Rom bis Japan, garniert mit herrlichen Ausblicken auf den Hafen von Poole.

Tgl. 10 – 18, im Winter bis 16 Uhr | Eintritt: 8,45 £
www.comptonacres.co.uk

Rund um Bournemouth und Poole

Vom Dom geprägt

Wimborne Minster

Das Zentrum der 5 mi / 9 km nördlich von Poole gelegenen Marktstadt bildet ein prächtiger Dom mit gescheckten Mauerwerk und mächtigem Vierungsturm. Im Inneren ummantelt Bausubstanz aus

Schon Garten und Gebäude von Kingston Lacy sind eine Attraktion ersten Ranges, innen erwarten Sie große Meister.

dem 14. und 15. Jh. den normannischen Kern. Berühmt sind die astronomische Uhr von 1320 und in der einstigen Schatzkammer die **»Chained Library«** von 1686 – die wertvollsten ihrer 250 Bücher waren angekettet.

Herrenhaus mit reicher Kunstsammlung

★ Kingston Lacy

Das Landschloss der Familie Bankes steht 3 mi/5km nordwestlich von Wimborne Minster in einem wunderschönen Garten. Es wurde 1663 erbaut und im 19. Jh. erheblich verändert. In der Eingangshalle führen marmorne Treppen zur Bibliothek mit Familienbildnissen von Sir Peter Lely; der Drawing Room birgt Porträts von Van Dyck. Im Speisesaal beeindruckt das Sebastiano del Piombo zugeschriebene

Deckengemälde. Im Salon hängen Gemälde von Jan Brueghel d. Ä., Tizian und Rubens. Der Spanische Saal vereint die Gemälde spanischer Meister, der Egyptian Room birgt eine große Sammlung altägyptischer Objekte. Den rosafarbenen **Obelisken** aus Granit im Garten brachte Bankes 1815 von einer Ägyptenreise mit.

Haus: März – Okt. Mi. – So. 11 – 17, **Garten:** tgl. 10.30 – 18 Uhr
Eintritt: Gesamtanlage Erw. 12,70 £ | www.nationaltrust.org.uk

Isle of Purbeck

Burgruine, Dorfidyll und Seebad

Purbeck Marble

Die Halbinsel Purbeck ist bekannt für ihren »Purbeck-Marmor«, eigentlich ein dunkler Muschelkalk, mit dem schon die Römer regen Handel trieben – auch beim Bau der Londoner St Paul's Cathedral wurde er verwendet. Die Dampfloks und restaurierten historischen Waggons der **Swanage Railway** verbinden das Seebad der Halbinsel mit dem idyllischen und vielbesuchten Dorf **Corfe Castle**. Oberhalb thront die Ruine einer normannischen Burg aus dem 11. Jh., die 1646 zerstört wurde. Hier wurde 987 König Eduard der Märtyrer von seiner Stiefmutter Elfrieda ermordet.

Steilküste und »Jurassic Coast«

Küstenpfad

Östlich von Swanage führt der South-West Coast Path mit viel Auf und Ab an einer grandiosen Steilküste entlang. Ein Abstecher lohnt zum hübschen Dörfchen Worth **Matravers**, das einst den hochwertigsten Purbeck-Marmor lieferte und heute für den unverdorbenen Charme der alten Kneipe »Square and Compass« bekannt ist. Ein Weg führt an der Kapelle des hl. Aldhelm vorbei zur hoch gelegenen Landspitze **St Aldhelm's Head** mit Aussicht. Hier beginnt das von der UNESCO anerkannte Weltnaturerbe der »Jurassic Coast« (► S. 154).

★★ BRIGHTON · HOVE

Grafschaft: East Sussex | **Einwohner:** 220 000

Als »Lustschloss, stolz und kuppelschwer ...« beschrieb Coleridge den Royal Pavilion, der sich wie ein indischer Maharadscha-Palast auf grünem Rasen mitten im Stadtzentrum von Brighton erhebt. Der spätere Georg IV. ließ ihn erbauen und gehörte damit zu zahllosen Menschen, für die bis heute das Seebad exotische Vergnügen und Flucht vor dem Alltag bedeutet.

Ab Mitte des 18. Jh.s. mauserte sich das Fischernest an der Kanalküste von East Sussex zum mondänen »London by the Sea«. Für Jane Austens Lydia in »Pride and Prejudice« (1813) war Brighton »every possibility of earthly happiness«. Seit sich Prinzregent Georg mit seiner Geliebten hier traf, war in der **Stadt des »Dirty Weekend«** mehr erlaubt als anderswo. Heute ist Brighton Schwulenhochburg, Biotop für Künstler und Alternative, der einzige Wahlkreis des Landes, der sich im Parlament durch die Grüne Partei vertreten lässt.

»London by the Sea«

Fast könnte man sich zwischen den Coffee Shops, Restaurants, Straßenmärkten und Nachtlokalen in einem Stadtteil Londons wähnen, wären da nicht die lang gezogene Strandpromenade mit weißen Hotelfassaden, der Palace Pier und die allgegenwärtige Atmosphäre der Prinzregentenzeit, die sich architektonisch in den Häuserreihen der Crescents und Terraces verewigt hat. Doch zeichnen Brighton nicht nur Eleganz und friedliches Vergnügen aus. In den 1960ern lieferten

1 Gingerman
2 Terre à Terre
3 English's of Brighton

1 Drakes
2 Kings

Fußgängerzone

BRIGHTON ERLEBEN

VISITOR INFORMATION CENTRE

Royal Pavilion Shop, Pavilion Buildings, Brighton BN1 1EE
Tel. 01273 29 03 37
www.visitbrighton.com

Topevents sind das alljährliche **Brighton Kulturfestival** im Mai (https://brightonfestival.org) und die Opernabende im nahen Glyndebourne. Der Andrang ist groß, also unbedingt rechtzeitig buchen (www.glyndebourne.com)!
Seit 1896 wird jeden Nov. die **Oldtimer-Rallye** zwischen London und Brighton ausgetragen – angeblich die älteste Motorsportveranstaltung der Welt.
Wegen seiner jahrhundertelangen Toleranz für unkonventionelle Lebensweisen ist Brighton heute ein Hotspot der Homosexuellen, die hier gleich zweimal einen **CSD** (März und Juli/Aug.) feiern. Höhepunkt ist die große Parade im Aug. mit schrillen Drag-Queens, die vom Strand quer durch die Stadt zum Preston Park zieht.

Brightons Clubszene ist berühmt – und hat zwei Weltstars hervorgebracht: The Kooks und Fatboy Slim. Die wichtigsten Clubs beschallen den Strand, darunter der Honey Club, das Digital, Coalition, Funky Buddha und der Kooklub. Brightons Gay Village ist der Stadtteil Kemp Town mit Clubs und Lokalen an der St James Street und der Durchgangsstraße Old Steine.

In den Gassen von North Laine (www.northlaine.co.uk) mit ihren quietschbunten Fassaden drängen sich 300 Shops mit Krimskrams, Retro und Avantgarde. An der Gardner Street liegt der **Vitas**-Schuh-Shop, schräg gegenüber die Mods-Hochburg **Jump the Gun**. Die ehemaligen Fischerhäuser der Lanes sind fest in der Hand von Schmuckhändlern und Antiquitätenläden. Gute Antiquariate hat Kemp Town.

❶ GINGERMAN €€€

Seit vielen Jahren verkörpert dieses Restaurant in Meeresnähe die Stimmung des modernen Brighton: kreativ und modisch. Lamm-Falafel mit Baba Ganoush, schottischer Kabeljau mit Farfalle, Hummer mit Wrackbarsch-Carpaccio – die Karte verbindet britische Küche mit der weiten Welt. Zum Unternehmen gehört der Gastropub Ginger Pig im Stadtteil Hove mit 11 Gästezimmern (http://thegingerpigpub.com/).
21A Norfolk Square
Tel. 01273 32 66 88
http://gingermanrestaurant.com/

❷ TERRE À TERRE €€

»Die beste vegetarische Küche Englands«, urteilten profilierte Londoner Restaurantkritiker über den gelungenen Mix aus Asien und Mittelmeer. Zum Nachkochen gibts das passende Kochbuch.
71 East Street
Tel. 01273 72 90 51
www.terreaterre.co.uk

❸ ENGLISH'S OF BRIGHTON €€

Seit über 150 Jahren wird in den drei ehemaligen mittelalterlichen Fischer-

hütten gespeist, heute serviert hier Gavin Leigh Austern warm und kalt sowie fangfrischen Fisch.
29–31 East Street
Tel. 01273 32 79 80
www.englishs.co.uk

❶ DRAKES €€€
Das Designhotel mit 20 spektakulär eingerichteten Zimmern mit Power-Duschen und großen Badewannen im Vintage-Stil steht in bester Lage mit Meerblick, nur einige Gehminuten von The Lanes und Royal Pavilion. »The Restaurant at Drakes« wurde immer wieder als bestes Lokal der Stadt ausgezeichnet.
44 Marine Parade
Brighton BN2 1PE
Tel. 01273696934
www.drakesofbrighton.com

❷ KINGS €€
Viele der 95 Zimmer in dieser Reihe von drei Häusern aus der Regency-Zeit haben einen wunderbaren Meerblick. Das Hotel verfügt nicht über ein eigenes Restaurant, aber in dieser Lage ist das kein großer Nachteil – der private Parkplatz (gebührenpflichtig) dagegen ein entscheidender Vorteil.
139–141 Kings Road
Brighton BN1 2NA
Tel. 01273 82 08 54
www.kingshotelbrighton.co.uk

sich Teds, Mods und Rocker Schlachten in der Stadt – die Rockgruppe The Who widmete diesen Ereignissen die Musik für den Film »Quadrophenia« (1979). Brighton profiliert sich als Konferenzstadt, auch für Parteitage. 1984 entging Margaret Thatcher im Grand Hotel nur knapp einem IRA-Attentat.

Wohin in Brighton?

Exotischster Palast Großbritanniens

★★ Royal Pavilion

Der Prince of Wales und spätere **Georg IV.**, der 1783 erstmals das Seebad besuchte und sich sogleich in die Witwe Maria Anne Fitzherbert verliebte, ließ 1815 bis 1822 seine klassizistische Villa vom **Hofbaumeister John Nash** in einen märchenhaften Prunkbau umwandeln: mit Zwiebeltürmen, Minaretten, Hufeisenbogen und Chinoiserien im Innern. Bei ihrem einzigen Besuch missfiel Königin Viktoria nicht nur das Seebad, das ihr zu überlaufen und vulgär war, sondern auch der opulente Bau – für 50000 £ verkaufte sie ihn 1850 an die Stadt. Nach umfangreichen Restaurierungen können jetzt alle Räume im Originalzustand besichtigt werden.
Man betritt den Palast durch die Oktogon-Halle. In der Long Gallery verdienen die Bambus-Möbel und das Bambus imitierende eiserne Treppengeländer besondere Beachtung. Auf der Glaskuppel des **Bankettsaals** wiegt sich die Blätterkrone einer Bananenstaude, aus deren Mitte ein silberner Drache herauswächst. Zwischen seinen Flügeln hängt ein 9 m hoher Kristalllüster mit Lotusblütenlampen. Die Küche gehörte mit kupfernen Absaug-Baldachinen und automati-

Ein Anblick wie aus Tausendundeiner Nacht: Brightons extravaganter Royal Pavilion

schen Grillspießen zu den modernsten ihrer Zeit. Über Bankettsaalgalerie, Salon und Musiksaalgalerie wird der **Musiksaal** erreicht, eine märchenhafte »Höhle« in Gold, Rot und Blau, beleuchtet von Gaslampen – damals eine viel bestaunte Neuigkeit. Eher schlicht gehalten sind die mit Regency-Möbeln eingerichteten Privatgemächer von Georg IV. Der Rundgang endet im **Royal Pavilion Tearoom**, wo Sie kleine Gerichte und Cream Team mit einer schönen Aussicht genießen können.

April – Sept. tgl. 9.30 – 17.45, Okt. – März 10 – 17.15 Uhr | Eintritt: 13 £
http://brightonmuseums.org.uk/royalpavilion

Kunst und Mode im Garten des Royal Pavilion

Brighton Museum & Art Gallery

Zwischen Reitställen im indischen Stil birgt der Kuppelbau der einstigen Hofreitschule die Konzerthalle »The Dome«. Das Brighton Museum besitzt ein Sofa von Salvador Dalí in Form von Mae Wests Lippen, Kunst und Möbel im Jugendstil und eine Modegalerie.

Di. – So. 10 – 17 Uhr | Eintritt: 5,20 £
http://brightonmuseums.org.uk/brighton

Kultur und Shopping

Im Norden grenzt der Garten des Royal Pavilion an das klassizistische Theatre Royal (1806). Zwischen dem Künstlerviertel North Laine und The Lanes pulsiert das **»cultural quarter«** mit über 300 Shops.

Theatre Royal

Wahrzeichen britischer Strandbadkultur

13300 Glühbirnen illuminieren nachts den 521 m langen, 1899 aus Gusseisen errichteten Brighton Pier, auf dem sich **Kitsch und Kirmes** zum nostalgischen Seebad-Ambiente verbinden: mit Liegestühlen, Karussells, Spielhallen – und klebrig-süßem **Brighton Rock** in allen Geschmacksvarianten.

Brighton Pier

Raumschiff-Feeling

Die Stelle des durch Brand und Sturm zerstörten West Pier markiert seit 2016 das **i360**, ein 183 m hoher Aussichtsturm. Eine verglaste runde Gondel umschließt als Aufzug den Schaft und befördert Gäste in die Höhe.

http://britishairwaysi360.com/

West Pier

Maritimes Bummelviertel

Vom Brighton Pier rattert eine elektrische Eisenbahn seit 1883 eine Meile gen Osten zur Brighton Marina. Erbaut wurde die **Volk's Electric Railway** von Magnus Volk, dem Sohn eines deutschen Uhrmachers. Zum neuen Bummelviertel mit maritimem Flair hat sich die Marina entwickelt, seitdem sich zu den 1500 Liegeplätzen auch Cafés, Restaurants und Boutiquen gesellt haben. Noch mehr Läden und ein Multiplex-Kino bietet das Brighton Marina Village.

www.brightonmarina.co.uk

Brighton Marina

Erlebniswelten zu Fischfang, Modellen und Natur

Das **Brighton Fishing Museum** an der Promenade erzählt von der Blütezeit des Fischfangs. Teddys, Eisenbahn- und Schiffsmodelle sind im **Toy & Model Museum** im Bahnhof an der Trafalgar Street zu bewundern. Das naturgeschichtliche **Booth Museum** an der Dyke Street ist ein viktorianischer »Zoo« für ausgestopfte Tiere mit über 500 000 Exemplaren. 150 Arten in Ozeanen und Gewässern der tropischen Regenwälder präsentiert das **Brighton Sea Life Centre**, das Besucher auf eine Fahrt im Glasbodenboot mitnimmt.

Brighton Fishing Museum: tgl. 10 – 17 Uhr | Eintritt: frei
www.brightonfishingmuseum.org.uk
Toy & Model Museum: Di. – Fr. 10 – 17, Sa. 11 – 17 Uhr
Eintritt: 6,50 £ | www.brightontoymuseum.co.uk
Booth Museum: Mo. – Mi., Fr./Sa. 10 – 17, So. 14 – 17 Uhr
Eintritt: frei | http://brightonmuseums.org.uk/booth
Brighton Sea Life: Ostern – Okt. tgl. 10 – 18, sonst bis 17 Uhr
Eintritt: ab 18,50, online ab 11,95 £ | www.visitsealife.com/brighton

Museen und Sea Life Center

ZWISCHEN GESTERN UND MORGEN

Im 18. und 19. Jahrhundert reisten Adel und Gesellschaft in die Badeorte an der englischen Südküste, um im Seeklima zu kuren. Prächtige Piers und elegante Fassaden künden von dieser Glanzzeit. Als Ferien am Meer für alle erschwinglich wurden, änderte sich auch das Badeleben: Highlife statt High Society prägt heute den Alltag an der Küste.

Ein Sommertag am Meer. Menschen in langen Badekleidern strecken mit Todesverachtung die Zehen ins Wasser und waten durch Sand, Schlick und Muscheln. Nichtschwimmer werden von **»dippers«**, den Ehefrauen örtlicher Fischer, ins erfrischende Nass getaucht: Badeleben um die Mitte des 18. Jh.s. im Fischerdorf Brighton, das bald als »Perle der Südküste« berühmt werden sollte. 1750 hatte hier der Arzt **Dr. Richard Russell** den gesundheitsfördernden Badeurlaub eingeführt und das Wasser des Meeres zur Linderung von Drüsenkrankheiten empfohlen – das englische Badewesen war geboren. Diese Einrichtung sollte das Leben der Briten um exquisite Vergnügungen bereichern. Dazu gehört das **Dirty Weekend**, der Zweitagesausflug in ein plüschiges Küstenhotel an der Seite eines Menschen, der nicht der angetraute Partner ist, und Amüsements wie Karaoke-Singen, Karussellfahren und Kampftrinken. In den Tagen vor Dr. Russell glaubte man, Ganzkörperbaden sei ein eher schädlicher Prozess, dem man sich höchstens zwei Mal pro Jahr

Kitschig-schön, schön-kitschig: Brightons nostalgischer Palace Pier

unterzog, um die obersten Schmutzschichten abzutragen. Russell verstörte seine Zeitgenossen nun mit der radikalen These, dass es nicht nur heilsam sei, ins Seewasser einzutauchen, sondern es auch zu trinken – je nach Krankheitsbild angereichert mit Milch oder auch **pulverisierten Krabbenaugen**.

In guter Gesellschaft

In Brighton fand die junge Bäderbewegung im späteren **Prinzregenten George** einen prominenten Befürworter. Auch er gab vor, die Heilwirkung des Seewassers erproben zu wollen, als er 1783 erstmals hierherkam. Tatsächlich jedoch genoss der Prince of Wales in dem aufstrebenden Modebad hauptsächlich die Gesellschaft der schönen katholischen Witwe **Maria Fitzherbert**, einer gänzlich unpassenden Partie für den Erben des britischen Königreichs. Und so prägte der berühmte Badegast gleich die künftigen Gewohnheiten für das Leben an der Küste. Baden – gut und schön, wichtiger war aber schon in Gründertagen das **gesellige Rahmenprogramm**. Elegante Regency-Gebäude schossen bald überall aus dem Boden, und jeder, der in der Hauptstadt etwas darstellte, mietete oder kaufte sich hier ein – **»London by the Sea«** war geboren.

London by the Sea

Es dauerte nicht lange, bis es Tausende von wohlhabenden Städtern der Aristokratie nachmachten. Nicht nur in Brighton, auch in den anderen **seaside towns** der Südküste setzte der Fremdenverkehr ein – im mediterranen Torquay ebenso wie im behäbigen Bournemouth und im viktorianisch-eleganten Eastbourne. Dem Hochadel folgte die Bourgeoisie, und nach den middle classes reiste das Proletariat an: Ferien am Meer waren kein Privileg der Oberschicht mehr. Mit steigender Popularität begann auch der Glanz zu blättern. Nicht nur Wind und Salzwasser haben an den prächtigen Hotelfassaden genagt. Auch die hohe Arbeitslosigkeit in einigen Küstenorten und die Ansprüche der neuen Klientel veränderten den Charakter der Seebäder. Wo früher die Damen der Society promenierten, dudeln heute Spielautomaten zwischen Wahrsagerbuden, Softeisständen, Bingohallen und Billig-Pubs. Erholung oder gar Gesundheit sind nicht mehr Zweck des Badeurlaubs – Fun heißt heute die Devise.

Entertainment

Obwohl es die Engländer heute auch an südlichere Gestade zieht, erfreut sich die eigene Küste nach wie vor großer Beliebtheit – nirgendwo sonst ist das Freizeitangebot so exakt auf englische Bedürfnisse zugeschnitten. Doch es gibt auch noch Seebäder, die der **nostalgische Charme vergangener Noblesse** umspült. Bournemouth und Eastbourne haben sich einen Namen als Konferenz- und Tagungsorte gemacht. In Brighton veranstalten die beiden großen Parteien, Labour und die Konservativen, ihre Parteitage. Das älteste und größte englische Seebad ist zugleich auch Universitätsstadt und beliebtes Ziel für Einkaufslustige und Antiquitätensammler. Und trotzdem: Die Jahrmarktatmosphäre, der Duft von Zuckerwatte, Fish & Chips und manche mittlerweile leicht lädierte Fassade der Grand Hotels – auch das gehört zum Reiz der zukunftsorientierten Bäder.

BAEDEKER ÜBERRASCHENDES

6X GUTE LAUNE

Das hebt die Stimmung:

1. JAHRMARKT

Der große jährliche Event in einer ländlichen Grafschaft ist die **County Show**: Leckeres aus der Region, rustikale Wettbewerbe, Mode u. v. m. – für jeden ist etwas dabei. (▶ **S. 20**)

2. OLDTIMER

Viel zu schön, um nur in der Garage zu stehen! Auf vielen Liebhabertreffen sind rollende Antiquitäten zu bestaunen. Der Höhepunkt des Jahres: das **Oldtimerrennen** von London nach Brighton. (▶ **S. 72**)

3. APERITIF

Die Briten schätzen einen Sundowner. Neben dem allzeit beliebten Sherry ist zuletzt der klassische Gin Tonic wieder in Mode gekommen. Und Gin-Destillerien wie **Barbican in Plymouth** haben zig neue Sorten kreiert. (▶ **S. 269**)

4. ROCKPOOLING

Der beträchtliche Tidenhub bedeutet, dass an felsigen Küsten ein unbekannter Kosmos mit allerlei Getier und Meeresflora in Tümpeln und Gumpen freigelegt wird. Diese zu entdecken, heißt Rockpooling, und ist auf eigene Faust oder, z. B. in **Lyme Regis**, mit Anleitung möglich. (▶ **S. 156**)

5. ALTERNATIV

Unbekümmertheit und Toleranz werden im Seebad **Brighton** seit jeher großgeschrieben. Beides äußert sich heute in Designerläden in The Lanes, einem regen Nachtleben für ein junges und buntes Publikum sowie vielen Kulturveranstaltungen. (▶ **S. 72**)

6. VERSUNKEN

Wer es hip und multikulti mag, sollte die bunten überdachten wie auch im Freien stattfindenden Märkte in **London** nicht verpassen. Unser Tipp: die vielen sonntäglichen Märkte wie der Columbia Road Market. (▶ **S. 255**)

Rund um Brighton

Normannische Burg und Fachwerk

★ Lewes

Die gepflegte Grafschaftshauptstadt von East Sussex. (16 000 Ew., 9 mi / 15 km nordöstlich von Brighton) liegt weithin sichtbar auf einem Hügel der South Downs, um den sich der Fluss Ouse windet. Eine normannische Burgruine dominiert die Altstadt. Hauptachse ist die High Street mit Fachwerkbauten und schindelverkleideten Fassaden. Das **Anne of Cleves House** in der Southover High Street erhielt 1541 die vierte Gattin von Heinrich VIII. als Scheidungsabfindung. Allerdings lebte Anna von Kleve nie in dem Tudorbau, dessen Einrichtung aus dem 17. und 18. Jh. stammt. In der **Guy Fawkes Night** am 5. November wohnen alljährlich Schaulustige aus ganz England in Lewes einem turbulenten Umzug mit Feuerwerk bei.

Anne of Cleves House: Feb. - Okt. tgl. 10 - 17, So./Mo. ab 11 Uhr
Eintritt: 4,50 £ | http://sussexpast.co.uk

Operngenuss plus Picknick

★ Opernhaus von Glyndebourne

Ganz besonders stilvoll ist ein Opernbesuch in Glyndebourne, 4,5 mi / 7 km östlich von Lewes. John Christie gründete 1934 diese Privatoper, um den Auftritten seiner Sopranistengattin einen würdigen Rahmen zu verleihen. Anspruchsvolle Opernfestspiele ziehen zwischen Mai und August Musikliebhaber aus aller Welt an. Die Aufführungen beginnen am Spätnachmittag, in der langen Pause begeben sich die Gäste in Abendgala auf den grünen Rasenflächen zum Champagnerpicknick. Seit 1994 sorgen eine neue Konzerthalle mit 1200 Sitzplätzen und aufgespannte Segeltücher dafür, dass die Veranstaltung auch bei Regen nicht ins Wasser fällt.

Kartenvorverkauf: Tel. 01273 81 50 00 | Operntickets: Stehplätze ab ab 20 £, Sitzplätze bis 225 £ | www.glyndebourne.com

Virginia Woolfs Schreibstube

Monk's House

In das schlichte Cottage Monk's House im Dörfchen **Rodmell**, das 4,5 mi / 7 km südlich von Lewes an der Landstraße nach Newhaven liegt, zog sich **Virginia Woolf** (▶ Interessante Menschen, S. 368) regelmäßig mit ihrem Gatten Leonard zum Schreiben zurück. Von 1939 bis zu ihrem Freitod in der nahen Ouse 1941 lebte sie ständig hier. Die schlichten Räume mit Möbeln der Omega-Group geben intime Einblicke in das Alltagsleben der gefeierten Essayistin und Romanautorin. Virginia Woolfs Asche ist zwischen den Blumenbeeten und Apfelbäumen des Gartens verstreut, dessen Schreberhäuschen der Schriftstellerin als Arbeitszimmer diente.

April - Okt. tgl. 13 - 17.30 Uhr | Eintritt: 5,75 £
www.nationaltrust.org.uk

South Downs Way

Prähistorische Hügelforts und mittelalterliche Altstadt
Der 130 km lange Reit- und Wanderweg durch die South Downs berührt auf seinem Weg von Buriton nach ▶ Eastbourne die Hügelforts **Cissbury Ring** und **Chanctonbury Ring**, herrliche Aussichtspunkte wie **Devil's Dyke** (Bus Nr. 77 ab Bahnhof Brighton mit offenem Oberdeck im Sommer) und das denkmalgeschützte Dorf **Steyning**, 11 mi/18 km nordwestlich von Brighton, dessen High Street mit Fachwerk aus der Tudorzeit zu den schönsten Straßen in Sussex zählt (▶ Das ist Südengland, S. 16).

Nymans Garden

Romantische Herrenhausruine mit Gärten
Über drei Generationen gestaltete Familie Messel von 1890 bis 1992 ihren Nymans Garden, 16 mi/25 km nördlich von Brighton. Das 1947 durch Feuer zerstörte Landhaus auf gepflegten englischem Rasen umgeben mehrere Themengärten wie der Versunkene Garten, der Japanische Garten und ein Rosengarten mit 150 Sorten.
April–Okt. Di.–So. 10–17 Uhr | Eintritt: 12 £
www.nationaltrust.org.uk

★ BRISTOL

Grafschaft: Bristol | **Einwohner:** 450 000, Großraum 617 300

Am 19. Juli 1970, auf den Tag genau 127 Jahre nach ihrem Stapellauf, kehrte die »SS Great Britain« auf dem River Avon nach Bristol zurück: der erste Ozeandampfer mit Schraubenantrieb, einst das größte Schiff der Welt, auch der erste Dampfer mit Eisenrumpf – ein Meilenstein der Technikgeschichte.

Wichtigster Hafen des Empires

Fast zehn Jahre lang überquerte die *SS Great Britain* den Atlantik als Luxusdampfer, dann beförderte sie Emigranten nach Australien, wurde 1882 zum Frachtschiff umgebaut, erlitt 1886 schwere Schäden am Kap Horn und blieb schließlich als schwimmendes Lager in einer Bucht der Falkland-Inseln. Für die Bergung hob eine deutsche Spezialfirma die Hulk auf einen Ponton und schleppte sie 13 000 km zur Mündung des Avon. Dort wurde der löcherige Rumpf notdürftig geflickt und die letzten Meilen flussaufwärts gezogen. 35 Jahre dauerte die Restaurierung. Im noch erhaltenen Trockendock, in dem das Schiff gebaut wurde, ehrt die *SS Great Britain* heute ihren Schöpfer, den Ingenieur Isambard Kingdom Brunel (1806–1859) und schmückt als wunderschönes Museumsschiff eine Seefahrerstadt mit großer Tradition.

Kaum zu glauben, dass Bristol einst ein sehr geschäftiger Umschlagplatz war. Heute gehört der Floating Harbour ganz der Kultur- und Freizeitszene der Stadt.

Historischer Hafen

Stadtgeschichte

Das um 1000 gegründete und 1373 in den Grafschaftsstand erhobene Bristol war jahrhundertelang der **transatlantische Haupthafen** Großbritanniens. 1497 brach John Cabot zur Entdeckung Nordamerikas auf. Der Reichtum der Stadt beruhte ab dem 17. Jh. auf einem **Dreieckshandel** zwischen England, Westafrika, wo billige Metall- und Glaswaren gegen Sklaven eingetauscht wurden, und Nordamerika, wo man auf den Plantagen für die Sklaven Baumwolle, Zuckerrohr, Kaffee und Tabak erhielt. Die Konkurrenz mit dem Hafen von Liverpool und vor allem die gesetzliche Abschaffung des Sklavenhandels 1807 sorgten im 19. Jh. für schwierigere Zeiten. 1809 wurde der **Floating Harbour** eingerichtet, dessen Schleusen den städtischen Hafen konstant mit Wasser versorgten. Im späten 19. Jh. verlagerte sich der Hafenbetrieb zunehmend ins nahe Avonmouth, aber alte Handelsverbindungen waren weiterhin bedeutend, z. B. für die Tabakindustrie und den Import von Fässern mit einer Spezialität aus Spanien: Sherry. Harvey's Bristol Cream gehört seit 1880 zu den bekanntesten Sherry-Marken der Welt.

BRISTOL ERLEBEN

BRISTOL VISITOR INFORMATION CENTRE

E Shed, 1 Canons Road, Bristol
BS1 5TX, Tel. 0333 321 01 01
http://visitbristol.co.uk

Mit den Fähren zwischen der Stadtmitte und Hotwells bzw. Temple Meads aus kann man Hafen und Avon per Boot erkunden, ab dem *SS Great Britain* fahren Boote zur Avon-Schlucht (www.bristolferry.com). Hop On Hop Off-Rundfahrten: Bus + Boot 20 £, nur Bus 2 Tage 14 £ www.citysightseeingbristol.co.uk.

Betagte Dreimaster und schnittige Jachten kann man im Juli beim **Bristol Harbour Festival** bestaunen (www.bristolharbourfestival.co.uk).

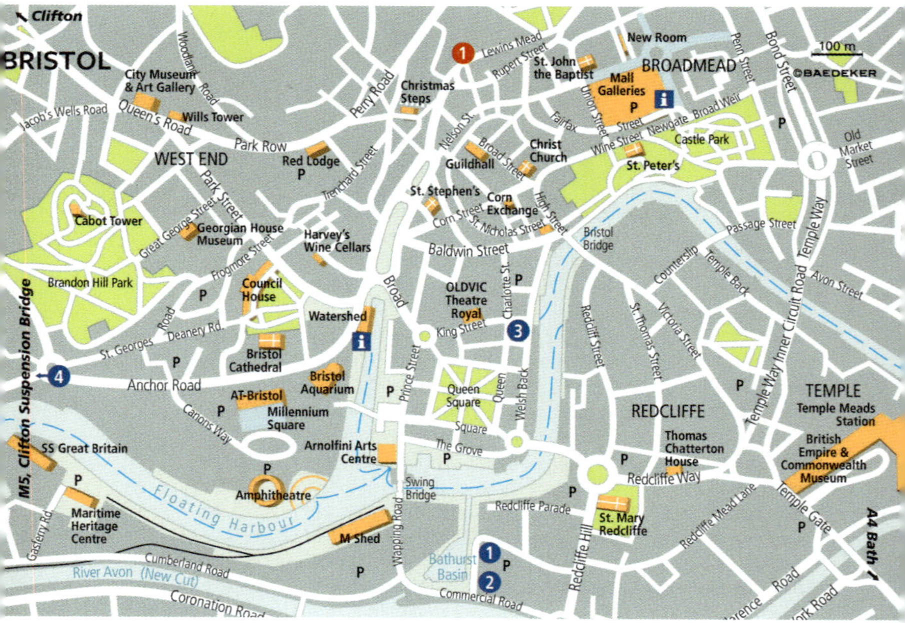

Essen:
1 Casamia
2 Paco
3 Llandoger Trow
4 The Grain Barge

Übernachten:
1 Hotel du Vin and Bistro

Fähre
Fußgängerzone

Zur **Bristol Balloon Fiesta** Mitte Aug. steigen über 100 Heißluftballons in den Himmel auf.
www.bristolballoonfiesta.co.uk

Wer Designermode, Antiquitäten, Schmuck oder Kunsthandwerk sucht, wird in der Whiteladies Road und im Clifton Village fündig. St Nicholas Market bietet Stände mit Tand, Traditionellem und täglichem Bedarf. Wie das blaue Glas aus Bristol mundgeblasen wird, zeigt die Bristol **Blue Glass Factory** (357 – 359 Bath Road, Arnos Vale, www.bristol-glass.co.uk).

❶ CASAMIA €€€

Die Präsentation ist puristisch perfekt, die Geschmackserlebnisse sind so himmlisch, dass sich die Kritiker mit ihrem Lob überschlagen – und Michelin 2009 den ersten Stern für Bristol und seine zwei begabten Küchen-Brüder vergab: Jonray und Peter Sanchez-Iglesias. Gäste, die ca. 3.5 Std. Zeit mitbringen sollten, erwartet ein mehrgängiges »tasting menu« ab ca. 10 £.
Lower Guinea Street
Tel. 0117 959 28 84
www.casamiarestaurant.co.uk

❷ PACO €€€ – €€

Andalusien im renovierten Hafen: Nach diesem Konzept werden die besten Zutaten der Region zu tortilla española und patatas bravas verarbeitet, der Manchego-Käse und Sherry vom Fass müssen aber importiert werden.
Lower Guinea Street
Tel. 0117 925 70 21
www.pacotapas.co.uk

❸ LLANDOGER TROW

► S. 86

❹ THE GRAIN BARGE €€

Auf dem wunderschön umgebauten Kahn aus dem Jahr 1936 am Mardyke Wharf, schräg gegenüber der *SS Great Britain*, gibt es zum Panoramablick über den Hafen deftige Küche, z. B. mit Fisch, Huhn oder Rindfleisch gefüllten Pies, geräucherten Schellfisch mit Kedgeree-Reis, und die hervorragenden Biersorten einer jungen Brauerei, der Bristol Beer Factory.

❶ HOTEL DU VIN AND BISTRO €€€€ – €€€

Die Hotel du Vin-Gruppe hat einige historische Häuser in GB zu Nobelherbergen umgebaut und pflegt dort eine gehobene Wein- und Esskultur. In Bristol fiel die Wahl auf eine ehemalige Zuckerraffinerie des 18. Jh.s. Jedes der 40 eleganten Zimmer mit hohen Decken im Backstein-Look ist nach einem großen Weinhaus benannt. Altstadtnah zwischen Einkaufsstraßen und Univiertel gelegen.
The Sugar House, Narrow Lewins Mead, Bristol, BS1 2NU
Tel. 0121 456 86 10
www.hotelduvin.com

Bristol heute

Umwelthauptstadt Europas 2015

Heute ist die alte Stadt am **Avon** durch die renommierte Universität quicklebendig, bunt und in der britischen Pop- und Kunstszene oft tonangebend. Zum Bummeln laden der **Floating Harbour** und die nahe **Altstadt** mit Hafenkneipen ein. 2015 wurde Bristol zur Umwelthauptstadt Europas gekürt. Überzeugt hat die Jury vor allem die erfolgreiche Revitalisierung von einstigen Industriebrachen, auf der nachhaltige Stadtviertel und großräumige Grünflächen entstanden.

Ein Palast des Eisenbahnzeitalters: Temple Meads Station, Bristols schönster Bahnhof

Wohin in Bristol?

Einer der ersten Bahnhöfe der Welt

★ Old Station

Die ältesten Bauten der wiederholt erweiterten **Temple Meads Station** schuf 1835 Isambard Kingdom Brunel als Endstation der Great Western Railway, die ab 1841 zwischen London und Bristol verkehrte. Hinter der neogotischen Fassade verbirgt sich eine dreischiffige Halle, die mit 22 m Spannweite die größte Gusseisenkonstruktion ihrer Zeit war und heute als Event-Location dient.

Meisterwerk gotischer Baukunst

St Mary Redcliffe

Die vom Verkehr umtoste St Mary Redcliffe wurde von Elisabeth I. 1574 als schönste Pfarrkirche Englands gerühmt. Weithin sichtbar ist der 1872 vollendete Turm. Das Nordportal von 1325 ist ein Glanzstück der Hochgotik. Durch einen Vorhangbogen mit filigraner Steinmetzkunst tritt man in die sechseckige Vorhalle, in der einst Händler und Matrosen vor dem Marienschrein für sichere Überfahrten beteten. Im Inneren beeindruckt eleganter **Perpendicular Style** des 15. Jh.s mit hohen Arkaden, schlanken Bündelpfeilern und hellen Obergadenfenstern. 1200 goldene Schlusssteine leuchten im Netzgewölbe. Eine Grabplatte erinnert an Admiral Sir William Penn († 1670), dessen Quäker-Sohn Pennsylvania gründete. Im Chorumgang zeigt das Händel-Fenster von 1859 Szenen aus dem »Messias« – Georg Friedrich Händel (1685 – 1759) hat hier öfter Orgel gespielt.

Quirliges Viertel

★ Floating Harbour

Kunst und Kultur haben sich entlang des Floating Harbour angesiedelt, der hufeisenförmig die Altstadt umfließt. Die alten Stapelhäuser von **The Watershed** beherbergen heute Cafés, Kinos und ein Medienzentrum, in einem einstigen Teespeicher am Narrow Quay zeigt das **Arnolfini Arts Centre** zeitgenössische Kunst. Davor erinnert eine bronzene Sitzfigur an den Entdecker **John Cabot**. Zwischen den Galerien, Pubs und anderen Attraktionen pendeln Wassertaxis.

Arnolfini Arts Centre: Di. – So. 11 – 18 Uhr | Eintritt: frei
www.arnolfini.org.uk

Unterwasser- und Sternenwelten

At-Bristol, Aquarium

At-Bristol an der Anchor Road vermittelt höchst unterhaltsam wissenschaftliche Erkenntnisse – 2015 eröffnete das einzige 3D-Planetarium des Königreichs. Das angrenzende **Bristol Aquarium** zeigt in seinen Bassins tropische und atlantische Unterwasserwelten.

At-Bristol: Mo. – Fr. außerhalb der Schulferien 10 – 17, Sa./So. und Schulferien Mo. – Fr. bis 18 Uhr | Eintritt: 13,90 £
www.at-bristol.org.uk
Aquarium: tgl. 10 – 17 Uhr | Eintritt: 14,75 £
www.bristolaquarium.co.uk

Entdeckerschiff und Stadtmuseum

★ M Shed Matthew,

Mit der Einweihung des Stadtmuseums **M Shed** auf der Princes Wharf wurde 2011 die Restaurierung des historischen Docks von Bristol abgeschlossen. In einem Hafenschuppen von 1951 zeigt das Museum auf drei Etagen die Geschichte von Stadt und Hafen aus der Perspektive der Menschen, die sie prägten und gestalteten. Daneben liegt eine Replik der »**Matthew**« vor Anker, mit der der Venezianer **John Cabot(to)** 1497 von Bristol aus Neufundland quasi aus Versehen entdeckte – eigentlich war er losgesegelt, um einen kürzeren Seeweg nach Asien zu finden.

M Shed: Wapping Street | Di. – Fr. 10 – 17, Sa./So. 10 – 18 Uhr
Eintritt: frei | www.bristolmuseums.org.uk/m-shed
The Matthew: https://matthew.co.uk

Ausgehviertel

Hafen

Der Hafen, vor 200 Jahren das Herz der Stadt, ist heute mit seinen innovativen Restaurant- und Barkonzepten das beliebteste Ausgehviertel Bristols. Auch zwischen dem Avon und dem Floating Harbour im Viertel **Wapping Wharf** hat sich eine angesagte Gastronomie- und Shoppingszene, letztere teilweise in umgewandelten Schiffscontainern, angesiedelt.

Geschichte von Hafen und Schiffbau

Maritime Heritage Centre

Mit dem Boot oder einem Zug der Bristol Harbour Railway geht es flussabwärts zum Maritime Heritage Centre, das Einblick in die Geschichte von Hafen und Schiffbau gibt. In den Great Western Docks liegt die 98 m lange »SS Great Britain« als **Museumsschiff**. Der Salon für reiche Passagiere auf Atlantikfahrt und die engen Kojen für arme Emigranten wurden rekonstruiert. Eine vorbildliche Ausstellung in den Hafenbauten widmet sich der Seefahrt, dem Leben der Besatzungsmitglieder und Passagiere und der Schiffstechnik im 19. Jahrhundert. Für 2018 ist ein neues Museum geplant, »Being Brunel«, das sich dem Leben und Werk des großen Ingenieurs widmen wird.

SS Great Britain: tgl. 10 – 16.30, Ostern – Okt. bis 17.30 Uhr
Eintritt: 14 £ | www.ssgreatbritain.org

Historisch: Pub und Theater

Altstadt

Legendär ist das Wirtshaus **Llandoger Trow** von 1669 in der King Street. Sein Name geht auf die flachen Lastkähne zurück, die mit walisischer Kohle am benachbarten Welsh Back vor Anker gingen. In dem dreigiebligen Fachwerkhaus soll **Daniel Defoe** (1660 – 1731) vom Inselexil des Matrosen Selkirk gehört und danach seinen Debütroman »Robinson Crusoe« geschrieben haben. 1883 nahm **Robert Louis Stevenson** (1850 – 1894) den Pub als Vorbild für seine Kneipe The Admiral Benbow in der »Schatzinsel«.
Ebenfalls in der King Street zuhause ist das 1766 eröffnete **Theatre Royal**, die älteste durchgehend bespielte Theaterbühne Englands. Hinter der klassizistischen Fassade hat heute die Bristol Old Vic Company ihren Sitz.

Theatre Royal: Tel. 0117 987 78 77 | www.bristololdvic.org.uk

Getreidebörse

Corn Exchange

In der Nähe des überdachten Marktes erhebt sich seit 1743 die Corn Exchange mit ihren mächtigen Pilastern. Vor dem Bau der Getreidebörse musste auf den vier niedrigen Nageltischen aus Bronze bezahlt werden – der Ausdruck »to pay on the nail« ist bis heute verbreitet.

Queen Square

Museen in Bristol

Oberstadt

Die Oberstadt kann man über die steilen **Christmas Steps** mit hübschen Geschäften erreichen. **The Red Lodge** von 1590 veranschaulicht das Leben eines Kaufmanns in elisabethanischer Zeit. Neben dem über 60 m hohen, neogotischen Turm **Will's Tower** von 1925 auf dem weitläufigen Campus der Universität besitzt das **Bristol Museum & Art Gallery** eine orientalische Sammlung, informiert über Archäologie und Geologie in Englands Südwesten und zeigt Gemälde von Renoir, Vuillard und Tissot. Das **Georgian House Museum** in der Great George Street wurde für den Zuckerhändler John Pinney

erbaut. Das Innere ist prächtig in Adams-Manier dekoriert und spiegelt auf drei Etagen das Leben in einem Stadthaus um 1790 wider.
Red Lodge Museum: Sa. – Di. 11 – 16 Uhr | Eintritt: frei
www.bristolmuseums.org.uk
Bristol Museum: Di. – So. 10 – 17 Uhr | Eintritt: frei
www.bristolmuseums.org.uk
Georgian House Museum: Sa. – Di. 11 – 16 Uhr | Eintritt: frei
www.bristolmuseums.org.uk

Mächtige Bischofskirche

Bristol Cathedral

Die Bristol Cathedral ging nach der Gründung des Bistums Bristol aus einer Augustinerkirche hervor. Ihr Bau zog sich über Jahrhunderte hin: Vom 1165 geweihten normannischen Kirchenbau sind der Kapitelsaal und das Torhaus erhalten, Chor und Lady Chapel wurden von 1298 bis 1330 errichtet, Querschiff und Vierungsturm um 1500 vollendet, im 19. Jh. folgten Langhaus und Doppelturmfassade im Westen. Der hallenartige Aufbau des Chors vermittelt mit seinen 17 m hohen Arkaden einen ungewöhnlichen Raumeindruck. Die Elder Lady Chapel aus dem 13. Jh. birgt filigrane Steinmetzarbeiten und das Doppelgrab des 1368 verstorbenen Lord Berkeley und seiner Mutter. Das Kapitelhaus ist ein Meisterwerk normannischer Bildhauerkunst mit Kreuzbogen- und Schuppenmustern.

Ein Sommerabend vor der Smugglers Bar in der King Street

BAEDEKER MAGISCHE MOMENTE

SPAZIERGANG IN LUFTIGER HÖHE

Tief hat sich der Avon ins Gestein gegraben, saftig grün sind die Hänge der Schlucht bewachsen: In Clifton, einem nördlichen Stadtteil von Bristol, lockt die Clifton Suspension Bridge mit einem Spaziergang in luftiger Höhe – rund 75 m über dem Flussbett. Also tief durchatmen. Und so ganz nebenbei können Sie noch die Ingenieurskunst von Isambard Kingdom Brunel bestaunen, der die 412 m lange Brücke 1836 konstruierte.

★ Clifton

Reihenhäuser im Regency-Style

Clifton ist eine bevorzugte Wohngegend. In Anlehnung an ▶ Bath entstanden im Vorort sichelförmig angeordnete Häuserensembles, die im fast 400 m langen **Royal York Crescent** gipfeln. Ganze Straßenzüge sind mit den dreigeschossigen Reihenhäusern im Regency-Style bebaut, durch Grünanlagen aufgelockert – oft mit wunderschönen Ausblicken ins Avon-Tal.

Rund um Bristol

★ Tyntesfield

Neugotischer Landsitz

Als William Gibbs 1843 einen Landsitz 8 mi / 13 km westlich von Bristol kaufte, war er der reichste Nicht-Adlige Englands. Die Familienfirma hatte ein Quasi-Monopol im Handel mit Guano zwischen Peru und Europa. In den 1860er-Jahren ließ er das Haus im neugotischen Stil umbauen, die größte Privatkapelle des Landes kam hinzu. In der vierten Generation war das Geld ausgegangen, der letzte Hausherr bewohnte nur noch drei Zimmer. Als 2001 das Haus mit Park und Ländereien zum Verkauf stand, mobilisierte der Denkmalschutzverein National Trust alle finanziellen Kräfte – zu den Gegenanbietern gehörten der Musicalkomponist Andrew Lloyd-Webber sowie die Popsängerinnen Madonna und Kylie Minogue – denn die einmalig gut erhaltene Inneneinrichtung des späten 19. Jh.s. machen Tyntesfield zu einem Juwel. Die besten Handwerker gestalteten mit Holzschnitzarbeiten das ganze Haus – bis hin zum schönen Billardzimmer und den neugotischen Hundehütten im Hof.

Tgl. 11 – 17 Uhr, Nov. – März bis 15 Uhr | Eintritt: 14,80 £
www.nationaltrust.org.uk

Dyrham Park

Herrenhaus mit Wildgehege

12 mi/20 km östlich von Bristol entstand im weitläufigen **Wildgehege** Dyrham Park 1710 das Anwesen für William Blathwayt, der unter Wilhelm III. als Staatssekretär diente. Als Diplomat lebte Blathwayt viele Jahre in Den Haag und brachte eine beträchtliche Kollektion an Porzellan und niederländischen Gemälden nach England mit. Der Landsitz diente als Kulisse für den Kinoklassiker »Remains of the Day« (»Was vom Tage übrig blieb«) mit den britischen Schauspielern Emma Thompson und Anthony Hopkins, den James Ivory 1993 nach einem Roman von Kazuo Ishiguro drehte.

Mitte März – Okt. Haus tgl. 11 – 17, Garten/Park 10 – 17 Uhr
Gesamtanlage Eintritt: 11,90 £ | www.nationaltrust.org.uk

Clevedon Court

Landhaus mit Terrassengarten

In Clevedon Court schrieb William Makepiece Thackeray große Teile seines Gesellschaftsromans »Vanity Fair«. Beim Bau des Landhauses der Eltons im 16. Jh. wurden das Turmhaus und die Great Hall aus dem 14. Jh. integriert. Ausgestellt sind Töpferwaren von Sir William Elton und Möbel. Der Terrassengarten stammt aus dem 18. Jahrhundert.

April – Sept. Mi., Do., So. 14 – 17 Uhr | Schiffsverbindung ab Bristol
Eintritt: 8,35 £, nur Garten 4,35 £ | www.nationaltrust.org.uk

★★ CANTERBURY

Grafschaft: Kent | **Einwohner:** 43 300

»Wer befreit mich von diesem lästigen Priester?«, soll Heinrich II. nach einem Streit mit Thomas Becket ausgerufen haben. Daraufhin erschlugen königliche Ritter den Erzbischof von Canterbury am 29. Dezember 1170 im Nord-Ost-Querhaus der Kathedrale. Dem Märtyrerblut wurden bald Wunderkräfte zugesprochen, und der Schrein Thomas Beckets wurde Ziel von Abertausenden von Pilgern.

Englands Rom

Mit seiner Kathedrale, St Martin's Church und St Augustine Abbey besitzt Canterbury gleich drei UNESCO-Weltkulturerbestätten und ist das geistliche Zentrum Englands. Die Kathedrale ist Sitz des Primas der anglikanischen Kirche mit weltweit 70 Mio. Gläubigen. Canterbury wird auch »Wiege des Christentums« genannt, weil von hier ab dem 6. Jh. die römische Missionierung Südenglands ausging. Mit der Heiligsprechung von **Erzbischof Thomas Becket** 1173 avancierte Canterbury zur wichtigsten Pilgerstätte auf englischem Boden.

CANTERBURY ERLEBEN

CANTERBURY VISITOR CENTRE
18 High Street
Canterbury CT1 2RA
Tel. 01227 86 21 62
www.canterbury.co.uk

Eine bunte Mischung kleiner Geschäfte findet man an der »King's Mile«, also dem Straßenzug Palace Street–Northgate mit Seitenstraßen, ein modernes Einkaufszentrum an der Whitefriars Street direkt südlich der Stadtmitte. Straßenmärkte werden mittwochs und freitags in St George's Street abgehalten. Lokale Spezialitäten aus Kent verkaufen tgl. außer Mo. die 17 Bauern des Farmers Market im restaurierten viktorianischen Warenlager an der Goods Shed, Station Road. Wunderschönes Steingut in erdigen Blau-, Grün- und Brauntönen fertigt die **Canterbury Pottery** (38a Burgate, www.canterburypottery.co.uk).

Am West Gate Slip beginnen Bootsfahrten auf dem Stour. Das Besondere: Die Kähne werden gestakt (Punting Tours, www.canterburypunting.co.uk, Erw. 10 £).

Zwei Wochen lang werden im Oktober für das größte Festival in Kent sowohl im festlich geschmückten Canterbury als auch in den Dörfern von East Kent zahlreiche Konzerte, Theateraufführungen und Ausstellungen veranstaltet (www.canterburyfestival.co.uk).

1 ALBERRYS WINE BAR €€€ – €€
Ausgesuchte Weinliste, tolle Cocktails und leckeres Essen
38 St Margaret's Street
Tel. 01227 45 23 78
www.alberrys.co.uk

2 THE GOODS SHED €€€ – €€
Ein Muss für Foodies, die von der rustikalen Galerie über der Markthalle auf Slow-Food-Produkte schauen, die sie gerade genießen. Ob Perlhuhn, Seeteufel oder Gemüseteller, alles ist sehr schmackhaft – und lassen Sie Platz für ein Dessert wie Vanilla Cheesecake aus Ziegenfrischkäse.
Station Road West
Tel. 01227 45 91 53
http://thegoodsshed.co.uk

3 BLACK GRIFFIN €
Im dieser populären Kneipe wird das gute Bier von der Wychwood-Brauerei zum preiswerten Pub-Essen gezapft.
40 St Peter's Street
Tel. 01227 45 55 63

4 TINY TIM'S TEA ROOM €
Lust auf köstlichen Fudge Cake, Walnusskuchen oder Kentish Cream Tea von der Etagère? Dann steuern Sie beim Stadtbummel die nostalgische Teestube der Owens in einem 400 Jahre alten Tudorbau an!
34 St Margaret's Street
Tel. 01227 45 07 93
http://tinytimstearoom.com

1 ABODE CANTERBURY €€€
Nostalgisches Fachwerkhaus aus dem 17. Jh. mit 74 geschmackvollen Zim-

mern im Tudor-, Kolonial- oder georgianischen Stil. Starkoch Michael Caines sorgt für Hochgenüsse – exquisit zu erleben im Restaurant, gemütlich und lecker in der Old Brewery Tavern.
30 – 33 High Street, Canterbury CT1 2RX, Tel. 01227 76 62 66
www.abodecanterbury.co.uk

❷ TUDOR HOUSE €€

Etwas für Romantiker: ein über 400 Jahre altes Tudorhaus mit sieben angenehmen, für die zentrale Lage (1 Min. zur High Street, 5 Min. zur Kathedrale) überraschend ruhigen Zimmern. Mit einem guten Frühstück schicken die extrem hilfsbereiten Besitzer Mahmad and Masi ihre Gäste gestärkt in den Tag.
6 Best Lane
Canterbury CT1 2JB
Tel. 01227 76 56 50
www.tudorhousecanterbury.co.uk

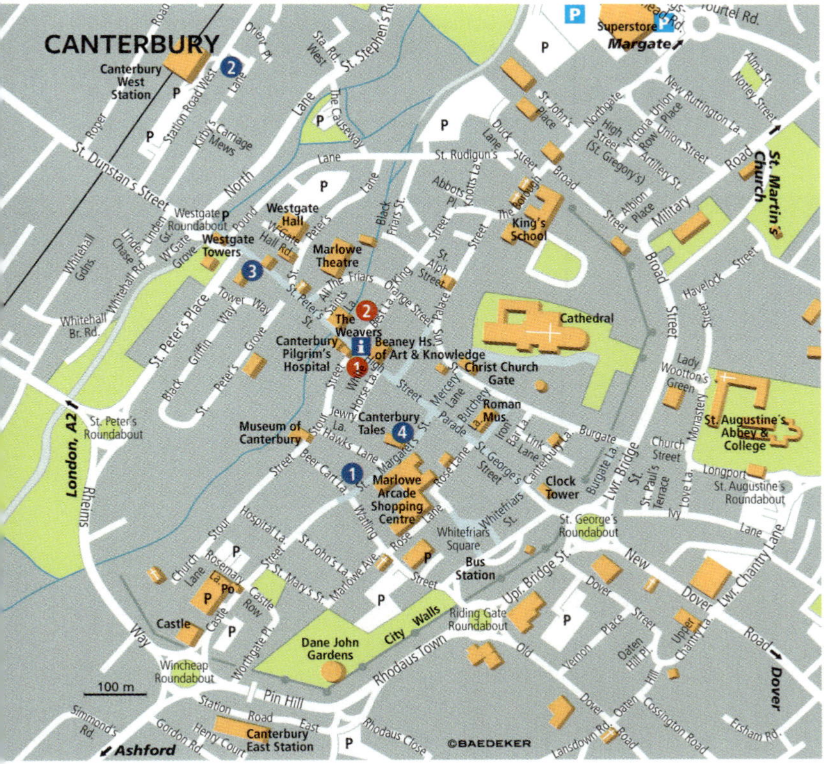

🍴 ❶ Alberrys Wine Bar
❷ The Goods Shed
❸ Black Griffen
❹ Tiny Tim's Tea Room

🏠 ❶ ABode Canterbury
❷ Tudor House

Fußgängerzone

Drei Jahrhunderte später schrieb **Geoffrey Chaucer** mit den **»Canterbury Tales«** über die Reise einer Pilgergruppe von London zum Schrein des Märtyrers ein Meisterwerk der englischen Literatur.

Seit der Eisenzeit besiedelt

Stadtgeschichte

Schon während der Eisenzeit existierte hier eine Siedlung namens **»Cantii«**, von der sich die Namen Canterbury und Kent herleiten lassen. Die römische Stadt an der Handelsroute zwischen ► London und ► Dover war um 100 n. Chr. bereits von beachtlichem Ausmaß. 597 nahm der römische Missionar **Augustinus** die erste Bischofswürde von Canterbury an. Im 16. Jh. ließen sich flämische und französische Protestanten in Canterbury nieder und trugen mit ihrem Woll- und Seidenhandwerk zum Reichtum der Stadt bei. Die Altstadt wird im Osten von der zum Teil noch begehbaren, normannischen Stadtmauer, im Westen von den beiden Flussarmen des Stour begrenzt. Beiderseits der High Street, die schnurgerade durch das Zentrum führt, erstreckt sich das mittelalterliche Gassengewirr mit UNESCOFachwerk-

UNESCO-Weltkulturerbe im perfekten Licht – das muss auf's Tablet!

bauten. Den Nordosten der Altstadt nimmt die ausgedehnte Domfreiheit mit der Kathedrale ein. Das städtische Herz des eher ländlich geprägten Ostkent ist seit 1962 Universitätsstadt.
Freitag- und Samstagnacht beginnt John Hippisley um 20 Uhr vor Alberry's Wine Bar in der St Margaret Street seine Stadtführung, die 90 Minuten lang humorvoll die schauerlichsten Dinge und Orte der Stadtgeschichte präsentiert

Stadtführung: Erw. 10 £, mit 3-Gänge-Dinner 35 £
www.canterburyghosttour.com

★★ Canterbury Cathedral

Sommer Mo. – Sa. 9 – 17.30, Winter bis 17, Krypta 10 – 17.30,
So. 12.30 – 14.30 Uhr | Eintritt: 12,50 £
Führungen in sieben Sprachen | Mo. – Fr. 10.30 (außer Jan.),
12 und 14.30 (14 im Winter), Sa. 10.30, 12 und 13 Uhr
www.canterbury-cathedral.org

Gotisches Meisterwerk

Baugeschichte

Unter dem ersten normannischen Erzbischof Lanfranc (1070 bis 1077) entstand die Kathedrale auf den Ruinen der 1067 abgebrannten angelsächsischen Bischofskirche. Der 1130 geweihte Chor wurde nach dem Brand von 1174 unter Federführung des Baumeisters William of Sens wieder aufgebaut, der in der dreiteiligen Wandgliederung mit Spitzbogen den frühgotischen Baustil aus Frankreich in England einführte und zugleich mit den doppelten Querschiffen ein Charakteristikum der englischen **Kathedralgotik** schuf. Ende des 14. Jh.s wurde das normannische Langhaus bis 1405 im hochgotischen Stil neu errichtet. 1434 erhielt die Westfassade ihren Südturm, 1502 folgte der Vierungsturm, 1832 wurde der Lanfrancsche Nordturm durch eine Kopie des Südturms ersetzt.

Einmal der Länge nach

Christ Church Gate

Man betritt den Kathedralbezirk durch das üppig ornamentierte Torhaus mit königlichen Wappen und barockem Eichenportal. Schreiten Sie die Kathedrale einmal der Länge nach ab, um eine Vorstellung von ihrer Ausdehnung zu erhalten.

Mutterkirche der anglikanischen Gemeinde

Innenraum

Im Inneren öffnet sich der Blick durch das hohe, lichte Langhaus mit Bündelpfeilern, gotischen Maßwerkfenstern und Rippengewölben hin zum 1411 bis 1430 gefertigten **Lettner** mit sechs Königsstatuen. Bemerkenswert sind die auf 1482 datierten Glasfenster an der Querhauswand, die Edward IV. und seine Familie im Gebet zeigen. Der lange **Chor** zeigt die vornehme Nüchternheit des frühgotischen Stils. Im **Chorumgang** sind romanische Wandpartien und mittelalterliche

CANTERBURY CATHEDRAL

Im Mittelalter wurde die Schutzhaube mittels Flaschenzug hochgehievt, um die edelsteinfunkelnde Hülle mit den sterblichen Überresten Beckets den Blicken der Pilger preiszugeben. Seit der Zerstörung des Schreins 1538 auf Befehl von Heinrich VIII. ist diese Kostbarkeit für immer verloren, aber der Blick zum Vierungsturm und die Glasfenster der Kathedrale verschlagen auch heute Besuchern den Atem.

1 Lettner
Am Lettner sind die englischen Bischöfe, die zwölf Apostel und die Könige Englands in Stein verewigt. Von links nach rechts: Heinrich V., Richard II., Ethelbert von Kent, Edward der Bekenner, Heinrich IV. und Heinrich VI.

2 Bell Harry Tower
Lohnend ist ein Blick hinauf zum Vierungsturm: Das Fächergewölbe ist in reinstem Perpendicular Style gebaut.

3 Martyrdom
An dieser Stelle wurde Thomas Becket ermordet. Ein Altar erinnert an das blutige Geschehen.

4 Früherer Standort des Becket-Schreins
Die Trinity Chapel wurde eigens für das Grab des Märtyrers gebaut. Der Schrein, der von 1220 bis 1538 hier stand, war Ziel unzähliger Pilger, die ihn ein- oder zweimal am Tag in Augenschein nehmen konnten.

5 Grabmal des Schwarzen Prinzen
Prinz Edward von Plantagenet (1330 – 1376), der älteste Sohn von Edward III., war ein zäher Kämpfer im Hundertjährigen Krieg. Sein Grab zeigt ihn in voller Ritterrüstung.

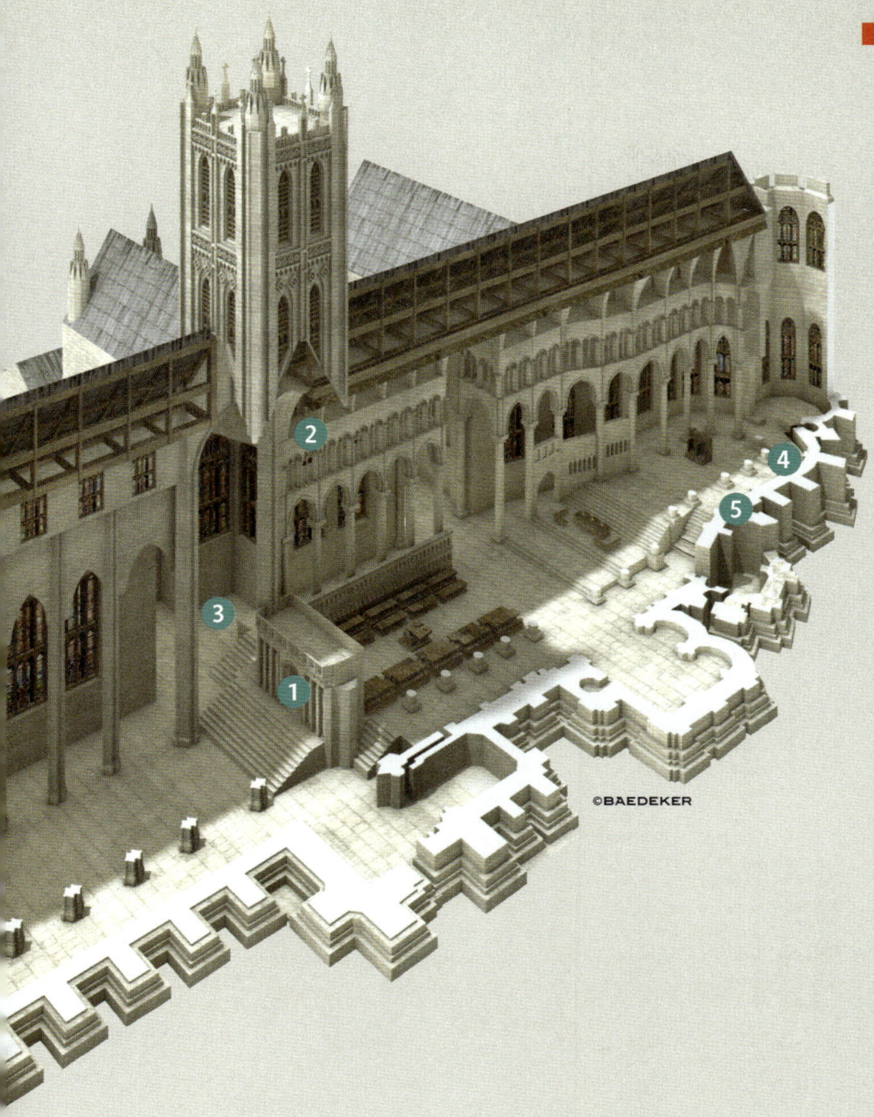

2
4
5
3
1
©BAEDEKER

Glasfenster erhalten. Gegenüber des nordöstlichen Querschiffs zeigt das 1425 aufgestellte Grabmal für Henry Chichele den Erzbischof in Amtstracht; darunter symbolisiert ein nackter Leichnam die Vergänglichkeit alles Irdischen.

Die **Dreifaltigkeitskapelle**, eigens für das Grab von Thomas Becket gebaut, war mehr als 300 Jahre lang Ziel zahlloser Wallfahrer. Von 1220 bis zu seiner Zerstörung 1538 stand der Goldschrein mit den sterblichen Überresten Beckets unter einer Schutzhaube. Im nördlichen Kapellenumgang steht das Alabaster-Grabmal Heinrichs IV. und seiner Frau Johanna von Navarra. In der **Corona**, dem krönenden Abschluss der Kathedrale, befand sich ursprünglich ein Schädelreliquiar von Thomas Becket. Die blau schimmernden **Chorfenster** des späten 12. und 13. Jh.s erzählen als »Wunderfenster« vom Leben und Werk des hl. Becket.

Das **Grab von Edward, dem Schwarzen Prinzen**, ruht unter einem Baldachin. Sein Messingabbild erinnert mit Schild und Panzerhandschuh daran, dass der älteste Sohn Edwards III. bis zu seinem Tod 1376 im Alter von 46 Jahren ein wahrhaft ritterliches Leben geführt hat. Von Pilgerknien abgenutzte Stufen führen in die **Anselmkapelle**, die dem Erzbischof Anselm von Canterbury (1033 – 1109) geweiht wurde. Das Fresko »Paulus mit der Schlange auf Malta« aus dem 12. Jh. in der Apsis zählt zu den bedeutendsten Zeugnissen ro-

CANTERBURY CATHEDRAL

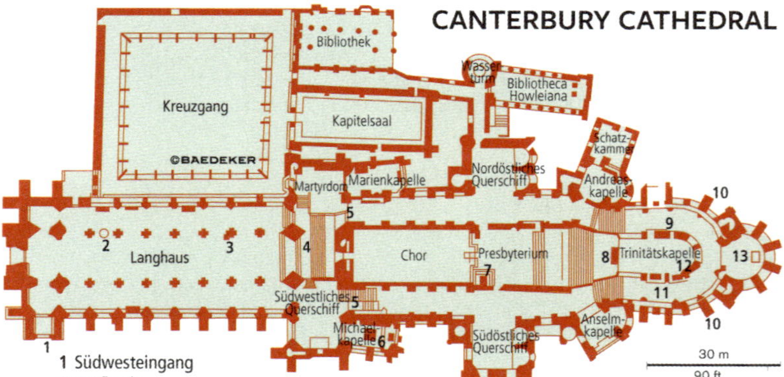

1 Südwesteingang
2 Taufbecken
3 Kanzel
4 Lettner
5 Zugang zur Krypta
6 Grabmal von Lady Margaret Holland, Earl of Somerset, Duke of Clarence
7 Erzbischofsthron
8 Thron des hl. Augustinus aus Purbeck-Marmor
9 Inthronisierungsstuhl Grabmal von Heinrich IV.
10 Wunderfenster
11 Standort des Becket-Schreins von 1220 bis 1538
12 Grabmal des Schwarzen Prinzen
13 Corona (Thomas Beckets Krone)

manischer Wandmalerei. Die Kapitelle und Schäfte der normannische **Krypta** zieren Tiermotive, Pflanzenornamente und Dämonen. Durch den 1397 bis 1411 gebauten **Kreuzgang** mit bemalten Schlusssteinen im Gewölbe wird der **Kapitelsaal** erreicht, wo 1935 T. S. Eliots »Mord im Dom« uraufgeführt und 1986 der Vertrag zum Bau des ▶ Eurotunnels unterzeichnet wurden.

Wohin noch in Canterbury?

Uralte Lehranstalt

King's School

Die King's School, die auf Lehrstätten aus viel früherer Zeit basiert, gründete Heinrich VIII. im Jahr 1541. Zu ihren Schülern zählten der in Canterbury geborene Dramatiker Christopher Marlowe (1564 bis 1593) und William Somerset Maugham (1874 – 1965), der in seinem Roman »Of Human Bondage« das Schulleben schildert.

Kirche mit römischen Wurzeln

★ St Martin's Church

Ebenfalls zum UNESCO-Weltkulturerbe gehört St Martin's Church vor der östlichen Stadtmauer. Die wohl **älteste Pfarrkirche Englands** geht auf ein römisches Bauwerk zurück – ein Mausoleum oder bereits eine Kirche – die König Ethelbert von Kent um 580 renovieren ließ, damit seine fränkische Braut Bertha aus der Gegend um Tours ihre christliche Religion ausüben konnte. Hier wurde Ethelbert selbst vom hl. Augustinus im Jahr 597 getauft. Zu dieser Zeit wurde die Kirche erweitert. Im Mittelalter kam der Turm hinzu, und die Apsis aus angelsächsischer Zeit wurde entfernt, aber große Teile des Mauerwerks im Kirchenschiff stammen aus dem 7./8. Jahrhundert.

Di., Do. – Sa 11 – 15. (im Sommer bis 16), So. 9.45 – 10.30 Uhr
Eintritt: frei, Spende erbeten | www.martinpaul.org

Virtual Reality in der Abtei

St Augustine's Abbey and College

Von der Abtei, die der hl. Augustinus 604 gründete, wurden die Grundmauern freigelegt sowie die Gräber des hl. Augustinus und von König Ethelbert und seiner Gemahlin Bertha. Torhaus und College stammen aus dem 12. Jahrhundert. Die Ausstellung und Audioführung ergänzt ein »high-tech«-Angebot für Besucher: mit »Virtual Reality«-Brille kann man das Klostergelände so erleben, wie es um das Jahr 1500 gewesen sein mag.

Ostern – Sept. tgl. 10 – 18, Okt. bis 17, Sept. – März Sa./So. 10 – 16 Uhr
Eintritt: 6,20 £ | www.english-heritage.org.uk

Fachwerkpracht

Mercery Lane

Am ehemaligen Butter Market steht ein Stadtkreuz. Rechts in der Sun Street liegt das gleichnamige Hotel aus dem 16. Jh. Vom Butter Market zweigt die **Mercery Lane** mit herrlichen Fachwerkbauten ab.

Erzählungen aus dem 14. Jahrhundert

Canterbury Tales

In der St Margaret's Street werden fünf der mittelalterlichen Canterbury Tales von **Chaucer** als Audiovisionsschau präsentiert.

April – Aug. tgl. 10 – 17, Sept. – Okt. 10 – 14, Nov. – März Mi. – So. 10 – 16 Uhr | Eintritt: 9,95 £ | www.canterburytales.org.uk

Ausflug in die Römerzeit

Roman Museum

Das unterirdische **Roman Museum** in der Butchery Lane zeigt Reste eines römischen Stadthauses mit gut erhaltenem Fußbodenmosaik.

Roman Museum: tgl. 10 – 17 Uhr | Eintritt: 8 £, Kombiticket mit Heritage Museum 12 £ | www.canterbury-museums.co.uk

»Cultural Quarter« in historischem Ambiente

★ High Street

In der Fußgängerzone der High Street verdienen die Fachwerkfassade des Hauses Queen Elizabeth's Chamber aus dem 16./17. Jh. und das bei Chaucer erwähnte Gasthaus Chequers of Hope Beachtung. Schräg gegenüber steht das **Beaney House of Art & Knowledge** (Nr. 18). Neben seiner renommierten Sammlung – römisches Glas, feinstes Porzellan, Alte Meister und lokale Künstler sowie naturge-

Nach der Tour durch die Stadt oder im gestakten Kahn auf dem Stour ist in den Weberhäusern am Fluss Entspannung angesagt.

schichtliche Exponate – beherbergt das Gebäude ein Café, die neue Stadtbibliothek, Veranstaltungsräume und die Tourist Information. Zusammen mit dem ebenfalls frisch sanierten Marlowe Theatre erhielt Canterbury damit eine neues »cultural quarter«.
Wenige Schritte weiter diente das **Eastbridge Hospital** mit Kapelle, Refektorium und Dormitorium bereits im 12. Jh. als Pilgerherberge. Weiter geht es zur Brücke über den Stour mit malerischem Blick auf das Fachwerkensemble der Canterbury Weavers, die früheren **Weberhäuser** mit Woll- und Seidenwerkstätten flämischer und französischer Hugenotten.
Beaney House of Art & Knowledge: Di.-Sa. 10-17, So. 12-17 Uhr
Eintritt: frei | www.canterbury.co.uk/beaney

Mittelalterliche Wehrbauten

West Gate Towers und Canterbury Castle

Die 1380 errichteten **West Gate Towers** mit Ecktürmen, Fallgattern und Zugbrücke, das letzte der sieben Stadttore, umgeben die Westgate Gardens, die zum Spaziergang am Stour einladen.
Dagegen sind von der normannischen Burg **Canterbury Castle** nur Ruinen erhalten. In den angrenzenden Dane John Gardens werden im September die English Food Fare, im Dezember der Christmas Euromarket abgehalten.

Rund um Canterbury

Ans Meer!

Halbinsel Thanet

»Der Himmel über Thanet ist der schönste in ganz Europa«, meinte William Turner. Nach **Margate**, mit 39 000 Einwohnern die größte Stadt der Halbinsel, kam er häufig, um Meer und Wolken zu malen, dort verliebte er sich in die Betreiberin seines Gästehauses. An der Stelle dieser Unterkunft steht seit 2011 das Kunstmuseum **Turner Contemporary**. Im Bau von Sir David Chipperfield zeigen Wechselausstellungen zeitgenössische Kunst neben Werken berühmter Meister. Bisher vertreten waren z. B. Marina Abramovic, britische Künstler wie Grayson Perry und die aus Margate stammende Tracy Emin – aber auch Albrecht Dürer und William Turner. Der Kunstbetrieb trägt dazu bei, dass Margate das Image eines heruntergekommenen Badeorts abschüttelt und schick wird. Hippe Cafés und Boutiquen schießen wie Pilze aus dem Boden, aber am schönen Stadtstrand **Bay Beach** und dem renovierten Themenpark Dreamland bleibt das traditionelle Seaside-Vergnügen erhalten. An die Anfänge als Fischerdorf erinnern der kleine Hafen und das Tudor House des 16. Jahrhunderts. Im Grotto Hill versteckt sich die mysteriöse **Shell Grotto**, die 1835 entdeckt wurde. Wer die Höhle mit Millionen von Muscheln in Rosetten- und Blumenmustern ausschmückte, ist bis heute ungeklärt.

Auch der betriebsame Fährhafen **Ramsgate** ist ein typischer Badeort der Viktorianer. In **Broadstairs** verbrachte **Charles Dickens** 1837 bis 1859 seine Sommerurlaube – und nannte die Stadt liebevoll »Our English Watering Place«. Alljährlich findet im Juni ein Dickens-Festival mit Theater und Kostümumzügen statt. An der Victoria Parade 2 ist ein **Dickens House Museum** eingerichtet. Im Bleak House oberhalb des Hafens verfasste Dickens »David Copperfield«, »American Notes« und »Haunted Man«. Nahe dem schönen Sandstrand Viking Bay ist Bessie's Tea Parlour die richtige Adresse für Kuchen und Afternoon Tea im altmodischen Stil.

Margate, Turner Contemporary: Di. – So. 10 – 17 Uhr | Eintritt: frei
Shell Grotto: April – Okt. tgl. 10 – 17, Nov. – März Sa./So. 11 – 16 Uhr
Eintritt: 4 £ | http://shellgrotto.co.uk
Broadstairs, Dickens House Museum: Ostern – Mitte Juni und Mitte Sept. – Okt. tgl. 13 – 16.30 Uhr | Eintritt: 3,75 £

Austern, Austern ...

Whitstable

Die National Cycle Route 1 führt im Gleisbett der Bahnlinie **Crab & Winkle Way** durch **The Blean**, einen 3000 ha großen Wald, bis hin zur Hauptstadt der englischen **Auster**: Whitstable. Sie ist der Star des einwöchigen Oyster Festivals im Juli und lässt sich das restliche Jahr im Fischrestaurant der Oyster Company genießen, die bereits im 15. Jh. die **Austernzucht** in der seichten Bucht begann. Und das so erfolgreich, dass das Familienunternehmen um 1850 mehr als 80 Mio. Austern zum Billingsgate Fish Market in London lieferte.

Oyster Festival: http://whitstableoysterfestival.co.uk
Oyster Company: tgl. ab 12 Uhr | Royal Native Oyster Stores Horsebridge | www.whitstableoystercompany.com

★ CHICHESTER

Grafschaft: West Sussex | **Einwohner:** 26 700

Das hatte es in den nordwestlichen Provinzen des römischen Reiches noch nicht gegeben: Vier um einen Garten arrangierte Flügel hatte der um 90 n. Chr. errichtete neue Palast – mit ähnlichen Ausmaßen wie das Goldene Haus Neros in Rom. Die erhaltenen Mosaiken des Fishbourne Palace zeugen heute noch davon, dass die Bucht, die nun Chichester Harbour heißt, einst Roms Brückenkopf nach England war.

St Richard, ab 1244 Bischof der Stadt, ist katholischer und anglikanischer Heiliger zugleich.

CHICHESTER ERLEBEN

TOURIST INFORMATION CENTRE
Novium, Tower Street, Chichester PO19 1QH, Tel. 01243 77 58 88
www.visitchichester.org

CRAB & LOBSTER €€€
Der 350 Jahre alte Gasthof am Pagham Harbour 13 km südlich ist ein gefragtes »Hideaway« mit einem intimen Cottage für Romantiker, stilvollen Zimmern im Haupthaus und köstlicher Fischküche, bei der »Crab & Lobster«, Krebse und Hummer, eine Rolle spielen, aber auch asiatische Einflüsse, z. B. Seehecht in Ingwer-Kokos-Brühe mit Pak Cho – oder einfach ein gutes Steak vom schottischen Rind.
Mill Lane Sidlesham, Chichester
Tel. 01243 64 12 33
www.crab-lobster.co.uk

CROUCHERS HOTEL & RESTAURANT €€€ – €€
Zwischen Del Quay und der Chichester Marina bietet das ehemalige Farmhaus aus dem 19. Jh. liebevoll eingerichtete Zimmer, teils in der umgebauten Scheune und in ehemaligen Stallungen. Im Haupthaus werden Gäste mit exzellenter Küche verwöhnt – lassen Sie Platz für ein Dessert! Nur einige Minuten entfernt liegt einer der schönsten Sandstrände der Region in West Wittering.
Birdham Road
Chichester PO20 7EH
Tel. 01243 78 49 95
www.crouchershotel.co.uk, 26 Z.

WELLDIGGERS ARMS €€
Der alte Pub in schöner ländlicher Umgebung wurde 2016 umfassend restauriert. Die »luxury rooms« haben eigene Terrassen nach hinten, aber alle sind komfortabel und geschmackvoll eingerichtet, manche mit Blick auf die South Downs. Die Küche verwendet Produkte eines nahe gelegenen Bauernhofs für einfache, aber gut zubereitete typische Pub-Speisen wie Yorkshire Pudding, Steak oder Fish & Chips.
Low Heath, Petworth GU28 0HG
Tel. 01798 34 42 88
https://thewelldiggersarms.co.uk/, 14 Z.

Kleinstadt der Künste

Das antike Erbe ist noch im Straßenkreuz der umwallten Altstadt sichtbar. Chichester, in der Grafschaft Sussex zwischen den South Downs und der Küste idyllisch gelegen, hat bis heute Signalwirkung: Der hohe Turmhelm des Doms ist als einziger geschichtsträchtiger Bischofssitz in England vom Meer aus zu sehen. Und von Mai bis September bringt Chichesters **Theaterfestival** bis heute frischen Wind in die britische Theaterlandschaft. Das alte Zentrum der Verwaltungshauptstadt der Grafschaft West Sussex ist kompakt und malerisch zugleich. Die nach den vier Himmelsrichtungen benannten Hauptstraßen treffen sich am Marktkreuz. Die verschlungenen Gassen mit mittelalterlichen Fachwerkhäusern lockern georgianische Fassaden stilvoll auf. Die Stadtmauer, die seit 1800 Jahren die Kleinstadt schützend umgibt, wurde 2012 restauriert und ist seitdem immer wieder Projektionsfläche für Lichtinstallationen.

Wohin in Chichester?

Imposante Markt-Markierung

Market Cross

Die East, West, South und North Street, teilweise als Fußgängerzone ausgewiesen, treffen sich am **Market Square**. Sein Marktkreuz wurde 1501 im spätgotischen Stil aus Caen-Stein gemeißelt.

Mittelalterlich und modern

★ Cathedral

Der Bau der Dreifaltigkeitskathedrale begann 1081, nachdem Chichester 1075 Bischofssitz geworden war. 1184 wurde die Kathedrale geweiht, doch bereits 1187 fielen der Ostteil und der Holzdachstuhl Flammen zum Opfer. Der Neubau eines Steingewölbes und eines Retrochors erfolgte im Early English Style. Im 14. Jh. kamen der Vierungsturm und die Marienkapelle hinzu. Unter Cromwell wurden große Teile der Innenausstattung und alle Glasfenster zerstört. Der Vierungsturm stürzte 1861 ein und erhielt beim Wiederaufbau 1866 eine neogotische Spitze.

Der Innenraum zeigt einen gelungenen Mix von mittelalterlichen und modernen Kunstwerken. Hinter der Chorschranke von 1475 mit feinem Netzgewölbe und dem um 1330 gefertigten Chorgestühl leuchtet farbig ein Gobelin am Hochaltar: »Die Dreifaltigkeit«, 1966 gestaltet von John Piper. Der Wandteppich von 1985 im Retrochor stellt als deutsch-englisches Gemeinschaftswerk mit abstrakt-biblischen Symbolen die Versöhnung und Freundschaft zwischen beiden Nationen dar. Im nördlichen Chorumgang gestaltete **Marc Chagall** 1976 den 150. Psalm, die Lobpreisung Gottes, als leuchtend rotes Fenster. Zu den Kostbarkeiten aus dem Mittelalter gehören zwei Steinreliefs des romanischen Lettners aus dem frühen 12. Jh. im südlichen Chorumgang, die von der Ankunft Christi bei Maria und Martha in Bethanien und von der Erweckung des Lazarus erzählen. Beachtenswert ist auch das Arundel-Grabmal im nördlichen Seitenschiff: Der 1375 verstorbene Graf Richard Fitzalan, in Ritterrüstung ruhend, hält die Hand seiner Gattin. Der frei stehende **Bell Tower** aus dem 15. Jh. ist der einzige noch erhaltene Campanile in England.

Bischofsresidenz

Bishop's Palace

Durch ein Tor geht es in der Canon Lane zum 1327 erbauten Bishop's Palace, bis heute Bischofsresidenz mit öffentlich zugänglichem Garten. Die Domfreiheit umschließt auch mittelalterliche Klerikerhäuschen und endet am Canon Gate von 1894.

Moderne Kunst

Pallant House

In der nahen West Pallant Street präsentiert das gelungen und stilvoll restaurierte Pallant House, das der wohlhabende Weinhändler Henry Peckham 1712 in Auftrag gab, eine ausgezeichnete Sammlung moderner Kunst, darunter Werke von Moore, Sutherland, Piper, Klee und Cézanne.

Di. – Sa. 10 – 17, Do. bis 20, So. 11 – 17 Uhr | Eintritt: 13 £
www.pallant.org.uk

Römische Wurzeln

The Novium Museum

In der Tower Street sind die **Reste eines römischen Badehauses** zu besichtigen, die an dieser Stelle entdeckt und durch einen Neubau des Museums für Stadtgeschichte zugänglich gemacht wurden. Mit dem Jupiterstein und dem Chilgrave-Mosaik birgt das Museum zwei weitere wertvolle Exponate der Antike. An die römischen Wurzeln erinnert auch der Name des Neubaus: Novium – abgeleitet vom antiken Stadtnamen Noviomagus Reginorum.

Novium: April – Okt. Mo. – Sa. 10 – 17, So. 10 – 16,
Winter Mo. – Sa. 10 – 17 Uhr | Eintritt: frei | www.thenovium.org

Archäologisches Museum

★ Fishbourne Roman Palace

Der römische Palast Fishbourne in der Salthill Road liegt 2 mi / 3 km westlich der Stadtmitte. Die **besterhaltene römische Villa** in Südengland war möglicherweise Landsitz des keltischen Stammesfürsten Togidubnus. Sie hatte mehr als 100 Räume und eine Ausdehnung von 150 m x 150 m – etwas mehr als Buckingham Palace. An dieser Stelle nahe eines natürlichen Hafens standen bereits zur Zeit der rö-

Trutzig empfängt das mächtige Arundel Castle seine Gäste, vom Bergfried aus bezaubern dann weite Ausblicke über Land und Fluss.

mischen Eroberung 43 n. Chr. hölzerne Militärbauten, später eine aus Stein gebaute Residenz, schließlich bis zu einem Brand um 270 der prächtige Palast, von dem bislang nur der Nordflügel vollständig ausgegraben wurde. Er zeigt unter einem Schutzdach **20 Mosaike**, darunter die wunderschöne Steinlegearbeit eines Amor, der auf einem Delfin reitet. Über die Entstehung erzählt ein kleines Museum mit Videoshow.

März – Okt. tgl. 10 – 17, Nov. – Feb. 10 – 16, Dez./Jan. Sa./So. 10 – 16 Uhr
Eintritt: 8.80 £ | http://sussexpast.co.uk/properties-to-discover/fishbourne-roman-palace

Rund um Chichester

Freilichtmuseum zum ländlichen Leben

Weald & Downland Open Air Museum

Mit über 50 historischen Gebäuden – viele mit Farmtieren – in einer Parklandschaft vermittelt das Museum 7 mi/11,2 km nördlich von Chichester einen hervorragenden Eindruck von der **mittelalterlichen Baukunst** in Sussex. Ein- und zweigeschossige Hallenhäuser, Scheunen und ein Marktstand können besichtigt werden, zudem lassen Schmiede, Wassermühle und Feuerstellen vergangene Zeiten lebendig werden.

April – Okt. tgl. 10.30 – 17.30, sonst bis 16 Uhr | Eintritt: 13,50 £
www.wealddown.co.uk

Gartenparty mit Oldtimern

Goodwood House

Goodwood House, 5 mi/8 km südöstlich, ist Sitz der Herzöge von Richmond. Das Herrenhaus, 1800 von James Wyatt erbaut, besitzt prachtvolle Möbel und Gemälde von Canaletto, van Dyck, Reynolds und Stubbs. Seit mehr als 150 Jahren werden von Mai bis September die »Glorious Goodwood«-Pferderennen veranstaltet. Das Festival of Speed Ende Juni rühmt sich, die weltgrößte Gartenparty des Motorsports zu sein – automobile Veteranen und Boliden rasen dann vor den Gärten von Goodwood.

März – Mitte Okt. So., Mo. 13 – 17, Aug. So. – Do. 13 – 17 Uhr
Eintritt: 9,50 £ | www.goodwood.co.uk

Spektakuläre Burg- und Schlossanlage

★ Arundel Castle

Eine zinnenbekrönte Burg beherrscht das Stadtpanorama von **Arundel**, das sich 8 mi / 13 km östlich von Chichester am Arun mit verwinkelten Gassen an die Ausläufer der South Downs schmiegt. Arundel Castle war Sitz der Adelsfamilien Montgomery, de Albini und Fitzalan. Seit dem 16. Jh. stellen die Howards den Grafen von Arundel und vereinen neben der Herzogswürde von Norfolk auch den Titel »Earl Marshal« auf sich, der sie für die Krönungszeremonie des jeweiligen Monarchen verantwortlich macht. Die **Herzöge von Norfolk** waren nach der Reformation ein Bollwerk des Katholizismus im protestantischen England, manche mussten dafür mit dem Leben und der Zerstörung ihres Hab und Guts bezahlen. Ihre gewaltige Festung, von den Normannen im 11. Jh. gegründet und 1644 während des Bürgerkrieges fast dem Erdboden gleichgemacht, wurde im 19. Jh. nach dem Vorbild von Windsor Castle neu errichtet. Daneben entstand 1868 bis 1873 die katholische Kathedrale im neogotischen Stil. Von der normannischen Burganlage existieren nur noch der Bergfried und ein Torhaus. Aus dem 14. Jh. stammt die Pfarrkirche St Nicholas, mit der durch einen Lettner abgetrennten **Fitzalan-Kapelle** als Familiengruft der Herzöge von Norfolk. Die Burgsäle sind mit feinen Möbeln und Tapisserien aus dem 16. Jh. ausgestattet, die Wände schmücken Porträts von Gainsborough, Reynolds, van Dyck und Lawrence. In April und Mai feiert Arundel Castle sein **Tulip Festival** – dann schmücken 18 000 blühende Tulpen die Schlossgärten.

April – Okt. Di. – So., Aug. auch Mo. 10 – 17 (Garten / Kapelle), 12 – 17 Uhr (Schloss) | Eintritt 18 £, nur Kapelle und Garten 11 £
www.arundelcastle.org

★ Petworth House & Park

Zwei Meister am Werk

Petworth House ist von Chichester auf der A 285 nach 16 mi / 26 km zu erreichen und dominiert die gleichnamige Marktstadt mit ihren engen Gassen. Das monumentale Anwesen mit 100 m langer Gartenfront erhielt 1696 unter dem 6. Herzog von Somerset sein heutiges Aussehen. Capability Brown legte im 18. Jh. den weiten Landschaftsgarten mit Wildpark formvollendet an. Damals versammelte George Wyndham, 3. Earl of Egremont, bei sich die bedeutendsten Künstler des Landes: Reynolds und Constable waren gern gesehene Gäste, Turner unterhielt hier 1830 bis 1837 ein Atelier und machte Haus und Garten zum Gegenstand zahlreicher Gemälde. Diesem Mäzen ist es zu verdanken, dass Petworth House eine der wertvollsten Kunstsammlungen des Landes besitzt. Höhepunkte sind der **Turner-Raum** mit 19 Ölgemälden des Künstlers und die Porträts von van Dyck im Square & Little Dining Room. Ein Meisterwerk der Holzschnitzkunst ist der 1690 von Grinling Gibbons geschaffene **Carved Room**: Girlanden und Friese aus Lindenholz gliedern in feinster Ornamentik die Wände und bilden perfekte Rahmen für Gemälde von Reynolds und Lely. Die North Gallery wurde 1824 für die Skulpturensammlung erweitert, die neben antiken Figuren klassizistische Werke von Flaxman zeigt. Zugang zu den Schlafgemächern im Obergeschoss bietet die Grand Staircase, ein im 18. Jh. von Laguerre ausgemaltes Treppenhaus. Zum Rundgang gehören auch die reich mit Kupfer bestückten Küchen des Palastes, die Hauskapelle und ein Spaziergang zum aussichtsreichen Steinsitz auf dem Lawn Hill.

März – Okt. Sa. – Mi. 11 – 17 Uhr | Eintritt: 12,50 £
www.nationaltrust.org.uk

★ CORNWALL

Grafschaft: Cornwall | **Einwohner:** 540 000

Großbritannien ist ein Nationalitätenstaat. So beginnt auch für die etwas mehr als eine halbe Million Bewohner von Cornwall England erst am Grenzfluss Tamar. Im Refugium der Kelten vor dem Ansturm der Römer, Angeln und Sachsen sind die Bewohner stolz auf ihr kulturelles Erbe.

Cornwall ist eines der ältesten Herzogtümer (Duchy) der Insel und wird von seinen Bewohnern eher als eine der »keltischen Nationen« verstanden, nicht als englische Grafschaft. Eine **eigene regionale Identität** wird von der Regierung in London anerkannt, aber den Bemühungen cornischer Nationalisten um Teilautonomie, ein regionales Parlament und die Verbreitung der im 18. Jh. ausgestorbenen und im 20. Jh. wiederhergestellten cornischen Sprache ist bisher kaum Erfolg beschieden. Einblicke in die Kultur dieser keltischen Region bietet das Royal Cornwall Museum in der Hauptstadt Truro.

Cornische Identität

Glaubt man der Sage, wurde König Artus auf Tintagel Castle gezeugt.

FOWEY ERLEBEN

TOURIST INFORMATION

5 South St, Fowey PL23 1AR
Tel. 017 26 83 36 16
www.visitcornwall.com

Die Autofähre zwischen Fowey und Bodinnick bietet gute Verbindungen nach Polperro und Looe; nach Polruan pendelt eine Passagierfähre. In Erinnerung an die Bestsellerautorin von »Rebecca« und »Jamaica Inn« feiern Fowey und St Austell alljährlich im Mai ein Fowey Festival of Arts and Literature (www. foweyfestival.com).

RESTAURANT Q €€€

Mit Blick aufs Wasser speist man im schick gestylten Restaurant des Old Quay House Hotel exquisite Fischgerichte, auch Muscheln und Austern aus dem Fowey River. Ebenso anspruchsvoll ist die Weinkarte, und so stilvoll sind die Zimmer zum Übernachten.
28 Fore Street
Tel. 01726 83 33 02
www.theoldquayhouse.com

SAMS ON THE BEACH €€

Im ehemaligen Bootshaus für das Rettungsboot im kleinen Polkerris kommt knusprige Pizza aus dem Holzofen. Durch die hohen Fenster oder von der Außenterrasse blicken Gäste auf den Sandstrand in der geschützten Bucht. Auch Muscheln, Jakobsmuscheln, Sardinen und saftige Steaks werden in der offenen Küche zubereitet und von hungrigen Wassersportlern verspeist – dazu Ales von kleinen cornischen Brauereien. Das Schwesterlokal **Sams Fowey** in der Stadt (20 Fore Street, Tel. 01726 83 22 73) pflegt den Stil eines American Diner und ist für leckere Fischgerichte empfehlenswert.
4 Town Quay
Tel. 01726 81 22 55
http://samscornwall.co.uk/

ESTUARY COTTAGES €€

Traumhafte Ferienwohnungen und Häuser für zwei bis sieben Personen in Fowey und Umgebung, fast alle mit herrlichem Blick auf die Bucht, vermittelt das Online-Portal »Estuary Cottages«.
www.estuarycottages.co.uk

Wohin in und um Fowey?

Zauberhafter Fischerort

Idyll der Literaten

Wo der schiffbare Fowey (sprich: Foi) sich auf seinem Weg vom ▶ Bodmin Moor ins Meer ergießt, liegt die Heimat von Daphne du Maurier: am Westufer die anmutige Kleinstadt Fowey, am Ostufer die Fischerdörfer Polruan und Bodinnick, wo die Autorin mit ihrer Mutter in den 1920er-Jahren das blau-weiße Haus »Ferryside« erwarb.
Viele Jahre lebte **Daphne du Maurier** auf der Landzunge südlich von Fowey im Landhaus Menabilly, dem Vorbild für das Gut Manderley in

ihrem Roman »Rebecca«. Für seine Verfilmung dieser Geschichte über eine junge Frau, die ins Landhaus ihres älteren Ehemanns zieht und dort unter dem geisterhaften Einfluss seiner verstorbenen ersten Frau leidet, gewann Alfred Hitchcock einen Oscar. Die düstere Stimmung von Buch und Film spürt man in Fowey jedoch nicht. Mit charmanten Cottages aus dem Mittelalter und der Tudor-Zeit, die sich an enge Gassen schmiegen, weit ins Land greifenden Flussarmen und Buchten, wo unzählige Boote dümpeln, ist Fowey die **»Perle der cornischen Riviera«.**

Historische Gasthäuser

Rund um den Hafen

Zu einem Hafen gehören **Pubs**, und Fowey besitzt davon viele: Im Ship Inn ist teilweise die Einrichtung von 1570 erhalten. Der King of Prussia am Town Quay mit Wasserblick wurde nicht etwa nach Friedrich dem Großen benannt, sondern nach dem Schmuggler John Carter, der in der Bucht Prussia Cove an der cornischen Südküste sein Gewerbe so erfolgreich betrieb, dass er den königlichen Titel erhielt. Im Safe Harbour Hotel konnten Kutscher und Pferde ab 1800 eine Bleibe finden. Im Lugger Inn von 1782 wurden Zollangelegenheiten abgewickelt. Die Firma Fowey River and Sea Cruises (www.foweycruise.co.uk) bietet Rundfahrten im Hafen und flussaufwärts an.

Schmucke Dörfer, dramatische Küste

★ Wandern

Mit der Fähre kann man von Fowey nach Polruan übersetzen und auf dem **South-West Coast Path** 9 mi/14,5 km am St Saviour's Point vorbei nach Polperro wandern. Der 3 mi/5 km lange **Hall Walk** gehört zu den schönsten Kurzwanderungen im Königreich. Nach der Überfahrt nach Bodinnick geht es vorbei am Old Ferry Inn den Hang hinauf, dann hoch über der Bucht, entlang bewaldeter Klippen, nach Polruan. Die Aussicht aufs Meer genießt man auf einer Wanderung südlich von Fowey zu den Ruinen des um 1540 erbauten **St Catherine's Castle**. Vorbei am Polridmouth Cove wird nach insgesamt 5 mi/8 km die Landzunge erreicht, deren Spitze **Gribbin Head** heißt. Der Rückweg führt am Haus Menabilly, das sich in Privatbesitz befindet und durch Bäume von der Straße abgeschirmt wird, dann an der hübschen Bucht mit Sandstrand von Polkerris vorbei.

Maritime Geschichte

Charlestown

Im georgianischen Hafen von Charlestown, 1,5 mi/2,5 km südlich von St Austell, hat sich das Ambiente von einst erhalten. Die größte europäische Privatsammlung von Wracks und ihren Schätzen zeigt das **Shipwreck & Heritage Centre** in der Quay Road.

Shipwreck & Heritage Centre: April – Okt. tgl. 10 – 17 Uhr
Eintritt: 5.95 £ | www.shipwreckcharlestown.com

Geheimnisvoller Landsitz

★ Lost Gardens of Heligan

Heligan, das mehr als 400 Jahre lang Wohnsitz der Familie Tremayne war, erlebte Ende des 19. Jh.s seine Blütezeit, bevor Brombeergestrüpp und Efeu das Anwesen in einen Dornröschenschlaf versetzten. Erst 1991 wurde der verwunschene Garten 4 mi / 6,5 km südlich von St Austell von Gartenhistorikern und Botanikern wieder zum Leben erweckt. Zur subtropischen Anlage mit Blick auf Mevagissey gehören Palmenhaine und Bambuswälder, Nutzgärten mit heimischem Gemüse, ein dichter »Dschungel«, ein »verlorenes Tal« und ein schöner Shop mit eigenen Produkten.

Mit Heligan verbunden ist das **Eden-Project**: Unter acht Kunststoffkuppeln wurde in einer aufgelassenen Kaolingrube ein Garten Eden angelegt – mit Außengelände und drei Biotopen (tropische, mediterrane und heimische Flora). Sie dienten auch als Filmset: Im James-Bond-Streifen »Stirb an einem anderen Tag« schwebte Halle Berry wie eine Spinne in das Gewächshaus hinab.

Lost Gardens: April – Sept. tgl. 10 – 18, Okt. – März 10 – 17 Uhr
Eintritt: 14,50 £ | www.heligan.com
Eden-Project: Ostern – Okt. 10 – 18 Uhr | Eintritt: 27,50 £
www.edenproject.com).

Exzentrizität gild als nationale Eigenart der Engländer – in den Lost Gardens of Heligan spiegelt sie sich auch in der Gartenkunst.

Einblicke in die Welt der Fischer

Mevagissey Folk Museum

Der malerisch gelegene Fischerort, 6 mi / 9,5 km südlich von St Austell, besitzt pittoreske Schieferhäuschen. Das Folk Museum beim West Quay am Hafen widmet sich der Fischerei und dem Schiffbau.
Ostern - Okt. tgl. 11 - 16, Juli/Aug. bis 17 Uhr | Eintritt: frei
www.mevagisseymuseum.co.uk

Auf den Fischmarkt – oder Haie angeln!

Looe

In Looe, 12 mi / 19 km östlich von Fowey, wurden in den letzten 30 Jahren mehr als 90 000 Haie aus dem Wasser gezogen – wer beim Hochseeangeln nicht so mutig ist, kann seinen Köder auch nach Makrelen auswerfen. Das traditionsreiche Fischerdorf wird vom gleichnamigen Fluss geteilt. Besuchen Sie in East Looe den quirligen **Fischmarkt**! Bereits in der fünften Generation wird am Quay Pengelly's Fishmonger geführt – die leckeren Seafood-Snacks isst man gleich am Tresen (www.pengellys.co.uk).

Schmugglernest

★ Polperro

Hinreißend schön steigen in Polperro die Häuser in Weiß und Pastell den Hang hinauf, überall schmücken Blumen Vorgärten und Fassaden. Der Maler Oskar Kokoschka, der hier im Exil lebte, hat die Szenerie auf seinen Bildern festgehalten – heute hängen sie in der Londoner Tate Gallery (► S. 127). Im autofreien Idyll an der Mündung des Pol-Flusses, das leider im Sommer stark überlaufen ist, werden Besucher vom Parkplatz aus mit Pferdekutschen befördert. Die Geschichte des Schmugglernestes, das wiederholt als Kulisse für Rosamunde-Pilcher-Filme diente, erzählt das **Schmugglermuseum**.
Polperro Heritage Museum of Smuggling: Ostern - Okt. tgl. 10.30 bis 15.30 Uhr | Eintritt: 2 £ | www.polperro.org/museum.html

Tintagel und Umgebung

Ursprung der Artus-Legende

★ Burg Tintagel

Auf zwei Steilklippen thront die Burg von Tintagel über dem tosenden Meer. Einer Legende zufolge war einst **Ygerne** die Burgherrin, die Ehefrau des Herzogs von Cornwall, welche der Bretonenkönig Uther Pendragon liebte. Durch die Künste des Zauberers Merlin nahm **Uther Pendragon** die Gestalt des Herzogs an, verschaffte sich so Zutritt zur Burg und zeugte mit Ygerne einen Sohn: den späteren König Artus.

So begründete der Benediktinermönch Geoffrey de Monmouth in seiner »Historia regum Britanniae« aus dem 12. Jh. die Artus-Legende. Zur selben Zeit verlegten bretonische und cornische Barden die Geschichte von Tristan und Isolde nach Tintagel. Der romantische Standort der Burgruine begünstigte die Mythenbildung, die in den

TINTAGEL UND UMGEBUNG ERLEBEN

TINTAGEL VISITOR CENTRE
Bossiney Road, Tintagel PL34 OAJ, Tel. 01840 77 90 84
www.visitboscastleandtintagel.com

RICK STEIN IN PADSTOW €€€€ – €
Englands berühmtester Fischkoch ist Rick Stein. Ab den 1980ern galt sein »Seafood Restaurant« am Hafen als bestes Fischlokal Englands (neuerdings hat ihm wohl Nathan Outlaw, s. unten, den Rang abgelaufen). Zu Steins Gourmetimperium gehören in Padstow auch das St Petroc's Bistro, Rick Stein's Café und Stein's Fish & Chips sowie in St Merryn der Pub The Cornish Arms sowie das SB-Lokal Rick Stein in Fistral, Newquay. Egal, in welcher Preisklasse Sie bei Rick Stein essen: Sie können fangfrischen, gekonnt zubereiteten Fisch und Meeresfrüchte in bester Qualität erwarten.
www.rickstein.com

RESTAURANT NATHAN OUTLAW €€€ – €€
Mit dem Fisch dieser Küste erkochte sich Nathan Outlaw zwei Sterne. Sein Restaurant im oberen Teil des Bilderbuchdorfs wird von manchen als bestes Lokal in England gehandelt. Sein 8-gängiges Tasting Menu kostet stolze 125 £, das Mittagsmenü Fr. und Sa. nur die Hälfte. Für jeden erschwinglich ist dagegen sein Fish Kitchen unten am Hafen, mit Steinbutt oder Makrele für nur knapp über 10 £.
6 New Road, Port Isaac
Tel. 01637 86 10 00
https://nathan-outlaw.com/

FIFTEEN €€€ – €€
Noch einen Promi-Koch zog es an die cornische Nordküste: im »Fifteen« bildet Jamie Oliver arbeitslose Jugendlich aus und serviert mit Blick auf Watergate Bay Fleisch-, Fisch- und vegetarische Gerichte im Stil »Italien trifft Cornwall«. Die Gewinne kommen einem guten Zweck, der Stiftung Cornish Food Foundation, zugute, und die Qualität stimmt auch!
Watergate Bay, Newquay
Tel. 01637 86 10 00
www.fifteencornwall.co.uk

LIFE'S A BEACH €€€ – €
Tagsüber ein einfaches Café am tollen Strand, abends ein Bistro mit Niveau: Bude ist nicht so hip wie Newquay und Padstow, dafür preiswerter, und verdient auch ein Lokal, das mehr bietet als Fish & Chips für den anspruchslosen Urlauber. Mittags gibt es Burger, Nachos und Baguettes (€), abends Eintopf im baskischen Stil mit Seehecht, Muscheln und Tintenfisch oder Seeteufel mit geräuchertem Baba Ghanoush (€€€). Zu jeder Tageszeit ausgelassene Stimmung.
Summerleaze Beach, Bude
Tel. 01288 35 52 22
http://lifesabeach.info

WATERGATE BAY €€€
Das einzige Hotel am langen Sandstrand Watergate Bay hat eine grandiose Aussicht und ist als hochklassiges, entspanntes Familienhotel mit vielen Aktivitätsangeboten für Kinder bekannt. Nicht nur Kinder können Surfen und andere Sportarten im hoteleigenen Extreme Academy lernen.

On the Beach, Watergate Bay Cornwall TR8 4AA, Tel. 01637 86 05 43, www.watergatebay.co.uk

THE AVALON HOTEL €€
Die Zimmer in diesem stilvollen B & B haben teils einen grandiosen Blick auf Tintagel Castle, das Frühstück ist sehr gut und der Besitzer Antony sehr hilfsbereit.
Atlantic Road, Tintagel PL34 0DD
Tel. 01840 77 01 16
https://theavalonhotel.co.uk/

letzten 20 Jahren durch archäologische Ausgrabungen Unterstützung erhielt. Man fand Spuren eines Königshofs aus dem 5. und 6. Jahrhundert. Frühe cornische Herrscher tafelten hier stilvoll mit feiner, aus der heutigen Türkei importierter Keramik, aßen Austern und Schweinebraten, tranken Wein aus kostbaren Gläsern, die in Spanien hergestellt wurden. Zinn aus Cornwall, im Mittelmeerraum ein begehrtes Produkt, machte es möglich.
Dass tatsächlich ein Artus vor 1500 Jahren am ausgegrabenen Königshof lebte, ist nicht bewiesen, aber heute lebt der winzige Ort Tintagel von ihm: Besucher strömen zur Ruine von Tintagel Castle. Vom Infozentrum führt ein ausgebauter Klippenpfad mit steilen Stufen und fantastischen Ausblicken auf die Küste hinauf zu den spärlichen Ruinen der **Artus-Burg**. Sie wurde 1145 für den Grafen Reginald von Cornwall erbaut und bestand vermutlich nur aus einer rechteckigen Halle. Hundert Jahre später ließ Graf Richard von Cornwall den Bau erweitern. Da er jedoch keine strategische Bedeutung besaß, ließen die späteren Earls of Cornwall den Bau verfallen.
April - Sept. tgl. 10 - 18, Okt., bis 17, März bis 16, Nov. - Feb. Sa./So. 10 - 16 Uhr | Eintritt: 8,40 £ | www.english-heritage.org.uk

600 Jahre Gutshaus-Geschichte

Old Post Office

In der Fore Street in Tintagel duckt sich das Old Post Office aus dem 14. Jh. unter seinem welligen Schieferdach. Das Haus gehörte erst einem Freibauern, bis im 19. Jh. – für nur kurze Zeit – das Postamt einzog. 2 mi/3 km südlich von Tintagel liegt einer der schönsten Sandstrände Cornwalls, **Trebarwith-Strand**.
Old Post Office: Ostern - Sept. tgl. 10.30 - 17.30, Okt. 11 - 16 Uhr Eintritt: 4 £ | www.nationaltrust.org.uk

Romantischer Fischerort

Port Isaac

In Port Isaac, 10 mi/16 km südwestlich von Tintagel, sind die Gassen zwischen den weiß getünchten Häusern am **Old Lobster Port** so eng, dass eine davon Squeezebelly Alley heißt, »Zieh den Bauch ein«. Im 19. Jh. lebten die Fischer von den Heringsschwärmen, die jedes Jahr vor der Küste auftauchten – die alten Pökelkeller können heute besichtigt werden. Seit den 1980er-Jahren ist Port Isaac ein gefragter Drehort. Neben Rosamunde Pilchers »Die Muschelsucher« mit Vanessa Redgrave und den TV-Comedy Dramen »Doc Martin« wurde

AUF DEN SPUREN VON KÖNIG ARTUS

Der sagenhafte König, dessen Existenz bis heute nicht bewiesen ist, soll seine Ritter der Tafelrunde im Süden Englands um sich geschart haben. Der Literatur ist zu verdanken, dass Artus nicht nur unsterblich, sondern zugleich zum Inbegriff ritterlicher Tugenden wurde. Im Lauf der Bearbeitungen drängten die Abenteuer der den Gral suchenden Ritter die ursprüngliche Geschichte jedoch mehr und mehr in den Hintergrund.

▶ **Im Artusland**

Wer in Südengland auf die Suche nach Artus geht, findet geheimnisvolle und sagenumwobene Orte:

- Artus' Geburtsort?
- Schloss Camelot?
- Artus Jugendzeit?
- Sieg gegen die Angelsachsen?
- Wurde hier Excalibur versenkt?
- Versteck des Heiligen Grals?
- Artus' letzte Schlacht?
- Grab von Artus und Guinevere?

▶ **Artus in Literatur, Musik und Film**

Geoffrey of Monmouth: Historia regum Britanniae, um 1100

Normanne Wace: Roman de Brut, 1155

Chrétien de Troyes: Conte de Graal, um 1180

Wolfram von Eschenbach: Parsifal, 1200

Hartmann von Aue: Iwein, um 1200

Thomas Malory: Le Morte Darthur, um 1470

▶ Stoffe, Motive, Figuren

In seiner Tafelrunde versammelte Artus die edelsten Ritter seiner Zeit, wobei ihre Zahl je nach literarischer Verarbeitung schwankt. Die höfischen Epen des Mittelalters schöpfen aus diesem Kreis ihre Stoffe und Figuren, um das Ideal der ritterlichen Tugenden zu transportieren.

©BAEDEKER

Richard Wagner: Tristan und Isolde, 1865; Parsifal, 1882

Mark Twain: A Connecticut Yankee in King Arthur's Court, 1889

Loewe/Lerner: Camelot (Musical), 1960

Monthy Python: Die Ritter der Kokosnuss, 1975

Marion Zimmer Bradley: Die Nebel von Avalon, 1983

Jerry Zucker (Regie): Der erste Ritter, 1995 (Sean Connery als Arthur)

hier 2000 auch »Saving Grace« (»Grasgeflüster«) gedreht mit Brenda Blethyn als Marihuana anbauende Witwe, die so nach dem Tod ihres Mannes die Geldsorgen zu lösen versucht – der Film ist Kult!
www.portisaac-online.co.uk

Gut essen, wandern und besichtigen

★ Padstow

Am Mündungsdelta des Camel liegt das **Schlemmerparadies** Padstow, seit über 40 Jahren die Heimat von **Chefkoch Rick Stein**. North und South Quay werden von hübschen Steinhäusern aus dem 16. Jh. gesäumt. Nur im Rahmen einer Führung kann man den elisabethanischen Herrensitz **Prideaux Place** besichtigen, Drehort vieler Rosamunde-Pilcher-Filme. Dass Hummer drei Mägen haben und 100 Jahre alt werden können, erfährt man in der **National Lobster Hatchery**. Hat man gut gespeist, geht es auf dem **Camel Trail** per Rad oder zu Fuß entlang der stillgelegten Eisenbahnlinie zur mittelalterlichen Brücke von Wadebridge (9 km) und weiter nach Bodmin und Wenfordbridge (Gesamtlänge: 28 km).

Prideaux Place: Ostern – Sept. So.–Do. 13.30 – 16 Uhr
Eintritt: Haus 8,50 £, nur Park 4 £ | http://prideauxplace.co.uk
National Lobster Hatchery: South Quay | tgl. 10 – 17, Nov. – Mitte Feb. bis 16 Uhr | Eintritt: 3,95 £
www.nationallobsterhatchery.co.uk
Camel Trail: Radmietstationen in Padstow, Wadebridge und Bodmin | Auskunft www.cornwall.gov.uk/cameltrail

Spektakuläre Klippen

Bedruthan Steps

Auf den mächtigen Granitblöcken der Bedruthan Steps rund 6 mi/10 km südlich von Padstow soll der märchenhafte Riese Bedruthan an Land geschritten sein. In der kleinen Bucht gestaltet Tony Plant vergängliche Kunst mit der Harke: fantasievolle Strandbilder, Spiralen und schwingende Linien bis zur nächsten Flut.

Größtes Seebad Cornwalls

★ Newquay

An den acht goldenen Sandstränden von Newquay tummeln sich Familien und Surfer. Der 3 km lange Watergate Bay und Fistral Beach sind die Hotspots für Wasser- und Abenteuersport. Viele halten die Bucht Lusty Glaze, die man bei Ebbe über den Sandstrand von Newquay und sonst über 133 Stufen vom Parkplatz auf den Klippen erreichen kann, für den schönsten Strand. Bestaunen Sie im Unterwassertunnel des **Blue Reef Aquarium** tropische Haie und Seepferdchen. Im **Newquay Zoo** mit afrikanischer Savanne leben Pandas, Meerkatzen, Löwen und Pinguine.

Blue Reef Aquarium: März – Okt. tgl. 10 – 17, Nov. – Feb. bis 16 Uhr
Eintritt: 10,75 £, preiswerter online | www.bluereefaquarium.co.uk
Newquay Zoo: April – Sept. tgl. 10 – 17, Nov. – März bis 16.30 Uhr
Eintritt: 13,20 £ | www.newquayzoo.org.uk

Idyllischer Naturhafen

Boscastle

Schroffe Steilklippen, verträumte Buchten und Meerblick immer inklusive führt ein 4 mi / 6,5 km langer **Klippenweg** entlang der stürmischen Nordküste Cornwalls zum fjordähnlichen Naturhafen von Boscastle. Das Dorf mit schiefergedeckten Häusern besitzt gemütliche Pubs, ein Heritage Coast Center und ein **Hexenmuseum**.

Museum of Witchcraft: April – Sept. Mo. – Sa. 10.30 – 18, So. ab 11.30 Uhr | Eintritt: 5 £ | www.museumofwitchcraft.com

Badeort, Strände, Klippen ...

Bude

Beim Seebad **Bude**, 14 mi / 22 km nördlich von Boscastle, weichen die schroffen Klippen einem **langen Sandstrand**. In **Morwenstow**, dem nördlichsten Ort Cornwalls, thront die Kirche St John the Bap-

BAEDEKER MAGISCHE MOMENTE

DIE WUCHT DES OZEANS

Die Atlantikküste von Cornwall und Devon ist bestens geeignet, um die Kraft der Elemente hautnah zu spüren – Gischt auf der Haut inklusive. Nehmen Sie sich also ausreichend Zeit, um das Spiel der Wellen zu betrachten. Besonders eindrucksvoll ist das Meer an den Bedruthan Steps nördlich von Newquay. Doch Vorsicht: Wer sich hier zu nahe ans Wasser wagt, riskiert, von einem Brecher erfasst zu werden!

TRURO UND UMGEBUNG ERLEBEN

TOURIST INFORMATION CENTRE
Municipal Buildings, Boscawen Street, Truro TR1 2NE
Tel. 01872 26 17 35

FAL RIVER VISITOR CENTRE
11 Market Strand, Prince of Wales Pier, Falmouth TR11 3DF
Tel. 01326 74 11 94
www.visitcornwall.com

THE GREENHOUSE €€
Probieren Sie Seehecht oder Knurrhahn und zum Nachtisch den cornischen Käseteller, für Vegetarier werden z. B. mit Ziegenkäse gefüllte Zucchiniblüten und andere Leckerbissen mit mediterranem Hauch angeboten. Gäste dürfen ihren eigenen Wein mitbringen (Korkgeld 3 £). Ein kleines Lokal mit einer ordentlichen Portion Charakter.
6 High Street, St Keverne
Helston, Tel. 01326 28 08 00
www.cornishorganiclocal restaurant.co.uk

PANDORA INN €€ – €
Diese alte reetgedeckte Herberge direkt am Meeresarm Restronguet Creek nördlich von Falmouth erreicht man über eine enge Stichstraße – oder auch mit dem Wassertaxi, was empfohlen wird, wenn Sie den leckeren, starken cornischen Apfelwein probieren möchten. Ganz ohne Gourmetallüren wird hier – auch draußen auf dem großen Ponton – deftige, anständige Pub-Küche wie Steak und Lammfleisch serviert – das Besondere ist die Lage.
Restronguet Creek, Mylor Bridge
Falmouth, Tel. 01326 37 26 78
www.pandorainn.com

HARBOUR LIGHTS €
Das traditionelle Fish & Chips-Restaurant direkt am Hafen wurde 2017 zum englischen »Independent Fish and Chip Restaurant« des Jahres gekürt. Der Klassiker ist Kabeljau (»Cod and Chips«), auch Schellfisch, Scampi und Scholle werden angeboten. Für Fish & Chips zum Mitnehmen stehen hungrige Kunden regelmäßig bis auf die Straße Schlange.
Arwenack Street, Falmouth
Tel. 01326 31 69 34

HIGHCLIFFE GUEST HOUSE €€
Die Besitzer des 5-Sterne-B & Bs mit 8 Gästezimmern haben klug investiert, damit die Schwächen manch anderer solcher Unterkünfte (durchgelegene Matratzen, lauwarm tröpfelnde Duschen) hier ausgeschlossen sind. Zum Frühstück kommen statt Kaffee vom Discounter und billigem Speck wirklich nur gute Zutaten auf den Tisch.
22 Melvill Road, Falmouth TR11 4AR, Tel. 01326 31 44 66
www.highcliffefalmouth.com

THE DONNINGTON GUEST HOUSE €€ – €
14 liebevoll eingerichtete Zimmer in zwei viktorianischen Stadthäusern mit Garten, zwei Gehminuten vom Bahnhof, teils mit Blick auf die Kathedrale und die umliegende Landschaft.
41/43 Treyew Road
Truro TR1 2BY
Tel. 01872 22 25 52
www.donnington-guesthouse.co.uk

tist einsam auf den Klippen. Das Dach des Pfarrhauses schmückte Robert Stephen Hawker im 19. Jh. mit Schornsteinen in Form bekannter Kirchtürme. Der exzentrische Prediger schrieb auch die **»Ballade von Trelawny«**, die inoffizielle Nationalhymne Cornwalls.

Truro und Umgebung

Georgianische Eleganz

Truro

Stolz blicken die drei Türme der Kathedrale auf Truro (19000 Einwohner), das beschauliche Verwaltungs- und Einkaufszentrum der Royal Duchy of Cornwall am Zusammenfluss von Kenwyn und Allen. Im Mittelalter gehörte die Stadt zu den »Stannary Towns«, in denen Zinn gewogen, gestempelt und besteuert wurde. Bis ins 19. Jh. sorgten die **Zinn- und Kupferminen** für Wohlstand, der sich in eleganter georgianischer Architektur widerspiegelt. Im Stadtkern wurde Anfang des 20. Jh.s Truros Kathedrale mit einem 76 m hohen Vierungsturm vollendet. 100 Jahre später löste der Aufstieg zur cornischen Hauptstadt eine rege Bautätigkeit aus, die in der Errichtung der Courts of Justice durch die Architekten der Tate Gallery von St Ives (► S. 127) gipfelte.

Das **Royal Cornwall Museum** in der River Street von Truro besitzt eine große Mineraliensammlung, keltische Inschriften und Werke cornischer Maler der »Newlyn School« wie Henry Scott Tuke, Harold Harvey und Sherwood Hunter. Sir Godfrey Kneller porträtierte 1680 den cornischen Riesen Anthony Payne: Der über 2,20 m große Soldat Karls II. wird heute noch in Volksliedern besungen.

Royal Cornwall Museum: Di.–Sa. 10–16.45 | Eintritt: 5,50 £
www.royalcornwallmuseum.org.uk

Exotische Gewächse

★ Trelissick Garden

Auf einer Anhöhe mit Blick auf die See blühen im Trelissick Garden auf der Halbinsel Roseland zwischen weitläufigen Rasenflächen fürs Picknick **farbenprächtige Rhododendren**, Hortensien, Kamelien, Magnolien und Zierkirschen. Gepflanzt wurden sie von den Copelands, den Besitzern einer Porzellanfabrik, die für ihr exquisites Blumendekor berühmt war. Viele Motive der Teller und Tassen wuchsen in Trelissick. 1955 vermachte die Familie den 150 ha großen Park dem National Trust. Im Crofters Café kann man cornische Cream Teas genießen, im Plant Shop Samen für daheim mitnehmen.

Feock bei Truro | Nov. – Mitte Feb. tgl. 11 – 16, Mitte Feb. – Okt. 10.30 – 17.30 Uhr | Eintritt: 8,60 £ | www.nationaltrust.org.uk

Besuch auf der Teeplantage

★ Tregothnan Estate

Die einzige Teeplantage der britischen Inseln befindet sich fünf km südöstlich von Truro. Seit 1335 ist Tregothnan im Besitz der Familie Boscawen, die in ihrem wunderschönen **Landschaftsgarten** bereits vor 200 Jahren Magnolien, Kamelien, Zedern und sogar Bananenstauden anpflanzte. Durch den Golfstrom ist das Klima hier sehr mild. Temperatur, Niederschlag und Boden sind vergleichbar mit denen von Darjeeling am Fuße des Himalaya. Mit rund 16 000 Teesträuchern werden heute gut 10 t Tee pro Jahr produziert. Durch den Garten und die Teepflanzungen führt nach Voranmeldung der Chefgärtner Neil Bennett. Auf Tregothnan werden auch ein guter Honig und Pflaumenmus hergestellt. Beides lässt sich im benachbarten **Smuggler's Cottage** zum Cream Tea mit hausgemachten Scones und einer echten Cornish Clotted Cream mit 55 % Milchfett bestellen. Dazu eine Tasse echt englischen Darjeeling von der Teeplantage auf der anderen Seite der Bucht – nicht zu toppen!

The Woodyard: Tregothnan, private Gartenführungen inkl. Cream Tea mit englischem Darjeeling ab 65 £. Alle 14 Teesorten von Tregothnan gibt es lose oder im Beutel für daheim im Shop. Buchung über http://tregothnan.co.uk.

★ Falmouth

Wassersportmekka mit Naturhafen

11 mi / 18 km südlich von Truro gelegen, besitzt Falmouth einen der größten **Naturhäfen** der Welt. Sieben Flüsse treffen hier aufeinander, die Gezeitenmündung ist ein Mekka für Wassersportfreunde. Ein

Schroffe Klippen, kleine Buchten und manch feiner Sandstrand zeichnen die Lizard-Halbinsel aus – hier Kynance Cove, eine der schönsten Buchten Cornwalls.

1688 eingerichteter Frachthafen der Post führte zur Expansion von Hafen und Stadt. Am Discovery Quay präsentiert das **National Maritime Museum** die Seefahrtsgeschichte Cornwalls. Die Einfahrt zur Falmouth Bay bewachen zwei Festungen, die Heinrich VIII. errichten ließ und die heute per Fähre verbunden sind: **Pendennis Castle** und sein etwas kleineres Pendant **St Mawes**.

National Maritime Museum: tgl. 10 – 17 Uhr | Eintritt: 12,95 £
www.nmmc.co.uk

Üppige Vegetation im Schluchtgarten

Glendurgan Garden

5 mi / 8 km südlich von Falmouth legte der englische Reeder Albert Fox ab 1820 an der Mündung des Helford River zwischen steilen Hügeln und entlang verschlungener Pfade den Schluchtgarten Glendurgan Garden an, der auch einen Irrgarten aus Lorbeerhecken besitzt.

Feb. – Okt. Di. – Sa. 10.30 – 17.30, Aug. auch Mo. | Eintritt: 7,20 £
www.nationaltrust.org.uk

Einmalige Farben

The Lizard

Auf der Lizard-Halbinsel beeindruckt besonders das Farbenspiel der Steine: Mattgrüner Serpentin mischt sich mit Gneis und Granit, dazwischen gedeihen Heide und Stechginster. Die Bewohner lebten lange von der Riffpiraterie, da unzählige Schiffe an der Küste zerschellten. Zahlreiche verwunschene Buchten laden zu einem entspannten Tag am Strand ein. Zu den landschaftlich schönsten gehört **Kynance Cove** auf der Westseite der Halbinsel mit hellem Sand zwischen steilen Felsen und toller Brandung zum Surfen oder Herumtollen. Den Hunger stillt man mit einem Cornish Pasty (Teigtasche) vom Strandcafé. An der geschützten Ostküste des Lizard ist **Kennack Sands** ein traumhafter Strand für Familien mit Surfschule.

Ein schöner Klippenpfad windet sich von den 1752 errichteten Doppeltürmen des **Lizard Lighthouse** am **Lizard Point** nach Mulligan Cove. Hier am südlichsten Punkt des britischen Festlands informiert ein Heritage Centre über die Geschichte der englischen Leuchttürme.

Heritage Centre: April, Mai, Okt. So. – Do., Juni, Sept. So. – Fr., Juli/Aug. tgl. 11 – 17 Uhr | Eintritt mit Leuchtturm-Besteigung: 8 £, nur Gelände und Ausstellung 3,50 £

Uralte Tradition

Helston

Jedes Jahr am 8. Mai tanzen die Bürger der südwestlich von Falmouth gelegenen Stadt Helston durch deren verwinkelte und geschmückte Straßen. Schon morgens um 7 Uhr beginnt das Riesenspektakel des **Furry Dance** oder **Flora Day**, zu dem Kinder wie Erwachsene in historischen Kostümen antreten.

DIE HALBINSEL PENWITH ERLEBEN

TOURIST INFORMATION CENTRE
The Guildhall, Street-an-Pol
St Ives TR26 2DS, Tel. 01736
79 62 97, www.visitstives.org.uk

TOURIST INFORMATION CENTRE
Station Road, Penzance
TR18 2NF, Tel. 01736 33 55 30
www.purelypenzance.co.uk

St Ives: 90-min.-Bootsausflüge führen tgl. vom Hafen zur Seal Island, wo man Robben und Delfine beobachten kann. Hochseeangler können ihr Glück auf der »Dolly Pentreath« versuchen, dem Nachbau eines traditionellen cornischen Fischkutters (www.stivesboats.co.uk/boats).

ADMIRAL BENBOW €€€€
Dieser urgemütlicher Pub mit nautischem Ambiente war im 17. Jh. das Hauptquartier der berüchtigten Benbow-Piraten. Heute gibt es ausgezeichnete Fish & Chips und gutes Bier.
46 Chapel Street, Penzance
Tel. 01736 36 34 48

PORTHMINSTER BEACH CAFÉ €€€ – €€
In diesem Restaurant direkt am Strand mit Blick über die Bucht zum Leuchtturm ist die Küche genauso herrlich wie die Aussicht. Die Kunden schwärmen für Fischgerichte wie Seeteufelcurry. Die Weinkarte verzeichnet viele gute Tropfen, darunter auch cornische Weine.
Porthminster Beach, St Ives
Tel. 01 736 79 53 52
www.porthminstercafe.co.uk

GURNARD'S HEAD €€
Diese Herberge an der Nordküste westlich von St Ives liegt abgelegen in grandioser, karger Landschaft. In dieser Lage und dazu noch im Ambiente eines ganz normalen Pubs erwartet man keine so feine Küche. Probieren Sie Rochen, Taschenkrebs oder Lammfleisch mit Merguez-Würstchen, dazu Ales aus verschiedenen cornischen Mikrobrauereien oder einen von ca. 20 offenen Weinen. Am besten bucht man direkt eins der angenehmen Gästezimmer für das Verdauungsnickerchen.
Zennor, St Ives TR26 3DE
Tel. 01736 79 69 28
www.gurnardshead.co.uk/

PRIMROSE VALLEY HOTEL €€€
Das stilvolle Gästehaus gehört zu den besten B & Bs der britischen Küste. Die neun Zimmer sind ein stylischer Mix, das Frühstück mit cornischen Zutaten hervorragend, und den Besitzern ist keine Mühe zu viel. Die Wellen am 50 m entfernten Porthminster Beach wiegen Gäste in den Schlaf.
Primrose Valley, St Ives TR26 2EA
Tel. 01736 79 49 39
www.primroseonline.co.uk

LAND'S END HOTEL €€
Longships heißt der Leuchtturm, der draußen vom Meer alle zehn Sekunden zum einzigen Hotel auf den Steilklippen der Südwestspitze blinkt. Und Longship heißt auch sein Restaurant, das zur topfrischen Fischküche immer neue Ausblicke auf die Wasserwogen des Atlantik bietet. Wer bleiben will: Es gibt 32 komfortable Landhauszimmer.
Lands End Rd, St Buryan
Penzance TR19 7AA
Tel. 01736 87 18 44
www.landsendhotel.co.uk

★★ Halbinsel Penwith

Schroffe Klippen, feine Strände

Penwith

Wie ein gekrümmter Finger weist die Halbinsel Penwith ganz im Westen Cornwalls in den Ozean hinaus. Sie ist eine harte, schroffe Landschaft, wo Atlantikbrecher unablässig an die Granitfelsen der wilden Küste krachen, wo Menschen ihr Brot früher mit gefährlicher Arbeit in der Fischerei und in den Minen verdienten. Sie ist auch eine mystisch anmutende Landschaft mit vielen Zeugen einer vorchristlichen, keltischen Glaubenswelt.

Die Küstenwanderung rund um Penwith ist spektakulär. Hier und da kann man in versteckten Buchten baden, und im Hinterland finden sich allenthalben Zeugnisse aus prähistorischer Zeit: Steinkreise, Pfeiler, Grabkammern und »Quoits«, aufeinandergetürmte Granitplatten über **Gräbern der Bronzezeit**. Lanyon Quoit, Zennor Quoit und Chun Castle sind beeindruckende Beispiele für diese Dolmenkonstruktionen.

Größte Stadt im Westen Cornwalls

★ Penzance

Ein Hauch von Mittelmeer weht durch Penzance, den größten Ort der cornischen Riviera und das Sprungbrett zu den ► Scilly-Inseln. Die cornischen Wörter »pen« und »sans« bedeuten »heiliges Vorgebirge«: Penzance verdankt seinen Namen nämlich der felsigen Landzunge südlich des heutigen Hafens, auf der ehemals eine Kapelle stand. Die westlichste Stadt Südenglands liegt geschützt in der weiten Bucht von Mount's Bay. Cornwalls einzige Strandpromenade, Badestrände und der lebendige Stadtkern mit Geschäften, Gärten und Museen machen die 21 000 Einwohner-Stadt zu einem Zentrum für Einheimische und Touristen. Seit 2017 können Schwimmer nach Restaurierung das direkt am Hafen gelegene größte Freibad Englands, den **Jubilee Pool**, wieder benutzen. Das im Art-déco-Stil gehaltene, 1935 eröffnete Meerwasser-Bad war Anfang 2014 durch Winterstürme schwer beschädigt worden. Von hier aus verläuft die Mitte des 19. Jh.s eingerichtete Strandpromenade bis nach Newlyn, 1880 bis 1940 eine Künstlerkolonie und heute der größte Fischereihafen Cornwalls.

Penlee House Museum

Kulturelles Highlight der Stadt ist das Penlee House Museum. Die viktorianische Villa im Penlee Park zeigt Werke von Künstlern der **Newlyn School**, die 1884 von Stanhope Forbes, Walter Langley und Elisabeth Armstrong gegründet wurde.

April – Okt. Mo. – Sa. 10 – 17, Nov. – März Mo. – Sa. 10.30 – 16.30 Uhr
Eintritt: 5 £ | www.penleehouse.org.uk

Malerisches Herrenhaus, exotische Pflanzen

Trengwainton Garden

Trengwainton Garden, um 1814 rund 3 mi/5 km nordwestlich von Penzance angelegt, besitzt Pflanzenarten, die in England nur an die-

Land's End – an Cornwalls Klippen endet England. Der Klippenpfad vermittelt dieses Gefühl mit grandiosen Ausblicken in die Ferne – und mulmigen in die Tiefe.

sem Ort gedeihen, und eine beträchtliche Sammlung an Magnolien, Kamelien und Rhododendren.

So. – Do. 10.30 – 17 Uhr | Eintritt: 8,10 £ | www.nationaltrust.org.uk

Uralte Dorfanlage

Chysauster

Chysauster, 4 mi/6,5 km nördlich von Penzance, ist das besterhaltene Beispiel einer romano-britischen Dorfanlage aus dem 2. bis 4. Jahrhundert. Die Kammern der neun Steinhäuser wurden um einen Innenhof herum gebaut und mit Stroh gedeckt. Sogar terrassierte Hausgärten sind noch sichtbar.

April – Sept. tgl. 10 – 17, Okt. bis 16 Uhr | Eintritt: 4,60 £

Harte Arbeit unter Tage

Industriedenkmäler

Bei Pendeen 7 mi/11 km westlich von Penzance liegt ein historisches Zinnbergwerk. Seit der Schließung 1990 präsentiert Geevor Mine durch Besichtigung unter Tage, im Museum und in alten Anlagen zur Verarbeitung des Erzes die Geschichte und Bedingungen dieser Industrie. Einige hundert Meter entfernt in dramatischer Lage an den Klippen lädt auch die **Levant Mine** zur Besichtigung eines Kupfer- und Zinnbergwerks mit einer noch funktionierenden Dampfmaschine aus dem Jahr 1840 ein. Die Stollen wurden bis zu einer Meile unter dem Meeresboden hinaus getrieben.

Geevor Mine: So.-Fr. 10-17, Nov.-März bis 16 Uhr
Eintritt: 13.95 £ | www.geevor.com
Levant Mine: April-Okt. tgl. 10.30-17 Uhr | Eintritt: 7,70 £
www.nationaltrust.org.uk

Sturmumtoste Granitfelsen

Land's End

Von der 60 m hohen Steilküste von **Land's End**, 8 mi / 13 km südwestlich von Penzance, kann man bei klarem Wetter bis zu den ► Isles of Scilly sehen. Die Landspitze selbst ist ein kommerzielles Spektakel mit Multimediashows, Restaurants und Souvenirshops. Wer die Weite des Atlantiks und die Entlegenheit des Ortes erleben möchte, wandere ein wenig den Klippenpfad entlang – 3 km südlich liegt die Bucht Nanjizal mit weißem Sand bei Ebbe und Sandsteinhöhlen.

Fantastisches Freilichttheater

Minack Theatre

In **Porthcurno**, 6,5 mi / 10 km südwestlich von Penzance, baute Rowena Cade in ihrem Garten das Minack Theatre nach altgriechischem Vorbild. Heute können hier 750 Zuschauer von Mai bis September Freilichtaufführungen erleben: Oper, Schauspiel und Musical vor herrlicher Meereskulisse.

Besichtigung nur außerhalb der Spielzeit Okt.-März tgl. 10-15.30 Uhr | Eintritt: 4,50 £ | Theaterkarten ab 9 £ | www.minack.com.

Zur Strafe versteinert

Merry Maidens

Die 5 mi/8 km südwestlich von Penzance gelegenen 19 Megalithen aus der Bronzezeit, die den **Steinkreis** der Merry Maidens bilden, sind – so der Volksmund – versteinerte Dorfmädchen, die an einem Sabbat tanzten und dafür bestraft wurden.

Dorf- und Hafenidyll

Mousehole

Im malerischen Mousehole (sprich: mausl), 3 mi / 5 km südlich von Penzance lebte der walisische Schriftsteller **Dylan Thomas** in den 1930er-Jahren und war häufig zu Gast im gemütlichen **Ship Inn**. 1777 starb in Mousehole mit Dolly Pentreath der letzte Mensch, dessen Muttersprache Cornisch war.

Ship Inn: www.shipinnmousehole.co.uk

Dependance aus Frankreich

★ St Michael's Mount

Vor Marazion, 5 mi / 8 km östlich von Penzance, ragt in der Mount's Bay ein 70 m hoher Granitfelsen mit der **Klosterfestung** St Michael's Mount auf. Um 1050 schenkte Eduard der Bekenner die Insel den normannischen Benediktinermönchen vom Mont St-Michel, die hier eine Dependance einrichteten. Heinrich VIII. ließ das Kloster als Seefestung ausbauen. Ab 1660 war die Familie St Aubyn Eigentümer, die die Anlage in einen komfortablen Wohnsitz verwandelte und 1954 dem National Trust vermachte. Von Marazion aus ist St Michael's Mount bei Ebbe zu Fuß über einen Damm, bei Flut mit Booten zu erreichen.

So. - Fr. 10.30 - 17 Uhr | Eintritt: Gesamtanlage 14 £, nur Burg 9.50 £, nur Gärten 7 £ | www.stmichaelsmount.co.uk

Kunstzentrum und Badeort

St Ives

Nach St Ives lockte bereits vor 200 Jahren das »griechische Licht« Maler, die das besondere Flair des Fischerdorfes an der Keltischen See auf die Leinwand bannten: den Hafen, die verwinkelten Gassen, die vom Golfstrom begünstigten Sandstrände und die weite Bucht an der Mündung des Hayle. Kunstinteressierte und Badeurlauber bevölkern im Sommer die engen Gassen der Stadt mit 11 000 Einwohnern,

BAEDEKER MAGISCHE MOMENTE

»INSELHÜPFER«

Eine Insel, zu der man – quasi übers Wasser gehend – hinauswandern kann, besitzt eine besondere Anziehungskraft. In Marazion bei Penzance führt ein gepflasterter Damm ca. 400 m zum Herrensitz und zum winzigen Hafen von St Michael's Mount, dem englischen Pendant des Mont Saint-Michel. Bei Flut geht es mit dem Boot zurück. Prickelnder freilich ist's, wenn man den richtigen Augenblick erwischt, um barfuß durch das noch seichte Wasser zu laufen.

in denen sich Souvenirgeschäfte mit interessanten Galerien und Künstlerateliers abwechseln. Auf seiner Suche nach bewegenden Landschaften entdeckte **William Turner** St Ives 1811. Ende des 19. Jh.s gründeten u.a. **James Whistler**, Frances Hodgkins, Cedric Morris und Walter Sickert den **St Ives Art Club**. 1920 richtete der Töpfer **Bernard Leach** hier ein Atelier ein, 1939 zog das Künstlerehepaar **Ben Nicholson** und **Barbara Hepworth** nach St Ives, Christopher Wood, Naum Gabo und andere folgten. Sie verwandelten das Fischerdorf in eine avantgardistische Künstlerkolonie, alte Pökelspeicher dienten als Ateliers. Auch **Patrick Heron**, der englische Meister der Abstraktion, arbeitete hier bis zu seinem Tod 1999.

Wanderung zu den Wirkungsstätten der Künstler: Mitte Feb. bis Anfang Okt. | Treffpunkt am Barbara Hepworth Museum | Dauer 90 Minuten | Eintritt: 5 £ | www.tate.org.uk/visit/tate-st-ives

Moderne Kunst am Meer

★ Tate Gallery

An der Strandpromenade von Porthmeor Beach steht die **»Tate of the West«**, eine Dependance der Tate Gallery in ► London. In dem dreigeschossigen, blendend weißen Gebäude mit offener Glasrotunde aus dem Jahr 1993, dessen Fläche mit einem Erweiterungsbau 2017 verdoppelt wurde, zeigen Galerien die Anfänge der Künstlerbewegung von St Ives um 1900 und führen über die naive Malerei von Alfred Wallis zu den abstrakten Landschaftsbildern und Stillleben von Roger Hilton, Peter Lanyon, Patrick Heron u. a. Auch Keramiken von Bernard Leach und Skulpturen von Barbara Hepworth sind ausgestellt.

Tgl. 10 - 17.20 Uhr | Eintritt: 9,50 £, Kombiticket mit Barbara Hepworth 14,50 £, Art Pass (Tate St Ives, Barbara Hepworth Museum & Sculpture Garden, Leach Pottery, Penlee House Gallery & Museum): 15 £ | www.tate.org.uk

Bildhauerin im Adelsstand

★ Barbara Hepworth Museum & Sculpture Garden

Ab 1939 lebte Barbara Hepworth (1903 - 1975) mit ihrem zweiten Mann Ben Nicholson und ihren Drillingen in St Ives. Nach der Trennung von Nicholson wohnte und arbeitete sie ab 1949 im **Trewyn Studio** in der Nähe des Hafens und starb dort 1975 auf tragische Weise bei einem Hausbrand. Dem Wunsch der 1965 geadelten Bildhauerin entsprechend, wurden Haus und Garten in ein Museum umgewandelt. Im Garten, den die Künstlerin selbst anlegte, sind 40 ihrer Skulpturen aufgestellt. In der Back Road West präsentiert die von Hepworth, Nicholson und Leach gegründete Penwith Society of Arts Gallery Wechselausstellungen der Werke ihrer Mitglieder.

Hepworth Museum: März - Okt. tgl. 10 - 17.20, sonst bis 16.20, Nov. - Feb. Mo. geschl. | Eintritt: 6 £, Kombiticket mit Tate St Ives und Art Pass s. oben

Penwith Society of Arts Gallery: tgl. 10.30 - 17.30 Uhr
Tel. 01736 79 55 79 | Eintritt: frei | www.penwithgallery.com

Badefreuden

Strände

Wer sich keine Kunst anschauen will, muss nicht lange nach der Alternative suchen. Eine Landzunge trennt die Stadtstrände Porthmeor Beach und Porthminster Beach. Südlich der Stadtmitte erstreckt sich der **Sandstrand Carbis Bay** in einer langen Kurve bis zur Landzunge Godrevy Point mit dem gleichnamigen Leuchtturm auf einer vorgelagerten Insel.

★★ DARTMOOR NATIONAL PARK

Grafschaft: Devon | **Fläche:** 953 km²

»Fogs, bogs, dogs« – Nebel, Sümpfe und riesige Hunde sind die vermeintlichen Gefahren Dartmoors, die seit Jahrhunderten die Fantasie beflügeln. Die Moor- und Heideflächen, die nur die nackten Granithügel der Tors überragen, sind eine karge, einsame Landschaft. Sir Arthur Conan Doyle ließ hier seinen »Hund der Baskervilles« Feuer speien und den Bösewicht im Moor versinken.

Die Vorlage dafür fand er in der Legende über den sündigen Grundbesitzer Richard Cabell (gest. 1677), um dessen Grab in der Nacht schwarze Höllenhunde heulten. Auch Hitchcock und Edgar Wallace wurden von Dartmoor, vor allem vom düsteren Gefängnis in Princeton, zu ihren Krimis inspiriert. Agatha Christie zog sich zum Schreiben ins Hotel Moorland in Haytor zurück. Vormittags saß die 26-Jährige an ihrem ersten Roman »The Mysterious Affairs at Styles« (»Das fehlende Glied der Kette«), nachmittags streifte sie stundenlang durchs Moor. Und Steven Spielberg? Der drehte hier seinen Hollywood-Blockbuster »War Horse«.

Düsterer Schauplatz spannender Geschichten

Ursprüngliche Natur

National Park

Mit 953 km² ist der 1949 gegründete Dartmoor National Park eines der größten und einsamsten **Naturschutzgebiete** Europas. Mitten im Moor entspringt der zweiarmige Dart, der bei Dartmouth ins Meer mündet. Unikum der Region mit Heideflächen, Hochmooren und uralten Zwergeichenhainen sind die **»Tors«**, kahle Granitspitzen, die vor 290 Mio. Jahren durch Magmamassen an die Oberfläche gedrückt und durch Erosion bizarr geformt wurden.

Megalithgräber, Steinkreise, Siedlungen

Besiedlung

Vor mehr als 5000 Jahren kamen Jäger und Sammler ins Dartmoor und hinterließen ihre Feuersteinwerkzeuge. Im Neolithikum wurden

Karg, einsam und geheimnisvoll: Beim Wandern in der Heidelandschaft im Dartmoor National Park erwachen Imagination und Fantasie.

DARTMOOR NATIONAL PARK ERLEBEN

VISIT DARTMOOR
High Moorland Visitor Centre
Tavistock Road, Princetown
PL20 6QF, Tel. 01822 89 04 14
www.visitdartmoor.co.uk

DARTMOOR NATIONAL PARK AUTHORITY
Parke, Bovey Tracey
Newton Abbot TQ13 9JQ
Tel. 01626 83 20 93
www.dartmoor.gov.uk

LETTERBOXING
Ein beliebter Sport der Langstreckenwanderer. Die erste Letterbox wurde um 1850 im Nordwesten des Moors installiert, inzwischen gibt es mehr als 400 inoffizielle Briefkästen im Moor, und es gilt, diese in Büschen und hohlen Baumstämmen aufzuspüren. Jede Letterbox besitzt einen Stempel mit Kissen, sodass man auf Postkarten seinen Besuch im tiefsten Moor nachweisen kann. Sind die eigenen Grüße dann deponiert, sollte bereits hinterlegte Post mitgenommen und mit der Royal Mail weiterbefördert werden.
http://letterboxingondartmoor.co.uk

REITEN
Geführte Ausritte von einer Stunde bis zu einem Tag oder länger bieten an:
Shilstone Stables: Widecombe in the Moor, Newton Abbot
Tel. 01364 62 12 81
www.dartmoorstables.com.
Meldon Farm: Okehampton
Devon EX20 4LU
Tel. 01837 5 24 09, http://dartmoorridingholidays.co.uk.

WANDERN UND RADELN
Die wilde Einsamkeit des Dartmoor lässt sich erst beim Wandern und Radfahren richtig erleben. Ein einfacher Pfad führt zum kahlen, 454 m hohen **Kletterfelsen Haytor Rock**, 3 mi/5 km westlich von Bovey Tracy. Wer länger unterwegs sein möchte, kann auf dem 90 mi/140 km langen **Dartmoor Way** zu Fuß oder per Rad das Moor umrunden (www.dartmoorway.co.uk). Der 102 mi/163 km lange **Two Moors Way** verbindet Ivybridge im Süden des Dartmoors mit Lynmouth an der Nordküste des Exmoors (www.twomoorsway.org).

GIDLEIGH PARK €€€€
Der ehemalige Küchenchef Michael Caines zauberte mit Tauben, Foie Gras, Trüffeln und Steinpilzen so gekonnt, dass Michelin das Restaurant seit 1999 mit zwei Sternen dekoriert. Jetzt arbeitet Michael Wignall auf ebenso hohem Niveau in der Küche mit Dartmoor-Lamm, cornischem Kabeljau und anderen Zutaten aus der Region. Das hinreißend schöne Landhaus im Arts & Crafts-Stil bietet auch opulente Zimmer zum Übernachten. Wer ohne sehr tief in die Tasche zu greifen das Ambiente beschnuppern will, bestellt einen Tisch für den Afternoon Tea (37,50 £).
Chagford, Tel. 01647 43 23 67
www.gidleigh.co.uk

CHAGFORD INN €€
Auf dem »beef menu« stehen wechselnde Gerichte von Rindern eines nur 1 km entfernten Bauernhofs. Nach dem »nose-to-tail«-Prinzip wird das ganze Tier verarbeitet. Aber auch Vegetarier finden hier gute Küche,

und die süßen Versuchungen der Nachtischkarte ersetzen alle beim Wandern verbrauchten Kalorien. Der alte Gasthof bietet mit moderner englischer Küche, Craft Beer und neuen Gin-Sorten ein rundum aktuelles kulinarisches Angebot, und verfügt zudem über drei schöne Zimmer zum Übernachten.
7 Mill Street, Chagford
Tel. 01647 43 31 09
www.thechagfordinn.com

THE DARTMOOR INN €€

Der alte, geschmackvoll und modern eingerichtete Gasthof hat sich als »Gastropub« mit ausgezeichneter Küche profiliert. Neben Steaks gibt es hier Lammfleisch aus der Region, für Vegetarier Risotto und einen Käseteller mit Köstlichkeiten aus Südwestengland. Einfachere Gerichte werden in der Bar serviert, dazu Getränke aus Devon wie Otter Ale und Cider. Drei komfortable Gästezimmer entsprechen dem Standard der Gastronomie.
Moorside, Lydford
Tel. 01822 82 02 21

BAUERNMARKT

Im historischen Church House von Widecombe-In-The-Moor wird jeden 4. Sa. im Monat von 10–16 Uhr ein bunter Bauernmarkt abgehalten – mit leckeren Chutneys, hausgemachten Backwaren und Jams lokaler Produzenten, mit frischem Obst, Gemüse und Fleisch von umliegenden Farmen.
http://www.widecombe-in-the-moor.com/market.

LYDFORD HOUSE €€€

Das freundlich und gut geführte viktorianische Landhaus mit Erweiterungsbau in einem großen Garten bietet elf großzügige Zimmer, darunter Familienzimmer, die alle nach den Tors der Umgebung benannt sind. Die Lage im schönen Dorf Lydford bei Okehampton mit Schlucht und Wasserfall in der Nähe ist für den aktiven Urlaub auf Dartmoor günstig.
Lydford House, Lydford EX20 4AU, Tel. 01822 82 03 47
www.lydfordhouse.com

THE HIGHWAYMAN INN €€€ – €€

Wer Außergewöhnliches sucht, sollte sich bei Sally Jones einquartieren, deren Vater den skurrilen Gasthof mit Kuriositäten aus aller Welt eingerichtet hat. Da möglicherweise eine Taverne seit dem 13. Jh. hier steht, war der alte Name »New Inn« unpassend. Sallys Mutter benannte den Gasthof deshalb nach den Wegelagerern (highwaymen), die früher ihr Unwesen trieben. Zwei der drei Zimmer haben ein Himmelbett, das Essen ist einfache Pub-Kost.
Sourton südl. von Okehampton
Tel. 01837 86 12 43
www.thehighwaymaninn.net

---

die Menschen hier sesshaft und errichteten für ihre Toten kollektive Megalithgräber wie **Spinster's Rock**. In der Bronzezeit entstanden Steinkreise wie Scorhill Circle bei Gidleigh sowie Steinalleen, Tumuli und Siedlungen wie **Grimspound**. Als sich um 1000 das Klima verschlechterte, breiteten sich die Sümpfe weiter aus – und Ortschaften am Rande des Hochmoors entstanden. Bestes Beispiel einer mittelalterlichen Dorfanlage ist **Hound Tor** westlich von Bovey Tracy – auch drei Langhäuser wurden hier freigelegt.

Freundlich, robust und relativ klein – gerade bei Kindern sind die Dartmoor-Ponys äußerst beliebt. Sie sind aber vom Aussterben bedroht.

Zeugen der Bergbautradition

Zinnminen

Bereits die bronzezeitlichen Bewohner wussten um den Zinnreichtum des Moors und schürften Metall in den Flussniederungen. Im Mittelalter wurden für den Zinntransport **»Clapper Bridges«** aus dünnen Granitplatten über den Flüssen angelegt – die schönsten sind in Postbridge, Dartmeet und Bellever erhalten. Tavistock, Chagford, Ashburton und Plympton florierten als »Stannary Towns«, in denen Zinn gestempelt und gewogen wurde. 1930 wurde die letzte Zinnmine stillgelegt. Als Packtiere setzte man die halbwilden **Dartmoor-Ponys** in den Minen ein – heute grasen noch rund 2500 Ponys sowie unzählige Schafe auf den offenen Moorflächen.
Der wilde Nordwestrand des Moores ist als **militärischer Truppenübungsplatz** ausgewiesen und für Wanderer gesperrt, wenn rote Signalbälle gehisst sind oder rote Warnlampen leuchten.

Wohin im Dartmoor National Park?

Hübsche Dörfer

Chagford, Gidleigh

Das hübsche Dorf Chagford im Nordosten des Nationalparks gruppiert sich mit Läden, Pubs und Teestuben um den Marktplatz und die schöne Pfarrkirche herum und ist ein ausgezeichnetes Basislager für Wanderungen und Ausflüge. Beim zauberhaften Gidleigh, 1 mi / 1,5 km nordwestlich, begeistert das **Gidleigh Park Hotel** Gourmets.

Bürgerliches Landschloss

★ Castle Drogo

Schloss Drogo, 2,5 mi / 4 km nordöstlich von Chagford, wurde 1910 bis 1930 als **Großbritanniens jüngste Schlossanlage** vom Teehändler Julius Drewe erbaut, der sich als direkter Nachfahre des Normannen Drogo de Teine verstand, dem unter Heinrich II. das Land gehörte. Drewe, reich geworden durch eine Kaufhauskette, beschloss bereits im Alter von 33 Jahren, sich als »landed gentleman« zur Ruhe zu setzen – auf einem pompösen Landsitz. Sein 60 m langes Granitschloss verbindet originell römische, normannische und elisabethanische Elemente.
Im Inneren warten eine gewölbte Schlosskapelle, eine Waffenkammer, eine Bibliothek mit flämischen Tapisserien und eine Gesindeküche auf den Besucher. Das seit 1914 undichte Flachdach lässt der National Trust in einem aufwändigen Projekt bis 2018 reparieren und beauftragte ein Designbüro, drei Räume mit einer kreativen Ausstellung über die Drewe-Familie und den Schlossbau zu gestalten. Zum gelungenen Ergebnis gehört – tropfendes Wasser. Vom Schloss führen Wanderwege hinunter in eine tiefe Schlucht und zum Tal des Teign.

April - Okt. tgl. 11 - 17 Uhr | Eintritt Schloss und Garten: 11 £
www.nationaltrust.org.uk

Dorfidyll

Lustleigh

Pastellfarbene Cottages, Kletterrosen und ab 10 Uhr Tee mit Kuchen im Bauerngarten des Primrose Cottage Tea Room – das winzige Dorf 10 mi / 16 km südöstlich ist bezaubernd. Setzen Sie sich mit einer Tasse Tee oder einem Ale in den Garten des reetgedeckten Pub **The Cleave.**

The Cleave: tgl. 11 - 23 Uhr | http://thecleavelustleigh.co.uk

Einkauf im Kloster

Ashburton

Mit 3500 Einwohnern ist Ashburton am Fluss Dart der größte Ort im Nationalpark. Antiquitätengeschäfte und nette Pubs, teils mit jahrhundertelanger Geschichte, säumen seine Hauptstraße. **Buckfast Abbey**, 2,5 mi / 4 km südlich, wurde 1018 von Benediktinermönchen gegründet und nach der Reformation dem Erdboden gleichgemacht. 1882 erwarben Benediktiner das Grundstück und bauten 1907 bis 1937 ein neues Kloster samt Kirche. Dazu gehören ein Lavendelgarten, ein Garten für medizinische Kräuter und ein »sensory garden« für alle Sinne. Der Laden verkauft Produkte von Klöstern aus ganz Europa, von Devotionalien bis zu Trappistenbier und dem süßen hauseigenen Fudge.

Jahrmarkt und Moorkathedrale

★ Widecombe in the Moor

Die als **Moorkathedrale** bekannte Pfarrkirche des verträumten Dörfchens wurde von Zinnarbeitern finanziert. Die karge Innenausstattung des gotischen Granitbaus aus dem 14. Jh. spiegelt das entbehrungsreiche Leben der Arbeiter wider. Um die Kirche herum versammeln sich getünchte Häuschen mit Reetdächern und eine Teestube. Der **Rugglestone Inn**, am südöstlichen Dorfrand über eine enge, von hohen Hecken gesäumte Straße zu erreichen, ist ein uralter Pub mit Garten an einem plätschernden Bach. Widecombe Fair am zweiten Dienstag im September ist ein großer **Agrarjahrmarkt** mit allem, was dazu gehört: prämierten Schafen und Zuchtbullen, Dog Show, Oldtimer-Traktoren, rustikalem Kunsthandwerk und Heuballenweitwurf-Wettbewerb.

www.widecombe-in-the-moor.com

Gefängnis mit Geschichte

Princetown

Am 24. Mai 1809 machten sich französische Kriegsgefangene auf den 27 km langen Weg von Plymouth, wo sie auf morschen, ausgedienten Schiffen zusammengepfercht waren, hinauf zum neu erbauten Gefängnis auf Dartmoor. Infolge des rauen Klima und der unhygienischen Verhältnisse starben dort in den nächsten Jahren 11000 von ihnen. Ab 1812 kamen amerikanische Kriegsgefangene hinzu, die eine blutige Revolte anzettelten. 1850 entstand ein neues Zuchthaus für lebenslänglich Inhaftierte. Hier saßen 1914 bis 1918 auch Kriegsdienstverweigerer ein, später als politischer Häftling der erste Präsident der Irischen Republik, Eamon De Valera, sowie berüchtigte Gestalten der neueren Kriminalgeschichte wie der »Säurebadmörder« John Haigh und der »Verrückte mit der Axt« Frank Mitchell. Heute sind hier keine Schwerverbrecher mehr inhaftiert, sondern Gefangene der Kategorie C (geringe Fluchtgefahr), die im **Dartmoor Prison Museum** mitarbeiten, das auch Souvenirs verkauft, die von Gefängnisinsassen hergestellt worden sind. Unter den Exponaten des Museums befinden sich grausame Geräte zur Bestrafung, aber auch wunderschöne, von Kriegsgefangenen aus Knochen geschnitzte Modelle.

Dartmoor Prison Museum: Mo. – Do., Sa. 9.30 – 16.30, Fr., So. bis 16 Uhr | Eintritt: 3,50 £ | www.dartmoor-prison.co.uk

Auf Sir Francis Drakes Spuren

Tavistock

In der »Stannary Town« 9 mi / 15 km westlich erinnert eine Statue im Ortskern an den berühmtesten Sohn von Tavistocks: 1540 erblickte **Sir Francis Drake**, später Admiral und Weltumsegler, auf der Crowndale Farm im Südwesten der Stadt das Licht der Welt. Der 34 km lange Fuß- und Radweg **Drake's Trail** verbindet Tavistock mit ► Plymouth.

www.drakestrail.co.uk

Tiefe Schlucht

★ Lydford

Die normannische Burgruine von Lydford am Nordwestrand des Dartmoor war bis 1800 als Zinngericht und Gefängnis gefürchtet, galt doch der Reim: »Oft have I heard of Lydford law, how in the morn they hang and draw, and sit in judgement after ...« – zuerst wurden die Angeklagten hingerichtet, erst dann wurde ihnen der Prozess gemacht. Wer Zinn gestohlen hatte, dem wurde flüssiges Metall in die Kehle gegossen. Ein fantastisches Naturschauspiel bietet die südlich gelegene **Lydford Gorge**. Der Fluss Lyd rauscht durch eine 2,5 km lange Schlucht mit dichtem Wald und stürzt beim White-Lady-Wasserfall als Gischt sprühende, weiße Säule 27 m in die Tiefe.

Lydford Gorge: tgl. 10 – 17 Uhr | Eintritt: 8,90 £

Moormuseum

Museum of Dartmoor Life

Knapp 9 mi / 14 km nördlich in **Okehampton** erzählt dieses Museum auf drei interaktiven Ebenen, wie sich das Leben im Moor in den letzten 100 Jahren verändert hat.

3 West Street | Mo. – Fr. 10 – 16, Sa. bis 13 Uhr | Eintritt: 4 £
www.museumofdartmoorlife.org.uk

Je nach Jahreszeit überziehen Blütenteppiche weite Flächen im Dartmoor – im Frühjahr sind die Bluebells (Hasenglöckchen) eine Augenweide.

★ DEVON

Grafschaft: Devon| **Einwohner:** 1 100 000

An seiner Nord- und seiner Südseite hat Devon über 500 km Küste – mit ausgesprochen unterschiedlichem Charakter. Die Südküste gilt dank des milden Klimas als die »Englische Riviera«. Wie viele Engländer heute hielt die im Seebad Torquay geborene Krimiautorin Agatha Christie die Gegend für die perfekte Urlaubskulisse. Die Nordküste dagegen ist mit wilden Klippen, Heide, Hochmoor und grünen Flusstälern ebenfalls einen Ausruf wert – vielleicht trägt deshalb der Ort Westward Ho! als einziger in Großbritannien ein Ausrufezeichen im Namen.

Literarisch verewigt

»Westward Ho!« ist der Titel eines patriotischen Seefahrerromans des Autors Charles Kingsley, der teilweise an der Nordküste spielt. Nach dem Bestseller des Jahres 1855 benannte sich zehn Jahre später ein Hotel, bald entstand dort der gleichnamige **Badeort**. Kingsleys Geschichte wird kaum noch gelesen, aber ein weiterer Klassiker über diese Gegend ist bis heute beliebt: »Tarka the Otter« (von Henry Williamson, 1927) beschreibt liebevoll die Täler der Flüsse Taw und Torridge. Der Wander- und Radweg »Tarka Trail« erschließt diese von der UNESCO zum Biosphärenreservat erklärte Landschaft und verbindet die Kleinstädte des nördlichen Devon.
Im Süden bildet Agatha Chriestie's Geburtsort Torquay zusammen mit den Nachbarorten Paignton und Brixham ein Urlaubsgebiet an der Bucht **Torbay**. Südlich der Mündung des Dart erstreckt sich eine Küste mit wunderschönen Stränden entlang der Start Bay bis zur Südspitze der Grafschaft, wo die Gegend South Hams für ihre Küstenlandschaft und lieblich-grünes Hinterland beliebt ist.

Wohin in Nord-Devon?

Marktstädtchen am Taw

Barnstaple

Die mit 24 000 Einwohnern größte dieser Kleinstädte, Barnstaple, ist ein guter Ausgangspunkt für Entdeckungen. Wahrzeichen der Stadt ist die Long Bridge, die den Taw mit 16 Bogen überspannt. Sie wurde 1273 erbaut, 1539 um drei Bogen verlängert und im 18. Jh. erweitert. Berühmtester Bürger ist der **Dichter John Gay** (1685 – 1732), dessen »Beggar's Opera« Bertolt Brecht als Vorlage zur »Dreigroschenoper« diente.
Den Samstag sollte man mit einem Besuch der Buden von Butchers Row und des **Pannier Market** beginnen – die Tragekörbe der Händler gaben der Markthalle von 1855 ihren Namen. Die 1318 geweihte

NORD-DEVON ERLEBEN

TOURIST INFORMATION CENTRE

The Square, Barnstaple EX32 8LN, Tel. 01271 37 50 00, www.northdevon.com

Teils über zweiradfreundliche stillgelegte Bahnstrecken führt der Rad- und Wanderweg Tarka Trail (www.devon.gov.uk/tarkatrail) durch Nord-Devon. Start und Ziel der 77 mi/123-km-Strecke vorbei an Wiesen und Weiden, Heide und Hochmoor, Dünen und Klippen ist Barnstaple.
Fahrradmiete: Tarka Bikes am Bahnhof von Barnstaple
www.tarkabikes.co.uk
Tel. 01271 32 42 02

ROYAL & FORTESCUE €€€

Ehemalige Kutschenstation im Zentrum mit 47 Zimmern. Gespeist wird im eleganten »Lord Fortescue's« oder im sympathischen Bistro »62 The Bank«.
Boutport Street, Barnstaple EX31 1HG, Tel. 01271 34 22 89
www.brend-hotels.co.uk

NEW INN €€

Wer in Clovelly übernachtet, erlebt das Dorf abends als wunderschönen Ort ohne den Ansturm der Tagesausflügler. 8 gemütliche Zimmer, manche mit Meeresblick, in zwei alten Häusern im Oberdorf. Etwas preiswerter ist Hamlyn's B & B gegenüber, teurer The Red Lion unten am Hafen, Buchung für beide über dieselbe Internetseite. Im Pub-Teil gibt es deftige, einfache Küche, nachmittags duftende, selbstgebackene Scones zum Nachmittagstee.
High Street, Clovelly EX39 5TQ
Tel. 01237 43 13 03
www.stayatclovelly.co.uk

BROOMHILL €€

In dem Hotel mit Skulpturengarten kommt gehobene mediterrane Küche mit Zutaten aus der Region auf den Tisch. 5 km nördl. über die A 39 und B 3230. Mittagessen Mi. – So., Abendessen Mi. – Sa.
Muddiford EX31 4EX
Tel. 01271 85 02 62
www.broomhillart.co.uk

St Peter-Kirche birgt Porträts einflussreicher Kaufleute. Die benachbarte Kapelle der hl. Anna stammt aus dem 14. Jh., die Armenhäuser im Innenhof wurden 1659 errichtet. In die Vergangenheit entführt das **Museum of North Devon.**

Museum of Barnstaple and North Devon: März – Okt. Mo. – Sa. 10 – 17, Nov. – Feb. bis 16 Uhr | Eintritt: frei
www.barnstaplemuseum.org.uk

Eine Exzentrikerin

Arlington Court

Mehr als 500 Jahre residierte die Familie Chichester auf dem 2700 ha großen Anwesen von Arlington Court, 9,3 mi/15 km nordöstlich von Barnstaple. Hinter der Regency-Fassade des Herrenhauses von 1822

Steile Pflasterwege verleihen Clovelly viel romantischen Charme – das richtige Schuhwerk vorausgesetzt.

lebte die exzentrische Miss **Rosalie Chichester** ihre Leidenschaft fürs Meer aus: Modellschiffe, Muscheln und Meer, wohin man blickt. Im Stall hortete sie 58 Kutschen – nur die Queen besitzt mehr.

Arlington Court: März – Okt. tgl. 11 – 17 (Haus), Garten ab 10.30 Uhr | Eintritt: 10,55 £ | www.nationaltrust.org.uk/arlington-court

Seebad mit viktorianischem Charme

Ilfracombe

Im 19. Jh. kam die High Society im Sommer nach Ilfracombe, 13 mi / 21 km nördlich von Barnstaple, heute hat das **Seebad** Patina angesetzt. Die Unterwasserwelt vor der Küste präsentiert das **Ilfracombe Aquarium**. In den 1820er-Jahren für Badegäste gehauene Felstunnel führen zu steinigen Stränden mit natürlichen Meeresschwimmbecken hinter hohen Klippen. Schöner sind die langen, bei Ebbe auch breiten Sandstrände vom Surferparadies Woolacombe, Croyde Bay und Saunton Sands. An Saunton Sands grenzt ein Naturschutzgebiet mit 400 teils seltenen Pflanzenarten, die Dünen der **Braunton Burrows**, 6 mi / 10 km nordwestlich von Barnstaple, sind mit dem Fahrrad auf dem Tarka Trail leicht erreichbar.

Ilfracombe Aquarium: März – Jan. tgl. 10 – 15.30, Ostern – Okt. bis 16.30, Juli/Aug. bis 17.30 Uhr | Eintritt: 4,75 £
www.ilfracombeaquarium.co.uk

Historische Brücke

Bideford

9 mi/14,5 km südwestlich von Barnstaple überspannt seit dem 13. Jh. die Brücke von Bideford mit 24 Bogen die Mündung des Torridge. Die Burton Art Gallery, Sitz der Tourist Information, zeigt Porzellan, Gemälde und Schiffsmodelle. Eine Statue erinnert an den Geistlichen und Schriftsteller **Charles Kingsley** (1819 – 1875), 2 km nordwestlich liegt der Badeort **Westward Ho!**, dem Kingsleys Roman den Namen gab.

Burton Art Gallery: Mo. – Sa. 10 – 16, So. 11 – 16 Uhr | Eintritt: frei
www.burtonartgallery.co.uk

Autofreies Fischerdorf

★ Clovelly

Das westlich gelegene Fischerdorf gehörte über 600 Jahre zum Clovelly Estate, der heute als Trust darüber wacht, dass keine Zeichen der Moderne das autofreie **Idyll aus dem 16. Jh.** stören. Nach Ticketkauf und Videofilm im Visitor Centre flanieren die Besucher über das Kopfsteinpflaster der steilen High Street mit ihren weißen, blumengeschmückten Cottages hinab zum Hafen. Übernachtungsgästen der beiden Hotels wird das Gepäck per Schlitten zur Herberge gebracht. In der Töpferei von Clovelly kann man Keramik aus Devon kaufen, Töpfern bei der Arbeit zusehen und auch selbst erste Versuche an der Drehscheibe wagen.

Visitor Centre: tgl. Juli – Sept. tgl. 9 – 18, April – Juni, Okt. 9.30 – 17.30, Nov. – Feb. 10 – 16 Uhr | Eintritt: 7,25 £ | www.clovelly.co.uk

Stürmische Landzunge

★ South West Coast Path

Reich an **spektakulären Ausblicken** ist das 5 mi/8 km lange, gebührenpflichtige Teilstück des South West Coast Path von Hartland Quay zum Leuchtturm am **Hartland Point**, dem stürmischen Westzipfel Devons. Hunderte von Schiffen sind an seinen 112 m hohen Klippen schon zerschellt. Der verwunschene Strand Speke Mill Beach mit Wasserfall und Felsgumpen, die bei Ebbe voller Meeresgetier und Algen sind, liegt 1 km südlich von Hartland Quay.

William und Rosamunde

Hartland Abbey

Die zinnenbewehrte Hartland Abbey, die 1539 an William Abott überging, den Kellermeister Heinrichs VIII., ist heute Familiensitz von Sir Hugh und Lady Angela Stucley. Der Park und die viktorianischen Gärten sowie die repräsentativen Räume mit kostbaren Gemälden können besichtigt werden – hier feierte 2011 Prinz William seinen Junggesellenabschied, hier drehte 2006 das ZDF den Rosamunde-Pilcher-Streifen »Die Muschelsucher«.

Ende März – Anfang Okt. So. – Do. Garten und Tea Rooms 11 – 17, House & Ausstellung 14 – 17 Uhr | Eintritt: 12 £, nur Garten 8,50 £
www.hartlandabbey.com. Sir Hugh und Lady Angela veranstalten Theateraufführungen.

Einst Piratennest, heute Schutzgebiet

Insel Lundy

Von Ilfracombe und Bideford setzt die ehemalige Wangerooge-Fähre »MS Oldenburg« in zwei Stunden zur Granitinsel Lundy über, einem **Vogelschutzgebiet** für Papageientaucher und 400 andere Vogelarten. Das Biosphärenreservat North Devon erstreckt sich vom Festland bis zur Insel und schließt die artenreiche Unterwasserwelt ein. An die Vergangenheit als Piraten- und Schmugglernest erinnern die Ruinen des markanten Marisco Castle. Beim Tagesausflug bleibt Zeit für einen Rundgang über die 445 ha große Insel.

Überfahrt April – Okt. | Rückfahrkarte: 37 £
www.landmarktrust.org.uk/lundyisland

Wohin in Süd-Devon?

Königin der englischen Riviera

★ Torquay

Die miteinander verwachsenen Städte Torquay, Paignton und Brixham sind die Pfeiler der englischen Verwaltungseinheit Torbay. Durch das stilvolle, für die Palmen an seiner Strandpromenade berühmte Seebad Torquay (Einwohner: 65 300) führt ein Literary Trail in den Fußstapfen der 1890 geborenen Agatha Christie. Schon während der Napoleonischen Kriege verbrachten betuchte Engländer den Sommer in Torquay, ab dem 19. Jh. entwickelte sich die Stadt zum vielbesuchten Kurort.

Keimzelle des Seebads war die 1196 gegründete Prämonstratenser-Abtei **Torre Abbey**, die bis 2013 restauriert worden ist. In der **Spanish Barn**, der ehemaligen Zehntscheuer der Abtei, wurden einst 397 Seeleute der spanischen Armada gefangen gehalten. In einem Garten mit Krimi-Thema wachsen Pflanzen, deren Gift in Agatha Christies Romanen zum Morden eingesetzt wurde.

Torre Abbey: Di. – So. 10 – 17 Uhr | Eintritt: 8 £
www.torre-abbey.org.uk

Noch ein Badeort

Paignton

»Klein-Versailles« wurde das strahlend weiße Anwesen **Oldway Mansion** der Singer-Nähmaschinen-Familie an der Torquay Road in Paignton (Einwohner: 49 000) genannt. Die extravaganten Interieurs des 1904 bis 1907 gebauten Hauses sind zur Zeit nicht zu besichtigen. Es gibt Pläne, dort ein Hotel einzurichten. Paignton, das direkt an Torquay angrenzt, verfügt über schöne Strände und eine 236 m lange Seebrücke.

Nicht baden, sondern fischen

Brixham

Brixham (Einwohner: 19 600) hat durch den emsigen Fischereihafen, der bereits im Domesday Book von 1086 erwähnt wurde, seinen Charme bewahrt. 1850 hatte die Stadt die größte englische Fische-

BAEDEKER ÜBERRASCHENDES

6X

EINFACH UNBEZAHLBAR

Erlebnisse, die für Geld nicht zu bekommen sind.

1. WELTSPITZE

Die großartigsten Kulturschätze der Welt warten in den Nationalmuseen Londons auf Sie. Und: Ob **British Museum**, **National Gallery** oder **Natural History Museum** – der Eintritt ist umsonst! (▶ **S. 220, 221, 245**)

2. STREET LIFE

Gaukler, Musiker, Artisten und Entertainer aller Art zeigen ihre Künste in London um den alten Markt **Covent Garden** und am South Bank Centre. Urbanes Leben zum Nulltarif! (▶ **S. 219**)

3. WANDERLUST

Stets ist die Küste nah, ihr folgt der **Coast Path**. Unterbrochen wird die grandiose Landschaft durch Häfen und schnucklige Fischerdörfer. Ein Hochgenuss sind kurze Spaziergänge ebenso wie Fernwanderungen etwa rund um Cornwall. (▶ **S. 16**)

4. BLUMENPRACHT

Der Cottagegarten im Dorf, der Vorgarten in der Stadt, die Blumenbeete im städtischen Park – überall blüht es im Land der passionierten Hobbygärtner. Besonders viel Wert auf gepflegte Gärten legt man in Seebädern wie **Bournemouth** und **Torquay**. (▶ **S. 65, 140**)

5. EXKLUSIV

In Londons Edelgeschäften kann man sich vortrefflich ruinieren, aber Gucken kostet ja nix. Allerbeste Adressen sind die **Bond Street** im Stadtteil Mayfair und **St James's**. (▶ **S. 234, 235**)

6. NÄRRISCH?

Mit Fasching hat Englands Carnival zwar wenig gemeinsam, die sommerlichen Paraden, zu sehen in vielen Klein- und Großstädten, sind aber ein großer Spaß. Besonders farbenprächtig ist Ende August der **Notting Hill Carnival** in London. (▶ **S. 388**)

SÜD-DEVON ERLEBEN

ENGLISH RIVIERA TOURIST BOARD

Princess Theatre, Torbay Road
Torquay TQ2 5EZ
Tel. 08444 74 22 33
www.englishriviera.co.uk

THE SEAHORSE RESTAURANT €€€

Einfach, aber ungewöhnlich: Für seine ausgefallenen Fischgerichte krönte der »Tatler« Mitch Tonks bereits zweimal zum »Restaurateur of the Year«. Typischerweise stehen 7 bis 8 verschiedene Fischsorten zur Auswahl. Tonks hat eine etwas preiswertere kleine Restaurantkette, auch mit Schwerpunkt Fisch, etabliert: »Rockfish« befindet sich in unmittelbarer Nähe am Hafen von Dartmouth (8 South Embankment, Tel. 01803 83 28 00) und hat Schwesterlokale in Torquay und Brixham.

5 South Embankment
Dartmouth, Tel. 01803 83 51 47
www.seahorserestaurant.co.uk

THE WINKING PRAWN €€€

Seit 20 Jahren verwöhnt dieses Strandcafé die Urlauber an den South Sands mit geräuchertem Bückling oder Lachs zum Frühstück, Salat und Broten mittags, und zum Abendessen gibts Fischgerichte mit Mittelmeereinfluss – Cassoulet mit Jakobsmuscheln und Chorizo, Seehecht mit Pancetta, auch Hummer und Taschenkrebs. Das eigene Bier (»Prawn Juice«) ist eine gut passende Begleitung.

South Sands, Salcombe
Tel. 01548 84 23 26
http://winkingprawngroup.co.uk

THE ELEPHANT €€

Einen Steinwurf vom Hafen entfernt kocht Sternekoch Simon Hulstone – im EG für die einfache Brasserie, im OG für das Gourmetlokal The Room. Das Gemüse kommt vom eigenen Hof in Brixham, wo auch die Meeresfrüchte und der Fisch gelandet werden.

3 – 4 Beach Terrace
Tel. 01803 20 00 44
www.elephantrestaurant.co.uk,
So., Di. Ruhetag

THE MALTSTERS ARMS €€

Der Gastropub aus dem 18. Jh. im Dorf Tuckenhay liegt am River Dart, sodass manche Gäste mit dem Boot ankommen, sofern die Flutzeiten dies zulassen. Bei gutem Wetter isst man im »Fish Pub on the Dart« Hummer, Bouillabaisse, Dartmouth-Taschenkrebs und Fisch auf der Terrasse direkt am Wasser. Innen schöne Zimmer zum Übernachten.

Tuckenhay, Totnes, TQ9 7EQ
Tel. 01803 73 23 50
www.tuckenhay.com

THE FERRY INN €€ – €

Burger, Pie, Salat, Fish & Chips – die Küche ist Hausmannskost in anständiger Qualität. Das Besondere an dieser Hafenkneipe ist die Außenterrasse direkt am Wasser mit einem weiten Blick auf Boote, Buchten und die verzweigten Fjorde des Kingsbridge Estuary.

Fore Street, Salcombe
Tel. 01548 84 40 00
www.theferryinnsalcombe.com

NEWTON HOUSE €€

Schön gelegen, 9 liebevoll eingerichtete Zimmer, leckeres Frühstück, sehr

nette Gastgeber – ein perfektes B & B mit gutem Preis-Leistungs-Verhältnis!
31 Newton Road, Torquay TQ2 5DB, Tel. 01803 29 75 20
www.newtonhouse-tq.co.uk

THE CRICKET INN €€
Der South West Coastal Path ist direkt vor der Tür, ebenso ein schöner Sandstrand. 7 der 9 Gästezimmer im hellen, modernen New-England-Stil haben Meerblick, und für gute Fischküche oder das Bier der Otter Brewery aus Devon muss man das Haus aus dem 19. Jh. nicht verlassen.
Beesands, Kingsbridge, Devon TQ7 2EN, Tel. 01548 58 02 15
http://thecricketinn.com/

---

reiflotte mit 270 Schiffen und 1600 Seeleuten. Anfang Mai feiert Brixham alljährlich sein Piratenfest.

Unter Dampf

Dartmouth Steam Railway

Ausblicke auf die Küste bietet von Frühjahr bis Herbst eine Fahrt unter Dampf mit der **Dartmouth Steam Railway** von Paignton ins 7 mi / 11 km entfernte Kingswear. Ein Aufenthalt dazwischen am Strand von Goodrington Sands ist möglich. Von Kingswear geht es mit der Fähre über den Fluss nach Dartmouth, dann mit einem Ausflugsboot durch reizvolle Landschaft flussaufwärts nach **Totnes**. Von dieser Kleinstadt mit Burg, historischen Bauten aus der Zeit des Tuchhandels im 16. Jh. und alternativem Flair in den Cafés und kleinen Geschäften fahren Busse nach Paignton zurück.
Im »Round Robin«-Ticket sind alle Fahrten inbegriffen
www.dartmouthrailriver.co.uk

Kriegshafen mit Tradition

★ Dartmouth

An der Mündung des Dart, der im ▶ Dartmoor entspringt und ab Totnes schiffbar ist, legten bereits die Römer einen Hafen an, der in Devon nur von ▶ Plymouth, ▶ Exeter und ▶ Barnstaple an Reichtum und Geschäftigkeit übertroffen wurde. Im Mittelalter sammelten sich die Kreuzfahrer an der Flussmündung – 1190 schiffte sich hier sogar **Richard Löwenherz** zur Fahrt ins Heilige Land ein. 1588 lief eine britische Flotte zum Kampf gegen die spanische Armada aus; im Zweiten Weltkrieg stachen 480 amerikanische Schiffe zur Landung in der Normandie von hier in See. Über dem Ort thront das **Britannia Royal Naval College**, Kaderschmiede der Kriegsmarine und Pflicht für alle männlichen Mitglieder der königlichen Familie. Das Stadtzentrum von Dartmouth schmiegt sich mit verwinkelten Gässchen um den Innenhafen. Eine Promenade mit Restaurants und Geschäften lädt zum Flanieren. Am **Butterwalk** schmücken Kolonnaden die Fachwerkhäuser aus dem 17. Jahrhundert. Die **St Saviour's-Kirche** aus dem 13. bis 15. Jh. birgt einen aufwendig geschnitzten Lettner aus spätgotischer Zeit.
Dartmouth Castle auf einem Felsvorsprung an der Trichtermündung des Dart war Ende des 15. Jh.s die erste Wehranlage des Landes, die Schießscharten für Artillerieeinsätze besaß. Mit einer Kette,

die zum Kingswear Castle am Ostufer gespannt wurde, konnte der Hafen geschlossen werden.
Dartmouth Castle: April – Sept. tgl. 10 – 18, Okt. 10 – 17, Nov. – März Sa./So. 10 – 16 Uhr | Eintritt: 6,60 £ | www.english-heritage.org.uk

Hier schrieb Agatha Christie

★ Greenway

Im Ferienhaus von Agatha Christie, Teil eines über 500 Jahre alte Anwesens am Ufer, können nach Restaurierung nicht nur der weitläufige Park, sondern auch das Haus mit Bibliothek und Arbeitszimmer, Schlafgemach und Speisesaal besichtigt werden. Direkt am Anwesen befindet sich der Anleger der Greenway Ferry (www.greenwayferry.co.uk), Abfahrt ab Torquay und Brixham.
Greenway Road, Galmpton | März – Okt. Di. – So. 10.30 – 17 Uhr
Eintritt: 11 £ | www.nationaltrust.org.uk

Art-déco-Landsitz

Coleton Fishacre

Setzt man mit der Fähre von Dartmouth nach Kingswear über, so liegt ein Besuch im Coleton Fishacre nahe. Die **exklusive Küstenlage** mit exotischen Bäumen, seltenen Büschen und tropischen Pflanzen bildet mit dem Art-déco-Landhaus ein ganz besonderes Ambiente.
Sa. – Do. 10.30 – 17 Uhr | Eintritt: 11 £ | www.nationaltrust.org.uk

Familienstrand

Blackpool Sands

Blackpool Sands, 3 mi / 5 km südwestlich von Dartmouth, wird regelmäßig zum **schönsten Strand Südwestenglands** für Familien gekürt. Mit Sandgruben für Kinder – denn trotz des Namens handelt es sich um einen Strand aus kleinen Kieselsteinen –, Kajak- und Surfbrettvermietung, einem netten Café und Strandladen sowie sauberen Toiletten und Duschen verdient Blackpool Sands seinen guten Ruf.

Wanderparadies

Southwest Coast Path

Für Wanderer wird die gesamte Küste hier durch den Southwest Coast Path erschlossen. Kurze Abschnitte mit Bademöglichkeiten sind eine gute Alternative zur Fernwanderung, z. B. in Beesands am südlichen Ende von Start Bay, wo bei einem Spaziergang nach Hallsands von den Klippen die Ruinen eines 1917 in einem Sturm zerstörten Fischerdorfs sichtbar sind.

Strände und subtropischer Garten

Salcombe

Der Badeort zwischen Bolt Head und Prawle Point begeistert **Wassersportler**, die hier surfen, segeln und nach dem Wrack der 1936 versunkenen »Herzogin Cäcilie« tauchen. Ein Spaziergang führt zum **Overbeck's Museum & Garden** mit Yuccapalmen, Magnolien, Agaven und weiten Ausblicken auf die Bucht.
Overbeck's Museum & Garden: April – Okt. tgl. 11 – 17
Eintritt: 8,80 £ | www.nationaltrust.org.uk

Verwunschene Badebuchten

Alternative Badeziele

Wenn es an warmen Sommertagen an den beiden Stränden von Salcombe voll wird, kann man auf versteckte und ruhige Buchten östlich und westlich davon ausweichen. Die Fußgängerfähre setzt nach East Portlemouth über, von wo der Weg 1,9 mi/3 km über Mill Bay und durch ein bewaldetes Tal oder am Küstenpfad zu zwei kleinen Stränden an **Abraham's Hole** führt. Dort gibt es gute Fischgerichte im Gara Rock Hotel.

Westlich von Salcombe erreicht man mit dem Auto oder nach einer längeren Küstenwanderung **Soar Mill Cove** mit einem Strand, zwei Bächen, spannenden Gezeitentümpeln bei Ebbe und klarem Meerwasser im Schatten von zwei hoch aufragenden Felsen, genannt Priest und Clerk.

Gezeiteninsel

★ **Burgh Island**

Weiter westlich in der Bigbury Bay ragt Burgh Island aus dem Wasser. Bei Ebbe führt der einzig sichere Wattweg von Bigbury-on-Sea auf die kleine Insel, bei Flut kann man sich mit einem »Sea Tractor« übersetzen lassen. Bekannt ist die Insel wegen des **Burgh Island Hotel** im Art-déco-Stil, das in den 1930ern von dem Millionär Archibald Nettleford errichtet und ab 1985 originalgetreu restauriert und wieder eröffnet wurde. Neben zahlreichen »Royals« zählte Agatha Christie zu den Stammgästen der Nobelherberge und ließ sich hier für »Das Böse unter der Sonne« inspirieren. In stilvoller Umgebung kann man einen Cocktail zu sich nehmen oder den Afternoon Tea genießen – aber bitte in passender Kleidung. Rauer geht es im Pilchard Inn aus dem 14. Jh. zu, das einst ein berüchtigter Schmugglertreff war.

€€€€ Burgh Island Hotel: Tel. 01548 81 05 14
www.burghisland.com

★★ DORSET · JURASSIC COAST

Grafschaft: Dorset

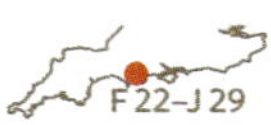

Nach einem Sturm im Jahr 1811, der einen Teil der Steilküste bei Lyme Regis ins Meer rutschen ließ, fand die zwölfjährige Mary Anning am Strand das Skelett eines Ichthyosaurus. Auch heute ist diese Küste mit hohen, stets bröckelnden Klippen ein Mekka für Fossiliensammler und wurde unter dem Namen »Jurassic Coast« als erste Region in England von der UNESCO als Weltnaturerbe geschützt.

Mary Annings Knochenfunde

Den Schädel des Ichthyosaurus hatte Mary Annings Bruder bereits Monate zuvor entdeckt. Ihre arme Familie lebte vom Verkauf der Fossilien und unternahm nach Stürmen und Erdrutschen riskante Expeditionen unterhalb der Klippen. Mary entdeckte nicht nur das erste vollständige Skelett eines Ichthyosaurus, sondern später den ersten Plesiosaurus, den sie in akribischer, zehnjähriger Arbeit ausgrub, und den ersten außerhalb von Deutschland gefundenen Flugsaurier. Das Lebenswerk der ungebildeten Frau fand offizielle Anerkennung als ein bedeutender Beitrag zur Wissenschaft. Auf einer Länge von 150 km geben Gesteine aus 185 Mio. Jahren Erdgeschichte einen Überblick über Jura, Trias und Kreidezeit. Neben Fossilien locken spektakuläre geologische Formationen wie die Bucht **Lulworth Cove**, die 20 km langen Kieselbank **Chesil Beach** und das Felsportal **Durdle Door** Urlauber in die Grafschaft Dorset – von den schönen Stränden ganz zu schweigen.

Rund um Kimmeridge

Die Welt vor 150 Mio. Jahren

Kimmeridge

Westlich der Insel Purbeck (▶ S. 70) erstrecken sich zackige Klippen mit kleinen Buchten. Über 30 Jahre lang sammelte und erforschte Steve Etches aus Kimmeridge mehr als 2000 Fossilien aus dem späten Jura. Die schönsten werden präsentiert und anschaulich erklärt in **The Etches Collection**. Diese neue Besucherattraktion zeigt die tropischen Meere vor 150 Mio. Jahren.

Tgl. 11 – 17 Uhr | Eintritt: 8 £ | www.theetchescollection.org

Malerische Bucht

★★ Lulworth Cove

Die Gegend zwischen Kimmeridge und der Bucht Lulworth Cove ist militärisches Sperrgebiet, das nur am Wochenende betreten werden darf. Hohe, steile Kliffformationen umschließen die pilzförmige Bucht fast völlig. Östlich beginnt der 0,6 mi / 1 km lange **Fossil Forest** mit versteinerten Waldpflanzen. 3 mi / 5 km weiter erreicht der Küstenpfad das Felsportal **Durdle Door**.

Rund um Weymouth

Seebad mit Charme

★ Waterfront

Elegante georgianische Häuser zieren die Strandpromenade **Esplanade**, um den alten Hafen herum gruppieren sich, lebendig und bunt, umgebaute Speicher mit Geschäften und Restaurants. Die mit 58 700 Einwohnern drittgrößte Stadt Dorsets ist ein idealer Ausgangspunkt für Wanderungen und Tagesausflüge ins Hinterland und entlang der Küste. **König Georg III.** (1760 – 1820) verweilte hier 1789 am Meer und machte Weymouth zum Modeort. Der Monarch

FELSBRÜCKEN UND WILDE KLIPPEN

Keine Frage – die spektakulären Steilwände an der englischen Südküste sind aus jedem Blickwinkel einfach atemberaubend. Ein ganz spezielles Erlebnis garantiert ihr Anblick aus der Froschperspektive, vom schwankenden Deck eines Boots aus. Starten können Sie beispielsweise in der Hafenstadt Weymouth, von wo es auf einer 90-minütigen Tour durch die Weymouth Bay zum Kap Whitenothe geht (April – Okt. tgl. 11.30 und 13.30 Uhr, Ticket 13,50 £, www.coastlinecruises.com).

ist bis heute allgegenwärtig: Aus der Stadt reitend, wurde sein Bild in den Hang eines Kreidehügels gemeißelt, King's Statue zeigt ihn mit Zepter, Krone und Wappentieren vom hohen Sockel blickend. Die **Jubilee Clock** wurde 1887 zum goldenen Regierungsjubiläum von Königin Viktoria in der Mitte der Strandpromenade aufgestellt.

Ausgeh- und Erlebnisviertel

Museen und Attraktionen

Das Herz des Hafens mit vielen Bauten des 17. Jh.s ist heute Ausgehviertel. In einem umgebauten Hafenspeicher unterhält Sharky's als Indoor-Playground den Nachwuchs. **Discovery** lädt mit 60 interaktiven Displays zum Entdecken der Welt. Das **Weymouth Museum** erzählt u. a. vom Pestjahr 1348 und dem Badezeremoniell Georgs III. Im **Tudor House** taucht man in die Lebenswelt einer Kaufmannsfamilie aus dem 17. Jh. ein. Von der **Pier** vor dem Old Rooms Inn legen im Sommer weiße Ausflugsboote zur Jurassic Coast (1,5 Std.) und zum Portland Castle (35 Min.) ab. Pinguine, Haie, Otter und Seepferdchen sind die Stars, die die Tierpfleger des **Sea Life Aquarium** täglich vorstellen.

360-Grad-Ausblicke bieten sich bis in 53 m Höhe aus der rotierenden Gondel **Jurassic Skyline**. Das Museum im halbkreisförmigen **Nothe Fort** aus dem 19. Jh. dokumentiert die Hafengeschichte seit römischer Zeit und bietet weite Ausblicke über die Bucht von Weymouth.

Discovery: tgl. 10 Uhr – 16.30 Uhr (letzter Einlass), Jan./Feb. Mo. und Di. geschlossen | Eintritt: 4,50 £ | www.discoverdiscovery.co.uk
Weymouth Museum: Mi., Fr., Sa. 10.30 – 16 Uhr | Eintritt: 1 £ www.weymouthmuseum.org.uk
Tudor House: Trinity Street 3 | Mai – Okt. Di. – Fr. 13 – 16, So. 11 – 15.30 Uhr | Eintritt: 4 £ | www.weymouthcivicsociety.org
Weymouth Sea Life: tgl. 10 – 17, Jul./Aug. bis 18 Uhr | Eintritt: 22,85 £, online 16,50 £ | www.sealifeweymouth.com
Jurassic Skyline: tgl. ab 11 Uhr | 7,50 £ | www.jurassicskyline.com
Nothe Fort: April – Sept. tgl. 10.30 – 17.30, Okt. – März tgl. 11 – 16.30 Uhr | Eintritt: 8 £ | http://nothefort.org.uk

Festung und Leuchtturm, Natur und Museen

Isle of Portland

Die 7 km lange und 3 km breite Halbinsel Portland ist mit Weymouth durch eine schmale Landzunge verbunden. Seit dem Mittelalter wird hier der grauweiße **Portland-Stein** abgebaut, mit dem auch St Paul's Cathedral in ► London und die Fassade des UNO-Gebäudes in New York errichtet wurden. 1944 waren auf Portland 500 000 US-Soldaten stationiert, um die Landung in der Normandie vorzubereiten. Über den Portland-Hafen wacht das mächtige **Portland Castle**, das

Kräftiger Wind und raue See beim Leuchtturm auf der Isle of Portland

1540 unter Heinrich VIII. erbaut wurde. Über Wakeham mit dem **Portland Museum** geht es zur Südspitze **Portland Bill** mit einem 35 m hohen **Leuchtturm**, Vogelobservatorium und Obelisk.

Portland Castle: April – Sept. tgl. 10 – 18, Okt. bis 17 Uhr
Eintritt: 5,70 £ | www.english-heritage.org.uk
Portland Museum: April – Okt. Sa. – Do. 10.30 – 16 Uhr
Eintritt: 3,50 £ | www.portlandmuseum.co.uk
Portland Bill Lighthouse: Mitte März – Okt. tgl. außer Mo., Fr., in den Schulferien tgl. 11 – 17 Uhr | Eintritt: 7 £ | www.trinityhouse.co.uk
Vogelobservatorium: www.portlandbirdobs.org.uk

Wohin in Dorchester?

Thomas Hardy's und Prinz Charles' Visionen

Von Durnovaria bis Poundbury

Ein kurzer Abstecher von der Küste führt zur Kleinstadt im Kreidetal des River Frome. Hier, an der Stelle des römischen Durnovaria, lebt das »Casterbridge« der Romane Thomas Hardys. Auf den im 18. Jh. geschleiften, antiken Stadtmauern verlaufen heute breite, schattige Kastanien- und Ahornalleen, »Walks« genannt.

Seit mehr als 20 Jahren verwirklicht **Prince Charles**, ein scharfer Kritiker zeitgenössischer Architektur, im Nordwesten der Stadt mit **Poundbury** seine städtebauliche Vision. Als Herzog von Cornwall besitzt Prinz Charles bei Dorchester 1000 ha Land, wovon er 158 ha als Lebensraum für 5000 Einwohner freigegeben hat. Kritiker bespötteln das nostalgische Retortendorf in der Dorfarchitektur Dorsets vom 17./18. Jh. als »Charlieville«.

Frühe Gewerkschaftsgeschichte

High West Street

Bei der Thomas-Hardy-Statue am Ende der High West Street geht es links in der Northernhay Street zu einem **römischen Stadthaus** mit 18 Räumen und Mosaikfußboden aus dem 4. Jahrhundert. Die High West Street führt zum Old Crown Court, in dem 1834 sechs Männer aus dem Dorf Tolpuddle zu siebenjähriger Zwangsarbeit in Australien verurteilt wurden, weil sie höhere Löhne für die Landarbeiter gefordert hatten. Nach vehementen Protesten wurden die Märtyrer von Tolpuddle nach zwei Jahren begnadigt. Sie gelten als Urväter der englischen Gewerkschaftsbewegung. Das **Dorset County Museum** führt in Archäologie und Geologie der Region ein und präsentiert **Thomas Hardys** Arbeitszimmer als Nachbildung. Das **Dinosaur Museum** begeistert am Ice Way mit lebensgroßen Rekonstruktionen der Giganten der Urzeit.

Dorset County Museum: April – Okt. Mo. – Sa. 10 – 17, sonst bis 16 Uhr | Eintritt: 6,35 £ | www.dorsetcountymuseum.org
Dinosaur Museum: April bis Sept. tgl. 10 – 17, sonst bis 16 Uhr | Eintritt: 8,50 £ | www.thedinosaurmuseum.com

DORSET UND JURASSIC-COAST ERLEBEN

HTTP://JURASSICCOAST.ORG/

TOURIST INFORMATION CENTRE
Kings Statue, The Esplanade, Weymouth DT4 7AN, Tel. 01305 78 57 47, www.visit-dorset.com

TOURIST INFORMATION CENTRE
South Walks House, Charles Street, Dorchester, Dorset DT1 1EE, Tel. 01305 26 79 92 www.visit-dorchester.co.uk

Hafenrundfahrten, Angeltouren und Bootsausflüge zum Portland Castle und Nothe Fort organisieren die Heritage Coast Boat Trips (Tel. 01305 20 64 23, www.theheritagecoast.co.uk).
Bootsausflüge entlang der Küste ab Brewers Quay, Weymouth: www.coastlinecruises.com
Weymouth: Beim alljährlichen Dorset Seafood Festival im Juli werden neben Austern und Co. satt Musik und Show geboten. Das International Beach Kite Festival im Mai ist das größte seiner Art im Vereinigten Königreich.
Bridport: Beim Hat Festival Anfang September bevölkern Hutträger die Kleinstadt für Wettbewerbe, Märkte, Hutmacherkurse (www.bridporthatfest.org).

Verschiedene Jurassic Coaster-Buslinien verkehren zwischen Poole und Exeter, s. http://jurassiccoast.org/discover/travel-information

Route 2 des National Cycle Network (www.sustrans.org.uk/ncn/map) verbindet Studland am östlichen Ende der Jurassic Coast mit Exmouth im Westen.
Zusätzlich zum Southwest Coast Path findet man auf http://jurassiccoast.org/discover eine Vielzahl weiterer Wanderbeschreibungen zum Herunterladen.

CRAB HOUSE CAFÉ €€€ – €€
Frischer geht nicht! Das Fischrestaurant liegt direkt an der Fleet-Lagune mit einer eigenen Austernzucht vor der Tür – bestellen Sie ein Dutzend frisch, gegrillt oder in Weißweinsoße. Als Hauptgericht hat man die Wahl zwischen Rochen, Scholle, Makrele, Wolfsbarsch ...
Ferrybridge, Weymouth
Tel. 01305 78 88 67
www.crabhousecafe.co.uk

HIVE BEACH CAFÉ €€€ – €€
Am wunderschönen Hive Beach zwischen Abbotsbury und Bridport liegt dieses überregional bekannte Restaurant. Auf der Karte stehen einfache Fish & Chips, Garnelen, Pastagerichte und Fischsuppe. Oder gönnen Sie sich für 75 £ den Shellfish Platter mit einem ganzen Hummer, einem Taschenkrebs, Riesengarnelen und Räucherlachs.
Beach Road, Burton Bradstock
Tel. 01308 89 70 70

TIERRA KITCHEN €€
Ausgezeichnete vegetarische Küche mit starken Einflüssen aus dem Mittelmeerraum, vor allem Frankreich, Spanien und Nordafrika, z. B. Tagine,

Falafel, Gazpacho, Cheddar Tart Tatin, gefüllte Zucchiniblüten.
1a Coombe Street, Lyme Regis
Tel. 01297 44 51 89
www. tierrakitchen.co.uk

MARLBOROUGH RESTAURANT €

Zum Urlaub am Meer gehören Fish & Chips, nirgendwo in Weymouth besser als in diesem, in dritter Generation geführten Geschäft. Der Standard ist Kabeljau (cod), aber auch Makrele, Scholle und Schellfisch sind im Angebot.
46 St Thomas Street, Weymouth
Tel. 01305 78 57 00

YALBURY COTTAGE €€€

350 Jahre alt ist das reetgedeckte Landhotel inmitten von Feldern und Wiesen. In Bockhampton kam Thomas Hardy zur Welt und besuchte die Dorfschule. Alle acht Gäste-zimmer sind gemütlich und modern eingerichtet. Reservieren Sie rechtzeitig für ein Dinner im Feinschmeckerrestaurant oder buchen Sie direkt DB & B (dinner, bed and breakfast)!
Lower Bockhampton, 2 mi / 3,2 km östl., Dorchester DT2 8PZ
Tel. 01305 26 23 82
www.yalburycottage.com

DOWER HOUSE HOTEL €€€

Die zehn Zimmer im Landhaus sind luxuriös im traditionellen englischen Country-Stil ausgestattet. Das Frühstück ist üppig, Cream Tea auf der Sonnenterrasse mit Ausblick ein wahrer Genuss.
Rousdon, Lyme Regis DT7 3 RB (5 km westlich an der Küstenstraße A 3052), Tel. 01297 210 47
www.lymeregis-hotel.com

THE CHATSWORTH €€

Ausgezeichnetes Hotel direkt am Jachthafen. Den Fisch für die Brasserie fängt Phil, der Bruder des Besitzers. Probieren Sie die Portland-Krabbensuppe und Riesengarnelen mit Chili und Limonen.
14 The Esplanade, Weymouth DT4 8EB, Tel. 01305 78 50 12
www.thechatsworth.co.uk

Eisenzeitliche Festung

★ Maiden Castle

Von den 30 Hügelfestungen Dorsets ist Maiden Castle, 1,5 mi / 2,5 km südwestlich von Dorchester, die bedeutendste, mit einer Fläche von 19 ha. sogar die größte eisenzeitliche Wehranlage in Großbritannien. Die Siedlung aus der Zeit zwischen 800 und 60 v. Chr. beeindruckt mit bis zu 25 m hohen Erdwällen und einem weiten Blick über die Landschaft. Sie wurde zugunsten des römischen Durnovaria aufgelassen, aber im 4. Jh. entstand ein römisch-britischer Tempel auf dem Grashügel.
Eintritt: frei | www.english-heritage.org.uk

Dem Dichter auf der Spur

Hardy Trail

Dorset und Dorchester sind untrennbar mit Thomas Hardy (▶ Interessante Menschen) verbunden, der in zahlreichen Romanen seine Heimat beschrieben hat. Der Hardy Trail ist ein 210 mi / 336 km langer Fernwanderweg, der Dorchester, Bere Regis, Wimborne, Weymouth und andere Orte seines Wirkens berührt. Ein zentraler Abschnitt (Dauer: 3 Stunden) beginnt an Hardy's Geburtshaus in Higher Bockhampton, führt vorbei am Old School House in Lower

SMUGGLING AN ENGLANDS KÜSTEN

Wenn es Nacht wurde, begann früher für viele Bewohner der englischen Küsten erst der Arbeitsalltag. Sie fuhren mit dem Boot hinaus, um Stunden später mit Salz, Schnaps, Stoff und Wolle zurückzukehren – ganze Dörfer lebten vom Geschäft mit der illegalen Ware.

Vor allem an der Küste von Cornwall, der Wahlheimat der Romanautorin **Daphne du Maurier**, gehörte Smuggling zum täglichen Leben, denn die unverzollte Ware warf satte Gewinne ab. Zwar drohten harte Strafen, doch das Geschäft war so lukrativ, dass selbst manch schlecht entlohnter Zollbeamte ein Auge zudrückte – vorausgesetzt, er erhielt eine »Provision«.

Ein ehrenwerter Beruf?

Besonders die mit Wracks gespickte Küste zwischen der Lizard-Halbinsel und Land's End im Westen Cornwalls war jahrhundertelang das Revier von Seeräubern und Schmugglern. Dort lag auch die »Preußenbucht« Prussia Cove, die ihren Namen der **Schmugglerlegende Jack Carter** verdankt. Fast sein ganzes Leben lang übte Jack, der offiziell sein Geld mit dem Gasthof »King of Prussia« in Fowey verdiente, den »Beruf« des Schmugglers aus – und damit eine ehrenwerte Profession, profitierten doch die meisten Bürger von den Beutezügen in Form günstiger flämischer Spitze für einen neuen Kragen oder einer Flasche zollfreien Apfelschnapses aus der Normandie. Einzig die Zollbeamten waren den Schmugglern ständig auf den Fersen. Auch »Jack's Cottage«, das über Prussia Cove aufs Meer schaut, wurde durchsucht, als sich gerade die Beute bis unter die Decke stapelte. Alles wurde beschlagnahmt und nach Penzance, der nächsten Stadt an der Südküste, gebracht. Wütend zog Jack darauf nächtens los, brach den Schuppen des Gesetzes auf und holte »seine« Ware zurück. Was ihm nicht gehörte, ließ er liegen – er war schließlich kein Gauner.

Küstenpfade

Das alte Gewerbe hat an Südenglands Küste zahlreiche Spuren hinterlassen. Mit den Küstenpfaden, die heute vom **National Trust** gepflegt werden, schlugen Zöllner und Gesetzeshüter im 17. Jh. erste Breschen in die damals völlig unzugängliche Küste. So konnten sie den Schmugglern, die beim Auftauchen der Fahnder rasch in die nächste Bucht ruderten, an Land den Weg abschneiden.

Im Schutz der Nacht

Nicht alle Schmuggler waren Gentlemen vom Schlage eines Jack Carter. In **Polperro**, im 18. Jh. ein winziges Fischerdorf an der Kanalküste, widmete sich zeitweise die gesamte Bevölkerung dem Schmuggel mit kontinentalen Gütern, die im Schutz der Dunkelheit von den großen Handelsschiffen auf kleine Boote umgeladen, in kleine Häfen oder unzugängliche Buchten an Land und über Felsen oder unterirdische Gänge in die Verstecke gebracht wurden. Machten sich die Ordnungshüter an die Durchsuchung ihrer Keller, verteidigten die streitbaren Bewohner ihre mühsam erworbene Beute auch mit der Waffe. Besonders die cornische Küstenbevölkerung besaß viele waghalsige Freibeuter. Während des 100-jährigen Krieges stachen von Cornwall aus unentwegt Piratenschiffe in See, die den Ärmelkanal unsicher machten, Schiffe kaperten und versenkten und sich mit der Fracht in die heimischen Häfen zurückzogen. Auch während der **Napoleonischen Kriege** wurden zahlreiche Schiffe überfallen. Mancher Freibeuter verwendete seine in der Piraterie gesammelten Erfahrungen eben in der Schmuggelei.

Das Ende der Ära

Mit dem Schmuggelgeschäft im großen Stil war es Mitte des 19. Jh.s vorbei. Bessere Straßennetze, strengere Strafverfolgung und nicht zuletzt das Küstenschutzgesetz, das 1856 die Bewachung der Küsten der Admiralität übertrug, machten dem Mythos ein Ende. Hinzu kam, das die Zölle auf alkoholische Getränke reduziert wurden. Im 20. Jh. waren es dann zunehmend Wochenendausflügler und Amateure, die für den eigenen Bedarf ein paar unverzollte Flaschen Calvados aus Frankreich mitbrachten. Schriftstellerinnen wie Daphne du Maurier blieb es überlassen, das wagemutige Geschäft wenigstens in der Literatur am Leben zu erhalten. Die junge Londonerin, die sich 1930 in Cornwall zum Schreiben niedergelassen hatte, entdeckte bei einem Reitausflug im Bodmin Moor eine kleine Kneipe in Bolventor. Die Schänke, in der sich über Jahrhunderte Schmuggler und Reisende aufgewärmt hatten, inspirierte sie zu ihrem Roman **»Jamaica Inn«**, der die Hochzeit der Schmuggelei im 18. Jh. heraufbeschwört – Alfred Hitchcock verfilmte den Roman 1939.

Nebel zieht auf – ideales Wetter für die Schmuggler von Polperro.
Die trifft man heute allerdings nur noch im Museum.

Bockhampton, wo Hardy einer der ersten Schüler war, und seinem Anwesen »Max Gate«, in dem der Dichter von 1883 bis zu seinem Tod lebte, bis zum Grab in Stinsford.
www.walkingpages.co.uk; www.visit-dorset.com

Wohin in Chesil Beach?

Kiesel und Lagune

★★ Chesil Beach

Eine geologische Besonderheit ist Chesil Beach. Die fast 20 km lange Kieselbank zwischen der Isle of Portland und Abbotsbury ist ein Eldorado für Angler und Wanderer, die dem **South West Coast Path** (► S. 19) folgen. Im Verlauf nimmt die Größe der Kieselsteine zu: Im Westen sind sie etwa so groß wie Erbsen, im Osten eher wie Äpfel. Es heißt, die Schmuggler früherer Zeiten konnten so schätzen, wo sie gelandet waren. Das Baden ist wegen der starken Strömung verboten. Hinter der Kieselbarriere erstreckt sich die Lagune **»The Fleet«**, ein Vogel- und Fischreservat, in dem auch Austern gezüchtet werden. Auskünfte dazu und Bootsfahrten auf dem »Fleet Observer« bietet das Chesil Beach Centre.

Chesil Beach Centre: Ferrybridge | Beach Road | tgl. 10 – 17, Nov. –Ostern bis 16 Uhr

Pittoreskes Dorf mit Schwanenkolonie

Abbotsbury

Benannt wurde Abbotsbury nach einer im 11. Jh. gegründeten Benediktinerabtei, von der mit der um 1390 erbauten **Tithe Barn** eine der größten Zehntscheuern Englands erhalten blieb. In ländlicher Abgeschiedenheit scheint sich die Dorfstraße mit reet- und schindelgedeckten Steinhäuschen über die Jahrhunderte hinweg kaum verändert zu haben. Hoch über Abbotsbury bietet die Seefahrerkapelle St Catherine's aus dem 14. Jh. eine wunderbare Aussicht. In der im Mittelalter von Mönchen gegründeten, heute berühmten **Schwanenkolonie** überwintern bis zu 600 Schwäne. Im März nisten sie hier, im September lernen die Jungen fliegen, und am dritten Sonntag im Oktober werden sie vom Schwanenhirten in die Freiheit entlassen.

Abbotsbury Swannery: April – Okt. tgl. 10 – 17 Uhr | Fütterung 12, 16 Uhr | Eintritt: 12,50 £ | www.abbotsbury-tourism.co.uk

Gartenparadies

★ Subtropical Gardens

In einer geschützten Talsenke zwischen Abbotsbury und Chesil Beach liegen die subtropischen Gärten, die 1765 vom Earl of Ilchester angelegt wurden – 2015 feierten sie 250-jähriges Bestehen. Zwischen Bambus, Yuccas, Agaven, Zypressen, Lorbeer- und Gingkobäumen wähnt man sich in Australien, Lateinamerika oder am Mittelmeer.

Subtropical Gardens: April – Okt. tgl. 10 – 17, sonst 16 Uhr
Eintritt: 12,50 £ | www.abbotsbury-tourism.co.uk

Nach Rockpooling und Fossiliensuche steht ein Bad am Strand von Lyme Regis an. Die bunten Kabinen stehen bereit.

Rund um Bridport und Lyme Regis

Marktstädtchen und Seebad

Bridport

Westlich von Chesil Beach erstreckt sich ein schnurgerader Küstenstreifen bis zum Marktstädtchen **Bridport** (Märkte Mi. und Sa.). An verschiedenen Stellen, z.B. bei Burton Bradstock, findet man gute Badestrände und sieht beeindruckende Klippen. Das alte Fischerdorf Lyme Regis, 31 mi / 50 km von Weymouth, entwickelte sich im 18. Jh. zum mondänen **Seebad**. Jane Austen schrieb hier 1818 ihren Roman »Persuasion« und lobte die herrliche Lage des Ortes mit der Klippenbucht, der steilen Hauptstraße Broad Street und der weit ins Meer ragenden Mole »The Cobb« aus dem Mittelalter. Die zweite literarische Verbindung ist John Fowles' Roman »Die Geliebte des französischen Leutnants«, der 1981 mit Meryl Streep und Jeremy Irons verfilmt wurde. Eine Schlüsselrolle spielt The Undercliff, ein dschungelartig überwucherter, durch wiederholte Erdrutsche entstandener Küstenstreifen westlich der Stadt, an dem man nur mit Vorsicht wandern sollte.
https://bridportandwestbay.co.uk/

Fossilien und »Rockpooling«

Lyme Regis

Seit Mary Anning hier das Skelett eines Ichthyosaurus fand, kommen Fossiliensammler in die kleine Hafenstadt. Im **Lyme Regis Museum** und im **Dinosaurland** an der Coombe Street sind die Funde ausgestellt. Im Ort und im benachbarten Charmouth am Heritage Coast Centre werden geführte Fossilienwanderungen angeboten, auch Ausflüge für »Rockpooling«, eine beliebte Beschäftigung für Jung und Alt, bei der man bei Ebbe die spannende Meeresflora und -fauna in Felstümpeln untersucht.
Wer sich eigenständig auf die Suche machen will, sollte sich vorher unbedingt über die Gezeiten informieren. Auch andere Gefahren sind zu beachten: Die Klippen sind stark erodiert und bröckeln leicht ab, bei Nässe sind sie extrem rutschig!

Lyme Regis Museum: Ostern – Okt. Mo. – Sa. 10 – 17, So. 11 – 17, Nov. – Ostern Mi. – So. 11 – 16 Uhr | Eintritt: 4,95 £
www.lymeregismuseum.co.uk
Dinosaurland: tgl. 10 – 17 Uhr| Eintritt: 5 £| www.dinosaurland.co.uk
Charmouth Heritage Coast Centre: www.charmouth.org/chcc

★★ DOVER

Grafschaft: Kent | **Einwohner:** 43 000

»This precious stone set in silver sea«, ließ bereits Shakespeare Richard II. über die Kreidefelsen von Dover sagen, die strahlend weiß aus dem Wasser ragen und als Wahrzeichen Englands die Besucher vom Kontinent begrüßen. Für viele ist Dover nur Durchgangsstation, dabei sind die Burg, die weißen Klippen, aber auch Stadt und Hafen durchaus lohnenswert.

»No longer an Island«

Im Bewusstsein vieler Briten nahm die Geschichte ihres Landes im Jahr 1909 hier an der Küste eine einschneidende Wendung: Am 25. Juli jenes Jahres gelang es dem Franzosen Louis Blériot, den Ärmelkanal mit dem Flugzeug zu überqueren. 37 Minuten dauerte der Flug – die Welt war den Briten nähergerückt. »England is no longer an Island«, titelte die Daily Mail, und der britische Luftfahrtpionier Sir Alan Cobham urteilte:

»
Der Tag, an dem Blériot den Ärmelkanal überflog, war der letzte Tag unserer Sicherheit als Inselvolk.
«

Wohin in Dover?

Mittelalterlicher Burgkomplex

Dover Castle

Im Osten der Stadt werden die steilen Kreidefelsen vom Dover Castle bekrönt, der ältesten **konzentrisch angelegten Burganlage** Englands. Nachdem Wilhelm der Eroberer nach der Schlacht von Hastings eine Festung auf eisenzeitlichen, römischen und angelsächsischen Fundamenten errichtet hatte, gab 1168 Heinrich II. den Auftrag, die existierenden Wälle mit wuchtigen Ringmauern zu verstärken und im Zentrum einen Bergfried mit 6 m dicken Außenmauern zu errichten. In den Burgkomplex integriert sind das mittelalterliche Colton Gate, die 12 m hohe Ruine des römischen Leuchtturms und die um 1000 erbaute Kirche St Mary in Castro. Tief in die Kalkfelsen hinein führt ein verzweigtes **Tunnelsystem** aus dem 13. Jh., das während der napoleonischen Kriege erweitert und mit Kasematten versehen wurde. Im Zweiten Weltkrieg diente das Labyrinth als Kommandozentrale, in der »Hellfire-Corner« planten Sir Winston Churchill und Admiral Ramsay die Evakuierung von 338 000 alliierten Soldaten aus Dünkirchen. Eine Ausstellung dokumentiert die »Battle of Britain« und andere Ereignisse des Zweiten Weltkriegs. Vom Aussichtspunkt »Admiralty Lookout« ist bei gutem Wetter Boulogne in Frankreich zu erkennen.

April – Juli, Sept. 10 – 18, Aug. ab 9.30, Okt., Nov. – März 10 – 16 Uhr
Eintritt: 19,40 £ | www.english-heritage.org.uk

Vom friedlichen Jachthafen reicht der Blick bis zur mächtigen Burg – und die schneeweißen Kreideklippen sind nur einen Katzensprung entfernt.

Englands Wahrzeichen

★★ White Cliffs

Oberhalb von Dover Castle beginnt am Visitor Centre ein aussichtsreicher Küstenpfad über den weißen Klippen zum Leuchtturm **South Foreland Lighthouse**, von dem aus Marconi (1874 – 1937) im Morsecode die weltweit erste Nachricht an ein Schiff per Funk übertragen hat – im Sommer öffnet im Leuchtturm ein Tea Room.

Die alte Leuchtturmwärterwohnung vermietet der National Trust **€€ – €€€** | Tel. 0344 800 20 70 | www.nationaltrustcottages.co.uk mind. 3 Nächte

Kulturkomplex mit Seeschiff aus der Bronzezeit

Dover Discovery Centre

Das Dover Discovery Centre am Market Square ist nicht nur architektonisch eine Besonderheit: Wo sonst gibt es eine Bücherei, die Ruinen eines römischen Forts birgt? Ebenfalls in den Kulturkomplex integriert wurde die normannische Kirche St Martin le Grand, die 500 Jahre lang die Silhouette der Stadt bestimmte. Lohnend ist das Dover Museum mit der Bronze Age Boat Gallery, in der das 3500 Jahre alte Seeschiff zu bestaunen ist.

Dover Museum: Mo. – Sa. 9.30 – 17, April – Sept. auch So. 10 –15 Uhr, sonst So. geschl. | Eintritt: frei | www.dovermuseum.co.uk

Altrömisches Hotel

Roman Painted House

Das Roman Painted House in der New Street diente um 200 n. Chr. als Herberge für römische Reisende. Besonders schön sind die farbigen Fresken in den drei Repräsentationsräumen.

Ostern und Juni – Sept. Di. – Sa. 10 – 17, April/Mai Di. und Sa. 10 – 17 Uhr | Eintritt: 3,00 £ | www.theromanpaintedhouse.co.uk

Mittelalter-Herberge

Maison Dieu

Hinter einer viktorianischen Fassade auf der High Street birgt das Maison Dieu, heute Teil des Rathauses, die Reste einer Pilgerherberge aus dem 13. Jh. und eine mit Porträts und Fahnen geschmückte Halle im Stuartstil des 17. Jahrhunderts.

Rund um Dover

Bauten zur Invasorenabwehr

Heinrichs Burgenkette

Deal, Walmer und Sandown gehören zu einer Kette von 20 Burgen, die Heinrich VIII. aus Furcht vor einer französischen Invasion entlang der Kanalküste errichten ließ. Größte und vollständigste Festung ist **Deal Castle** am Strand der gleichnamigen 27 000-Einwohner-Stadt. Der Grundriss der mit Graben, Wall, Bastionen und sechs Türmen versehenen Anlage erinnert an eine Tudorrose, das Wappen König Heinrichs VIII. Die Ausstellung widmet sich der Sicherheits- und Heiratspolitik des sechsmal vermählten Monarchen.

BAEDEKER MAGISCHE MOMENTE

WEISSE KLIPPEN

Die majestätische Eleganz der Kreideklippen zieht seit jeher Schiffsreisende an Dovers Küste in ihren Bann. Nicht minder großartig ist jedoch ein Spaziergang entlang des Küstenpfads zum wie die Klippen weiß strahlenden South Foreland Lighthouse. Lassen Sie den Blick in die Ferne schweifen, aufs Meer, die Fähren und südwärts, weit hinaus über den Kanal, nach Frankreich.

Das 1540 in Sichtweite errichtete **Walmer Castle** wurde im frühen 18. Jh. zur Residenz des »Lord Warden of the Cinque Ports« umgebaut. 1852 verstarb hier der Herzog von Wellington – eine Ausstellung erinnert an ihn und andere Besucher. Zu den wunderschönen Gärten gehört der 1997 geschaffene Queen Mother's Garten – 24 Jahre lang bis zu ihrem Tod 2002 bekleidete die Königinmutter das zeremonielle Amt des Lord Warden, seit 2004 hält der Admiral a. D. Lord Boyce diesen Posten. Am Nordende der Strandpromenade von Deal ist noch die Ruine von **Sandown Castle** erhalten.

Deal Castle: April – Sept. tgl. 10 – 18, Okt. 10 – 17, Nov. – März Sa./So. 10 – 16 Uhr | Eintritt: 6,60 £ | www.english-heritage.org.uk

Ausstellung Walmer Castle: April – Sept. tgl. 10 – 18, Okt. 10 – 17, Nov. – März Sa./So. 10 – 16 Uhr | Eintritt: 10,70 £ | www.english-heritage.org.uk

Stadt mit Fast-Food-Geschichte

John Montagu, vierter Herzog von Sandwich, machte die 13 mi / 21 km nördlich von Dover gelegene Stadt berühmt: Um sein Kartenspiel Sandwich

DOVER ERLEBEN

TOURIST INFORMATION CENTRE

Market Square, Dover, CT16 1PH
Tel. 01304 20 10 66
www.whitecliffscountry.org.uk

White Cliffs Greeters (über Tourist Information Centre): Rund zwei Stunden lang führen Einheimische unentgeltlich durch Stadt und Umland zu den schönsten Ecken ihrer Heimat.
Dover ist Wanderland: Der 153 mi / 211 km lange **North Downs Way** nach Farnham beginnt hier, und der 163 mi / 262 km lange **Saxon Shore Way** von Gravesend nach ► Hastings führt mitten durch den Ort.
Bootsfahrten auf dem River Stour ab Sandwich führen zum römischen Fort in Richborough und zur Robbenkolonie an der Flussmündung.
Tel. 07958 376183,
www.sandwichriverbus.co.uk.

Zu Füßen der Burg lockt das **De Bradelei Wharf Designer Outlet** am Meeressaum mit Preisnachlässen bis zu 70 Prozent.

THE WHITE CLIFFS HOTEL €€€ – €€

Der Durchfahrtsort Dover ist nicht ideal zum Übernachten, aber das östlich gelegene Dorf St Margarets-at-Cliffe mit St Margaret's Bay unterhalb am Meer hat großen Charme. Das Hotel verfügt über 16 komfortabel eingerichtete Zimmer, 7 davon im alten Teil aus dem 16. Jh. Mit Fisch und Meeresfrüchten nach Tagesangebot, Fasan aus dem Stour-Tal und Rindersteak aus Kent macht The Cliffe Kitchen das Beste aus frischen regionalen Zutaten.
High Street, St Margaret's-at-Cliffe, Dover CT15 6AT
Tel. 01304 85 22 29
http://thewhitecliffs.com

nicht unterbrechen zu müssen, verlangte er, sein Fleisch zwischen zwei Brotscheiben serviert zu bekommen – damit war das »Sandwich« geboren! Der 5000-Einwohner-Ort am Stour gehörte als Hauptexporthafen für Wolle bis zu seiner Versandung zu den **»Cinque Ports«**. Die **reizvolle Altstadt** umgeben Reste einer mittelalterlichen Mauer, zu der auch das aus dem 14. bis 16. Jh. stammende Fisher Gate gehört. Die im späten 16. Jh. erbaute Guildhall trägt das Wappen der »Cinque Ports«. King und New Street führen zu St Bartholomew's, einer im 12. Jh. gegründeten Pilgerherberge. Auf dem schnurgeraden Rope Walk wurden einst Seile für Schiffe hergestellt, wofür ein langer und gerader »Auslauf« vonnöten war. Der **Town Wall Path** führt am Fisher Gate vorbei zu einer Zugbrücke über den Stour mit einem Torhaus im Schachbrettmuster aus dem 16. Jh., an dem bis 1975 eine Maut erhoben wurde. Hübsche Fachwerkhäuser finden sich parallel zum Fluss in der Strand Street, schön

sind auch das »Kings Arms« von 1592 in der Market Street und die »Sandwich Weavers« aus dem 16. Jh., Werkstattwohnungen von Hugenotten in der Potter Street.
Am Stadtrand befindet sich das bedeutende römische **Richborough Fort**, das in den ersten Jahren nach der Eroberung Britanniens errichtet wurde. Eine Audioführung erzählt die spätere Geschichte des Orts als zivile Siedlung und von der erneuten Befestigung zur Abwehr sächsischer Piraten im 3. Jahrhundert.
In den weiten Dünen, die Sandwich mit dem Meer verbinden, verstecken sich drei **Golfplätze**, auf denen immer wieder die »British Open« ausgetragen werden – zuletzt 2011.

Richborough Fort: April – Sept. tgl. 10 – 18, Okt. 10 – 17, Nov. – März Sa./So. 10 – 16 Uhr | Eintritt: 6,20 £ | www.english-heritage.org.uk
Royal St George's Golf Club: www.royalstgeorges.com

Fährhafen – und Badeort

Folkestone

Seit Eröffnung des **Eurotunnels** (▶ Baedeker Wissen S. 162) im Jahr 1994 kommen Besucher vom Kontinent verstärkt in Folkestone, 8 mi / 13 km südwestlich von Dover an. Der zweitgrößte **Fährhafen** der Kanalküste unterhält zudem Fährverbindungen nach Boulogne. Mit Ankunft der Eisenbahn entwickelte sich Folkestone zu einem **Badeort**. Die Altstadt gruppiert sich um die malerische High Street, die hinunter zum Hafen führt. In der Kirche St Mary & St Eanstwythe erinnert ein Fenster an den Entdecker des Blutkreislaufs, William Harvey, der 1578 in Folkestone zur Welt kam.

www.visitkent.co.uk, www.eurotunnel.com

Naturpark aus Tunnelgeröll

Samphire Hoe

Aus den 5 Mio. m³ Kreidegeröll, die beim Bau des Channel Tunnels anfielen, entstand zwischen Dover und Folkestone der 1997 eröffnete Naturpark Samphire Hoe mit Rad- und Wanderwegen, herrlichen Ausblicken und Wildblumen wie dem gelb blühenden Meerfenchel (Samphire).

Küstenstädtchen mit Minibahn

Hythe

In Hythe, einem der einst mächtigen sog. »Cinque Ports«, verdient die Krypta der **St Leonard's Church** Beachtung: 2000 menschliche Schädel sind hier aufgereiht, die aus der Zeit von 850 bis 1500 stammen. Spazierwege säumen den Royal Military Canal, der während der napoleonischen Kriege nach Rye angelegt wurde. Von Ostern bis September rattert die **Romney, Hythe & Dymchurch Railway** als »kleinste öffentliche Eisenbahn der Welt« mit Dampf- und Diesellokzügen im Maßstab 1 : 3 von Hythe zu den Fischerhütten bei Dungeness – an ausgewählten Terminen heißt es auch für Gäste »Drive a train«!

Bahnfahrt von Hythe bis Dungeness: Erw. 18 £ | www.rhdr.org.uk

EUROTUNNEL

Seit 1994 verbinden täglich rund um die Uhr Hochgeschwindigkeitszüge durch einen Tunnel unter dem Ärmelkanal in nur 35 Minuten Calais/Coquelles mit Folkestone und nehmen dabei Fahrzeuge huckepack. Mehr als 350 Mio. Fahrgäste haben seit der Eröffnung dem längsten Unterwassertunnel der Welt den Vorzug vor den Fähren gegeben – das entspricht fast der dreifachen Bevölkerung von Frankreich und Großbritannien!

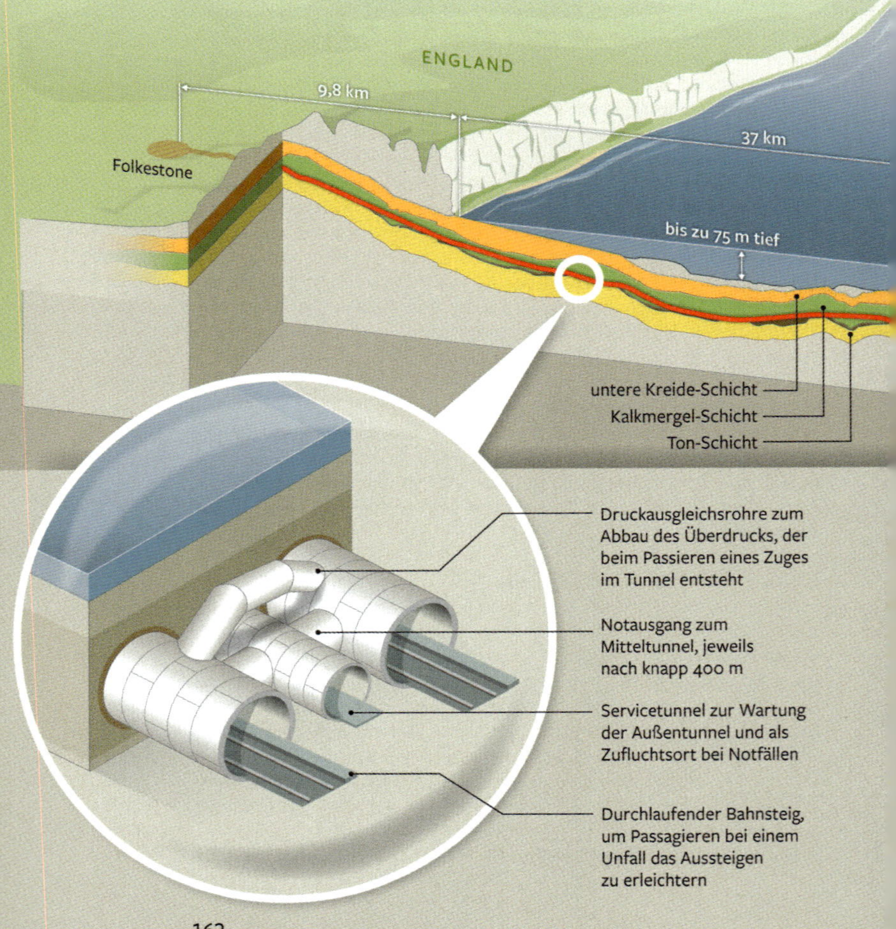

Das Eurotunnel-Projekt in Zahlen

Gesamtlänge der Strecke	50,5 km
Bauzeit	1987 bis 1993
Projektkosten	rund 15 Mrd. €
Anzahl der Röhren	3
Reisezeit	35 min.
Fahrgäste pro Jahr	ca. 7 Mio.

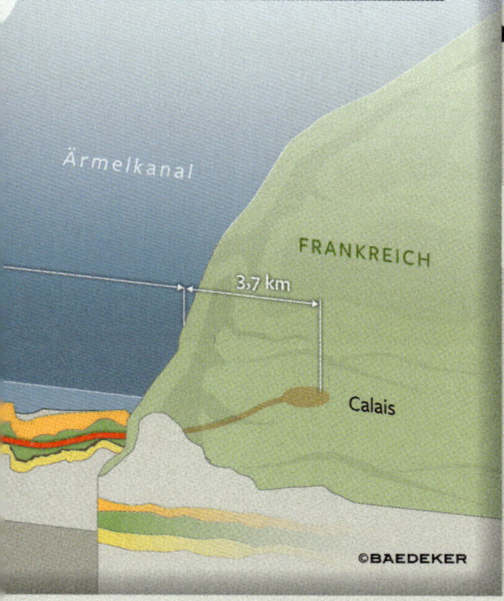

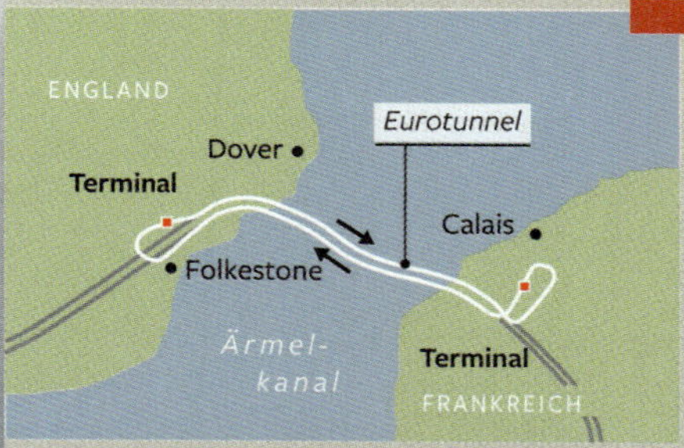

▶ Die längsten Tunnel der Welt

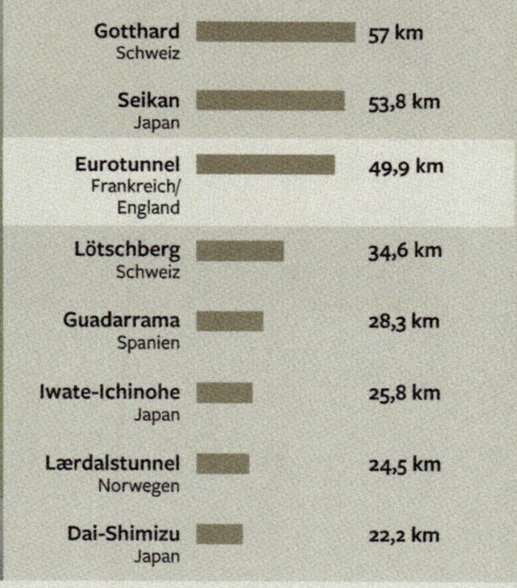

▶ Zur Entstehung des Eurotunnels

1802 Der französische Bergwerksingenieur Albert Mathieu legt einen Entwurf für einen Verbindungstunnel vor. Dieser sollte noch mit Pferdekutschen betrieben werden.

1856 bis 1867 Die Pläne des Franzosen Thomé de Gamond werden von Napoleon III. zwar als realisierbar eingeschätzt, scheitern aber an politischen Differenzen. Vorschläge der Briten John Hawkshaw und William Low werden ebenfalls nicht weiter umgesetzt.

1984 Nach zahlreichen gescheiterten Ansätzen wird das Thema 1984 wieder aktuell. 1985 erfolgt die Ausschreibung, im September 1987 beginnen die Bohrungen für den Schienenverkehrstunnel auf englischer Seite. Am 1. Dezember 1990 dann endlich der Durchstich – 15,6 km von Frankreich und 22,3 km von Großbritannien entfernt.

1993/1994 Der erste Testzug erreicht Großbritannien im Juni 1993. Am 6. Mai 1994 eröffnen Königin Elisabeth II. und François Mitterrand den Tunnel feierlich. Der Zugverkehr mit Passagieren startet am 14. November 1994.

2014 Das Jahr seines 20. Jubiläums schließt der Eurotunnel mit einem Gewinn von 100 Mio. € ab.

Eine Kulisse zum Verlieben: die Kreideklippen Seven Sisters

★ EASTBOURNE

Grafschaft: East Sussex | **Einwohner:** 99 500

Eastbourne ist die Grand Old Lady der Seebäder, eine Hochburg des großbürgerlichen Lebensstils. So mag es verwundern, dass ausgerechnet Friedrich Engels in seinem Testament bestimmte, dass seine Asche vom nahen Beachy Head aus ins Meer gestreut werden sollte. Wer aber die Wanderung zu den 170 m hohen Kreideklippen am Beachy Head und den Seven Sisters-Felsen unternommen hat, wird den Mitbegründer des Kommunismus verstehen.

Grandeur an der Küste

Auch **Karl Marx** war sich nicht zu schade, mehrmals mit Engels das vom reichsten Adligen des Landes gegründete Seebad zu besuchen. Der Badeort entstand 1861 bis 1871 auf Geheiß des 7. Herzogs von Devonshire unweit des einstigen Fischerdörfchens als neue Stadt mit vornehmen Hotels und pompösem Pier. Der Herzog sorgte dafür, dass noble Architektur statt Souvenirläden das Bild der Strandpromenade bestimmte, und dies ist bis heute weitgehend der Fall. Eastbourne sollte niveauvoll sein, »by gentlemen for gentlemen«. Auch im 20. Jh. waren sowohl Gesellschaftskritiker als auch Konservative dort zu finden: **George Orwell** besuchte als Schüler das Internat in Eastbourne, Premierministerin **Theresa May** wurde in der Stadt geboren. Schon lange lockt der Badeort mit Kieselstrand Sprachschüler und Rentner, die traditionelles Seaside Entertainment genießen: Kurkonzerte, Bingo und einen Bummel an der Parade mit Pier und Liegestühlen. Doch wird dieser Ruf der Stadt nicht mehr gerecht, denn die Bevölkerung verjüngt sich, und die Nähe zu London sorgt für gesundes wirtschaftliches Wachstum durch Dienstleistungen und sogar High-Tech-Firmen.

Wohin in Eastbourne?

Prachtstraßen

Grand Parade, Marine Parade

Beim Spaziergang auf der **Strandpromenade**, die sich in der Nähe des Stadtzentrums Grand Parade und Marine Parade nennt, fällt die Fassade des Grand Hotel auf. Auf der King Edward's Parade im Süden steht der **Wish Tower**, einer von 74 wehrhaften Martello-Türmen entlang der Südostküste. Zwischen Grand und Marine Parade ragt der **Pier** aus den 1870er-Jahren ins Meer hinein (Abb ► S. 325). 2014 zerstörte Feuer den schönsten Teil des Piers, die gläserne viktorianische Arcade, aber die Victorian Tea Rooms mit Meerblick wurden verschont. Mit Jazzkneipe und Nachtklub erhielt der Pier auch eine Modernisierungskur. Am Ende der Marine Parade dient die kreisrunde Festung **Redoubt** als Konzerthalle und Militärmuseum. Parallel zur Grand Parade verläuft die Compton Road mit viktorianischem Wintergarten, Musikpavillon und zwei Stadttheatern.

www.eastbournepier.com

Redoubt: April – Mitte Nov. tgl. 10 – 17 Uhr | Eintritt: 4,50 £, Außengelände frei | www.eastbournemuseums.co.uk

Die Altstadt und ihre Geschichte

Old Town

Durch die Fußgängerzone Terminus Road und am Bahnhof vorbei geht es zur Old Town mit der High Street, dem alten Zentrum von Eastbourne. Hier haben sich Fachwerkhäuser und die Pfarrkirche St Mary aus dem 12. Jh. erhalten. Tiefer in die Stadtgeschichte führt das **Eastbourne Heritage Centre**.

Eastbourne Heritage Centre: Carlisle Road 2 | Nov. – Mitte April Sa. 10 – 16, Mitte April – Okt. Mo., Do., Fr. 14 – 17, Sa. 10 – 16, So. 13 – 16 Uhr | Eintritt: 3 £ | www.eastbourneheritagecentre.co.uk

Kunst und Kultur

★ Cultural Centre

Im Devonshire Park entstand an der Grove Road 68 ein neues Kulturzentrum mit Kongressräumen, Galerie und Café samt Sonnenterrasse. Dort ist auch die **Towner Art Gallery** für zeitgenössische Wechselausstellungen in einem preisgekrönten Gebäude untergebracht.

BAEDEKER ÜBERRASCHENDES

6X DURCHATMEN

Entspannen, wohlfühlen, runterkommen

1. WILD & EINSAM

Auf drei Hochmooren im englischen Westen kann man in guter Luft fern menschlicher Siedlungen stundenlang wandern: im **Exmoor**, **Dartmoor** und dem unbekannteren cornischen **Bodmin Moor**. (▶ **S. 61, 128, 176**)

2. BIERRUHE

Für Stunden der Muße in herrlicher Umgebung geht nichts über einen Pub-Garten, ob auf dem Land wie beim **Rugglestone Inn** am Dartmoor oder an der Küste wie beim **Ferry Inn** in Salcombe. (▶ **S. 134, 142**)

3. SPAZIERGANG

Jedes englische Seebad, das etwas auf sich hält, besitzt einen Pier, meist aus viktorianischer Zeit. So auch **Eastbourne**: Hat man einmal all das Amüsement hinter sich gelassen, blickt man am Ende der Seebrücke aufs endlose Wasser. (▶ **S. 165**)

4. FERNSICHT

Eisenzeitliche Hügelfestungen gibt es in England viele. Die Belohnung für den kurzen Aufstieg ist ein weiter Blick auf grüne Landschaft und vorbeiziehende Wolken. Perfekte Bedingungen zum Nachsinnen über Zeit und Zeitgeschehen bietet z. B. **Maiden Castle** bei Dorchester. (▶ **S. 151**)

5. GRÜNES LONDON

Das Tempo der Millionenmetropole entschleunigt sich im Nu auf den vielen Grünflächen, sowohl in der Innenstadt z. B. im **St James's Park** und im **Hyde Park** als auch weiter außerhalb in den herrlichen **Kew Gardens**. (▶ **S. 235, 241, 254**)

6. DACH-BAD

Thermae Bath Spa ist eine moderne Wellnessoase im alten Kurort. Im Dachpool lässt man sich mit Blick auf den Turm der Abteikirche im warmen Quellwasser treiben. (▶ **S. 56**)

Mit dem **Birley Centre** besitzt Eastbourne eine moderne Ausbildungs- und Präsentationsstätte für Tanz, Oper und Theater, die enge Kontakte nach Glyndebourne (▶ S. 79) unterhält.

Towner Art Gallery: Di. – So. 10 – 17 Uhr
Eintritt: frei | www.townereastbourne.org.uk

Rund um Eastbourne

Kreidebleiche Hügelfigur

Long Man of Wilmington

Knapp 7 mi / 11 km nordwestlich stützt sich der Long Man of Wilmington auf zwei Stäbe und tritt kreidebleich als 73 m hoher Umriss aus dem Grün des Windover-Hügel hervor. Ob er die Gestalt eines Sonnengotts aus dem 7. Jh. repräsentiert oder in Verbindung mit der Benediktinerpriorei des 11. Jh.s im nahen Dorf Wilmington entstand, ist ungeklärt.

Bilderbuchdörfchen

★ Alfriston

Gespickt mit denkmalgeschützten Bauten ist das idyllische Bilderbuchdörfchen Alfriston, an dem 5 mi / 8 km westlich von Wilmington der Fluss Cuckmere entlangmäandert. Die High Street flankieren Fachwerkhäuser und Fassaden, die mit Feuerstein aus den Kreideschichten der South Downs versetzt sind. Die große Pfarrkirche St Andrew's aus dem 14. Jh. wird auch »Kathedrale der Downs« genannt. Das zeitgleich als Pfarrhaus erbaute, reetgedeckte **Clergy House** war 1896 das erste Gebäude des National Trust, der es damals für 10 Pfund erstand. Von den zahlreichen Pubs sei das **Star Inn** genannt, das bereits im 15. Jh. Pilgern eine Herberge bot. Wer lieber Wein trinkt, dem sei die Cuckmere Barns empfohlen, wo eine große Auswahl englischer Rot- und Weißweine angeboten wird. Zudem dokumentiert hier das English Wine Centre mit angeschlossenem Museum den Weinbau seit der Römerzeit und lädt alljährlich im September zum English Wine Festival ein.

Clergy House: Sa. – Mi. 10.30 – 17 Uhr | Eintritt: 5,30
www.nationaltrust.org.uk
Cuckmere Barns: Alfriston Road, Berwick BN 26 5 QS
Tel. 01323 87 01 64 | http://englishwinecentre.co.uk

Künstlertreff

★ Charleston Farmhouse

Auf halber Strecke zwischen Eastbourne und Lewes schufen Vanessa Bell, ihr Mann Clive und die Maler Duncan Grant und David Garnett ein Gesamtkunstwerk: Charleston Farmhouse. Während Virginia Woolf im Monk's House bei ▶ Brighton schrieb, machte ihre malende Schwester Vanessa Bell ihr Haus ab 1916 zum Künstlertreff der vielseitig kreativen **Bloomsbury Group**. Wände und Einrichtungsgegenstände wurden mit figürlicher und abstrakter Malerei versehen,

EASTBOURNE ERLEBEN

TOURIST INFORMATION CENTRE
Cornfield Road, Eastbourne BN 21 4NZ, Tel. 01323 41 54 15
www.visiteastbourne.com

HINAUF ZUM BEACHY HEAD
Der zweistündige Aufstieg zu den höchsten Kreideklippen Englands, die am Beachy Head 170 m steil ins Meer stürzen, bildet den fulminanten Auftakt zum 80 Meilen langen **South Downs Way** (► S. 19) von Eastbourne nach ► Winchester. Wer noch Kondition hat, sollte dem Klippenpfad bis zu den 6 mi/ 10 km entfernten Felsen der **Seven Sisters** folgen. Bei Birling Gap führt eine Treppe zum Steinstrand hinunter, westlich der Seven Sisters kann man am Strand von Cuckmere Haven baden. **Hop-on-Hop-off-Alternative:** Offene, rote Doppeldeckerbusse fahren vom Eastbourne Pier zum Besucherzentrum am Beachy Head und weiter über die Seven Sisters nach ► Brighton.

MARINE PUB €
Nautisches Ambiente, solide Hausmannskost und gutes Bier
61 Seaside Road
Tel. 01323 72 04 64
www.themarinepub.co.uk

GRAND HOTEL €€€€
Der preisgekrönte »weiße Palast« an der Strandpromenade, in dem Claude Debussy 1905 »La Mer« vollendete, bietet in 152 Zimmern besten Komfort. Im preisgekrönten Mirabelle und im Garden Restaurant kann man vorzüglich speisen.
King Edwards Parade, Eastbourne BN21 4EQ, Tel. 01323 41 23 45
www.grandeastbourne.com

THE STAR INN €€
Das herrliche Fachwerkhaus aus dem 14. Jh., das zu den ältesten Gasthöfen des Landes zählt, liegt 10 mi / 16 km westlich an der Hauptstraße von Alfriston. Einige charaktervolle Zimmer befinden sich im historischen Haus, die meisten der 37 im modernen Anbau. Die Pub-Küche reicht vom einfachen Ploughman's Lunch mit Ales aus der Region bis Ribeye-Steak aus Sussex und im benachbarten Hafen Newhaven frisch gelandetem Fisch.
High Street, Alfriston BN26 5TA
Tel. 01323 87 04 95
www.thestaralfriston.co.uk

»Tischtücher« direkt aufs Holz gemalt sowie Möbelstücke und Stoffe für die 1913 gegründete Künstlervereinigung Omega-Workshops entworfen.

März – Okt. Mi. – Sa. 12 – 17 nur im Rahmen von Führungen, So. Besichtigung ohne Führung 12 – 17 Uhr | Eintritt: 12,50 £, nur Garten 5 £ | www.charleston.org.uk

Besuch im Herrenhaus

Firle Place

Die Künstlerenklave Charleston gehört zum Besitz des 4 mi / 6,5 km westlich gelegenen Firle Place. Der **Tudorbau**, im 18. Jh. georgianisch ummantelt, ist seit den 1540er Jahren Sitz der Gage-Familie und beherbergt eine Sammlung von Alten Meistern, darunter Werke von Fra Bartolomeo, Corregio, van Dyck und englischen Malern wie Gainsborough und Reynolds, dazu kostbare englische und französische Möbel sowie Sèvres-Porzellan.

Juni – Sept. So., Di. – Do. 14 – 16.30 Uhr | Eintritt: 9 £ | www.firle.com

Blicke ins All

★ Herstmonceux Castle

Leuchtend rot spiegelt sich Herstmonceux Castle im Wassergraben: Die im 15. Jh. im Tudor-Stil erbaute, im 18. Jh. bis auf die Außenmauern abgerissene und Anfang des 20. Jh.s restaurierte Backstein-Wohnburg diente 1956 bis 1990 als Sitz des Royal Observatory. Heute birgt sie das **Observatory Science Centre** mit Astronomie zum Anfassen.

April – Sept. tgl. 10 – 18, März und Okt. bis 17 Uhr | Eintritt: Gärten und Gelände 6 £, Gärten, Gelände und Science Centre 13 £, Schlossführung 2,50 £ | www.herstmonceux-castle.com

In Eastbourne mit seiner kilometerlangen Strandpromenade urlaubt(e) auch die Prominenz. Und Friedrich Engels ließ hier sogar seine Asche ins Meer streuen.

★ EXETER

Grafschaft: Devon | **Einwohner:** 120 000

Die alte Grafschaftshauptstadt von Devon hat im mittelalterlichen Kathedralenviertel und am Flusskai ihren historischen Charme bewahrt. Auch römische Stadtmauern, Häuserzeilen der Tudorzeit und zahlreiche Grünanlagen prägen das Stadtbild – fast ein Wunder, denn im Lauf seiner 2000-jährigen Geschichte musste Exeter einiges überstehen.

Exeter und Baedeker

In der Nacht vom 23. auf den 24. April 1942 wurde Exeter das Ziel des ersten sogenannten »Baedeker-Angriffs«. Nach der Zerstörung von Lübeck durch die Royal Air Force kündigte Gustaf Braun von Stumm, stellvertretender Abteilungsleiter in der Pressestelle des Auswärtigen Amtes, Vergeltung an: »Jetzt wird die Luftwaffe jedes Gebäude mit drei Sternen im Baedeker angreifen.« Tatsächlich gab es schon damals höchstens zwei Sterne im Baedeker, und in der Ausgabe von 1937 gehörte Exeter nicht zu den erlauchten Zweisternezielen. Trotzdem griffen 25 deutsche Flieger, erstmals von Radarstrahlen geleitet, die Domstadt an. Zehn Tage später warfen 40 Bomber Spreng- und Brandbomben ab, die weite Flächen des historischen Zentrums in Schutt und Asche legten.

Zerstörungen und neue Anfänge

Stadtgeschichte

Dies war weder die erste noch die letzte Zerstörung. Das römische Straßenraster und Teile der römischen Stadtmauer zeugen von Exeters früher Bedeutung als westlichste Römerstadt Britanniens. 1003 zerstörten dänische Wikinger das Kloster, in dem der Heilige Bonifatius, »Apostel der Deutschen«, Ende des 7. Jh.s ausgebildet worden war. Ab 1050 war Exeter für über 800 Jahre der einzige Bischofssitz in Devon und Cornwall. Nur wenige Jahre, nachdem sie diese Würde erreicht hatte, war die Stadt 1068 Schauplatz einer Rebellion gegen Wilhelm den Eroberer, der Exeter nach 18-tägiger Belagerung einnahm. 1549 führte Empörung über ein neues reformatorisches Gebetsbuch zu einem Aufstand, bei dem zwei Stadttore niederbrannten. Auch wirtschaftliche Bedrohungen waren zu überwinden. Dank der Flussschifffahrt auf dem Exe blühte im 12. Jh. der Handel. Eine Laune der Gräfin von Devon schnitt den Hafen 1290 vom Umland ab: Weil die Fischer ihren Zehnten nicht pünktlich abgeliefert hatten, ließ sie ein Wehr errichten – fortan konnten die Schiffe nur noch das südliche Topsham erreichen. Erst im 16. Jh. erhielt Exeter die Hafenrechte zurück – doch der Fluss war versandet. Seit 1564 verbindet der Exeter Ship Canal die Stadt mit dem Meer, und eine Blütezeit durch den Tuchhandel setzte ein. Für die bisher letzten Zerstörungen sorgten die

Teepause vor grandioser Kulisse: Auch beim entspannten Plausch geht der Blick immer wieder zur Kathedrale.

Planer der Nachkriegszeit, die wenig Rücksicht auf die historische Bausubstanz der Stadt nahmen. Heute ist die Großstadt Exeter eine moderne Universitätsstadt – mit reichem historischen Erbe.

Wohin in Exeter?

Gotische Pracht

Wie Palmwedel strahlen elf Rippen von jedem Pfeiler in Schiff und Chor des Domes aus. Wo sie sich am Scheitel des Gewölbes treffen, setzt sich eine Reihe von herrlich ausgeschmückten Schlusssteinen vom Rosenfenster im Westen bis zum Abschluss des Chores fort. Es ist das längste ununterbrochene gotische Gewölbe der Welt. Am hochgotischen Kirchenbau, der 1257 bis 1369 entstand, ist neben dieser Innenperspektive die **Westfassade** beeindruckend. Zwischen der Portalzone und dem Maßwerk-Rosenfenster stellen drei einst farbig gefasste Figurenreihen das himmlische Jerusalem dar: unten die Engel, in der Mitte die Könige, darüber die Apostel und Propheten.

★ St Peter's Cathedral

Weitere Schmuckstücke sind der steinerne **Lettner**, auf dem der Orgelaufbau ruht, und die **Minstrel Gallery**, eine Spielmannsempore aus dem 14. Jh. mit musizierenden Engeln unter Baldachinen, die in Originalfarben erhalten sind. Humor beweist der Gaukler am Pfeiler jenseits der Kanzel, der Maria am gegenüberliegenden Mittelschiffpfeiler einen Kopfstand darbietet. Im mittelalterlichen Chor wurden in das **Chorgestühl** des 19. Jh.s 50 Miserikordien aus der Zeit von 1230 bis 1270 integriert, darunter ein Elefant mit Kuhfüßen, ein König im Siedekessel und Sirenen. Im Chor steht ein bemerkenswertes

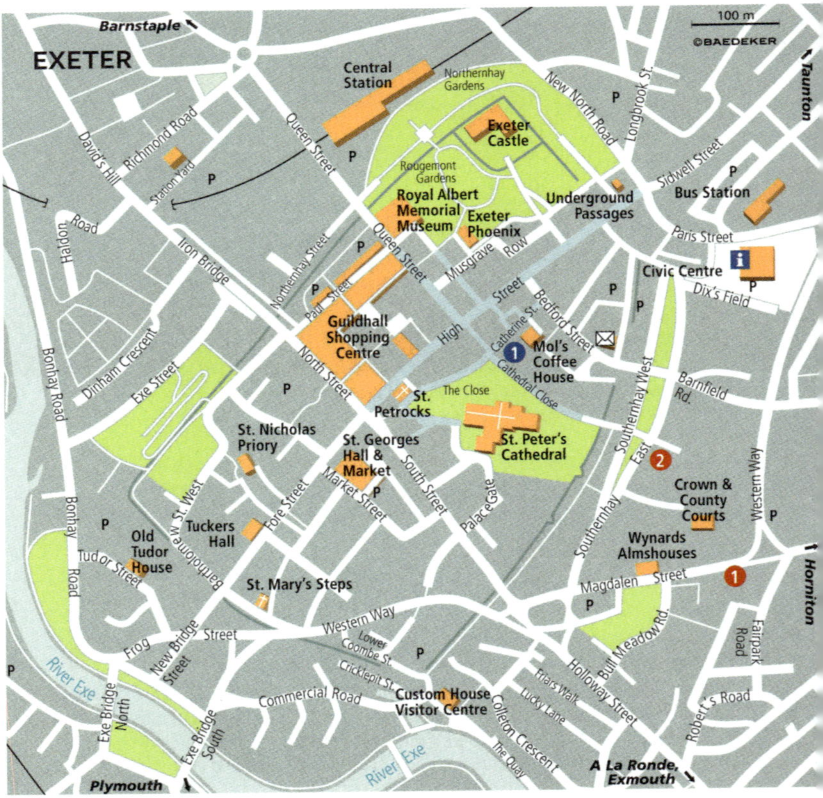

1 Tea on the Green

1 Hotel du Vin Exeter
2 Southernhay House

EXETER ERLEBEN

EXETER TOURIST INFORMATION CENTRE

Dix's Field, Exeter EX1 1GF, Tel. 01392 66 57 00, www.visitexeter.com

Gute Zugverbindungen nach ▶ Torquay, ▶ Plymouth und ▶ London. Parkplätze gibt's im Civic Centre Car Park, Geschäfte und ein Shopping Centre rund um die High Street.

❶ TEA ON THE GREEN €€€ – €€

Neben der Kathedrale wird seit dem 16. Jh. vorzüglich gegessen – alles zu Frühstück und Lunch stammt von örtlichen Produzenten.
2 Cathedral Close, Tel. 01392 27691, www.teaonthegreen.com

❶ HOTEL DU VIN €€€

Elegantes Design und unaufdringlicher Service: Die ehemalige Augenklinik im englischen Westen erwachte 2012 als Luxushotel zu neuem Leben. Zur gehobenen internationalen Küche im Bistro werden ausgezeichnete Weine kredenzt – neben guten Tropfen aus Europa auch eine breite Auswahl aus Südamerika, Südafrika, Australien und Neuseeland.
Magdalen Street, Exeter EX2 4HY, Reservierung: Tel. 01242 52 77 88, www.hotelduvin.com

❷ SOUTHERNHAY HOUSE €€€

Charmantes georgianisches Stadthaus mit 10 wunderschönen Nostalgiezimmern, edlem Dining Room mit Kamin und köstlicher Küche.
6 Southernhay East, Exeter EX1 1NX, Tel. 01392 43 53 24, www.southernhayhouse.com

Zeugnis mittelalterlicher Holzschnitzkunst, der 18 m hohe gotische **Bischofsthron**. Sehenswert sind auch das **Ostfenster** aus dem 14. Jh. mit Maria und Heiligen, die astronomische Uhr im nördlichen Querschiff und der bemalte Hochdachstuhl von 1412 im **Kapitelhaus**. Vom 1112 begonnenen normannischen Vorgängerbau der Petrus-Kathedrale sind nur die beiden Querschifftürme erhalten.
Mo. – Sa. 9 – 17, So. 11.30 – 17 Uhr | Eintritt: 7,50 £
www.exeter-cathedral.org.uk

Mittelalter-Flair

Altstadt

Im **Cathedral Close** stehen mittelalterliche Wohnstätten von Geistlichen, die kleine Kirche St Martin aus dem 15. Jh. und **Mol's Coffee House**, einst auch ein Domizil für Priester, ab 1596 als Zollamt benutzt – daher das königliche Wappen mit dieser Jahreszahl. Vom **Ship Inn** in der St Martin Lane soll Sir Francis Drake gesagt haben: »Neben meinem eigenen Schiff, liebe ich am meisten den Ship Inn in Exeter.« Hauptgeschäftsstraße ist die breite **High Street** mit der

Zwei reiselustige Ladys ließen sich den 16-eckigen Landsitz A La Ronde erbauen.

Guildhall, dem Rat- oder Zunfthaus. Vom normannischen **Rougemont Castle**, das im 11. Jh. errichtet wurde, zeugen nur noch Gräben, Wallanlagen, der Athelstans Turm und der Torturm. Ihren Name verdankt die Burg dem dunkelroten Sandstein der Gegend. Einen Besucheransturm erleben während der Ferien die **Underground Passages**, die unterirdischen Passagen, die um 1400 unter der High Street angelegt worden sind, um Wasserleitungen aufzunehmen.

Underground Passages: Juni – Sept. Mo. – Sa. 9.30 – 17.30, So. 10.30 – 16, Okt. – Mai Di. – Fr. 10.30 – 16.30, Sa. 9.30 – 17.30, So. 11.30 – 16 Uhr | Eintritt: 6 £, Tourtickets reservieren!

Kunst und mehr in viktorianischem Ambiente

RAMM Das **Royal Albert Memorial Museum** (RAMM) in der Queen Street birgt ein großes Sammelsurium aus vielen Sammlungsbereichen, darunter Gemälde, archäologische Funde und **Kunsthandwerk aus Devon**. Die Ruine der **Benediktinerabtei St Nicholas** besitzt noch eine Krypta, Küche und Halle aus normannischer Zeit. »The House That Moved« in der West Street, ein Fachwerkbau aus dem 15. Jh., wurde 1961 hierhin versetzt – es musste einer neuen Schnellstraße weichen.

RAMM: Di. – So. 10 – 17 Uhr | Eintritt: frei | www.rammuseum.org.uk

Attraktives Hafenviertel

Historic Quayside

Das historische Hafenviertel zu beiden Becken des Exeter Ship Canal ist heute angesagtes Flanierviertel. Das Visitor Centre im Customs House aus dem Jahr 1680 erzählt mit seiner Audiovisionsshow 2000 Jahre Stadtgeschichte.

The Custom House, The Quay: April - Okt. tgl. 10 - 17, Nov. - März. Sa./So. 10 - 16 Uhr | Eintritt: frei | www.exeter.gov.uk

Rund um Exeter

Städtchen an der Exe-Mündung

Topsham

Knapp 4 mi / 6,5 km südlich von Exeter liegt das Hafenstädtchen Topsham mit alten Lagerhallen und dem **Topsham Museum**, das sich in einem Herrenhaus aus dem 17. Jh. der maritimen Geschichte und Gegenwart widmet.

Topsham Museum: April - Okt. Mo., Mi., Do., Sa., So. 14 - 17 Uhr
Eintritt: frei | www.devonmuseums.net

Besuch im Schloss

Powderham Castle

Powderham, 8 mi / 13 km südlich am Ufer des Exe, gehört seit 2015 dem 19. Grafen von Devon, dessen Familie das Anwesen schon mehr als 600 Jahre und mittlerweile in der 28. Generation besitzt. Das Landschloss, 1390 von Sir Philip Courtenay begonnen und heute weitgehend das Ergebnis von Änderungen im 18. und im 19. Jh., liegt in einem 1779 von Capability Brown angelegten Garten, der in einen Hirschpark übergeht.

April - Okt. So. - Fr. 11 - 16.30, Mitte Juli - Aug. bis 17.30 Uhr
Eintritt: 11,50 £ | www.powderham.co.uk

Extravagantes Gebäude, kuriose Kollektionen

★ A La Ronde

Der Landsitz 2 mi / 3 km vor Exmouth gehört zu den exzentrischsten Häusern des Landes. Es wurde 1796 von Jane und Mary Parminter nach dem Vorbild der Kirche San Vitale in Ravenna mit 16-seitigem Grundriss gebaut. Die beiden Frauen waren fast zehn Jahre durch Europa gereist und verlangten bei ihrer Rückkehr nach einem extravaganten und zugleich praktischen Zuhause für ihre großen Sammlungen und Mitbringsel. Die Räume sind sternförmig um eine zentrale Kuppelhalle angelegt und voll mit Kuriositäten: ein Federfries, Bücher, Aquarelle und vor allem Muscheln, die als aufwändige Verzierung eine achteckige Kuppel, Treppe und Galerie bedecken.

April - Okt. Sa. - Mi. 11 - 17 Uhr | Eintritt: 8,90 £
www.nationaltrust.org.uk

Badeort und »Gateway Town«

Sidmouth

Eingebettet in rote Klippen erstreckt sich 14 mi / 22 km östlich von Exeter der **Badeort** Sidmouth, dessen Esplanade Regency-Bauten säumen. Vom Strand führen hölzerne Stufen, »Jacob's Ladder«, zu den wunderschönen Connaught Gardens hinauf. Dort kehrt man im Clocktower Café für ein deftiges Frühstück, feine Mittagsgerichte oder selbst gebackenen Kuchen ein – probieren Sie den Carrot Cake. Sidmouth gilt als »Gateway Town« zur »Jurassic Coast«.

»Bridge over troubled water«

Tiverton

Die Brücke von Bickleigh über den Exe in Tiverton inspirierte 1969 Simon & Garfunkel zu ihrer berühmten Softrockballade »Bridge over troubled water« – der Song stand wochenlang in England und den USA an der Spitze der Charts, wurde mit vier Grammys ausgezeichnet und in die Rock 'n' Roll Hall of Fame aufgenommen. Auch das Dorf weckt nostalgische Gefühle: Mit weiß getünchten Cottages und einer im 17. Jh. umgebauten Burg aus normannischer Zeit ruht es idyllisch zwischen Feldern und Wiesen.

Traumhafter Landsitz

★ Knightshayes Court

Der elegante viktorianische Landsitz **Knightshayes Court**, knapp 14 mi / 22 km nördlich von Exeter bei Tiverton, gehört zu den wenigen erhaltenen Werken von William Burges, der in den Rauch-, Billard- und Gesellschaftszimmern Mittelalterromantik mit viktorianischem Dekor verband – Schnitzereien stellen hier die sieben Todsünden dar. Eine Ausstellung erzählt von **Joyce Wethered**, dem letzten Familienmitglied, die in den 1930ern die beste Golferin der Welt und unangefochtene »Queen des britischen Golfsports« war. Im wunderschönen Garten mit Wasserlilienteich wachsen auch Biogemüse und Salat für das empfehlenswerte Restaurant in den ehemaligen Stallungen.

Ostern – Sept. Sa. – Do. 11 – 17, Okt. 11 – 16 Uhr | Eintritt: 11 £
www.nationaltrust.org.uk

★★ EXMOOR NATIONAL PARK

Grafschaft: Somerset / Devon | **Fläche:** 686 km²

E 16–F19

Steile Klippen, versteckte Buchten und kleine Häfen an der Küste im Norden, weite Hochmoore, tiefe Schluchten und fischreiche Flüsse im Landesinnern – Exmoor ist ein hinreißend schöner Nationalpark! Inmitten von Heide, Ginster, Heidelbeeren und bronzezeitlichen Tumuli grasen Schafe und halbwilde Exmoor-Ponys.

Wilde Ponys in freier Natur? Nichts Ungewöhnliches im ursprünglichen Exmoor.

Die offenen, weiten Grasflächen dagegen gehören vor allem den **Ponys** mit ihren gesprenkelten Mäulern, gedrungenem Körperbau und meist rotbraunem Fell. Sie sind eine eigene Rasse, nicht mit den halbwilden Ponys von Dartmoor und dem New Forest, sondern laut genetischen Studien mit dem urtümlichen europäischen Wildpferd verwandt. Nach dem Zweiten Weltkrieg waren sie akut vom Aussterben bedroht, weil Soldaten sich einen Spaß daraus machten, auf sie zu schießen und weil Wilderern ihr Fleisch schmeckte. Mit einem Bestand von ca. 500 Tieren gelten sie immer noch als gefährdet, aber verschiedene Tier- und Naturschutzvereine kümmern sich um sie. Exmoor ist auch ein vorzügliches und vielfältiges Wandergebiet. Zu der steil abfallenden Küste zwischen Minehead und Combe Martin und der dahinter liegende Hügellandschaft mit Hochmooren kommen waldreiche Flussniederungen, in denen Rotwild zu Hause ist.

Wilde Ponys im Wanderparadies

Wohin im Exmoor National Park?

200 denkmalgeschützte Gebäude

Dunster

Schon von Weitem grüßen die Türme von **Dunster Castle**, das hoch über Dunster vom Terrassengarten mit Englands ältestem Zitronenbaum weite Ausblicke auf den Bristol Channel und das Exmoor bietet.

Im Innern der Burg aus rotem Sandstein, die ihr heutiges Gesicht im 17. bis 19. Jh. erhielt, sind das Treppenhaus mit seiner geschnitzten Balustrade, die Stuckdecke mit Jagdszenen im Speisesaal sowie seltene Wandbehänge aus Leder sehenswert. Im überdachten **Yarn Market** an der breiten **High Street** wurde ab 1609 mit Tuchen gehandelt. Der benachbarte Pub Luttrell Arms aus dem 15. Jh. war Residenz der Äbte von Cleeve. Die schieferverkleidete Nunnery in der Church Street entstand im 14. Jh. als Gasthaus für Geistliche. In der Priory Street steht ein Taubenschlag aus dem 16. Jh. mit über 500 Nistlöchern. In der Wassermühle am Avill demonstriert ein **Mühlenmuseum** mit kleinem Café die Mehlherstellung.

Dunster Castle: Ostern – Okt. tgl. 11 – 17 Uhr | Eintritt: Gesamtanlage 11 £, nur Garten 8 £ | www.nationaltrust.org.uk

Dunster Working Watermill: Mill Lane | tgl. 10 – 17 Uhr
www.nationaltrust.org.uk. | Vom Dunster Castle führt ein wunderschöner Wanderweg zur Wassermühle – im Stables Shop gibt es hervorragendes Mehl und Bio-Müsli der Mühle für daheim!

Dorfidyll

★ Selworthy

Ein Dutzend Cottages in Vanilleweiß, eine steinerne Zehntscheuer, die kleine Dorfkirche All Saints und herrliche Ausblicke auf den Dunkery Beacon: Selworthy, das sich 3 mi / 5 km westlich von Minehead in einer Talsenke versteckt, ist ein wahres Dorfidyll, geschützt vom National Trust – gönnen Sie sich eine Pause in den bezaubernden, reetgedeckten Periwinkle Tea Rooms!

Zur kleinsten Kirche Englands

Porlock

Viel Charme und Charakter besitzt auch das blumengeschmückte Porlock, das mit seiner kurvigen Hauptstraße und der im 13. Jh. erbauten St-Dubricius-Kirche zwischen drei Hügel gebettet ist – besonders schön ist die Aussicht vom Porlock Hill. Am winzigen Hafen **Porlock Weir** beginnt ein Spaziergang zum 2 mi / 3 km entfernten **Culbone** mit der kleinsten Kirche Englands, der 10 m langen St Beuno aus dem 12. / 13. Jahrhundert. Um den weiten Rundblick vom höchsten Punkt Exmoors, **Dunkery Beacon** (519 m), zu genießen, fahren Sie bis Wheddon Cross und folgen dann der Ausschilderung Dunkery Gate.

Doppelort mit Klippenbahn

Lynmouth-Lynton

Die 20 km lange Passstraße von Porlock zum seit 1890 durch eine Klippenbahn verbundenen Doppelort Lynmouth-Lynton gehört zu den schönsten Strecken im Exmoor. Lynton blickt von einer 122 m hohen Klippe zur walisischen Küste, Lynmouth säumt die Mündung der Flüsse East und West Lyn ins Meer. In der waldreichen Schlucht **Valley of the Rocks**, 1 mi / 1,5 km westlich von Lynton, erheben sich bizarre Felsformationen aus dem ausgetrockneten Flussbett.

EXMOOR NATIONAL PARK ERLEBEN

EXMOOR NATIONAL PARK CENTRE

The Esplanade
Lynmouth EX35 6EQ
Tel. 01598 75 25 09
www.exmoor-nationalpark.gov.uk
http://visit-exmoor.co.uk

SOUTH WEST COAST PATH

Er erschließt die herrliche Küste am Bristolkanal. Bester Aussichtspunkt im Hinterland ist der 519 m hohe Dunkery Beacon. Die Exmoor National Park Authority bietet geführte Wanderungen an, zudem sind zahlreiche Wander- und Fahrradwege ausgeschildert. Pferdefreunde können im Exmoor ausreiten oder eine Kutschfahrt machen. Das Exmoor Riding Centre bietet von der Küste aus Ausritte im Exmoor an:
Exmoor Riding Centre, Caffyns Farm, Croscombe Lane, Lynton Tel. 01598 75 39 67, www.exmoor ridingcentre.co.uk.
Ausritte ermöglichen auch **Pine Lodge Riding Stables** (Tel. 01398 32 35 59, www.pinelodgeexmoor.co.uk) und die **Burrowhayes Farm** (West Luccombe, Minehead, Tel. 01643 862463 www.burrowhayes.co.uk).
Nostalgische Alternative: Die Dampflok der **West Somerset Railway** fährt gemütlich die 20 mi / 32 km zwischen Minehead und Bishops Lydeard bei Taunton (www.west-somerset-railway.co.uk).

EXMOOR CYCLE ROUTE

Wer lieber im Radsattel sitzt, ist auf der 112 mi /180 km langen Radroute von Minehead via Porlock, Lynmouth, Simonsbath, Exford, Wheddon Cross, Elworthy Burrows und Washford richtig. Die Strecke führt zu den schönsten Punkten des Nationalparks – Leihräder gibt es in allen Orten (www.visit-exmoor.co.uk/exmoor-cycle-route).

THE RISING SUN €€€

Der direkt am Hafen gelegene Gasthof besteht aus drei reetgedeckten Häusern, die teils aus dem 14. Jh. stammen. Seit der Dichter Percy Shelley im Jahr 1812 seine Flitterwochen hier verbrachte, hat man die 16 Zimmer radikal modernisiert und mit Geschmack individuell eingerichtet. Wenn Sie gerne von Möwengeschrei und dem Rauschen der Wellen geweckt werden, lassen Sie das Fenster auf. Im Restaurant spielen Fisch und Meeresfrüchte natürlich eine große Rolle.
Harbourside, Lynmouth EX35 6EG, Tel. 01598 75 32 23
www.risingsunlynmouth.co.uk

THE EXMOOR WHITE HORSE INN €€€ – €€

Ganz verwunschen, mitten im Nationalpark an einer Brücke über die Exe, liegt die ehemalige Postkutschenstation aus dem 16. Jahrhundert. In diesem Familienbetrieb verwöhnen 28 einladende Zimmer und eine vorzügliche Küche die Gäste. Wanderer können sich für die Mühen des Tages mit Cream Tea auf der Terrasse mit Flussblick belohnen; oder man gönnt sich etwas Alkoholisches aus der großen Auswahl von Malt-Whisky-Sorten und Ales aus der Region.
Exford TA24 7PY
Tel. 01643 83 12 29
www.exmoor-whitehorse.co.uk

Über sieben Brücken

Tarr Steps

Bei Winsford strömen mehrere Flüsse zusammen, die sieben Brücken überqueren. Älteste ist die Packhorse Bridge bei der Pfarrei, berühmt sind die 5 mi / 8 km entfernten Tarr Steps aus flachen Steinplatten auf einfachen Pfeilern, auf der Fußgänger seit dem Mittelalter den Barle-Fluss überqueren.

GUILDFORD

Grafschaft: Surrey | **Einwohner:** 67 000

Nur einmal, soweit bekannt ist, hat ein Oberhaupt der anglikanischen Kirche einen Menschen getötet. 1621 nahm der aus Guildford stammende Erzbischof George Abbot an einer Jagd teil, zielte mit seiner Armbrust auf ein Reh – und traf den Wildhüter. Der König begnadigte ihn, er durfte im Amt bleiben, doch den Rest seines Lebens bestimmten Reue und Melancholie. Der aus bescheidenen Verhältnissen stammende Erzbischof hinterließ in seiner Heimatstadt eine prächtige Stiftung für die Armen.

Mittelalter trifft Moderne

Guildford, Wohnadresse der Upper Middle Class, die nach London zur Arbeit pendelt und Hauptstadt der Grafschaft Surrey, liegt oberhalb des Flusses Wey, der sich hier seinen Weg durch die Kreidehügel der North Downs bahnt, und gehört zu den wenigen Städten Südenglands, die nicht Old England nachträumen, sondern Alt und Neu, Urban und Ländlich verbinden – so kann man neben einer modernen Kathedrale und einer jungen Universität eine historisch gewachsene Altstadt mit normannischer Burg besichtigen.

Wohin in Guildford?

Flaniermeile mit historischem Charme

★ High Street

Die steile High Street bildet das Zentrum der Stadt mit Ladenfronten und Fassaden, die stufenartig die Hanglage ausgleichen. An ihrem höchsten Punkt erhebt sich der strenge Bau der **Holy Trinity Church** mit ihrem Hauptturm von 1763. Im südlichen Querschiff ruht Erzbischof Abbot. Gegenüber steht sein Armenhaus aus dem Jahr 1622 (die Stiftung hatte er bereits 1619, also vor seiner »Untat«, begründet), ein Backsteinbau mit mächtigem Torhaus. Heute wohnen 28 ältere Menschen dort. Den Hang hinunter geht es zur **Guildhall**, die 1683 eine neue Fassade und die weit in die Straße hineinragende Uhr erhielt. Nebenan ist im Guildford House von 1660 eine Gemäldegalerie untergebracht. Zwischen High Street und Sydenham Road folgt das stattliche Tudorhaus der 1553 von Eduard VI. gegründeten **Royal Grammar School**. Direkt am Wey River, der sich durch Guildford schlängelt, liegt die Kirche St Nicholas von 1877. Der Fluss ist heute ein beliebtes Revier für Freizeitskipper – Leihboote gibt es am Guildford Boat House.

Außerhalb der Stadtmitte liegt auf einer Anhöhe westlich des River Wey die **Kathedrale**. Sie wurde zwischen 1936 und 1961 in einem eher schlichten gotischen Stil mit Ziegelsteinfassade errichtet.

Abbot's Hospital: Führungen Do., Fr. 10 Uhr | Eintritt: 5 £
Guildford House Gallery: Di.–Sa. 10–16.45, Mai–Sept. So. 11–16 Uhr | Eintritt: frei | www.guildford.gov.uk/gallery
Guildford Boat House: www.guildfordboats.co.uk

Alles über Lewis Carroll

In der Quarry Street steht die älteste Kirche der Stadt, St Mary, mit einem Turm von 1050. Am Fuß der **normannischen Burg** mit mächtigem Bergfried und Aussichtsplattform mit weitem Blick informiert das Guildford Museum über Leben und Werk von C. L. Dodgson alias **Lewis Carroll**. Der Autor von **»Alice in Wonderland«** wurde 1898 in Guildford auf dem Friedhof begraben. Die Schwestern von Carroll wohnten im Haus »The Chestnuts« in der Castle Hill Street. Hier verbrachte der Schriftsteller regelmäßig seine Urlaube, eine Gedenktafel mit bunten Wunderland-Figuren erinnert an ihn – das Haus ist in Privatbesitz und kann nicht besichtigt werden.

Guildford Museum

GUILDFORD ERLEBEN

TOURIST INFORMATION CENTRE

155 High Street, Guildford Surrey GU1 3AJ, Tel. 01483 44 43 33
www.guildford.gov.uk

COTE BRASSERIE €€€ – €€

35 Castle Street, Tel. 01483 57 97 14
Die zentral gelegene, charmante Brasserie in einem Haus des 18. Jh.s gibt sich mit Vichyssoise-Suppe, Moules Frites und Steak Frites teils französisch, teils belgisch, und mit Crêpes, Risotto, Gemüsegerichten aus dem Ofen und Salaten verwöhnt man hier auch Vegetarier.
35 Castle Street, Tel. 01483 57 97 14

ASPERION €€

Das moderne Viersternehaus legt großen Wert auf Bio und Nachhaltigkeit – morgens gibt es ein englisches Frühstück mit Zutaten aus fairem Handel und Bioanbau, abends lockt die Bar mit Bio-Weinen und regionalen Bieren.
73 Farnham Road, Guildford GU2 7PF, Tel. 014 83 57 92 99
www.asperion.co.uk

EXOT IM GLAS: ENGLISCHER WEIN

Bei feierlichen Anlässen stößt Queen Elizabeth II. im Buckingham Palace mit englischem Sekt an – mit einem heimischen Cuvée, der bei Blindverkostungen französischen Champagner geschlagen hat.

Dicht an dicht bedecken Rebstöcke die **Südhänge der North Downs** bei Dorking. Gut 40 km südlich von London produziert Denbies Estate, mit 107 ha Englands größtes Weingut, edle Tropfen, die nicht nur der Queen munden. Weine von Denbies und anderen Weingütern stehen mittlerweile nicht nur auf den Tischen von Londoner Restaurants, sondern haben auch die Regale der Supermärkte erobert. Insgesamt bewirtschaften englische Weinpioniere inwischen im Süden der Britischen Insel mehr als 500 Weingüter mit einer Fläche von über 2000 Hektar.

2000 Jahre Tradition

Die Römer brachten die ersten Reben auf die Insel; bei Dorking wurden Spuren eines Weingutes aus dem 1. Jh. freigelegt. Mit Ankunft der Normannen verbreiteten sich die Rebstöcke über die Südküste. Als Heinrich VIII. den Thron bestieg, gab es 139 große Weingüter in England und Wales – elf gehörten der Krone, 678 dem Adel, 52 der Kirche. Im 15. Jh. beendeten die Pest und lange Kälteperioden den Weinbau, der erst 1875 vom **Marquis von Bute** mit dem Castell Coch-Weingut in Südwales wiederbelebt wurde.
Als Pioniere des modernen englischen Weinbaus gelten **Ray Barrington Brock** und **Edward Hymans**. Auf ihre Anregung hin legte Sir Guy Salisbury-Jones 1951 den ersten Weingarten der Nachkriegszeit in **Hambledon** bei Portsmouth an. 1955 kamen die ersten Tropfen in den Handel.

Tasting-Touren

Branchenprimus Denbies war bis 1986 ein schlecht laufender Schweinemastbetrieb, bis einem Geologen auffiel, wie sehr sich die Kalkböden der North Downs und der Champagne ähnelten. Er riet daher, den Hof in ein Weingut zu verwandeln. Heute füllt Denbies jährlich rund 500 000 Flaschen ab – meist Weißweine aus den deutschen Rebsorten Müller-Thurgau und Reichensteiner sowie roten Pinot Noir. Für 9,95 £ wird die klassische Tasting Tour zum önologischen Rundumerlebnis mit 45 Minuten Film, Gutsbesichtigung, Verkostung im Weinkeller, Weinbergsrundgang und Besuch des Souvenirshops (10,95 £, tgl. 11 bis 16, im Sommer 10 –17 Uhr, www.denbies.co.uk). Wer mag, kann bei der Weinlese mit anpacken.
Denbies größter Konkurrent ist **The Chapel Down Winery**. Durch externe Traubenzukäufe produziert das 15-ha-Weingut in Tenterden/Kent ein Viertel aller englischen Weine. Die edlen Tropfen aus Bacchus, Pinot Noir, Dornfelder, Pinot Blanc und Chardonnay werden gern von den Politikern der Houses of Parliament und den Passagieren von British Airways genossen. Rund 90 Minuten dauern die geführten Weinbergtouren (April – Oktober tgl., 10 £ inklusive Verkostung; www.chapeldown.com).

Meist jedoch liegt der englische Weinbau in den Händen **kleiner Familienbetriebe**. Auf bis zu 10 ha produzieren sie kleine, feine Weine – so wie Bridget und Peter Gladwin von den **Nutbourne Vineyards** in Sussex. Sie lesen ihre Riesling-, Chardonnay- und Pinot-Noir-Trauben nicht mit Maschinen, sondern von Hand, um höchste Qualität zu garantieren. Für Verkostung und Verkauf restaurierte das Paar eine flügellose Windmühle, heute das Wahrzeichen des Weingutes (Mai – Okt. tgl. 2- bis 3-stündige Tasting Touren n. V., 15 £, www.nutbournevineyards.com). Schaufenster der boomenden Weinindustrie Südenglands ist ein Bauernhof in Alfriston bei Eastbourne. Hier residiert das **English Wine Centre** mit Weinmuseum und Walton's Oak Barn, einer restaurierten Scheune für Events. Täglich um 11.30 Uhr wird eine Weinverkostung mit acht Tropfen angeboten, auf die ein Lunch mit neuen Kartoffeln, deftigen Wurstwaren und regionalen Käsesorten folgt (42,50 £, http://englishwinecentre.co.uk).

Die neue Champagne

Die Renaissance des englischen Weins beruht auf zwei Faktoren: der **geologischen Ähnlichkeit** süd-englischer und nordfranzösischer Gebiete und dem **Klimawandel**. Aufgrund der globalen Erwärmung, so vermuten Wissenschaftler, könnte Südengland die Champagne in den nächsten 50 Jahren als bestes Anbaugebiet für Pinot Noir und Chardonnay sogar ablösen. Als erster Champagnerhersteller verließ **Didier Pierson** 2005 die Champagne und produziert seither in Hampshire den prickelnden Schaumwein – 2015 zählte England bereits 100 Sektkellereien wie Nyetimber, Ridgeview und Chapel Down – Tendenz steigend (www.englishsparklingwine.co.uk).

Gute Tropfen in edlem Ambiente – fast wie in Frankreich!

Guildford Castle: April – Sept. tgl. 10 – 17, März und Okt. Sa./So. 11 – 16 Uhr | Eintritt: 3,20 £
Guildford Museum: Mo. – Sa. 11 – 17 Uhr | Eintritt: frei
www.guildford.gov.uk

Rund um Guildford

Landsitz eines Seefahrers

Hatchlands Park

Das Herrenhaus 2,5 mi / 4 km nordöstlich wurde 1758 für Admiral Edward Boscawen erbaut, das Interieur vom jungen Robert Adam entworfen mit lichten Farbeffekten, Stuckarbeiten, Friesen und nautischen Stilelementen, die an den Beruf des Hausherrn erinnern. Die »**Cobbe Collection**« ist eine der weltweit größten Sammlungen von Tasteninstrumenten. Den Garten legte Gertrude Jekyll an.
Haus und Garten: April – Okt. Di. – Do., So. 14 – 17, Park tgl. 10 – 17 Uhr | Eintritt: 10 £, nur Park 6,30 £, www.nationaltrust.org.uk

Queen Mum's Flitterwochen-Domizil

Polesden Lacey

Zwischen den Weltkriegen war Ronnie Greville eine der angesehensten Gastgeberinnen in England. Als letzte Besitzerin des Landsitzes von Komödiendichter und Politiker Richard Sheridan (1751 – 1816) ließ sie Polesden Lacey, 5 mi / 8 km östlich, von 1906 bis 1910 beträchtlich erweitern und innen völlig umbauen. Im elegant-edwardianischen Ambiente genossen die Londoner High Society und königliche Hofgesellschaft manch legendäre Party. Zur Greville-Kunstsammlung gehören Gemälde von Reynolds, Lawrence, Raeburn, italienische Meister des 14. bis 16. Jh.s. sowie flämische Gobelins und französisches Mobiliar. Ein Erlebnis sind die **Shakespeare-Open-Air**-Aufführungen im Juli.
März – Okt. Mi. – So. 11 – 17 Uhr | Eintritt: 13,60 £ | www.polesden.co.uk

HASTINGS

Grafschaft: East Sussex | **Einwohner:** 90 300

Gesetzt den Fall, dass ein Engländer nur ein einziges historisches Datum nennen könnte, dann wäre das »Tensixtysix« – das Jahr der letzten erfolgreichen Invasion der Insel. William the Conqueror siegte in der »Battle of Hastings«, und die Normannenherrschaft in England begann. Eine Begebenheit aus der Schlacht kennt auch jeder: Den angelsächsischen König Harald soll ein Pfeil ins Auge getroffen und getötet haben.

»Welcome to 1066 country.« Bereits auf der Fahrt nach Hastings machen Straßenschilder auf die Ereignisse aufmerksam. Am 28. September war Herzog Wilhelm von der Normandie mit seinem Heer bei Hastings an Land gegangen, einer blühenden Hafenstadt im Bund der Cinque Ports. Bei seiner Ankunft – der **Conqueror's Stone** markiert die Stelle, an der Wilhelm zum ersten Mal auf englischem Boden gespeist haben soll – ließ er eine Burg errichten. Deren Ruinen blicken heute auf die charmanten Gassen der Altstadt, in denen Antiquitätensammler fündig werden. Zur Jahrtausendwende wurden viele Prachtbauten an der Promenade und der viktorianische Pier restauriert.

1066!

Wohin in Hastings?

Hastings Castle und die Altstadt

Burg, Höhlen und Gassengewirr
In der Ruine des 900 Jahre alten Normannenpalasts auf dem steilen West Hill werden die Ereignisse von 1066 in der audiovisuellen Show **»1066 Story«** lebendig. Vom Castle führt ein Pfad zum Höhlensystem der St Clement's Caves, das Schmugglern einst als Lagerplatz diente und heute mit Wachsfiguren im **Smuggler's Adventure** Kin-

Schauen und Flanieren ist in Hastings das Eine. Den Appetit danach stillt man am besten mit Fisch und Meeresfrüchten.

HASTINGS ERLEBEN

HASTINGS INFORMATION CENTRE
Muriel Matters House, 2 Breeds Place, Hastings TN34 3AA
Tel. 01424 45 11 11
www.visit1066country.com

Die steilste Zahnradbahn des Königreichs klettert seit 1902 von der Rock-a-Nore Road hinauf zum East Hill. Nicht ganz so spektakulär, aber mit herrlichen Aussichten auf Beachy Head und den Ärmelkanal gespickt ist die Fahrt mit dem West Hill Lift von der George Street hinauf zum Hastings Castle (Sommer 10–17.30, Winter 11 bis 16 Uhr).

BLUMEN FÜR HOLLYWOOD
Seit über 100 Jahren fertigt die Shirley Leaf & Petal Company nach fast 10 000 unterschiedlichen Vorlagen aus Seide und anderen Materialien Blumen und Pflanzen für Film und Fernsehen – so auch für den Kinoklassiker »Gladiator«. Einblicke gewährt das Flower Makers' Museum.
High Street 58a, Mo. – Fr. 9.30 – 16, Sa. 11 – 16 Uhr, Eintritt 1 £
www.martin-enterprises.eu/shirley.html

THE DOLPHIN INN €
Dieser traditionelle Pub gegenüber den Net Shops serviert leckere Fischgerichte zu günstigen Preisen. Das Angebot geht über das übliche Fish & Chips mit Kabeljau hinaus und wird durch gut gezapfte Ales ergänzt.
12 Rock-a-Nore Rd
Tel. 01424 43 11 97
http://thedolphinhastings.co.uk

BLACK ROCK HOUSE €€€
Unter den stilvollen Zimmern in einer wunderschönen viktorianischen Villa mit Blick auf den blühenden Garten oder die See ist die helle Westview Suite mit zwei Schlafzimmern ideal für Familien. Besitzer Vincent und Julian sind um das Wohl ihrer Gäste sehr bemüht und führen ein B&B der Extraklasse.
10 Stanley Road, Hastings TN34 1UE, Tel. 01424 43 84 48
www.hastingsaccommodation.com

der das Gruseln lehrt. Unterhalb der Burg breitet sich das Gassengewirr von Old Hastings aus. In den lebendigen Straßen High Street und George Street haben sich Fachwerkhäuser der Tudorzeit zwischen Restaurants, Geschäften und Galerien erhalten. Zur Strandpromenade hin öffnet sich der halbmondförmige Pelham Crescent von 1828 mit der Kirche St-Mary-in-the-Castle.

Hastings Castle: April – Okt. tgl. 10 – 17 Uhr | Eintritt: 4,75 £
www.smugglersadventure.co.uk
Smugglers Adventure: April – Okt. tgl. 10 – 17 Uhr | Eintritt: 8,20 £
www.smugglersadventure.co.uk

Die Welt der Fischer

Die Fischer zogen ihre Boote auf den dunklen Kieselstrand **The Stade**, ihre Netze trockneten sie vom 17. Jh. an in schmalen Speicherschuppen. Wind und Wetter trotzen die denkmalgeschützten **»Net Shops«** durch den schwarzen Teeranstrich der Holzlatten. Diese »Weatherboarding«-Bauweise ist typisch für East Sussex und Kent. Von den Hütten führt die Rock-a-Nore Road erst zum **Shipwreck Museum** mit Sammlungen zur Geschichte des Schiffbruchs in Hastings, dann zum **Hastings Fishermen's Museum** in der alten Fischereikirche, in der bis heute Boote gesegnet werden. Das **Blue Reef Aquarium** zeigt heimische Meerestiere.

The Stade

Shipwreck Museum: April – Okt. tgl. 10.30 – 17, Nov. – März Sa., So. 11 – 16 Uhr | Eintritt: 6,50 £ | http://shipwreck-heritage.org.uk
Hastings Fishermen's Museum: Ostern – Okt. tgl. 10 – 17, Okt. – Ostern 11 – 16 Uhr | Eintritt: frei | www.hastingsfish.co.uk
Blue Reef Aquarium: Ostern – Okt. tgl. 10 – 18, Nov. – Ostern bis 17 Uhr | Eintritt: 9,20 £ | www.bluereefaquarium.co.uk

Kunst im Fischermilieu

Direkt am Stade greift die Architektur der 2012 eröffneten Jerwood Gallery mit ihren schwarzen Ziegeln die geteerten Planken der sie umgebenden Fischerhütten auf. Im Innern wird moderne britische Kunst des 20. und 21. Jh.s von Künstlern wie Nicholson, Brangwyn und Sickert gezeigt.

Jerwood Gallery

Rock-a-Nore Road | Di. – So. 11 – 17 Uhr | Eintritt: 9 £
www.jerwoodgallery.org

Rund um Hastings

Stille Zeugen der Schlacht

Nicht in Hastings, sondern 6 mi / 10 km nördlich in Battle trug Wilhelm der Eroberer in der **»Battle of Hastings«** am 14. Oktober **1066** den Sieg über den angelsächsischen König Harold davon. Zur Erinnerung an den Kampf und zur Buße für das Blutvergießen ließ Wilhelm auf dem Schlachtfeld eine Benediktinerabtei errichten. 1538 schenkte sie König Heinrich VIII. seinem Freund Sir Anthony Browne, der Kirche und Teile des Klosters abreißen ließ und den Westflügel zum Wohnsitz umbaute. Vom Pförtnerhaus führt ein Rundgang mit Schautafeln über das Schlachtfeld. Wo Harold getötet wurde, erhebt sich der Hochaltar der 1094 geweihten Klosterkirche. Beachtenswert sind das Torhaus von 1339, die Ruinen des 1120 errichteten Dormitoriums, die Banketthalle und die Privaträume des Abtes.

Battle

Battle of Hastings Abbey & Battlefield: tgl. 10 – 18, Okt. bis 16, Nov. – März Sa./So. 10 – 16 Uhr | Eintritt: 11,20 £
www.english-heritage.org.uk

OBEN: Ein langer und gefährlicher Weg für Belagerer hinüber nach Bodiam Castle.

UNTEN: Nicht nur für große Jungs: Diverse Events halten die Mittelalter-Romantik lebendig.

Romantische Burgruine

★ Bodiam Castle

Die mittelalterliche **Wasserburg** 8 mi / 13 km nordöstlich von Battle ist eine der romantischsten Ruinen Englands. Im breiten Burggraben blühen Teichrosen, die runden Ecktürme spiegeln sich darin. Die Festung wurde 1385 für Sir Edward Dalyngrydge am Ufer des damals noch schiffbaren Rother fertiggestellt und sollte England vor einer französischen Invasion schützen. Besonders beeindruckend ist die äußere Anlage mit ihren zinnenbekrönten Ecktürmen. Obwohl das Innere der Wehranlage weitgehend zerstört ist, lässt sich ihr mittelalterliche Wohnkomfort noch gut erkennen.

Feb. – Okt. tgl. 10.30 – 17, Jan. Sa./So., Nov., Dez. Mi. – Sa. 11 – 16 Uhr | Eintritt: 9,30 £ | www.nationaltrust.org.uk

Herrenhaus mit üppigem Garten

Great Dixter

Ca. 4 km östlich von Bodiam, abseits der A 28 am Rand des Ortes Northiam, trägt der Garten Great Dixter die Handschrift von Christopher Lloyd (1921 – 2006), der als Besitzer des Anwesens sein Leben diesem üppig gepflanzten Idyll widmete. Mitten drin liegt der ehemalige **Sitz der Lloyd-Familie**, bestehend aus einem Haus des 15. Jh.s und einem zweiten, hierhin versetzten aus dem 16. Jahrhundert.

April – Okt. Di. – So. 11 – 17, Haus 14 – 17 Uhr | Eintritt: Haus und Garten 11 £, nur Garten 9 £ | www.greatdixter.co.uk

Kulturpalast im »Internationalen Stil«

Bexhill-on-Sea

Architekturfans finden an der Strandpromenade von Bexhill-on-Sea, 5,5 mi / 9 km westlich von Hastings, einen von George Bernard Shaw hoch gelobten »Kulturpalast fürs Volk«: den 1934 von Erich Mendelssohn errichteten **De la Warr Pavilion**.

★ ISLE OF WIGHT

Grafschaft: Isle of Wight | **Einwohner:** 138 500

Ein mildes Klima, blühende Gärten in lieblicher Landschaft, weiße Kreidefelsen, traditionelle Badeorte, eine Burg mit einer bewegenden Geschichte und eine königliche Residenz – verständlich, dass in seinem Roman »England, England« der Autor Julian Barnes die Insel als Mikrokosmos des Landes, als Inbegriff des Englischtums wählte. Auch Königin Viktoria und Prinz Albert entdeckten im 19. Jh. die Isle of Wight als Feriendomizil.

Garten-insel mit illustren Gästen

Julian Barnes' Roman (1998) ist allerdings eine boshafte Satire, denn er bezeichnet Wight als Parodie eines mythischen »Old England« der touristischen Vorstellungen: Ein Großkonzern baut die Insel zu einem riesigen Freizeitpark aus, damit Besucher auf kleinem Raum alles sehen können, was die Reiseprospekte versprechen, inklusive Nachbauten bekannter Baudenkmäler. Der überwältigende Erfolg führt dazu, das die Isle of Wight ein unabhängiger Staat und Mitglied der EU wird, während der Rest des Landes verarmt und in die Isolation abdriftet. Was der Autor bereits 20 Jahre vor dem Brexit-Votum ersann, wird der Insel Wight aber nicht gerecht, denn mit hippen Hotels und Bars, dem wiederbelebten legendären Rockfestival und trendigen Wassersportarten hat sie die Aura der 1950er-Jahre abgeschüttelt.
In früheren Zeiten wurde die 382 km² große Insel vor ▶ Portsmouth vor allem von Viktorias Untertanen geschätzt, allen voran ihr Hofdichter Lord Alfred Tennyson, der fast 40 Jahre lang die Wintermonate in seinem Haus im Westen der Insel verbrachte. Beinamen wie **Madeira Großbritanniens** verdiente sich Wight ob ihrer üppigen Flora und der Tatsache, dass auch Weinreben hier gedeihen: Inselweine wurden wiederholt mit dem Prädikat »English Wine of the Year« ausgezeichnet.

Auf dem Kanal werden die Ärmel hochgekrempelt und die Spinnaker aufgezogen! Bei der Cowes Week herrscht Hochbetrieb auf dem Wasser.

Wohin auf der Isle of Wight?

Traumrevier für Segler

Cowes

Der **Solent**, ein Seitenarm des Ärmelkanals, der die rautenförmige Insel vom britischen Festland trennt, ist ein anspruchsvolles Segelrevier. Jedes Jahr im August wird hier seit 1826 die **Cowes Week**, die berühmteste englische Regatta ausgetragen, bei der mehr als 1000 Yachten zu bestaunen sind. Musto, Sebago, Slam oder Aquatogs – in der High Street von **Cowes** findet man alles, was die Crews an Bord tragen, junge Modeboutiquen und nette Cafés. Cowes ist auch Heimat von Weltumseglerin **Ellen MacArthur** (▶ Interessante Menschen, S. 366). Außer Segeln kann man surfen, kiten, Kanu fahren oder stundenlang über den Strand schlendern.
Der Fluss Medina trennt Cowes in Ost und West. Zu Beginn gab es nur die Verteidigungsanlagen, die Heinrich VIII. hier gegen die französischen Angreifer errichten ließ. Im 1540 erbauten Cowes Castle hat seit 1815 der **Royal Yacht Squadron** seinen Sitz – dem Jachtclub gehörte schon Kaiser Wilhelm II. an (www.rys.org.uk).

Cowes Week: Events, Anmeldung, Termine unter
www.aamcowesweek.co.uk

Majestätische Sommerfrische

★ Osborne House

»Einen hübscheren Ort kann man sich gar nicht vorstellen«, meinte Königin Viktoria, als sie einst von hier aufs Meer schaute. Ihre ehemalige Sommerresidenz, 1848 im Stil eines italienischen Landschlosses erbaut, steht in East Cowes. Besucher können den **Pavillon-Flügel** und den 1890 angefügten **Durbar-Flügel** mit indischem Dekor besichtigen; im Letzteren empfing Viktoria als Kaiserin von Indien die Gesandten. Nach dem Tod ihres Mannes 1861 wurde Osborne House das Refugium Viktorias, die 1901 hier starb. Die Räume präsentieren den Stil ihrer Zeit und sind gefüllt mit royalen Familienerinnerungen.
Im Park ist das **Swiss Cottage** erhalten, das Viktoria und Albert als Spielhaus für ihre Kinder aus der Schweiz importierten, und die »Bademaschine«, in der sich die Königin auf dem Privatstrand umzog.

April – Sept. tgl. 10 – 18, Okt. bis 17, Nov. – März Sa/So 10 –16 Uhr
Eintritt: 16,20 £ | www.english-heritage.org.uk

Viktorianisches Seebad

Ryde

Mit rund 24 000 Einwohnern ist das Seebad Ryde die größte Stadt der Insel mit Strandpromenade, 800 m langem Pier – hier kommen die Fähren und Hovercrafts vom Festland an – und weiten Sandbuchten.

Puppen, Römer, Inselwein

Bembridge

Über Bembridge, einen gepflegten Badeort mit Jachthafen und Windmühle aus dem frühen 18. Jh., geht es weiter nach Brading, in dessen mittelalterlicher Pfarrkirche St Mary ein Grabmal des 1655

ISLE OF WIGHT ERLEBEN

ISLE OF WIGHT TOURISM
The Guildhall
High Street Newport
Isle of Wight PO30 1TY
Tel. 01983 52 15 55
www.visitisleofwight.co.uk

In 30 Min. setzen Fähren von ► Southampton nach Cowes (www.redfunnel.co.uk) und von Lymington nach Yarmouth sowie von ► Portsmouth nach Ryde über (www.wightlink.co.uk).
Während der Saison machen Ausflugsdampfer Fahrten um die Insel. Island Line (s. unten) betreibt die einzige Bahnverbindung von Ryde nach Shanklin, das Busnetz hingegen ist bestens ausgebaut. Über 800 km mit herrlichen Wander- und Reitwegen überziehen die Insel.

INSELUMRUNDUNG
Der 106 km lange Küstenpfad rund um die Insel für Wanderer und Radler ist gut ausgeschildert.

ISLE OF WIGHT STEAM RAILWAY
Mit Waggons aus dem 19. und 20. Jh. im Schlepptau schnaufen die Dampfloks auf einer 5,5 mi / 9 km langen Strecke von Wootton via Havenstreet und Ashey nach Smallbrook Junction.
www.iwsteamrailway.co.uk

ISLAND LINE
Etwas für Schienennostalgiker ist auch die Island Line. Sie verkehrt mit alten Zügen der Londoner U-Bahn aus dem Jahr 1938. Die 9 mi / 14,5 km lange Strecke verläuft von Ryde Pier Head nach Shanklin
www.southwesttrains.co.uk/island-line.aspx

UKSA
Segelkurse und Camps für jedes Alter und jedes Können
Arctic Road, Cowes
Tel. 019 83 29 49 41
http://uksa.org/leisure-courses

ISLE OF WIGHT FESTIVAL
Legendär geworden ist die Veranstaltung des Jahres 1970: Auf »Europas Woodstock« spielten u. a. The Who, The Doors, Joni Mitchell, Supertramp, Leonard Cohen und Joan Baez vor 600 000 Menschen. 2002 wurde das Festival wiederbelebt, die Bands und Interpreten sind immer noch namhaft.
http://isleofwightfestival.com

THE GEORGE **€€€€ – €€€**
Das charmantes Haus aus dem 17. Jh., einst Residenz eines Inselgouverneurs, besticht mit einer Terrasse direkt am Wasser, wo Gäste ihre Meeresfrüchte mit Blick über den Solent genießen können. Viele der 17 hellen Zimmer blicken auch auf Meer oder Hafen. Die öffentlichen Bereiche mit Holztäfelung und alten Steinplatten auf dem Boden sind im Landhausstil ausgestattet.
Quay Street, Yarmouth
Isle of Wight PO41 0PE
Tel. 01983 76 03 31
www.thegeorge.co.uk

THE HUT €€€

»Die Hütte« serviert feine Küche direkt am Strand – manche Gäste kommen mit dem eigenen Boot und werden auf Wunsch mit einem kleinen Motorboot abgeholt. Gäste dürfen es nicht zu eilig haben, aber die tolle Lage und ein Longdrink überbrücken die Zeit, bis der perfekt zubereitete Hummer, Fruits-de-Mer-Teller oder Fisch des Tages auf den Tisch kommt. Unbedingt reservieren!
Colwell Chine Road, Freshwater
Isle, Tel. 01983 89 86 37
www.thehutcolwell.co.uk

VILLA ROTHSAY HOTEL €€€ – €€

Die viktorianische Villa des Segellehrers von König Georg V. ist heute ein edles, von freundlichen Besitzern persönlich geführtes Boutiquehotel mit altmodischem Luxus. Beim Drink auf der Gartenterrasse und dem hervorragenden Frühstück in der Conservatory genießen Sie den Meeresblick.
29 Baring Road, Cowes
Isle of Wight PO31 8DF
Tel. 01983 29 51 78
www.villa-rothsay.co.uk

---

verstorbenen Sir John Oglander zu sehen ist – der Anhänger Karls I. hielt dem König auch während dessen Gefangenschaft auf der Insel die Treue. Mehr als 2000 Puppen aus 4000 Jahren zeigt das private **Lilliput Antique Doll & Toy Museum**.
Außerhalb von Brading liegen die Überreste einer **Römervilla**. Die Anlage aus dem 3. Jh. besteht aus 13 Räumen, die sich um ein Atrium verteilen; drei davon sind mit Mosaikfußböden ausgestattet. Die Römer pflanzten auch die ersten Reben auf der Insel – zur Weinprobe lädt heute der Adgestone Vineyard.
Doll & Toy Museum: tgl. 10 – 17 Uhr | Eintritt: 2,95 £
www.lilliputmuseum.org.uk
Roman Villa: Ostern – Okt. tgl. 10 – 17, sonst bis 16 Uhr
Eintritt: 9,50 £ | www.bradingromanvilla.org.uk
Adgestone Vineyard: Mai – Okt. Mo. – Sa. 10 – 17.30, So. ab 11 Uhr

Teatime

Das größte Seebad der Insel bilden die Doppelorte Sandown und Shanklin mit 21 000 Einwohnern. Sandown ist wegen des sicheren Strandes bei Familien beliebt. Golfer finden einen 18-Loch-Platz. Sandown und Shanklin
Im südlichen Shanklin mit schönem Strand und Promenadenwegen haben seit jeher Künstler ihr Domizil. Den charmanten alten Dorfkern prägen windschiefe Hexenhäuschen, kleine Cafés und reetgedeckte Cottages. Besonders bezaubernd ist der **Old Thatch Teashop** in der Church Road 4. Das über 300 Jahre alte Häuschen gehört zu den schnuckeligsten Adressen in Sachen Tee. Im Garten, wo Kamelien und Magnolien blühen, serviert Patricia Whybrow homemade Scones mit Clotted Cream und Erdbeermarmelade. Zum »Victorian Tea« stehen auch Ingwer-Scones mit Aprikosenkompott und Sandwiches mit Räucherlachs zur Wahl. Oder versuchen Sie die Steak & Ale Pie nach altem Hausrezept (www.oldthatchteashop.co.uk).

Ein Abstecher lohnt noch zur High Street, in der der Dichter John Keats (1795 – 1821) 1819 das Eglantine Cottage bewohnte. Die längste Klamm der Insel, **Shanklin Chine**, diente einst Schmugglern als Versteck.

Bei Familie Blake

Ventnor

Durch die schützenden Kalkhügel im Norden herrscht in Ventnor das mildeste Klima auf der Insel, ist die Kleinstadt ein ausgezeichneter Luftkurort. Zu den ehemaligen Urlaubern gehören Winston Churchill (während seiner Kindheit) und Karl Marx. Wenn die beiden einen Liegestuhl am Strand mieteten, dann waren sie Kunden der Blake-Familie, die dieses Geschäft seit 1830 betreibt. Die Blakes besitzen zudem den Fish & Chip-Laden am kleinen Hafen sowie das Boot, das dafür den Fisch liefert. Den besten Blick auf den Ort hat man vom Pier aus: eine großartige Aussicht auf das Kreide- und Kalksteinplateau des Undercliffs vom **Botanic Garden** mit Palmen und Rosengarten (www.botanic.co.uk).

Blau-weißes Farbenspiel

Von Ventnor zur Freshwater Bay

Nach dem südlichsten Zipfel der Insel mit dem Aussichtspunkt St Catherine's Point geht es vorbei an steilen Ton-, Mergel-, Kreideklippen und Felsstürzen – **»Chines«** – über die Buchten von Chale, Brighstone und Brook zur Freshwater Bay, wo sich schneeweiße Kliffs aus dem tiefen Blau der See erheben.
Der Ort Freshwater ist eng mit dem viktorianischen Dichterfürsten Alfred Tennyson verbunden, der hier lebte. Zu seinen engsten Freunden gehörte die Fotografin Julia Margaret Cameron, die von 1860 bis 1875 in der **Dimbola Lodge** zu Hause war. Heute ein Museum, birgt dieses Porträts von Tennysons Dichterfreunden Lewis Carroll, Robert Browning, Wadsford Longfellow und William Makepiece Thackeray.
Dimbola Lodge: Mo. – So. 10 – 17, Okt. – März Di. – So. 10 – 16 Uhr
Eintritt: 5 £ | www.dimbola.co.uk

Hoch hinauf

★ Alum Bay

In der Alum Bay, einem Mekka für Geologen, verlaufen die Sandsteinschichten in den Klippen fast senkrecht und heben sich in zehn leuchtenden Färbungen vom Schneeweiß des Kalksteins ab. Eine **Seilbahn** schwebt zum Fuß der steilen Klippen, wo Ausflugsboote auf Passagiere warten. Am Westausgang des Solent ragen die bis zu 30 m hohen Felsnadeln der berühmten **Needles** auf, die sich vom Boot oder von den Needles Batteries, Festigungsanlagen des 19. Jh.s, bewundern lassen.
www.theneedles.co.uk

Schwindelfrei? Dann wagen Sie mit der Seilbahn der Alum Bay einen Wechsel der Perspektive und genießen Sie das Farbenspiel der Klippen aus luftiger Höhe!

Hier geht es entlang: Der 1859 errichtete Leuchtturm der Needles am westlichsten Punkt der Isle of Wight markiert den Weg in den Solent.

Verlies für einen König

★ Carisbrooke Castle

Attraktion der Hauptstadt **Newport** mit 22 500 Einwohnern ist Carisbrooke Castle, das knapp 2 mi / 3 km südwestlich auf einer Anhöhe an der Stelle eines römischen Forts liegt. Der massive normannische Bergfried wurde im 13. Jh. umgestaltet. **Karl I.** wurde hier von Cromwell bis zu seiner Hinrichtung 1649 in London gefangen gehalten; ein Fluchtversuch scheiterte, als der König zwischen den Gittern seines Zellenfensters stecken blieb. Gegen die Langeweile wurde dem König innerhalb der Festungsmauern eine Bowlingbahn angelegt. Prinzessin Elisabeth, die 1650 hier während ihrer Gefangenschaft im Alter von 15 Jahren verstarb, ruht in einem Marmorgrabmal in der St Thomas Church von Newport.

April – Sept. tgl. 10 – 18, Okt. bis 17, Nov. – Mitte Feb. nur Sa., So. 10 – 16 Uhr | Eintritt: 9,40 £ | www. english-heritage.org.uk

Literarisch wandern

Tennyson Walk

Zwischen Carisbrooke Castle bei Newport und den drei gewaltigen Felsnadeln der Needles an der Westspitze der Insel verläuft einer der schönsten Wanderwege der Insel: Der 25 km lange Trail, der den Spuren des Dichters Alfred Lord Tennyson (1809 – 1892) folgt. Der Küstenpfad berührt auch das aussichtsreiche Tennyson-Gedächtniskreuz auf der Spitze des High Down sowie Tennysons einstigen Wohnsitz Farringford House, wo er illustre Gäste wie Garibaldi, Lewis Carroll, Charles Darwin und den Prinzgemahl empfing – heute kann man hier wunderbar in Ferienwohnungen logieren (http://farringford.co.uk/).

★ ISLES OF SCILLY

Grafschaft: Cornwall | **Einwohner:** 2400

140 Eilande im Atlantik, nur fünf bewohnt: Der Legende nach lag hier das Reich von Lyonesse, das versank, als König Artus mit seinen Rittern vor dem blutrünstigen Mordred westwärts floh. Ein mildes Klima und ruhige Stimmung machen sie heute zum Paradies für Müßiggänger, Hochseeangler und Wracktaucher.

Außenposten im Atlantik

Nicht jeder, der auf den Isles of Scilly landete, tat dies freiwillig. 1707 liefen vier Schiffe der königlichen Marine bei Nebel auf Riffe, 1450 Matrosen ertranken, und Admiral Sir Cloudesley Shovell, der sich halbtot an Land retten konnte, wurde von einer Strandräuberin erschlagen. Heute aber bereiten die Scillonier ihren Besuchern einen freundlichen Empfang.
Die Scilly Isles, rund 45 km von Land's End entfernt, bilden die letzten Erhebungen des cornischen Granitmassivs und damit den westlichsten und südlichsten Zipfel Großbritanniens. Schon zur Bronzezeit wurden die Inseln besiedelt, wie Überreste prähistorische Dörfer beweisen. Unter den Römern diente Silia Insula als Verbannungsort. Und bis ins 19. Jh. lebten die Scillonier vom Fischfang, Schmuggel und der durchaus einträglichen Wrackausbeute – mehr als 1000 Schiffe sind in den letzten 200 Jahren an den Riffs ringsum zerschellt. Ein wichtiger Wirtschaftsfaktor ist zudem die **Blumenzucht**, Exportschlager ist die weiße Narzissenart Scilly White, die bereits im Dezember blüht.
Die fünf Hauptinseln – sie sind die einzigen touristisch erschlossenen – heißen St Mary's, Tresco, St Martin's, St Agnes und Bryher. Hier kann man segeln und windsurfen, zu einem der vielen Schiffswracks abtauchen oder auch Golf auf einem der abgelegensten Plätze Großbritanniens spielen.

ISLES OF SCILLY ERLEBEN

TOURIST INFORMATION CENTRE
Porthcressa Bank, St Mary's
Isles of Scilly TR21 0LW
Tel. 17 20 42 40 31
www.visitislesofscilly.com

Von ▶ Penzance schippert die Fähre »Scillonian III« in rund drei Stunden auf die Insel. Der Isles of Scilly Skybus fliegt von Land's End, ▶ Exeter und Newquay nach St Mary's (www.islesofscilly-travel.co.uk).
Alle Inseln sind weitgehend autofrei, die kurzen Entfernungen sind gut zu Fuß, mit dem Fahrrad, Bus oder Taxi zu bewältigen. Zwischen den Inseln bestehen tägliche Schiffsverbindungen (www.stagnesboating.co.uk).

THE SAILING CENTRE ISLES OF SCILLY
Alles rund ums Wasser: Segelschule, Kajak- und Bootscharter u. v. m.
Porthmellon, St Mary's
Tel. 01720 42 20 60
www.sailingscilly.com

Der Strand fällt flach ins Meer, das Wasser ist sauber, Imbissbuden und Großparkplätze fehlen: Die Strände der Scillys sind noch nahezu unberührte Naturparadiese. Besonders schön:

GREAT BAY (ST MARTIN'S)
Ein Pfad führt vom Kai vorbei an Stechginster und Fingerhut zum traumhaft langen und einsamen Sandstrand.

PENTLE BAY (TRESCO)
Weite Dünen umgeben den Sandstrand in der Halbmondbucht.
Tresco

RUSHY BAY (BRYHER)
Der südwestlichste britische Strand – und der letzte vor Amerika.

BEADY BAY (ST AGNES)
Im »Perlenbecken« ging im 17. Jh. ein Handelsschiff unter – bis heute werden Perlen angespült.

PELISTRY BAY (ST MARY'S)
Seetang-Gärten, Seelöwen und Tolls Island mit einer Burgruine des 17. Jh.s.

ST MARTIN'S ON THE ISLE €€€€ – €€€
Die luxuriöse Anlage im Stil eines aus Stein gebauten Dorfs hat eine traumhafte Lage direkt am Meer. Gäste können das Wellness- und Wassersportangebot nutzen. Im Cloudesley Shovell-Restaurant kommen frische Meeresfrüchte auf den Tisch.
Island of St Martin's TR25 0QW
Tel. 01720 42 20 90
https://karmagroup.com

STAR CASTLE €€€
Wollten Sie schon immer in einer Burg am Meer übernachten? Das Hotel hat 38 helle, geschmackvolle Zimmer, ein beheiztes Hallenbad und beste Regionalküche mit Fisch, Krebsfleisch und dem cornischen Käseteller. Der hauseigene Bootsman berät Gäste täglich über ihre Pläne für den Tag und sorgt auf Wunsch für reibungsloses »Inselhüpfen«.
The Garrison, St Mary's TR21 0JA
Tel. 01720 42 23 17
www.star-castle.co.uk

Wohin auf den Isles of Scilly?

Spaziergang durch die Jahrhunderte

St Mary

St Mary's ist mit ca. 6 km² die größte Insel des Archipels. Die meisten Scillonier leben in **Hugh Town**, einem netten Dorf mit Granithäusern, zwei Sandstränden, Hafen und dem Inselmuseum in der Church Street. Auf einem Tagesausflug kann man die Insel bequem umwandern. Ein zweistündiger Spaziergang führt zum **Star Castle** (heute ein Luxushotel, s. o.) und zu **The Garrison**, einer Festung aus dem 16. – 18. Jahrhundert. Wandert man zum Telegraph Tower, sieht man unterwegs die auf 1800 v. Chr. datierte Grabkammer **Bants Carn** und Überreste eines eisenzeitlichen Dorfes aus dem 3. Jh. v. Chr. Der Weg nach Peninis Head belohnt mit fantastisch geformten Granitfelsen.

Inselmuseum: Ostern – Sept. Mo. – Fr. 10 – 16.30, Sa. 10 – 12, Okt. – Karfreitag Mo. – Sa. 10 – 12 Uhr | Eintritt: 3,50 £
www.iosmuseum.org

Subtropische Blumenpracht

Tresco

Tresco teilt sich in eine felsige Nord- und eine geschützte Südküste mit Sandstränden. Die **Abbey Gardens** der Benediktinerabtei aus dem 12. Jh. sind ein subtropischer Park mit Palmen, Bambus und leuchtenden Blumenteppichen.

Abbey Gardens: tgl. 10 – 16 Uhr | Eintritt: 15 £

Rau und einsam ist die Küste von Bryher, der kleinsten Insel des Archipels. Wanderer werden sie lieben.

Kaum eine andere Metropole Europas verändert sich so rasant wie London. Neue spektakuläre Wolkenkratzer verändern die Skyline immer wieder.

★★ LONDON

Einwohner: 8,6 Mio. (Greater London)

Eine Legende, die jeder Engländer kennt, erzählt von Dick Whittington, einem armen jungen Mann aus der Provinz. Mit seiner Katze reist er nach London und sucht dort sein Glück. Nach kurzer Zeit muss er erfolglos die Heimkehr antreten, bis er die nördlich liegende Anhöhe von Highgate erreicht, auf die Stadt hinabschaut und die Kirchenglocken hört. Sie rufen ihm zu: »Kehre um, Dick Whittington, Lord Mayor von London.« Er gehorcht, und sein Traum geht in Erfüllung.

Tatsächlich gab es im 14. Jh. einen Richard Whittington aus der Grafschaft Gloucestershire, der viermal zum Bürgermeister der City of London gewählt wurde. Er war einer von zahllosen Menschen, die seit jeher von dieser riesigen, turbulenten, unendlich kreativen und dynamischen Großstadt angezogen wurden. Aus den britischen Inseln kamen und kommen Künstler, Musiker, Schriftsteller, Designer, Politiker, Unternehmer – alle, die auf der großen Bühne Ruhm suchen. Weil darüber hinaus Menschen aus der ganzen Welt – längst nicht mehr nur von den ehemaligen britischen Kolonien – sich in London ansiedeln, ist die britische Hauptstadt heute die größte und ethnisch vielfältigste Metropole Europas, die sich regelmäßig neu erfindet und für den Rest der Welt neue Trends kreiert.

Die aufregendste Stadt der Welt

Für den Besucher bedeutet dies ein überwältigendes Angebot an Gastronomie, Shopping und Unterhaltung, an kulturellen Schätzen in Topmuseen und an historischen Sehenswürdigkeiten, die Landes- und Weltgeschichte aus dem Mittelalter, der Glanzzeit des British Empire und der Gegenwart erzählen. Egal, was man liebt – Royals oder Punk-Mode, Streetfood oder Roastbeef, Paläste oder Parks und Gärten, Alte Meister oder zeitgenössiche Kunst, eine Krönungskirche oder aufregende Wolkenkratzer – hier findet man alles.

Eine Stadt, zwei Zentren, etliche Viertel

Orientierung

London ist Sitz von Königshaus, Parlament und Regierung. Die Themse, die London in großen Schleifen durchfließt, teilt das Stadtgebiet in das Nordufer, wo sich die Hauptsehenswürdigkeiten konzentrieren, und eine Südhälfte, die touristisch besonders entlang der Southbank interessant ist. Dabei besitzt London historisch bedingt zwei Zentren: einerseits das Regierungviertel Westminster, andererseits die Handelssiedlung City of London, die mit 2,6 km² nur ungefähr eine Quadratmeile umfasst, und daher auch **»Square Mile«** genannt wird. Die City ist **Weltfinanzzentrum**. Das Herz der Metropole schlägt aber in zahlreichen Vierteln unterschiedlicher Prägung ringsherum.

Stadtgeschichte(n)

Wie alles begann

Antike und Mittelalter

Römische Legionen errichteten am Nordufer der Themse **»Londinium«**. Sie bauten eine erste Holzbrücke über den Fluss und sicherten die Stadt 150 Jahre später mit einer 5 km langen Mauer, die für 1000 Jahre die Stadtgrenze bilden sollte. Ab 240 war Londinium Hauptstadt von Britannien. 604 gründete König Ethelbert die Kathedrale St Paul's, 750 folgte St Peter, die spätere Westminster Abbey. Am »Strand« blühten Schifffahrt und Handel, 886 wurde London unter Alfred dem Großen neben Winchester Hauptstadt seines Reiches. Wilhelm der Eroberer ließ sich in Westminster Abbey krönen und gab der Stadt Privilegien, die bis heute gelten. 1176 wurde die alte Holzbrücke durch die steinerne London Bridge ersetzt. 1189 wählten die Zünfte Henry Fitzailwyn zum ersten Lord Mayor der City of London.

LONDON
Open Air Theatre
Bedford College
Regent's Park
Euston Tower
Euston Road
University College
Holy Trinity
Mme. Tussaud's
Academy of Music
Outer Circle
Marylebone Road
University of Westminster
Telecom Tower
BLOOMSBURY
University of London
Coram Fields
Dicken's House Museum
Hospital
MARYLEBONE
BBC
All Souls
British Museum
Wallace Collection
Soane's Museum
Lincoln's Inn
ST. GILES
New Oxford Street
Selfridges
Oxford Street
Palladium
Liberty
SOHO
Freemasons Hall
Royal Opera House
Handel & Hendrix
Roosevelt Memorial
Transport Museum
Covent Garden Market
King's College
Somerset
Courtauld
St Martin-in-the-Fields
Royal Academy
National Gallery
Cleopatra's Needle
Charing Cross Station
MAYFAIR
Queen Elizabeth Hall
ICA
Admiralty Arch
Whitehall
Malborough House
Royal Festival Hall
Hyde Park
Green Park
Carlton House Terrace
Tattershall Castle
SOUTH BANK
Heathrow Airport
Wellington Museum
St. James's Palace
Horse Guards
Banqueting House
Lancaster House
St. James's Park
County Hall
London Eye
Wellington Arch
Constitution Hill
Buckingham Palace
Queen Victoria Memorial
Churchill War Rooms
Westminster Bridge
Palace Gardens
Birdcage Walk
Big Ben
Westminster Abbey
St. Thomas's Hospital
Queen's Gallery
Wellington Barracks
St Margaret's Church
Royal Mews
New Scotland Yard
Jewel Tower
Houses of Parliament
Emb. of Germany
Thames
BELGRAVIA
Victoria Street
Westminster Cathedral
St. John's Concert Hall
Lambeth Palace
Lambeth Bridge
Victoria Station
St. Mary
PIMLICO
Tate Britain
Albert Embankment

Cittie of Yorke · The Fox and Anchor · The George Inn · Sherlock Holmes

1 Cittie of Yorke
2 The Fox and Anchor
3 The George Inn
4 Sherlock Holmes

1 Gordon Ramsay
2 Marcus
3 Rules
4 Orrery
5 The Wolseley
6 Nopi
7 Momo
8 Chutney Mary
9 Moro
10 Manze

1 Claridge's
2 Shangri-La Hotel At the Shard
3 Pavilion Hotel
4 Garth
5 St Christopher's Inn

LONDON ERLEBEN

CITY OF LONDON INFORMATION CENTRE
Zwischen St Paul's Cathedral und Millennium Bridge. Das tgl. geöffnete Infocenter hat auch Auskünfte auf Deutsch.
St Paul's Churchyard
London EC4M 8BX
Tel. 020 7332 14 56
www.visitlondon.com

WEITERE INFORMATION CENTRES
Victoria Station, gegenüber Gleis 8; U-Bahn-Station Piccadilly Circus; Flughafen Heathrow, Terminal 1, 2, 3. Eine Liste aller Touristeninformationen in London gibt es unter www.visitlondon.com/tag/tourist-information-centre

THE ROYAL FAMILY
Online-Auftritt des Hauses Windsor. Für alle, die enttäuscht sind, den Royals im Buckingham Palace nicht persönlich begegnet zu sein, gibt es unter News/Engagements auch den offiziellen Terminkalender der »Firma«, wie Prinz Philip seine Familie nennt – vielleicht findet sich ja ein Termin, um die Queen abzupassen.
www.royal.gov.uk

LONDON PASS
Die Chipkarte bietet freien Eintritt zu 70 Attraktionen wie dem Tower und eine Hop-On, Hop-Off-Busrundfahrt, wahlweise auch freie Fahrt mit Bus, Bahn und Dockland Light Railway (DLR). Sie ist bei den Tourist Information Centres und online erhältlich. Preise online, jeweils ohne/mit ÖPNV: 1 Tag 66/81 £, 2 Tage 91/111 £, 3 Tage 109/139 £, 6 Tage 149/194 £, 10 Tage 179/234 £
www.londonpass.com

THEATER-/MUSICALKARTEN
Karten zum halben Preis für Vorstellungen am selben Tag gibt es bei **tkts** (Leicester Square, WC 2, Mo. – Sa. 10 – 19, So. 11 – 16.30 Uhr). Entsprechend groß ist der Andrang! Ansonsten sind Tickets online jeweils direkt beim Veranstalter oder über Visit London erhältlich.

Wichtigstes Verkehrsmittel ist die **U-Bahn (Underground)**, die in sehr kurzen Intervallen zwischen 5 und 1 Uhr verkehrt, auf einigen Linien am Wochenende rund um die Uhr. Flexibel und preisgünstig wird der Londoner Nahverkehr mit der Visitor Oyster Card, einer übertragbaren elektronischen Fahrkarte (Karte 5 £), die mit Guthaben zwischen 10 und 50 £ aufgeladen werden kann – auch übers Internet. Restguthaben werden bei Rückgabe erstattet (https://oyster.tfl.gov.uk). Die Karte gilt innerhalb der Zonen 1 bis 6 für U-Bahn, Busse, Docklands Light Railway, London Overground, RiverBus-Boote und die Emirates Gondelbahn.
London Travel Card: Tageskarte Peak (rund um die Uhr) Zonen 1 – 4 12,30 £, 1 – 6 18,10 £, Off-Peak ab 9.30 Uhr nur für Zonen 1 – 6 12,30 £, einfache Fahrt ab 6,60 £.
Leihräder: An 700 Stationen der City-Zone 1 können rund 10 000 Drei-Gang-Räder an Docking Stations per Kreditkarte gemietet werden. Die Grundgebühr beträgt 2 £ für 24 Stunden. Dazu zahlen Nutzer eine Zeitgebühr, die erste halbe Stunde ist frei, danach 2 £/30 Minuten (www.tfl.gov.uk).

Das Wahrzeichen ist zurück: die neuen Londoner Routemaster.

ROUTEMASTER

Londons Wahrzeichen, die roten Doppeldeckerbusse, wurden 2005 abgeschafft. Nur auf zwei Sightseeingtouren durch das Herz der Hauptstadt blieben die nostalgischen »Heritage«-Routemaster in Betrieb: auf den Linien 9 (Kensington – Aldwych) und 15 (Trafalgar Square – Tower). Am besten sitzt man oben, ganz vorn. Seit 2012 fahren neue Routemaster durch die City, nun emissionsarm, aber wieder rot und mit der geliebten Heckplattform zum Auf- und Abspringen.

CITY CRUISES

Hop-On, Hop-Off auf der Themse. Ein Tagespass kostet 17 £.
www.citycruises.com

THAMES CLIPPERS

Auf der Themse fahren die Thames Clippers alle 20 Min. Attraktionen zwischen Waterloo und O2 an, auch die beiden Tate-Galerien. River Roamer Ticket, Hop-On, Hop-Off ab 9 Uhr, Erw. 18,50 £, mit Travelcard 12,35 £
www.thamesclippers.com

SUSIE BUBBLE

Keiner kennt sich so in der Londoner Modeszene aus wie Susie Bubble – in ihrem Blog www.stylebubble.co.uk porträtiert sie die heißesten Trends und Events der Londoner Fashion-Welt.

WOHIN ZUM SHOPPEN?

Mehr als 50 000 Geschäfte, 85 Straßenmärkte, Sonntagsöffnungen: London ist ein Einkaufsparadies. Die größte Auswahl findet man im West End zwischen **Oxford, Regent** und **Bond Street**, Piccadilly und Jermyn Street, um Covent Garden und in Soho mit seinen Secondhand-Läden.

Das zweite große Einkaufsviertel verteilt sich auf Knightsbridge, **South Kensington** und **Kensington**. **Chelsea** fällt mit der King's Road etwas ab, doch lohnt sich die Sloane Street mit ihren Designerläden. Schrilles, Trash und Trödel gibt es in **Camden Town**. Für junges, kreatives Design oder Mode bieten sich die Stadtteile Shoreditch und Spitalfields im East End an. Shopping der Superlative verspricht das legendäre Kaufhaus **Harrods** mit 300 Abteilungen und der grandiosen Food Hall in der Brompton Road. Bei **Harvey Nichols** und im **House of Fraser** findet man in- und ausländische Topdesigner. Bei **Fortnum & Mason** am Piccadilly Circus verwöhnt seit 1707 ein sagenhafter Schlemmertempel. Londons größte Kosmetik- und Schuhabteilung besitzt **Selfridges** an der Oxford Street. Unverwechselbare Stoffe und Tücher begründeten den Weltruf des Warenhauses **Liberty's** in der Regent Street.

Das benachbarte **Hamley's**, Großbritanniens größtes Spielzeuggeschäft, lässt auf sieben Etagen Kinderträume wahr werden. Bei **Pink** in der Jermyn Street 85 gibt es tolle Herrenhemden, in der **Savile Row** bestellen Männer von Welt Anzüge nach Maß. Der Flagschiffstore von **Stella McCartney** ist in der Bruton Street 30, von **Vivienne Westwood** in der Conduit Street 44. Alles über die Fab Four hat der **Beatles Store** in der Baker Street 231. Täglich geöffnet ist die **Westfield Shopping Mall** mit 280 Einzelhändlern und 50 Restaurants (http://uk.westfield.com/london).

❶ CITTIE OF YORKE

An einer der längsten Theken Londons wird das gute Bier der Sam Smith-Brauerei zu (für Londoner Verhältnisse) humanen Preisen gezapft. Seit 1430 steht hier eine Taverne. In

London setzt die Trends: Exzentrisch und stilvoll sind die Schuhe und Taschen von Vivienne Westwood in 44 Conduit Street.

der heutigen Form stammt die Kneipe aus den 1920er-Jahren. Wenn dies enttäuschend klingt, sollten Sie hineinschauen und entdecken, warum der Pub mit einer hohen Halle im hinteren Bereich denkmalgeschützt ist.
22 High Holborn, WC 1
U-Bahn: Holborn

❷ THE FOX AND ANCHOR

Einstige Stammkneipe der Metzger vom Smithfield Market, heute ein Gastropub, dem der Spagat zwischen Tradition und Trend perfekt gelingt: Darf's ein Welsh Rarebit sein? Oder doch lieber Austern-Pie? Zum Pub gehören auch sechs luxuriöse Zimmer – sämtliche Kopfteile der Betten schmücken ungewöhnliche London-Ansichten in XXL.
115 Charterhouse Street, EC 1
www.foxandanchor.com
U-Bahn: Farringdon

❸ THE GEORGE INN

Genau das Richtige für ein Pint in altenglischer Atmosphäre. Der 1676 erbaute Pub ist der einzige original erhaltene Fuhrmannsgasthof Londons. Knarrende Dielen und blank gescheuerte Tische erzählen von der Zeit, als die Fuhrleute hier abstiegen, bevor sie ihre Waren am anderen Themse-Ufer in der City ablieferten. Im Sommer sitzt man im Hof.
75–77 Borough High Street, SE1
www.george-southwark.co.uk
U-Bahn: London Bridge

❹ SHERLOCK HOLMES

Alles ist mit Erinnerungen an den genialen Meisterdetektiv geschmückt. Mit Dachterrasse!
10 Northumberland Street, WC 2
www.sherlockholmespub.com
U-Bahn: Charing Cross

Die Gastrotests von **Time Out** sind Pflichtlektüre auf der Suche nach neuen, aufregenden Lokalen (www.timeout.com/london/restaurants).

❶ GORDON RAMSAY €€€€

Mit 31 Jahren eröffnete Starkoch Gordon Ramsay sein erstes Lokal in Chelsea, heute zieren es drei Michelin-Sterne. Küchenchef ist inzwischen eine Frau: Clare Smyth.
68–69 Royal Hospital Road
Chelsea SW3, Tel. 020 73 52 44 41
www.gordonramsay.com
U-Bahn: Sloane Square

❷ MARCUS €€€€

Zwei-Sterne-Koch Marcus Wareing ist ein Perfektionist am Herd. In seinem Stammhaus begeistert er Gäste wie Kritiker mit modernen und kommunikativen Genusserlebnissen.
The Berkeley, Wilton Place
Knightsbridge SW1
Tel. 020 72 35 12 00
www.marcus-wareing.com
U-Bahn: Knightsbridge

❸ RULES €€€€ – €€€

Roter Plüsch und klassischer Regency-Dekor zieren den ältesten Londoner Speisesaal von 1798, in dem schon Dickens und der Prince of Wales dinierten. Das Wild kommt von der eigenen Farm im nordostenglischen Teesdale.
35 Maiden Lane, Covent Garden
Tel. 020 78 36 53 14
www.rules.co.uk
U-Bahn: Covent Garden

❹ ORRERY €€€

An einer eleganten, relativ untouristischen Einkaufsstraße liegt dieses vom Designerpapst Sir Terence Conran durchgestylte Restaurant mit einer schönen Außenterrasse. Auf den Tisch kommt exzellente britisch-französische Küche.
55 Marylebone High Street, W 1
Tel. 020 76 16 80 00
www.orrery-restaurant.co.uk
U-Bahn: Baker Street

Wer im Shangri-La At The Shard übernachtet, riskiert es, nicht viel mehr von London zu sehen als die fantastische Aussicht aus den Hotelfenstern.

5 THE WOLSELEY €€€

Wiener Kaffeehausflair der 1920er-Jahre mit großen Spiegeln und glamourösen Rundbögen – angesagter Frühstückstreff.
160 Piccadilly, W 1
Tel. 020 74 99 69 96
www.thewolseley.com
U-Bahn: Green Park

6 NOPI €€€

Starkoch Yotam Ottolenghi zaubert seine mediterran-nahöstliche Fusionsküche in seinem in Soho beheimateten Lokal. Gäste haben die Wahl zwischen dem formelleren Restaurant im Erdgeschoss und der Brasserie mit Kantinentischen und Küchenblick im Untergeschoss. Vegetarier erfreuen sich an Zucchinipuffer mit Kardamom-Joghurt, Fischfreunde an Oktopus mit Topinambur.
21 – 22 Warwick St, W 1
Tel. 020 7494 9584
www.ottolenghi.co.uk
U-Bahn: Piccadilly Circus

7 MOMO €€€

Ergänzend zur authentischen nordafrikanischen Küche – Tajine-Hühnchen, Briouats-Teigtaschen – gibt es Afternoon Tea im marokkanischen Stil zwischen 12.30 und 17.30 Uhr in einem Ambiente aus 1001 Nacht. Der kleine Bruder nebenan, das unprätentiöse Mo Café, ist bekannt für die Minztees und süßen Baklava-Spezialitäten, auch draußen zu genießen.
25 Heddon Street, W 1
Tel. 020 7434 4040
www.momoresto.com
U-Bahn: Piccadilly Circus

8 CHUTNEY MARY €€€

Preisgekrönte Klassiker und moderne indische Trends. Probieren Sie die sechs Stunden lang geschmorte Hyderabadi Lammkeule. Vorher kann man im Pukka Bar Cocktails oder Champagner als Aperitif trinken.
73 St James's Street, SW1
Tel. 020 76 29 66 88
www.chutneymary.com
U-Bahn: Green Park

9 MORO €€€ – €€

Samuel und Samantha Clark kombinieren spanische mit nordafrikanischen Rezepten. Ihr »Morito« – Kochbuch des Jahres 2014 – erlaubt

ein Nachkochen der wundervollen Tapas and Mezze.
34-36 Exmouth Market EC1
Tel. 020 78 33 83 36
www.moro.co.uk
U-Bahn: King's Cross, Angel, Barbican

⑩ MANZE €
Seit 1892 unverfälschte London-Küche: Stammgericht ist »Pies & Mash«, d. h. Fleischpastete mit Kartoffelbrei, sowie Aal in Aspik.
87 Tower Bridge Road, SE 1
Tel. 020 77 39 36 03
www.manze.co.uk
U-Bahn: London Bridge

STREETFOOD
Liebhaber von einfachem, aber kreativem und leckerem Streetfood aus aller Welt wähnen sich in London im siebten Himmel. Im entstehenden Uni- und Kunstviertel um den **Granary Square** nördlich des Bahnhofs King's Cross gibt es z. B. afghanische Klöße, mexikanische Burritos und jamaikanisches Jerk-Huhn (Mi. – Fr., 12 – 14 Uhr). Auf der **Rupert Street** mitten in Soho hat man die Wahl zwischen Burgers aus Pulled Pork, koreanischer oder malaysischer Küche, gesunden Salaten und Pastrami (Mi. – Sa. 11 – 15.30 Uhr). Auch die **Stände am Southbank Centre** am Wochenende bieten vielfältige Genüsse.

❶ CLARIDGE'S €€€€
Audrey Hepburn, Jackie und Aristoteles Onassis und Queen Mum – sie alle waren schon begeisterte Gästes dieses Art-déco-Juwels. Noch immer logieren hier Stars und Sternchen. Im mit einem Michelin-Stern ausgezeichneten Fera Restaurant bereitet Simon Rogan Hochgenüsse aus Britannien zu. Und der Afternoon Tea im Foyer ist eine Londoner Institution.
Brook Street, Mayfair, London W1K 4HR, Tel. 020 76 29 88 60
www.claridges.co.uk
U-Bahn: Bond Street

❷ SHANGRI-LA HOTEL AT THE SHARD €€€€
Atemberaubende Aussichten aus Westeuropas höchstem Gebäude bietet die 2014 eröffnete Nobelherberge im 34. bis 52. Stock des Wolkenkratzers The Shard (► S. 246). Alle 202 Zimmer und Suiten haben edle Marmorbäder u. v. m. Hinter raumhohen Glasfronten breitet sich ein einzigartiges Panorama aus: vom London Eye über die Kuppel von St Paul's bis zu den Bankentürmen der City – den sensationellsten Blick haben die drei neuen Signature Suites Westminster, London und Shangri-La. Eurasische Kulinarik der Extraklasse verspricht das Restaurant TĪNG. Unwiderstehlich: die Macarons und »Chocolate Temptation« im Café Lang. Im Gong, Londons höchster Bar in der 52. Etage, mixt Henning Neufeld coole Cocktails. Nebenan befinden sich Fitnessstudio, Infinity Pool und Spa.
31 St Thomas Street
London SE1 9QU
Tel. 020 72 34 80 00
www.shangri-la.com/london
U-Bahn: London Bridge

❸ PAVILION HOTEL €€
Bryan Ferry, Naomi Campbell und Jarvis Cocker waren Gäste des extravaganten Boutique-Hotels, dessen 30 Mini-Zimmer mal kitschig, mal funky, aber immer farbenfroh gestylt sind.
34-36 Sussex Gardens, London W2 1UL, Tel. 020 72 62 09 05
www.pavilionhoteluk.com
U-Bahn: Edgeware Road

❹ GARTH €€
Das denkmalgeschützte georgianische Stadthaus aus dem 18. Jh. hat 17 nette Zimmer und einen mediterranen Garten. Seit 70 Jahren küm-

mert sich die Arnold-Familie liebevoll um ihre Gäste. Die Lage nahe dem British Museum ist auch für das Shopping- und Unterhaltungsangebot des West End günstig.
69 Gower Street, Bloomsbury
London WC1E 6HJ
Tel. 020 76 36 57 61
www.garthhotel-london.com

5 ST CHRISTOPHER'S INN €€ – €

25 saubere Zimmer mit Etagenbad und Sauna auf dem Dach, in der Nähe von Tower und Themse – das Haus diente übrigens als Kulisse für die Bridget-Jones-Filme.
161-165 Borough High St
Southwark London SE1 1HR
Tel. 207 9 39 97 10
www.st-christophers.co.uk
U-Bahn: London Bridge

Erschwingliche Privatzimmer und Apartments können auf den verschiedenen Wohnungsportalen gebucht werden. Das Angebot ist riesig.

Up and down

Frühe Neuzeit

Londons Wurzeln als Finanzmetropole reichen ins Jahr 1565 zurück. Damals gründete Thomas Gresham die Börse, bereits am Ende des 16. Jh.s war die 300 000 Einwohner zählende Stadt der **bedeutendste Handelsplatz der Welt**. Im folgenden Jahrhundert prägten dann Auseinandersetzungen um die Macht im Königreich und zwei große Katastrophen die Geschichte Londons: 1605 versuchte der Katholik Guy Fawkes mit dem »Gunpowder Plot«, das Parlament in die Luft zu sprengen. Während der **Bürgerkriege** wurde Karl I. 1649 in Whitehall enthauptet. Wenig später forderte eine **Pestwelle** zwischen 1664 und 1666 über 100 000 Tote, im September 1666 legte schließlich das **Great Fire of London** in vier Tagen vier Fünftel der City in Schutt und Asche. Beim Wiederaufbau drückte Sir Christopher Wren mit 53 Kirchenbauten, darunter St Paul's Cathedral, der Stadt seinen Stempel auf. Das wachsende Kolonialreich ließ die Wirtschaft prosperieren und führte 1694 zur Gründung der Bank von England.

Hauptstadt eines Weltreichs

18. und 19. Jahrhundert

Unter den hannoveranischen Königen stieg England zur Weltmacht auf, London wurde zur Hauptstadt des riesigen Empire. Im Jahr 1801 zählte die Bevölkerung von Greater London erstmals mehr als 1 Mio. Einwohner. Unter Queen Victoria erlebte die Stadt dann ihre größte städtebauliche Entwicklung. Der **Ausbau der Eisenbahn** ließ einen breiten Gürtel von Wohnvorstädten entstehen. 1863 fuhr die erste **U-Bahn**. Aber auch eines der dunkelsten Kapitel der Stadtgeschichte fällt in diese Zeit: 1888 trieb Jack the Ripper im East End sein Unwesen.

Moderne Zeiten

20. und 21. Jahrhundert

In beiden Weltkriegen war London Ziel deutscher Luftangriffe. Die Luftschlacht um England 1940/1941 und die V-Waffen vom Juni 1944 an forderten über 30 000 Tote. Erster Höhepunkt der Nachkriegszeit

war 1953 die Krönung von **Queen Elizabeth II.** in Westminster Abbey. In den Sixties spiegelte »Swinging London« das neue Lebensgefühl einer ganzen Generation – in England und darüber hinaus. Die 1960er-Jahre sahen aber zugleich den beginnenden Niedergang der Docklands, denen erst im Rahmen eines groß angelegten Stadtsanierungsprogramms ab 1981 neues Leben eingehaucht wurde. In den folgenden Jahren eroberte sich London eine Spitzenposition in der globalen Finanzindustrie.
Mit London Eye, Millennium Bridge und Millennium Dome begrüßte London das neue Jahrtausend. 2012 stand im Zeichen der **Olympischen Spiele**, die nach 1908 und 1948 zum dritten Mal in Englands Hauptstadt ausgetragen wurden. 2016 stimmten Londoner mehrheitlich gegen den Austritt aus der EU und fragen sich seitdem, welche Folgen für den Finanzsektor und das Leben der Metropole der »Brexit« haben wird. Und mit Sadiq Khan, wurde der Sohn eines Einwanderers aus Pakistan zum Oberbürgermeister.
Allem Wandel zum Trotz – eine Konstante bildet das Königshaus, dessen Geschicke bis heute Stadtthemen sind: 1997 betrauerten die Londoner den Tod von Lady Di, 2011 bejubelten sie die Hochzeit von Prinz William und Kate Middleton in Westminster Abbey und 2016 das 60. Thronjubiläum von Königin Elisabeth II., zu dem große Feierlichkeiten abgehalten wurden, darunter eine Schiffsparade auf der Themse.

Westliche City

Das Temple Bar Memorial markiert die Grenze zwischen City und Westminster. Will der König die City betreten, muss er am Denkmal von 1880 symbolisch den Lord Mayor um Erlaubnis bitten. Normalsterbliche haben es da einfacher – sie gelangen ganz profan über die U-Bahn-Stationen **Temple** und **St Paul's** in Londons Westliche City.

Kirche der Superlative

★★ St Paul's Cathedral

Würdevoll ragt die berühmte, 111 m hohe Kirchenkuppel von St Paul's – nach der des römischen Petersdoms die zweitgrößte der Welt – aus der City heraus. Dabei ist das Vermächtnis des großen englischen Architekten Sir Christopher Wren einer Katastrophe zu verdanken. Das Große Feuer von 1666 hatte das alte Gotteshaus völlig zerstört, das 604 wohl an der Stelle eines früheren Diana-Tempels errichtet worden war. Bis 1711 wurde es nach Plänen von Wren wieder aufgebaut.
Heute ist St Paul's eine Kirche der Superlative: Als »Pfarrkirche des britischen Commonwealth« ist sie das größte und berühmteste Gotteshaus der City. Im linken Turm hängt zudem die größte Glocke Englands, die 17 t schwere **»Great Paul«** von 1882. Und die 170 m lange Kathedrale ist eine der größten Kirchenräume der Welt und neben Westminster Abbey ein Schrein der Nation, Schauplatz bedeutender

Ereignisse im Königreich. In St Paul's heirateten 1981 Prinz Charles und Prinzessin Diana; 2002 nahm man hier Abschied von Queen Mum, 2013 von Margaret Thatcher. Bei den Pfeilern des Hauptschiffs ehrt das **Wellington-Monument** den Sieger von Waterloo. In der weitläufigen **Krypta**, wo der Film »Oculus« die 1400-jährige Geschichte als 270°-Grad-Erlebnis präsentiert, ruhen britische Persönlichkeiten: die Maler Constable, Turner, Landseer und Reynolds, der Penicillin-Entdecker Alexander Fleming, Admiral Nelson und Christopher Wren.
Eine der größten Attraktionen ist aber auch im Innern zweifelsohne die **Kuppel**. Bereits der Blick vom Boden des Gotteshauses nach oben ist imposant. Dennoch sollte man es nicht versäumen, den 271 Stufen langen Aufstieg auf sich zu nehmen. Zunächst erreicht man die **Whispering Gallery** (Flüstergalerie), die eine akustische Kuriosität zu bieten hat. Denn 33 m über dem Boden genießt man hier nicht nur den besten Blick auf die großartigen Kuppelmalereien, sondern man hört auch jedes Wort von der 48 m im Halbkreis entfernten gegenüberliegenden Seite! Ganz

Dank dem gegenüberliegenden Einkaufszentrum »One New Change« bietet sich ein ganz besonderer Blick auf die Kathedrale.

oben angekommen, offenbart sich schließlich von der **Kuppellaterne** aus ein weites Stadtpanorama.
Mo. – Sa. 8.30 – 16.30 Uhr | Eintritt: 18 £ | www.stpauls.co.uk

Oase der Stille

The Temple

Nahe dem Memorial versteckt sich südlich der Fleet Street ein liebenswürdig-verträumtes georgianisches Häuser- und Gassengewirr – die Anwaltskammer und Juristenschule The Temple. In den **Inner Temple Garden** erinnern weiße und rote Rosen an die Rosenkriege zwischen den Dynastien York (weiß) und Lancaster (rot) im 15. Jahrhundert. Kostbarkeit der runden Temple Church sind **neun Grabfiguren von Tempelrittern** des 12./13. Jh.s aus Marmor.
Inner Temple Garden: Mo. – Fr. 12.30 – 15 Uhr
www.innertemple.org.uk
Temple Church: Mo., Di., Do., Fr. 10 – 16, Mi. 14 – 16 Uhr

»
Seine Höfe wirken immer noch verschlafen und seine Bäume und Gärten strahlen eine verträumte Entrücktheit aus. Wer über seine Gassen und Plätze geht, kann noch das Echo seiner Schritte auf den hallenden Steinen hören und an seinen Toren lesen, wenn er aus dem Trubel des Tran und der Fleet Street kommt: Wer hier eintritt, lässt den Lärm hinter sich.
«

Charles Dickens in »Barnaby Rudge« über The Temple

»Street of Ink«

Fleet Street

Die Fleet Street war bis in die späten 1980er-Jahre das Zentrum der britischen Presse. Ende des 15. Jh.s wurde hier die erste Druckerpresse aufgestellt, 1702 mit dem »Daily Courant« die erste Tageszeitung verlegt. Treffpunkt ist in Nr. 145 der **Pub Ye Old Cheshire Cheese** von 1667, Lieblingskneipe von Charles Dickens und Arthur Conan Doyle.

Oldie but Goldie

St Bartholomew-the-Great

In der 1123 geweihten Pfarrkirche, der ältesten der City, wurde der Maler und Kupferstecher William Hogarth getauft. Der 800 Jahre alte **Smithfield Market** besteht noch in seinen viktorianischen Hallen.

Stadtgeschichte(n)

Museum of London

Das größte Stadtmuseum der Welt lädt am London Wall zu einem recht lebendigen Streifzug durch Londons Vergangenheit. Prunkstück ist die goldene Kutsche des Lord Mayor, spannend die Audioschau »Fire of London« zum Großen Brand 1666.
Tgl. 10 – 18 Uhr | Eintritt: frei | www.museumoflondon.org.uk

Zwei Londoner »Ikonen«: Tower und Tower Bridge

Östliche City

Politische und fianzielle Macht

Im Herzen der City

Rund um die U-Bahn-Station Bank stehen drei der wichtigsten Gebäude der City: das **Mansion House**, Amtssitz des Lord Mayor, die 1694 gegründete **Bank of England** mit angeschlossenem Museum und die **Royal Exchange**, die ehemalige Börse.

Das 61,5 m hohe **»Monument«** am Ende der King William Street wurde 1671 bis 1677 zur Erinnerung an den Großen Brand nach Entwürfen von Wren errichtet. Von der Plattform der Steinsäule hat man einen herrlichen Blick über die City.

Bank of England: Mo. – Fr. 10 – 17 Uhr | Eintritt: frei
www.bankofengland.co.uk

The Monument: April – Sept. tgl. 9.30 – 18, Okt. – März bis 17.30 Uhr
Eintritt: 4 £ | www.themonument.info

Höher, höher, höher

Wolkenkratzer der City

Der Blick geht nach oben! Ein Spaziergang in östlicher Richtung über Cornhill und Leadenhall Street führt zu den Hochhäusern, die heute das moderne Bild der City prägen. Zu den aufsehenerregendsten da-

runter gehören der runde 30 St Mary Axe (**»The Gherkin«**; 2004, von Sir Norman Foster), das 225 m hohe Leadenhall Building mit abgeschrägter Südfassade (**»Cheesegrater«**, 2015), der Lloyds Building mit nach außen gekehrter Gebäudetechnik (1986, bereits denkmalgeschützt) und der besonders kontroverse, sich nach oben verbreiternde 20 Fenchurch Street (**»The Walkie Talkie«**, 2015) mit öffentlich zugänglichem Sky Garden. Wer sich mit dieser Architektur nicht anfreunden mag, findet hinter dem Lloyds Building den **Leadenhall Market**, eine üppig verzierte viktorianische Markthalle aus Eisen und Glas, die manchen aus den Harry Potter-Verfilmungen bekannt sein dürfte.

Sky Garden: Besuch online anmelden unter https://skygarden.london/sky-garden | Eintritt: frei

Meisterwerk der Ingenieurskunst

★ Tower Bridge

11 481 t Stahl und Eisen, 37 477 t Beton, 20 320 t Zement, 29 696 t Ziegel- und 30 480 t Natursteine – allein die nackten Zahlen lassen bereits erahnen, welch Wunderwerk den Ingenieuren nach achtjähriger Bauzeit 1894 gelungen war. Wer die Tower Bridge, das neben Big Ben wohl berühmteste Wahrzeichen Londons, heute in voller Aktion

erleben will, benötigt eine gute Portion Glück. Denn nur noch selten werden die beiden Hälften der Zugbrücke in gerade einmal 90 Sekunden nach oben gezogen, um Schiffe hindurchzulassen. Inzwischen geschieht dies elektrisch, doch kann die alte, dampfbetriebene Hydraulikanlage noch besichtigt werden. In den beiden 65 m hohen Türmen erläutern Ausstellungen Geschichte und Technik. Und für etwas Nervenkitzel sorgt der neue Glasboden im Verbindungssteg zwischen Nord- und Südturm, der aus 42 m Höhe weite Ausblicke auf die Themse eröffnet.

U-Bahn: Tower Hill | April – Sept. tgl. 10 – 17.30, Okt. – März 9.30 bis 17 Uhr | Eintritt: 9,80 £ | www.towerbridge.org.uk

★★ Tower of London

U-Bahn: Tower Hill | März – Okt. Di. – Sa. 9 – 17.30, So., Mo. 10 bis 17.30, Nov. – Feb. Di. – Sa. 9 – 16.30, So., Mo. 10 – 16 Uhr, letzter Einlass 1 Std. vorher | Eintritt: 24,80 £, online 21,50 £, Jahreskarte für alle fünf Paläste ab 50 £ | www.hrp.org.uk.

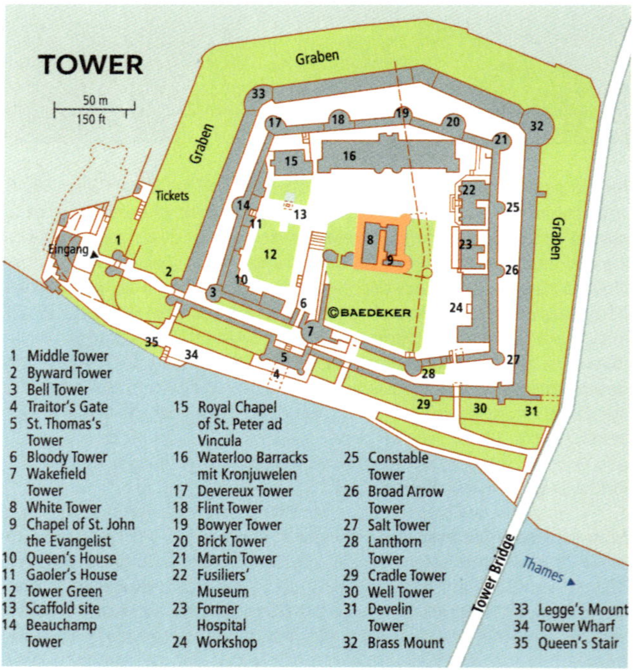

Sechs Raben für ein Empire

Geschichte

Der Tower of London steht im Zeichen von Glitzer und Grausamkeit, seit Wilhelm der Eroberer den Kern der Anlage im 11. Jh. errichten ließ. In seiner 900-jährigen Geschichte diente der Tower als königliche Residenz, Münze, Waffenlager, Menagerie und Safe für die Kronjuwelen – letztere sind eine unbestrittene Sensation für alle Besucher. Andererseits war der Tower auch Gefängnis und Hinrichtungsplatz. Die Liste der Enthaupteten, Eingesperrten und Gefolterten liest sich wie ein »Who is Who?« der britischen Geschichte. Die schottischen Könige David II. und Jakob I. waren unter den Eingekerkerten, Heinrich VI., Edward V., Thomas More und auch Heinrichs VIII. Gattinnen Anne Boleyn und Katharine Howard wurden hier aufs Schafott geführt.

Die Bewachung des Towers obliegt den **Yeoman Warders**, die allabendlich um 21.40 Uhr die feierliche Schlüsselübergabe vornehmen, die Ceremony of the Keys. Wer sie beobachten will, muss einen Antrag an The Ceremony of the Keys, Tower of London, EC3N 4AB, stellen. Im Tower werden noch heute sechs Raben gehalten, die ihn der Legende nach nie verlassen dürfen – ansonsten ginge das Empire unter.

Blutige Türme

Outer Ward

Am **Traitor's Gate** (Verrätertor) wurden die in Westminster Verurteilten mit dem Boot angelandet. Im Bell Tower wurde Prinzessin Elisabeth (die spätere Elisabeth I.) festgehalten, im Bloody Tower ließ Richard III. 1483 die Söhne Edwards IV. ermorden und im Wakefield Tower soll Heinrich VI. ermordet worden sein.

Die Keimzelle des Tower

Inner Ward

Im Inner Ward steht das Kommandantengebäude **Queen's House**, in dem Anne Boleyn ihre letzten Tage verbrachte, und das Haus des Kerkermeisters und Scharfrichters, das **Yeoman Gaoler's House**. In der **Royal Chapel of St Peter and Vincula** befinden sich die Gräber von Thomas More, Anne Boleyn, Katharine Howard und Jane Grey, die im Tower verstarben. Im Zentrum der Festung erhebt sich der **White Tower**, der 1078 bis 1100 aus weißen Steinen aus Caen in der Normandie erbaut wurde. Im 28 m hohen Turm ist eine Waffen- und Rüstungssammlung ausgestellt, die Stücke aus dem persönlichen Besitz von Heinrich VIII. und die vergoldete Rüstung Karls I. enthält.

Edelsteine am laufenden Band

Jewel House

Größter Besuchermagnet im Inner Ward ist zweifelsohne das Jewel House in den Waterloo Barracks, der schwer bewachte Aufbewahrungsort der Kronjuwelen – anlässlich des Kronjubiläums 2012 erhielt die Schatzkammer mit Hightech Gänsehauteffekte und empfängt seine Besucher nun mit Krönungschorälen und riesigen Projektionen historischer Krönungsprozessionen. Blickfang sind aber hinter meterdicken Panzertüren nach wie vor die funkelnden Kost-

Clwons und Akrobaten haben ihre Bühne und ihr Publikum in Covent Garden.

barkeiten, an denen man auf einem Laufband vorbeigleitet, allen voran die **St Edward's Crown** aus purem Gold, die eigentliche Krönungskrone der Monarchen, die für die Krönung Karls II. neu geschaffen wurde. Nichtsdestotrotz wurde für die Krönung Viktorias 1837 die **Imperial State Crown** angefertigt, die sagenhafte 2800 Diamanten und einen der beiden »Sterne von Afrika« schmücken – der zweite ist im Royal Sceptre eingearbeitet. Noch heute trägt sie Königin Elisabeth II. zur Parlamentseröffnung. In der **Queen Elizabeth's Crown** ist der 108 Karat schwere **»Koh-i-Noor«**-Diamant (»Berg des Lichts«) eingearbeitet. Insgesamt glitzern 23 578 Edelsteine in den Schwertern und Kronen um die Wette!

The Strand und Covent Garden

Haus der schönen Künste

★ Courtauld Gallery

Der »Strand« bildet die Hauptverbindung von der City zum West End. Ihn säumten einmal die Stadtpaläste des Hochadels. Eine letzte Erinnerung daran ist **Somerset House**, 1777 bis 1786 von Sir William Chambers erbaut. Es birgt die Courtauld Gallery mit impressionistischen Gemälden, beispielsweise Manets »Bar in den Folies Bergères« und Renoirs »La Loge«, sowie Meisterwerke von Botticelli, Rubens und Goya, einen Design-Shop und Café. Die Embankment Galleries zeigen Sonderschauen. Zu einem lebendigen Kulturzentrum hat sich

Somerset House auch durch die vielen Kreativagenturen und Studios gewandelt, die das Haus auch als Veranstaltungsfläche nutzen.
U-Bahn: Temple | tgl. 10 – 18 Uhr | Eintritt: 7 £ | Mo. 10 – 14 Uhr kostenlose Führungen: Old Palaces Tour Di. 12.45, 14.15 Uhr, Historical Highlights Tour Do. 13.15, 14.45, Sa. 12.15, 13.15, 14.15 und 15.15 Uhr | www.somersethouse.org.uk

Londons Straßenzirkus

★ Covent Garden Market

Akrobaten, Clowns und Musikanten wetteifern um die Gunst der Passanten, die deren Künste mit klingender Münze honorieren, in den Seitengassen locken Läden, Restaurants und Pubs – Covent Garden ist einer der lebhaftesten Orte Londons. Im Mittelalter ein »Klostergarten«, beherbergte der Bezirk seit 1670 für rund 300 Jahre Londons Blumen- und Gemüsemarkt. Im 18. Jh. war Convent Garden zudem Vergnügungsviertel mit zweifelhaftem Ruf. Wo einst Spelunken und Bordelle standen, findet sich heute ein schickes Shopping-Viertel mit der Stahl- und Eisenkonstruktion der Central Hall im Zentrum.
Das hiesige **London Transport Museum** zeigt nicht nur Oldtimer des Nahverkehrs und die erste U-Bahn der Welt, sondern auch die neuen Londoner Busse. An der Westseite von Covent Garden erhebt sich die Schauspielerkirche **St Paul's Church**, die Inigo Jones 1633 erbaute.
U-Bahn: Covent Garden
London Transport Museum: Mo. – Do. , Sa., So. 10 – 18, Fr. 11 – 18 Uhr | Eintritt: 17,50 £ | www.ltmuseum.co.uk

Backstage

Royal Opera House

Das Royal Opera House in der Bow Street genießt Weltruf. Bei Backstage-Touren erleben Sie den Arbeitsalltag von Visagisten, Tänzern und Kulissenschiebern. Der schöne Glaspalast **Paul Hamlyn Hall**, einst der Blumenmarkt für Covent Garden, gehört zum Gelände. Hier kann man stilvoll speisen, z. B. den Afternoon Tea zu sich nehmen.
U-Bahn: Covent Garden | Tickets 12 £ | www.roh.org.uk/tours/backstage-tour)

★ Trafalgar Square

Einfach majestätisch

Nelson Column

Unübersehbarer Blickfang am ungemein belebten, harmonischen und einfach majestätischen Trafalgar Square ist die 1840 bis 1843 zu Ehren Lord Nelsons errichtete Säule mit dem Standbild des Admirals, der am 22. Oktober 1805 vor dem spanischen Kap Trafalgar die französisch-spanische Flotte besiegte. Bevor der Nationalheld in Form einer 5 m großen Statue 1843 seinen luftigen Ehrenplatz einnahm, feierten 14 Steinmetze auf der Plattform ein Dinner. Am Sockel ver-

zeichnen aus französischen Kanonen gegossene Reliefs die vier großen Siege Nelsons. Unterhalb der Brüstung zur National Gallery sind die alten **britischen Längenmaße** »Imperial Standards of Length« – 1 foot, 2 feet, 1 imperial yard – eingelassen.
U-Bahn: Charing Cross

Stimmungsvolle Konzertstätte

St Martin-in-the-Fields

Die 1726 geweihte Kirche der Admiralität und des Königshofs entwarf der Wren-Schüler James Gibb. Sein Meisterstück mit Säulenportal und schlankem, 56 m hohem Turm wurde zum Vorbild vieler Gotteshäuser in den nordamerikanischen Kolonien. Neben kostenlosen Mittagskonzerten ist St Martin's für außerdem für **Konzerte bei Kerzenlicht** und für Jazz Nights im Crypt Café bekannt.
U-Bahn: Charing Cross | Tickets für die »Concerts by Candlelight« online unter www.stmartin-in-the-fields.org

Kunsttempel von Weltrang

★ National Gallery

Ein Wallfahrtsort für Kunstfreunde dominiert die Nordseite des Trafalgar Square: Die National Gallery nennt rund 2300 Gemälde europäischer Künstler aus der Zeit von 1250 bis 1900 ihr Eigen. Der Sainsbury Flügel hat **Gemälde von 1260 bis 1510** aufgenommen, darunter von Piero della Francesca (»Christi Taufe«), Bellini («Pietà«), Leonardo da Vinci (»Jungfrau und Kind mit hl. Anna und Johannes d. T.«) und Raffael (»Madonna mit den Nelken«), Jan van Eyck (»Hochzeit der Arnolfini«), Hans Memling (»Marienaltar«) und Hieronymus Bosch (»Christus mit Dornenkrone«). Im Westflügel sind **Gemälde von 1510 bis 1600** ausgestellt: Michelangelo (»Grablegung Christi«), Tizian (»Venus und Adonis«), Dürer (»Bildnis des Vaters«), Hans Holbein d. J. und Pieter Bruegel. **Zwischen 1600 und 1700** entstanden die Werke im Nordflügel: Rubens (»Raub der Sabinerinnen«), van Dyck (»Karl I. zu Pferd«), Frans Hals, Rembrandt (»Saskia und Flora«), Vermeer, Velázquez, Murillo und Nicolas Poussin. Im Ostflügel sind Werke aus der Zeit **von 1700 bis 1920** zu sehen: Hogarth, Reynolds, Gainsborough (»Morgenspaziergang«), Constable, Turner (»Margate von See aus«), Watteau, Delacroix, Monet (»Wasserlilienteich«), Degas (»Tänzerinnen«), Cézanne (»Les Grandes Baigneuses«) und van Gogh (»Sonnenblumen«).
U-Bahn: Charing Cross | tgl. 10 –18, Fr. bis 21 Uhr | Eintritt: frei Führungen: Mo. – Fr. 16 Uhr kostenlose 10-Minuten-Führungen mit einem Werk im Fokus, an wechselnden Tagen um 13 Uhr ausführlichere Lunchtime Talks | www.national gallery.org.uk.

VIPs aus vier Jahrhunderten

★ National Portrait Gallery

Die Galerie am St Martin's Place präsentiert Porträts berühmter Briten aus 400 Jahren, darunter die lebensgroße Darstellung Heinrichs VIII. von Hans Holbein d.J., Elisabeth I. von einem unbekannten Künst-

ler, Selbstbildnisse von Hogarth und Reynolds, Sir Walter Scott von Landseer und das Dreierbildnis der Schwestern Brontë, gemalt von ihrem Bruder Branwell. Auch hochwertige (kostenpflichtige) Wechselausstellungen, auch von fotografischen Arbeiten, finden statt.
U-Bahn: Charing Cross | tgl. 10 – 18, Do., Fr. bis 21 Uhr | Eintritt: frei
www.npg.org.uk

★★ British Museum

U-Bahn: Russell Square, Goodge Street | tgl. 10 – 17.30,
Fr. bis 20.30 Uhr | Eintritt: frei, Sonderausstellungen kostenpflichtig
www.britishmuseum.org

Warum untertreiben? Das British Museum ist schlichtweg eines der größten und umwerfendsten Museen der Erde. Erlesene Sammelstücke aus allen berühmten Weltkulturen erzählen die Geschichte der Menschheit und machen die 1753 gegründete Institution mit jährlich 7 Mio. Besuchern zur einer der bedeutendsten Hauptattraktionen Londons. Wer angesichts der Fülle der ausgestellten Exponate bedauert, nicht alles an einem Tag würdigen zu können, kann ganz beruhigt sein: Der Eintritt ins British Museum ist kostenlos, Wiederkommen wärmstens empfohlen!

Dass das British Museum kein alltägliches Museum ist, lässt schon der Great Court erahnen.

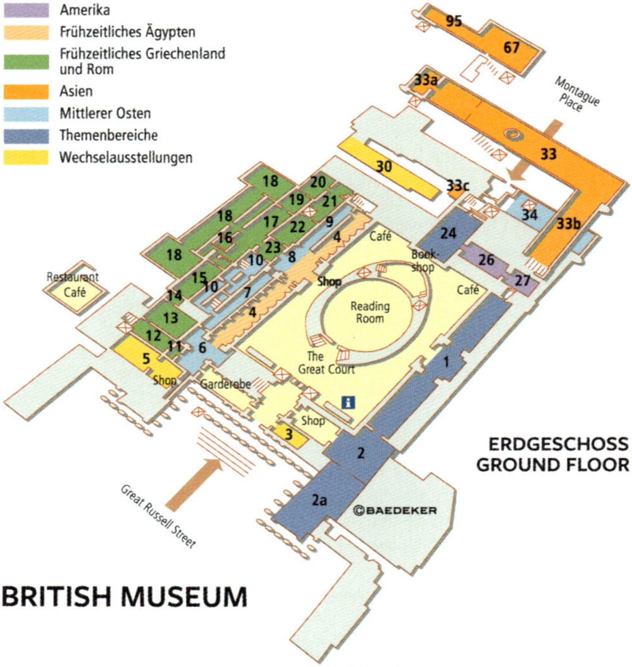

BRITISH MUSEUM

Die Säle **79 – 89** sind derzeit wegen Umbau geschlossen

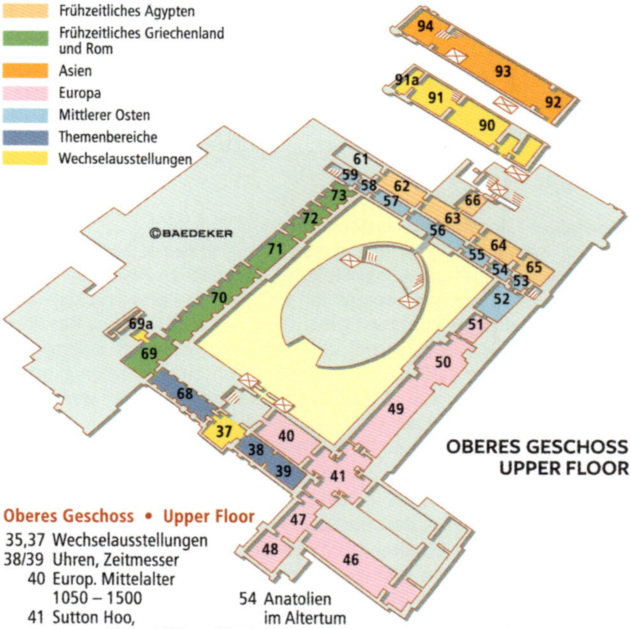

Oberes Geschoss • Upper Floor

35,37 Wechselausstellungen
38/39 Uhren, Zeitmesser
40 Europ. Mittelalter 1050 – 1500
41 Sutton Hoo, Europa 300 – 1100
46-47 Europa 1400 – 1900
48 Europa 1900 bis heute
49 Britannien zur Römerzeit
50 Britannien und Europa 800 v.Chr. – 0
51 Britannien und Europa 10000 – 800 v.Chr.
52 Iran im Altertum
53 Südarabien im Altertum
54 Anatolien im Altertum
55-56 Mesopotamien im Altertum
57-59 Naher Osten im Altertum
61-64 Ägypten
65 Sudan, Ägypten, Nubien
66 Äthiopien, Kopten
68 Münzen und Medaillen
69 Alltagsleben im antiken Griechenland und Rom
69a Wechselausstellungen
70 Stadt und Reich Rom
71 Etrusker
72 Zypern im Altertum
73 Hellenistisches Süditalien
90 Drucke und Zeichnungen
91 Wechselausstellungen
91a Malerei und Kalligraphie
92-94 Japan

Erdgeschoss • Ground Floor

1 Aufklärung
2 Collecting the World
2a Waddesdon Bequest
3/5 Wechselausstellungen
4 Ägyptische Großplastiken
6 Assyrische Skulpturen
7/8 Nimrod
9 Ninive
10 Löwenjagdreliefs, Chorsabad, Lachish
11 Kykladen in der Bronzezeit
12 Kreta, Mykene
13 Griechenland 1050 – 520 v.Chr.
14 Griechische Vasen
15 Athen, Lykien
16 Bassae (½ Treppe höher)
17 Nereidenmonument
18 Skulpturen von Parthenon
19 Athen
20 Griechen und Lykier
21 Mausoleum von Halikarnassos
22 Alexander der Große
23 Griech. und röm. Skulpturen
24 Leben und Tod
26 Nordamerika
27 Mexiko
30 Wechselausstellungen
33 Süd- und Südostasien, China
33a Amaravati
33b Chinesische Jade
33c Drachenkeramik
34 Islamische Welt
67 Korea
95 Chinesische Keramik

Unteres Geschoss • Lower Floor

25 Afrika
77 Griech. und röm. Architektur
78 Griech. und röm. Inschriften

Architektonisches Prunkstück

Great Court

Im kreisrunden Lesesaal (Reading Room) arbeiteten schon Karl Marx, George Bernard Shaw und Mahatma Gandhi. Umschlossen wird dieser Saal vom **Great Court**, den Norman Foster 1999 mit einem Glasdach versah: So schuf er Europas größten überdachten Platz mit einem fantastischen Raumeindruck. Kassen, Museumsshop und Cafeteria sind hier zu finden.

Einmalige Zeugnisse der Menschheit

Herausragende Exponate

Wer nur wenig Zeit mitbringt, sollte sich auf folgende Exponate konzentrieren: Los geht es in Saal 4 mit den ägyptischen **Kolossalbüsten** von Ramses II. und Amenophis III. aus Theben-West und dem berühmten **Stein von Rosette** (195 v. Chr.), einer schwarzen Basalttafel, durch die die Entzifferung der Hieroglyphenschrift gelang. Die Säle 6 bis 10 widmen sich der assyrischen Kunst aus den Königspalästen in Nimrud, Khorsabad und Ninive, darunter **Löwenjagdreliefs** aus der Zeit Assurbanipals aus seinem Palast in Ninive (7. Jh. v. Chr.). Das **Nereidenmonument** in Saal 17 ist ein auf 380 v. Chr. datiertes Grab aus Xanthos, das griechische und persische Elemente vereint. Die **»Elgin Marbles«** in Saal 18 sind Skulpturen vom Parthenon der Akropolis in Athen, darunter das »Pferd der Selene« vom Ostgiebel und der größte erhaltene Teil des Parthenon-Frieses. Funde aus dem **Mausoleum von Halikarnassos** und vom Artemis-Tempel in Ephesos zeigt Saal 21, **nigerianische Messingtafeln** vom königlichen Palastdach aus Benin aus dem 16. Jh. der Saal 25. Beim **Schiffsgrab von Sutton Hoo** in Saal 41 handelt es sich um Funde aus einem angelsächsischen Hügelgrab des 7. Jh.s – der König wurde prachtvoll im Rumpf eines Langschiffes bestattet. Um 1200 entstanden die **»Lewis Chessmen«**, Schachfiguren der Wikinger aus Walross- und Walzähnen von der Hebrideninsel Lewis in Saal 42. In Saal 49 ist der **Mildenhall Treasure** zu bewundern, ein in Suffolk gefundener römischer Silberschatz aus dem 4. Jahrhundert. Saal 50 stellt **»The Lindow Man«** aus, eine ca. 2000 Jahre alte mumifizierte Leiche eines Mannes aus dem Moor von Cheshire. In den Sälen 61 bis 63 sind **Ägyptische Mumien** und Sarkophage sowie Papyri zu sehen, darunter die berühmten Totenbücher. In Saal 70 präsentiert die **Portland-Vase** vollendete römische Kameo-Glaskunst.

★ Whitehall

Bitte (nicht) lächeln!

★ Horse Guards

Kein Bauwerk, sondern eine Straße ist das Synonym für die britische Regierung und Bürokratie. Vor dem Haupteingang des alten Whitehall Palace, der der Straße ihren Namen gab, halten Horse Guards vom Corps der Household Cavalry mit stoischer Ruhe Wache. Ihre

Dienstschluss: Eine Schwadron der Life Guards verlässt Horse Guards und reitet zurück in die Kaserne.

Geschichte erzählt das **Household Cavalry Museum**. Die berühmte **Wachablösung** ist eine Touristenattraktion ersten Ranges und findet bei nahezu jedem Wetter werktags um 11, sonntags um 10 Uhr statt; man sollte rechtzeitig vor Ort sein.
U-Bahn: Charing Cross
Household Cavalry Museum: März – Sept. tgl. 10 – 18, sonst bis 17 Uhr | Eintritt: 7 £ | www.householdcavalrymuseum.co.uk

Palast-Relikt

Banqueting House

Gegenüber erhebt sich Banqueting House, letzter Rest des Whitehall Palace, den zwei Brände der 1690er-Jahre zerstörten. Jakob I. beauftragte Inigo Jones mit dem Bau des Banqueting House, das 1622 vollendet wurde. Jakobs Sohn Karl I. ließ das **Deckengemälde von Rubens** malen und wurde selber im Jahr 1649 vor dem Gebäude geköpft.
U-Bahn: Charing Cross | tgl. 10 – 17 Uhr | Eintritt: 6,50 £
www.hrp.org.uk

Die berühmteste Tür Großbritanniens ...

10 Downing Street

... gehört zur Adresse **10 Downing Street**. Seit 1735 verbirgt sich dahinter die offizielle Residenz des britischen Premierministers. Allzu nahe wird man der Dienstwohnung jedoch nicht kommen, da ein Eisengitter seit Margret Thatchers Zeiten die kleine Sackgasse abriegelt.

Am nahen **Cenotaph** (»leeres Grab«) in der Straßenmitte von Whitehall wird am 11. November ein Gedenkgottesdienst zu Ehren der britischen Opfer beider Weltkriege abgehalten.
U-Bahn: Westminster Station

Befehlen im Untergrund

Churchill War Rooms

Von den bombensicheren, unterirdischen 19 Räumen der Churchill War Rooms operierten Churchill und sein Kabinett während des Zweiten Weltkriegs. Das 90-jährige Leben des Kriegspremiers dokumentiert das **Churchill Museum**.
U-Bahn: Westminster | April – Sept. tgl. 9.30 – 18, Okt. – März tgl. 10 – 18 Uhr | Eintritt: 17,25 £ | www.iwm.org.uk

Symbolischer Wandel

★ Houses of Parliament

In den Houses of Parliament schlägt das Herz der britischen Demokratie. Der offizielle Name des Parlamentsgebäudes – The Palace of Westminster – erinnert indes an den alten Königspalast, der im 11. Jh. unter Edward dem Bekenner erbaut worden war und nach der Verlegung

In Großbritannien residieren selbst die Abgeordneten in einem Palast: der Palace of Westminster gesehen durch das London Eye.

der Residenz in den Whitehall Palace ab 1547 als **Parlamentssitz** diente. Die heutigen Gebäude (▶ Baedeker Wissen, S. 230) wurden 1840 bis 1888 nach Entwürfen von Sir Charles Barry errichtet. Schon 1852 fand hier die erste offizielle Parlamentseröffnung statt.
Den besten Blick auf die imposante Silhouette von Westminster und dessen Wahrzeichen, den Elizabeth Tower mit **Big Ben**, hat man vom gegenüberliegenden Themse-Ufer. Die berühmte Glocke wird allerdings bis voraussichtlich 2021 schweigen – der marode Glockenturm wird umfassend renoviert.
Bei Vorbestellung kann man eine Führung durch die Parlamentsgebäude mit einem reichhaltigen und hochwertigen Nachmittagstee im Terrace Pavilion des Unterhauses verbinden. Das Ambiente ist elegant, der Blick auf die Themse wunderschön.
U-Bahn: Westminster | Buchung unter Tel. 020 72 19 41 14 und www.parliament.uk/visiting

Posthumes Geschenk

St Margaret's Church

St Margaret's Church, eine Gründung des 11. Jh.s, die zwischen 1483 und 1520 an der Nordseite von Westminster Abbey neu errichtet wurde, ist die offizielle Kirche des Unterhauses. Die in Flandern gefertigten Ostfenster sind ein Geschenk von Ferdinand und Isabella von Spanien zur Hochzeit von Prinz Arthur, dem älteren Bruder Heinrichs VIII., mit Katharina von Aragón. Daran erfreuen konnte er sich jedoch nicht mehr. Als die Fenster eintrafen, war Arthur bereits gestorben.
U-Bahn: Westminster

Made in Great Britain

★ Tate Britain

Jeder namhafte britische Künstler aus dem 16. bis 20. Jh. ist in der Galerie südlich vom Parlament vertreten. Ein würdigen Rahmen schafft das neoklassizistische Gebäude der Tate Britain, des Stammhauses an der Millbank, von dem zur Tate Modern (▶ S. 248) ein Schiffs-Shuttle angeboten wird.
Unter den gezeigten Werken ragen heraus: »Endymion Porter« (1643/1645) von James Dobson, »O' the Roast Beef of England/The Gate of Calais« (1748) von William Hogarth, Porträts von Peter Lely, »Chain Pier, Brighton« (1826/1827) von John Constable, weiterhin Werke von Joshua Reynolds, Thomas Gainsborough, George Stubbs und James Abbot McNeill Whistler. Britische Kunst des 20. Jh.s ist u. a. mit Lucian Freud, Gilbert & George und David Hockney vertreten. In der Clore Gallery werden die besten Werke aus dem gesamten **Nachlass von William Turner** ausgestellt.
Kunst macht hungrig: Im **Rex Whistler Restaurant** serviert Küchenchef Richard Oxley beste britische Saisonküche wie Krabben aus Cornwall und saftige Steaks von Rindern aus Devon.
U-Bahn: Pimlico | tgl. 10 – 18 Uhr | Eintritt: frei | www.tate.org.uk

PARLAMENT MIT TRADITION

Das britische Parlament gehört zu den ältesten der Welt. Seit seinen Wurzeln in angelsächsischer Zeit hat es sich im Lauf der Jahrhunderte vom königlichen Beraterstab zur demokratischen Volksvertretung entwickelt. Dieser Tradition entspringen viele Bräuche, die heute noch in den Houses of Parliament zelebriert werden.

▶ **House of Commons (Unterhaus)**
Im Unterhaus sitzen die gewählten Volksvertreter. Zwischen den Bänken der Regierungsparteien und der Opposition ist »Zwei Schwertlängen« Platz. Nicht alle Abgeordneten können sich setzen.

▶ **House of Lords (Ob**
Das Oberhaus besteh
die berufen werden.
Die Kammer kann Ge
verzögern, sie jedoch
findet die feierliche
durch den Monarche

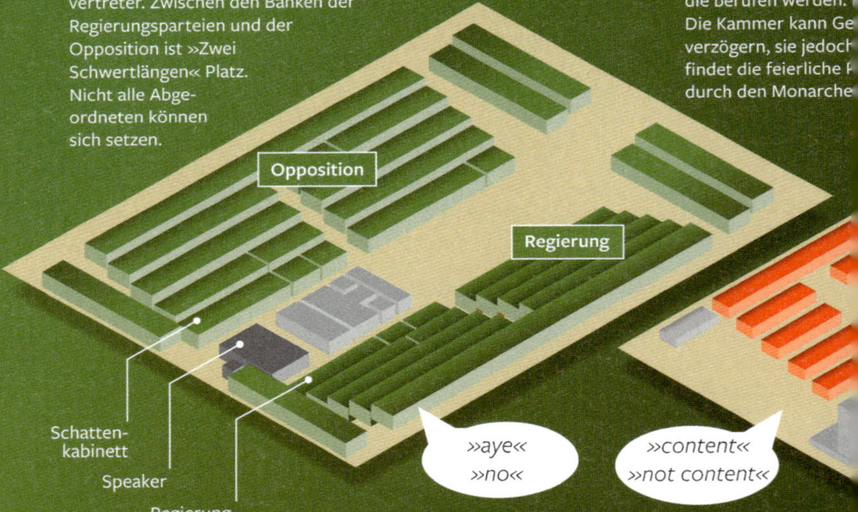

In beiden Kammern werden Zustimmung und Ablehnung unterschiedlich zum Ausdruck gebracht.

Serjeant at Arms
Er ist für Sicherheit und Ordnung im Unterhaus verantwortlich. Als einziger Bewaffneter im Haus trägt er ein Schwert. Bei der Parlamentseröffnung bringt er das Zepter (mace) in den Saal.

Black Rod
Er hat im Oberhaus ähnliche Aufgaben wie der Serjeant at Arms im Unterhaus. Er ist immer Mitglied des Hosenbandordens und holt bei der Parlamentseröffnung die Commons ab – die ihm traditionell die Tür vor der Nase zuschlagen.

Cat
Wil
steh
auf

Spe
Er w
Unt
wäh
rep
geg
und

Das Wappen des Parlaments

us)
s adligen Mitgliedern,
eien gibt es nicht.
e vorschlagen und
at verhindern. Hier
nentseröffnung
tt.

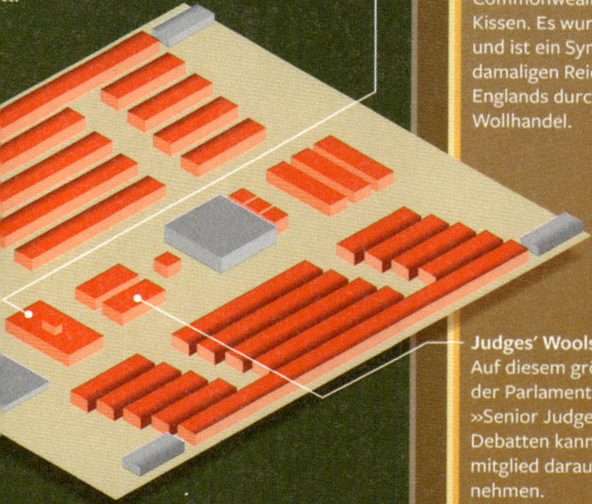

Von Roben und Ritualen
Die Kammern des britischen Parlaments blicken auf viele Jahrhunderte voller Geschichte und Tradition zurück.

Lord Speaker
Er wird vom Oberhaus gewählt und hat vor allem repräsentative Aufgaben. Er ist kein Sitzungsleiter im Sinne des Speakers im Unterhaus.

Woolsack
Der Lord Speaker sitzt während der Debatten auf einem mit Wolle der Commonwealth-Staaten gefüllten Kissen. Es wurde im 14. Jh. eingeführt und ist ein Symbol für den damaligen Reichtum Englands durch den Wollhandel.

Judges' Woolsack
Auf diesem größeren Kissen sitzen bei der Parlamentseröffnung die »Senior Judges«, während der Debatten kann jedes Oberhausmitglied darauf Platz nehmen.

the Speaker's Eye
arlamentarier sich zu Wort melden,
uf, damit der Speaker ein Auge
rft.

n den Mitgliedern des
ses aus ihrer Mitte ge-
eitet die Debatten und
ert das Unterhaus
r dem Monarchen
Oberhaus.

Dragging the Speaker
Ein frisch gewählter Speaker wird von seinen Parlamentskollegen mit sanfter Gewalt auf seinen Amtsstuhl gezogen, denn er wehrt sich dagegen: Repräsentant des Parlaments beim Monarchen zu sein, war kein begehrter Job.

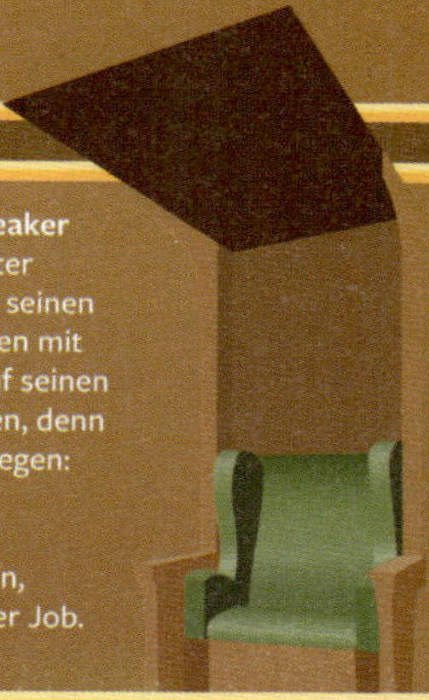

HOUSES OF PARLIAMENT

Im Unterhaus fallen die wichtigen politischen Entscheidungen, während der Einfluss des Oberhauses heutzutage recht gering ist (▶ Baedeker Wissen, S. 228). Seinen glanzvollsten Tag erlebt das Parlament beim »State Opening of the Parliament«, der jährlichen feierlichen Eröffnung durch die Queen.

Tickets für Führungen kosten 25,50 £. Führungen: ganzjährig in sitzungsfreien Zeiten sowie Sa. 9.15 – 16.30 Uhr in 7 Sprachen, an den meisten Tagen auch auf Deutsch. Selbst geführte deutschsprachige Audioguides kosten 18,50 £. Tickets unter www.parliament.uk/visiting, Tel. 020 72 19 41 14 oder im Ticketbüro beim Portcullis House, Victoria Embankment.
Debatten im Unterhaus: Mo., Di. ab 14.30, Mi. ab 11.30, Do. ab 10.30, Fr. ab 9.30 Uhr. Debatten im Oberhaus: Mo., Di. ab 14.30, Mi. ab 15, Do. ab 11, Fr. ab 10 Uhr; frühzeitig – möglichst 2 Std. vor Sitzungsbeginn – am St Stephen's Entrance anstehen.

1 Victoria Tower
Der Victoria Tower war zur Bauzeit 1858 mit 23 Metern Seitenlänge und 102 Metern Höhe der größte quadratische Turm der Welt.

2 Robing Room

3 Royal Gallery

4 St Stephen's Entrance
Hier ist der Eingang für die Besucher.

5 House of Lords

❻ Peers' Lobby
Hier treffen sich zwanglos die Mitglieder des Oberhauses.

❼ Central Lobby
Hier können sich die Mitglieder der beiden Häuser austauschen.

❽ Commons' Lobby
Hier kommen die Mitglieder des Unterhauses zusammen.

❾ House of Commons

❿ St Stephen's Hall
An dieser Stelle tagte von 1547 bis 1837 das Unterhaus in der St Stephen's Chapel.

⓫ Westminster Hall
Westminster Hall ist der größte Überrest des alten Westminster Palace.

⓬ Big Ben
Der 1858/1859 errichtete Turm ist 97,5 Meter hoch. Die Ziffernblätter der Uhr haben einen Durchmesser von fast 8 Metern, die Zeiger sind fast 4 Meter lang, die Glocke wiegt 13 Tonnen.

★★ Westminster Abbey

U-Bahn: Westminster | Mo., Di., Do., Fr. 9.30 – 16.30, Mi. 9.30 – 19, Sa. 9.30 – 14.30 Uhr, So. geschl. | Eintritt: Tickets mit festem Zeitfenster online 20 £, sonst 22 £ | www.westminster-abbey.org

Steinernes Monument der englischen Monarchie

Geschichte

Durch Westminster Abbey weht nicht nur ein Hauch der Geschichte, sondern ein regelrechter Sturm: Seit 1066 wurden hier fast alle englischen Monarchen gekrönt und bis 1760 auch begraben. Die Kirche war die Kulisse für Ereignisse wie die Trauerfeier für Lady Di und die Hochzeit von Prinz William und Kate 2011. Prächtige Gräber, etwa von Elizabeth I. und Maria Stuart, sind in den Königlichen Kapellen zu

BAEDEKER MAGISCHE MOMENTE

HIMMLISCHE STIMMEN

Wenn die erhabenen und glockenreinen Klänge des Knabenchors im schummrig beleuchteten Gewölbe widerhallen, mag man spüren, welche Mystik die Menschen einst in Englands altehrwürdigen Kathedralen umfing. Erleben Sie Westminster Abbey im Geiste der Gründer und Erbauer – nicht als vielbesuchter Touristenmagnet mit recht hohen Eintrittspreisen, sondern beim (kostenlosen) gesungenen Gottesdienst »Evensong« (Mo., Di., Do., Fr. meist 17, Sa., So. 15 Uhr, s. Website).

WESTMINSTER ABBEY

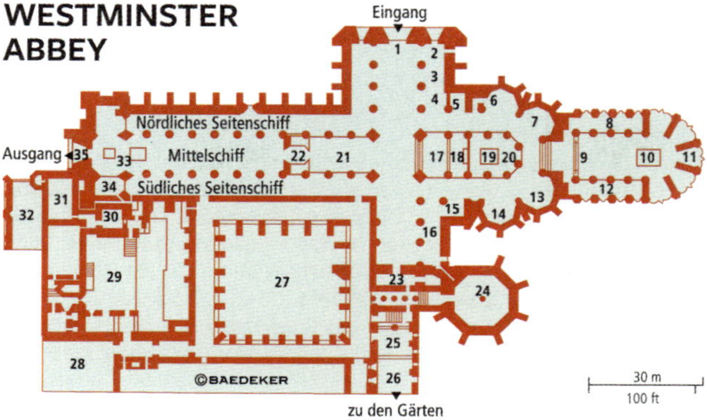

1 Nordportal
2 Chapel of St. Andrew
3 Chapel of St. Michael
4 Chapel of St. John the Evangelist
5 Islip Chapel
6 Chapel of St. John the Baptist
7 Chapel of St. Paul
8 Grab Elisabeths I.
9 Henry VII's Chapel
10 Grab Heinrichs VII.
11 R.A.F. Chapel; The Battle of Britain Memorial Window
12 Grab Maria Stuarts
13 Chapel of St. Nicholas
14 Chapel of St. Edmund
15 Chapel of St. Benedict
16 Poet's Corner
17 Sanctuary
18 Hochaltar
19 St. Edward's Chapel
20 Henry V's Chantry Chapel
21 Chor
22 Orgelempore
23 Chapel of St. Faith
24 Kapitelhaus
25 Chapel of the Pyx
26 Norman Undercroft
27 Kreuzgang
28 Dean's Yard
29 Deanery
30 Jericho Parlour
31 Jerusalem Chamber
32 Buchhandlung
33 Grabmal des Unbekannten Soldaten und Denkmal für Sir Winston Churchill
34 St. George's Chapel
35 Westportal

bewundern. Darüber hinaus ist Westminster Abbey eine Art nationaler Pantheon mit Denkmälern, die an berühmte Briten erinnern, von Staatsmännern und Generälen bis zu Musikern und Künstlern.

Englands Pantheon

Kirchenschiffe

Das 1065 von Edward dem Bekenner als Grabkirche erbaute Gotteshaus wurde im 13. Jh. von Heinrich III. durch eine von der französischen Gotik inspirierten Abteikirche ersetzt. Erst 1740 erhielt sie ihre **Westfassade** mit den beiden 68 m hohen Türmen.

Das 34 m hohe Querschiff ist das höchste gotische Kirchenschiff Englands. Die **St George's Chapel** rechts vom Eingang birgt mit dem Porträt Richards II. aus dem 14. Jh. das älteste Bildnis eines englischen Herrschers. Im Mittelschiff befinden sich Gedenkplatten für u. a. Winston Churchill (► Interessante Menschen, S. 363), Neville Chamberlain und David Livingstone, im nördlichen Seitenschiff Gedenktafeln für William Pitt d. J., den Komponisten Henry Purcell und Charles Darwin sowie der schwarze Sarkophag von Isaac Newton, im südlichen Seitenschiff wird des Reformators John Wesley und des Gründers der Pfadfinderbewegung, Baden Powell, gedacht. Im **»Poets' Corner«** im südlichen Querschiff sind Geoffrey Chaucer und Tennyson begraben. Für Sir Walter Scott, William Shakespeare, Lord Byron, Rudyard Kipling und T. S. Eliot wurden Gedenkplatten aufgestellt, an Georg Friedrich Händel erinnert eine Statue.

Königliche Grablege

Royal Chapels

Hinter dem Sanktuarium beginnen die reich verzierten Königlichen Kapellen mit den Grabmälern englischer Herrscher. Zwölf schwarze Marmorstufen führen in die **Chapel of Henry VII**. Die Grabkapelle Heinrichs VII. ist ein **Meisterwerk des Perpendicular Style**. 1503 bis 1519 wurde sie von Robert Ertue erbaut und mit über 100 Figuren und Grabmälern ausgestattet (Abb. ► S. 354). Im Zentrum befinden sich die von dem Florentiner Torrigiani geschaffenen goldbronzenen Liegefiguren von Heinrich VII. und Elisabeth von York, über ihnen die Banner und zu beiden Seiten das Gestühl des Ordens der Ritter von Bath. Im selben Grabgewölbe sind auch Jakob I., Georg II. und Edward IV. beerdigt. Im »Innocent's Corner« ruhen die im Alter von drei Tagen bzw. zwei Jahren verstorbenen Töchter Jakobs I., daneben liegen die Gräber der im Tower ermordeten Söhne Edwards IV. und schließlich die von Elizabeth I. und Maria Tudor. Im rechten Seitenschiff befindet sich u. a. die Liegefigur von Maria Stuart, im Gewölbe davor die Gräber Karls II., Wilhelms II. und von Queen Anne. Älteste Königskapelle ist die **St Edward's Chapel** mit dem 1269 aufgestellten Schrein Edwards des Bekenners.

St James's

Hochherrschaftliches Viertel

St James's Palace

Ein Spaziergang durch das Viertel St James's, westlich vom Trafalgar Square, gibt Einblicke in die Welt der Mächtigen, Reichen und Adligen. Entlang der Straße Pall Mall und rund um Waterloo Place und St James's Square haben sich die noblen Clubs niedergelassen. Die Pall Mall endet am **St James's Palace**, dem unter Heinrich VIII. nach Plänen von Hans Holbein d. J. erbauten Königspalast. Er wurde nach dem Brand von Whitehall Palace 1619 Residenz und wird noch von Mitgliedern der Königlichen Familie bewohnt, weshalb der Palast nicht besichtigt werden kann. Ein Schaufensterbummel an edlen Geschäften vorbei führt die St James's Street hoch, dann rechts in die Jermyn Street (Herrenausstatter) und wieder rechts zum Park in der Mitte von St James's Square.

U-Bahn: St James's Park, Green Park

Das Haus Windsor

★ Buckingham Palace

Zu ihrem Amtsantritt 1837 verlegte Queen Victoria die Residenz in den Palast, der 1703 nach einem Entwurf des Herzogs von Buckingham begonnen und 1825 durch John Nash sowie 1913 durch Aston

Webb vergrößert wurde. Buckingham Palace ist die Londoner **Residenz des britischen Monarchen** – wenn die königliche Standarte weht, ist die Queen zu Hause (und an ihrem Arbeitsplatz), umsorgt von über 300 Angestellten. Wenn die Queen im Spätsommer zwei Monate lang im schottischen Balmoral weilt, können jedoch 19 State Rooms besichtigt werden, ganzjährig die private Gemäldegalerie und die Kutschensammlung im Royal Mews.
Massen von Touristen verfolgen **Changing of the Guard** – vom Denkmalsockel hat man einen guten Überblick, wenn die Wachablösung beginnt (▶ Baedeker Wissen, S. 236).

U-Bahn: St James's Park, Victoria, Green Park
Buckingham Palace: State Rooms Ende Juli – 31. Aug. tgl. 9.30 – 19.30 (letzter Einlass 17.15), Sept. 9.30 – 18.30 Uhr (letzter Einlass 16.15) Royal Mews April – Okt. tgl. 10 – 17, Nov., Feb., März tgl. 10 – 16 Uhr Queen's Gallery tgl. 10 – 17.30 Uhr | Eintritt: State Rooms 24 £, Royal Mews 11 £, Queen's Gallery 11 £, Kombiticket »Royal Day Out« 42,30 £ | www.royalcollection.org.uk (mit Online-Ticketverkauf)
Wachablösung: Mai, Juni tgl., sonst alle zwei Tage 11.30 Uhr

Ein königlicher Park

St James's Park

St James's Park, ältester und schönster der königlichen Parks, wurde von André Le Nôtre angelegt, der auch Versailles gestaltete. Sein heutiges Aussehen verlieh ihm 1829 John Nash.
U-Bahn: St James's Park

West End

Das West End lockt zwischen Oxford, Regent und Bond Street mit **sensationellen Shoppingmöglichkeiten** von fein bis funky, mit kulinarischen Weltreisen, Theater, Kino und buntem Völkergemisch.
Shoppingadressen nach Straßen: www.streetsensation.co.uk

Angelpunkt der Welt

★ Piccadilly Circus

Für die Londoner ist Piccadilly Circus **»The Hub of the World«**, der Angelpunkt der Welt. Riesige Leuchtreklamen erhellen seit 1890 am Abend das lärmende Herz des West End mit dem berühmten »Eros-Brunnen« – seine Brunnenfigur ist eigentlich der Engel der Nächstenliebe und dem Philanthropen Earl of Shaftesbury gewidmet. Alle vom Circus ausgehenden Straßen haben ihren eigenen Charakter: Regent Street mit dem altehrwürdigen Kaufhaus **Liberty's**, Piccadilly mit dem Schlemmertempel **Fortnum & Mason** und dem Hotel **The Ritz**, während Haymarket und Shaftesbury Avenue Theater säumen. Der Platz verdankt seinen Namen Robert Baker, der im 17. Jh. die besten »Pickadils«, hohe Kragen mit steifen Ecken, herstellte.
U-Bahn: Piccadilly Circus

CHANGING OF THE GUARD

BAEDEKER WISSEN

Immer um 11.30 Uhr verfolgen Tausende die Wachablösung vor Buckingham Palace. Die Wachsoldaten werden im Wechsel von einem der fünf Regimenter der Royal Foot Guards gestellt. Zur selben Zeit reitet die Household Cavalry zur Wachablösung an Horse Guards am Palast vorbei.

Anmarsch und Choreografie

A Marschroute
B Wachablösung im Vorhof von Buckingham Palace
C Route Household Cavalry nach Horse Guards
D R… v…

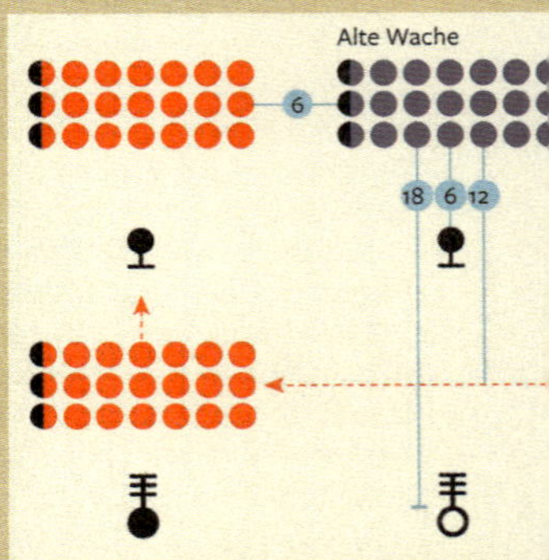

Zeitplan der Wachablösung

▶ **Die Bärenfellmütze**
Offiziersmützen bestehen aus dem schwarz eingefärbten Fell kanadischer weiblicher Braunbären. Mannschaftmützen sind aus dem dünneren Fell von Schwarzbären. Seit einigen Jahren fordern Tierschützer, auf synthetische Felle umzusteigen.

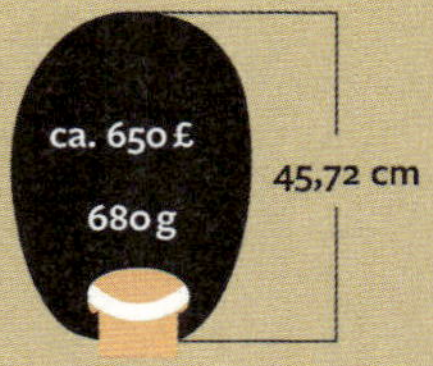

▶ **Bestand**
Die Royal Foot Guards setzen ca. 1900 Bärenfellmützen ein. Jede wird mindestens 50 Jahre lang getragen; jährlich werden ca. 100 neue angeschafft.

e Household Cavalry
Horse Guards

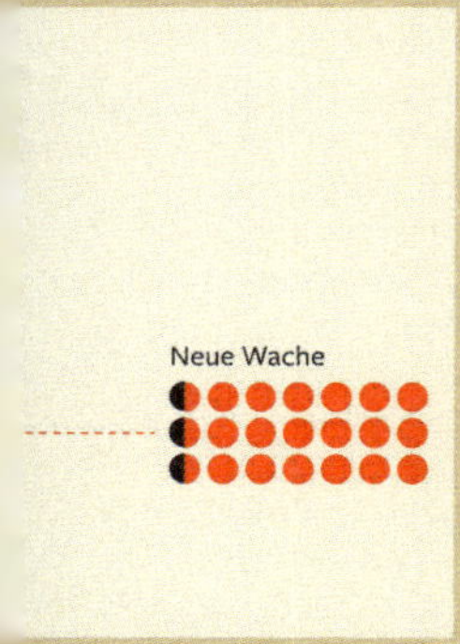

- Offizier des Tages
- abgelöster Offizier des Tages
- Kommandeur der Wache
- Kommandeur der Reihe
- Soldaten neue Wache
- Kommandeur der Reihe
- Soldaten alte Wache
- 6 Schritte / Abstand

UND ABENDS INS WESTEND

Wenn in London, dann natürlich auch ins Westend-Musical. Also rasch noch online Karten bestellen! Leichter gesagt als getan: Zur Auswahl stehen an die 40 Produktionen. Das Geschäft brummt.

Es kommt nicht von ungefähr, dass gerade London neben New York als Welthauptstadt des Musicals gilt. Dort hat es angefangen. In einer riesigen, immer größer werdenden Stadt wollte man unterhalten sein – und dazu eigneten sich erdenschwere Bühnenklassiker nur bedingt. Der Startschuss fiel 1872 im Alhambra Theatre mit **»The Black Crook«** (»Der schwarze Schuft«). Lange gab danach der New Yorker Broadway den Ton an: Wer gerät bei »Westside Story« nicht ins Schwärmen?
Als aber **Andrew Lloyd Webber** nacheinander »Cats« (1980), »Starlight Express« (1984) und »Das Phantom der Oper« (1986) auf die Bühne brachte, übernahm London die Führung. Es begann das Zeitalter der Megamusicals, die mit einem immensen Aufwand an Personal, Ausstattung und Technik realisiert wurden. Die Millionen, die das kostete, wollten eingespielt sein, weshalb derartige Produktionen sehr lange laufen mussten. Auf der aktuellen Hitliste der am längsten gespielten Westend-Produktionen steht zwar mit Agatha Christie's »Mausefalle« mit über 26 000 Vorstellungen ein Theaterstück deutlich an der Spitze, aber sämtliche folgenden Plätze belegen Musicals, angeführt von den nach wie vor laufenden Stücken »Les Misérables« und »Phantom der Oper« (beide über 12 000 Aufführungen).

Geschäft mit Charme

Längst sind Musicals also ein Riesengeschäft geworden. Die Society of London Theatres hat 2016 für alle Westend-Bühnen über 14 Mio. Besucher gezählt, die 644 Mio. £ an den Kassen ließen. Die allermeisten dürften ins Musical gegangen sein. Was aber nicht zum Dauerbrenner wird, wird abgesetzt. Laufend werden neue Produktionen ausgeworfen und alle möglichen Trends probiert: Jukebox-Musicals wie »Thriller Live!«, Filmadaptionen wie »Mamma Mia!« und auch neue Megamusicals werden wieder gewagt, zuletzt etwa »Lord of the Rings«. Man könnte jetzt natürlich meinen, dass das alles zu industrialisiert sei. Aber genau das ist es ja: Das ist kein Amateurtheater, hier sind Vollprofis am Werk, und wer mit Musicals etwas anfangen kann, sollte unbedingt eines anschauen.
Außerdem besteht der Charme eines Musicalbesuchs in London nicht zuletzt darin, dass man nicht in eine extra gebaute, **perfekt durchorganisierte Vergnügungsmaschine** mit Rundumversorgung kommt, sondern in ein alteingesessenes, »richtiges« Theater mit einem Vorher (Wo essen wir noch was?) und einem Nachher (Gehen wir noch was trinken?). Dann muss man nur noch entscheiden: Will ich eine Geschichte sehen? Geht es mir vor allem um die Musik? Oder beides, am besten mit gigantischer Show?

Liebe, Hoffnung, Aufbegehren – dass Musicals nicht gleich seichte Unterhaltung bedeuten müssen, beweist der Dauerbrenner »Les Misérables«.

Der einzige Michelangelo

Royal Academy of Arts

Burlington House, seit 1869 Sitz der 1768 gegründeten Königlichen Akademie der Schönen Künste, veranstaltet hochkarätige Wechselausstellungen. Ihr größter Schatz, eine Skulptur von Michelangelo, ist das einzige bildhauerische Werk des Italieners in England. Die anschließende **Burlington Arcade** gehört zu den exklusivsten Einkaufspassagen der Stadt mit mehr als 70 allerfeinsten Geschäften.

U-Bahn: Piccadilly Circus | tgl. 10 – 18, Fr. bis 22 Uhr | Eintritt: ab 10 £, je nach Ausstellung | www.royalacademy.org.uk

Ein ganz normaler Sündenpfuhl

★ Soho

Soho, das Viertel zwischen Regent Street, Shaftesbury Avenue und Oxford Street, hatte lange den Ruf des Sündenpfuhls, in dem es in den 1980er-Jahren 174 Striplokale gab. Heute geht es hier auch nicht verruchter zu als andernorts, im Gegenteil: Eine lebendige Kneipen- und Cafészene gibt den Nährboden für Medienleute, Banker und ganz normale Menschen. In der quirligen **Carnaby Street**, in den 1960er-Jahren Inbegriff für »Swinging London«, findet man gute, ausgefallene und witzige kleine Läden, in **Chinatown** die kulinarische Begleitung.

U-Bahn: Oxford Circus, Tottenham Court Road

Shoppingmeile

Oxford Street

Wo einst die Verurteilten vom Newgate-Gefängnis zu ihrer Hinrichtung marschierten, drängen sich heute auf 3 km riesige Warenhäuser wie **Selfridges** und Marks & Spencer, Themenshops und Trendboutiquen mit angesagten Modelabels.

Am Westende der Oxford Street steht der **Marble Arch**. 1890 wurde der Triumphbogen, den John Nash als Haupttor für den Buckingham Palace entworfen hatte, am alten Hinrichtungsplatz Tyburn aufgestellt – da der Durchlass für die königliche Staatskarosse zu klein geraten war.

U-Bahn: Marble Arch, Bond Street, Oxford Circus, Tottenham Court Road

Ein ungleiches Duo

Handel & Hendrix

Der Komponist Georg Friedrich Händel, der für den englischen König Georg I. die berühmte Wassermusik schrieb, lebte von 1723 bis zu seinem Tod 1759 in der Brook Street 25 in Mayfair. Sein Wohnhaus ist heute Museum mit Gemälden aus Händels Privatsammlung und zwei nachgebauten Cembali, die bei Kammermusikkonzerten erklingen. 1968 wohnte für eine kurze Zeit Jimi Hendrix im Haus nebenan. Jetzt werden die beiden so unterschiedlichen Musiker in der Besucherattraktion Handel & Hendrix gemeinsam gefeiert.

U-Bahn: Bond Street, Oxford Circus | Mo. – Sa. 11 – 18 Uhr
Eintritt: 10 £ | https://handelhendrix.org/

PICKNICK IM HYDE PARK

Spätestens zwischen Dutzenden Sorten italienischer Salami, französischen Käses und englischer Biskuits wird jeder schwach und greift zum Portemonnaie: Ist es nicht herrlich, mit einer in Harrods Food Hall (▶ S. 244) wohlgefüllten Tüte in der Hand zum Picknick in den nahen Hyde Park zu gehen und das Museumsprogramm sausen zu lassen?

Rund um den Hyde Park

★ Hyde Park und Kensington Gardens

Londons grüne Lunge

Der Hyde Park, der bekannteste und mit den westlich anschließenden Kensington Gardens größter aller königlichen Parks, hält eine breite Palette an Aktivitäten und Vergnügen bereit. Kinderherzen erfreuen nahe dessen Südufer das **Princess Diana Memorial Fountain**, ein großer Wasserlauf mit Strömung zum Planschen, und in der nordwestlichen Ecke der sich anschließenden Kensington Gardens ein Abenteuerspielplatz, ebenfalls nach der kinderlieben Prinzessin benannt. Die **Serpentine Gallery** zeigt zeitgeössische Kunst. Wunderschöne Blumenrabatten schmücken die östliche Südseite des Parks. Schließlich kann an der berühmten **Speakers' Corner** im Nordosten sonntags jeder seine Meinung der Öffentlichkeit kundtun.

U-Bahn: Lancaster Gate, Hyde Park Corner, Knightsbridge

★ Wellington Museum

Erlesene Kunstsammlung

In vergangenen Zeiten war es für Hochadlige Pflicht, einen großen Stadtpalast mit prunkvollen Räumen und standesgemäßen Kunstschätzen zu unterhalten. Unter den letzten verbliebenen Häusern dieser Art ist **Apsley House**, Londoner Wohnsitz des 1. Duke of Wellington. Eine Folge von Prunkräumen zeigt eine feine Gemäldesammlung, u. a. mit Werken von Van Dyck, Velázquez, Breughel und Goya, sowie Skulpturen, Silber, Porzellan und andere kostbare Geschenke, mit denen europäische Herrscher ihre Dankbarkeit für Wellingtons Sieg über Napoleon in der Schlacht bei Waterloo ausdrückten. Auch der von einer Quadriga mit Friedensengel gekrönte **Wellington Arch** feiert die Triumphe des Herzogs. Vom Dach hat man – am besten im Winter, wenn das Laub gefallen ist – einen Blick in den Garten von Buckingham Palace.

Apsley House: U-Bahn: Hyde Park Corner | Sommer Mi. - So. 11 - 17, Winter bis 16 Uhr | Eintritt: 9,30 £ | www.english-heritage.org.uk
Wellington Arch: U-Bahn: Hyde Park Corner | tgl. April - Sept. 10 bis 18, Okt. 10 - 17, Nov. - März 10 - 16 Uhr | Eintritt: 5,50 £
www.english-heritage.org.uk

★ Kensington Palace

Willkommen im bescheidenen Heim von Prinz William und Kate. Und dieses ist durchaus geschichtsträchtig, wurde doch Prinzessin Victoria hier unter strenger Aufsicht erzogen und am 20. Juni 1837 mit der Nachricht geweckt, sie sei jetzt Königin. In dem Palast am westlichen Ende der Kensington Gartens, 1689 bis 1760 Privatresidenz der englischen Herrscher, erfahren Besucher seit einer umfangreichen Renovierung durch lebhafte und innovative Ausstellungen vieles über das Leben seiner Bewohner, vor allem über glückliche und unglückliche Prinzessinnen: Victoria oder Charlotte von Mecklenburg-Strelitz, treue Gemahlin von Georg III. – und Diana, derer mit Modeschauen und mit Blumen am Palasttor gedacht wird. Der Afternoon Tea in der eleganten **Orangerie** ist der passende Abschluss des Besuchs.
Am Südrand der Kensington Gardens ließ Queen Victoria für ihren 1861 verstorbenen Gemahl Albert von Sachsen-Coburg-Gotha das **Albert Memorial** errichten. Gegenüber sieht man die **Royal Albert Hall**, in der jedes Jahr von Juli bis September die legendären Proms-Konzerte stattfinden.

Kensington Palace: U-Bahn: High Street Kensington, Queensway
März - Okt. tgl. 10 - 18 Uhr | 17 £, online 15,50 £, Jahrespass für alle fünf Paläste ab 47 £ | www.hrp.org.uk/KensingtonPalace
Royal Albert Hall: U-Bahn: High Street Kensington, Knightsbridge
www.royalalberthall.com (mit Online-Ticketverkauf für Konzerte)

Notting Hill

Vergeblich sucht man nordwestlich vom Hyde Park an der Portobello Road in Notting Hill die blaue Tür aus der Filmromanze mit Julia Roberts und Hugh Grant. Sie ist längst überstrichen, den Buchladen jedoch gibt es immer noch. Und sein reizendes Flair hat der hübsche Stadtteil ebenfalls behalten, viele Fassaden in Notting Hill leuchten rosa, gelb und grün. Während Menschenmassen sich samstags am **Portobello Market** durch die Stände des Antiquitätenmarktes wüh-

BAEDEKER ÜBERRASCHENDES

6X KAMERA LÄUFT

Das kenn ich doch – Déjà-vus aus Film und Fernsehen.

1. MAGISCH

Auf **Lacock Abbey** wurde Henry Fox-Talbot mit der Erfindung des Negativs zum Fotopionier – ein wahrer Magier. 200 Jahre später wurde sein Landsitz in »Harry Potter und der Stein der Weisen« zu Hogwarts. (▶ **S. 60**)

2. HERZSCHMERZ

Rosamunde Pilchers TV-Romanzen entlocken so manchem Zuschauer Seufzer. Die Drehorte wie die **Lizard-Halbinsel** oder das Fischerdorf **Polperro** ebenso. (▶ **S. 111, 121**)

3. LIZENZ ZUM DREHEN

Cornwalls Küste liegt in Nordkorea, zumindest in »Stirb an einem anderen Tag«, wo die Holywell Bay zum Sperrgebiet wird. Auch in der Realität in **London** befindet sich der MI6-Hauptsitz an der Vauxhall Bridge. (▶ **S. 107**)

4. LOVE IN LONDON

Kann das gut gehen, mit Filmstar Anna und Buchhändler William? Szenen der Achterbahnfahrt von »Notting Hill« wurden in einem Londoner Reisebuchladen gedreht, zu finden in **No. 13 – 15 Blenheim Crescent**. (▶ **S. 242**)

5. VERY BRITISH

Wilton House hatte zahlreiche Rollen, z. B. als Landsitz Pemberley in »Stolz und Vorurteil« (2007) mit Keira Knightley sowie in »Sinn und Sinnlichkeit« mit Emma Thompson und Kate Winslet. (▶ **S. 292**)

6. SO DÜSTER ...

... ist das **Dartmoor** gar nicht, wie man es nach dem Anschauen von Edgar-Wallace-Filmen oder »Der Hund der Baskervilles« meinen mag. Imposant ist die Landschaft aber allemal. (▶ **S. 128**)

»Alles, für alle, überall«, verspricht Harrods.

len, lohnt ein Spaziergang durch die Seitenstraßen mit rosenumrankten Hauseingängen und kleinen Gärten. Ein Riesenspektakel: der **Notting Hill Carnival** im August (► S. 388).

Kensington und Knightsbridge

★ Harrods

Konsumtempel

Kensington und Knightsbridge locken mit fünf Topmuseen, der zweiten großen Einkaufsgegend Londons – und mit Harrods, dem wohl berühmtesten Kaufhaus der Welt. Der Konsumtempel an der Brompton Road hat die beste Food Hall, bei Harrods gibt es alles – und was es nicht gibt, wird selbstverständlich besorgt. 330 Abteilungen auf 90 000 m² Verkaufsfläche sprechen für sich – Harrods ist Erlebnis und Ereignis zugleich!

U-Bahn: Knightsbridge | Mo. – Sa. 10 – 21, So. 11.30 – 18 Uhr
www.harrods.com

★★ Victoria and Albert Museum

Vielgesichtiger Museumsriese

Textilien und Mode, Keramik und Porzellan, Silber, Möbel, asiatische und islamische Kunst, Kirchenfenster, Waffen oder die hoch gesicherte Edelsteinabteilung – jeder erdenkliche Bereich des Kunsthandwerks ist mit hochwertigen Exponaten vertreten. Die Idee zu

dieser Sammlung stammt von Prinz Albert, der den Ertrag der »Great Exhibition« von 1851 für die Museumsgründung verwendete. Das Ergebnis, das V & A Museum an der Cromwell Road, ist neben dem British Museum das umfangreichste und vielfältigste Museum Londons. Neben den vielen kunsthandwerklichen Objekten – Highlights sind u. a. der makabre mechanische **Tippoo's Tiger** oder der prachtvolle persische **Ardabil-Teppich** aus dem 16. Jh. – gibt es auch eine Gemäldesammlung mit englischen Miniaturen und Aquarellen. Nicht versäumen sollten Sie die **»Raffael-Kartons«**, 1516 für Papst Leo X. als Vorlage für die Sixtinische Kapelle angefertigt, oder die zahlreichen Werke von **John Constable** im Henry Cole Wing. Und schließlich beheimatet das Museum seit 2009 auch die **Gilbert Collection** mit kostbarem Tafelsilber und italienischen Mosaiken des 16. bis 19. Jahrhunderts.
Angesichts der überwältigenden Fülle exquisiter Exponate muss der Besucher nach persönlichen Vorlieben Schwerpunkte setzen. Und bei einsetzender Ermüdung erholt man sich am besten im prachtvollen **Morris Room** – das erste Museumsrestaurant Englands ist fast schon selbst ein Exponat.
U-Bahn: South Kensington | tgl. 10 – 17.45, Fr. bis 22 Uhr | Eintritt: frei, Sonderschauen und Events kostenpflichtig | www.vam.ac.uk

Alles Natur!

★★ Natural History Museum

Wer die Natur verstehen möchte, wer mit Kindern in London ist, sollte unbedingt das Naturgeschichtliche Museum besuchen, denn dieser Glücksfall von einem Museum vermittelt schwierige Materie einleuchtend, unterhaltend und mit vielen Möglichkeiten zum Selbstausprobieren. Zehn Ausstellungsbereiche zeigen ausgesuchte Exponate zu den Themen Evolution, Artenvielfalt der Erde und Naturschutz auf unserem Planeten. Hauptattraktionen sind die fantastische **Dinosaurierabteilung**, wo die Welt von Triceratops und Tyrannosaurus Rex lebendig wird, die Spinnen- und Kriechtierabteilung **»Creepy Crawlies«** mit einem begehbaren Termitenhügel, die Mineraliensammlung mit 130 000 Gesteinsarten und das faszinierende **Darwin Centre** mit 40 interaktiven Installationen zur Arbeit des Naturforschers. Durch Glasscheiben kann man dort auch in die Labore schauen und den arbeitenden Forschern Fragen stellen.
U-Bahn: South Kensington | tgl. 10 – 17.50 Uhr | Eintritt: frei
www.nhm.ac.uk

Wissenschaft zum Anfassen

★ Science Museum

Das Wissenschaftsmuseum lädt in 40 Galerien zum Experimentieren und zu einer Zeitreise durch Forschung und Fortschritt. Zu den ausgestellten Objekten gehören Teleskope von Galilei, die Dampfmaschine von Boulton und Watt von 1788, die älteste erhaltene Lokomotive »Puffing Billy« von 1813, die Raumschiffe Apollo 10 und Sojus sowie

die älteste bekannte Konservendose von 1823.In prähistorische Unterwasserwelten entführen die 3D-Filme im IMAX-Kino.
U-Bahn: South Kensington | tgl. 10 – 18 Uhr | Eintritt: frei (Dauerausstellungen | www.sciencemuseum.org.uk

Design der Moderne

Design Museum

2016 feierte das Design Museum die Wiedereröffnung in einem neuen Haus, dem ehemaligen Commonwealth Institute mit denkmalgeschützter Architektur des Jahres 1962. Unter dem parabolischen Dach zeigt das Museum modernes Design von Thonet-Stühlen bis zum Sony Walkman in den drei Kategorien »Designer«, »Maker« und »User«. Die Objekte auf der »Crowdsourced Wall« nehmen Besucherwünsche auf, ob Cola-Dosen oder Gummihandschuhe. Die Wechselaussstellungen sind hochaktuell – schließlich ist London eine Stadt junger Designer.
U-Bahn: High Street Kensington, Kensington | tgl. 10 – 18 Uhr
Eintritt: frei | http://designmuseum.org

Southwark und South Bank

Der Spaziergang durch den Stadtteil Southwark am Südufer der Themse von der Tower Bridge bis zur Westminster Bridge bietet ein unterhaltsames Programm. Das Treiben der Straßenkünstler, Musiker und Skateboarder, kulturelle Events an öffentlichen Plätzen, eine vielfältigen Gastronomie, Besucherattraktionen von jedem Couleur, interessante alte und neue Architektur, der Blick hinüber zur Stadtmitte am Nordufer – hier ist Stoff für mindestens einen ganzen Tag.

Neues Rathaus, letzter Kreuzer

City Hall, HMS Belfast

Nahe Tower Bridge steht mit schräger Fassade das 2002 eröffnete **Rathaus**, das Lord Norman Foster als Symbol für die Demokratie entwarf. Gegenüber liegt seit 1963 als **Museumsschiff** am Themse-Ufer der letzte große Kreuzer der Royal Navy, HMS Belfast, der an der Landung in der Normandie teilnahm.
HMS Belfast: U-Bahn: London Bridge | April – Okt. tgl. 10 – 18, sonst bis 17 Uhr | Eintritt: 14,50 £

Vertikale City

London Bridge Quarter

Die Revitalisierung im London Bridge Quarter hat diese Gegend in den letzten Jahren grundlegend verändert: Wahrzeichen des boomenden Viertels ist der höchste Wolkenkratzer der EU: das 310 m hohe Gebäude **The Shard**, das nach Plänen von Renzo Piano errichtet und 2012 von Prinz Andrew und Scheich Abdullah Bin Saoud Al Thani von Qatar eingeweiht wurde. Die spektakuläre spitze »Scherbe« aus Stahl, 11 000 Glasplatten und zentralem Beton-

Theater wie zu Shakespeares Zeiten – hautnah am Geschehen im Globe Theatre

schacht versteht sich als vertikale City. 44 Hochgeschwindigkeitsaufzüge verbinden die 87 Stockwerke mit Geschäften, Restaurants, Büros, Luxusapartments und dem Shangri-La Hotel At the Shard (► S. 209). An klaren Tagen reicht der Blick von den Aussichtsplattformen in 244 m Höhe bis zu 70 km weit über die Stadt.

U-Bahn: London Bridge | Online-Tickets mit Zeitfenster ab 25,95 £
www.theviewfromtheshard.com

Ein Königreich für ein Theater

Globe Theatre

Southwark gehörte lange Zeit der Kirche und unterstand nicht der Gerichtsbarkeit der City. So blühten hier Kneipen, Bordelle und Theater. Shakespeare führte im Hof des George Inn seine ersten Stücke auf, ehe er 1599 sein Globe Theatre eröffnete, das 1613 während einer Aufführung abbrannte und 1996 originalgetreu wieder aufgebaut wurde.

Globe Theatre: U-Bahn: London Bridge | Führungen tgl. 9.30 – 17 Uhr
Eintritt: 16 £ | www.shakespearesglobe.com

Gotischer Kirchenbau

★ Southwark Cathedral

Southwark Cathedral ist nach Westminster Abbey das bedeutendste gotische Gotteshaus Londons. Es entstand ab 1106, als Gifford, Bischof von Winchester, an der Stelle eines Klosters aus dem 9. Jh. eine normannische Kirche erbauen ließ. Schlagzeilen machte die Kirche, als 1997 der homosexuelle Anglikaner Jeffrey John hier Bischof werden sollte – worauf anglikanische Kirchen in aller Welt mit dem Bruch mit der Church of England drohten. John verzichtete. Das Innere birgt

die **Harvard Chapel** zu Ehren des 1607 hier getauften Uni-Gründers John Harvard sowie Grabmäler des Hofdichters John Gower, des Shakespeare-Bruders Edmund und dessen Kompagnons Lawrence Fletcher sowie von Bischof Lancelot Andrews, der das Neue Testament ins Englische übersetzte. Die hölzerne Totenfigur eines Ritters aus dem 13. Jh. gehört zu den ältesten Skulpturen dieser Art.
Hinter der Kathedrale findet man den **Borough Market**, den Treff für Londoner Gourmets. In den umliegenden Straßen hat sich eine lebhafte Gastronomieszene etabliert.
U-Bahn: London Bridge | Mo. – Fr. 8 – 18, Sa., So. 10.30 – 18 Uhr
Eintritt: frei | http://cathedral.southwark.anglican.org

★ Tate Modern

Kunst-Kraftwerk
Das Domizil des Tate Modern ist nichts weniger als ein ganzes Kraftwerk, die ehemalige Bankside Power Station. Sie stellt zeitgenössische Künstler vor die ultimative Herausforderung: Wie bespielt man eine 28 m hohe und 155 m lange Turbinenhalle? Seit der Eröffnung im Jahre 2000 haben Louise Bourgeois, Anish Kapoor, Ai Wei Wei und etliche andere ihre Lösungen präsentiert, auch die deutschen Musiker von »Kraftwerk« spielten dort – im Kraftwerk eben. Es ist jedes Jahr ein besonderes Erlebnis, vom Themse-Ufer in die riesige Halle zu spazieren und zu überlegen, ob die neueste Installation gelungen ist. Auch in den anderen Sälen zeigen spannungsreiche Hängungen moderner Kunst völlig neue Sichtweisen. Picasso, Hockney, Matisse, Max Ernst, prominente Zeitgenossen: die großen Namen sind hier

Nomen est omen: Im London Eye überblickt man London, so weit das Auge reicht.

vertreten. Das weltweit meistbesuchte Museum für zeitgenössische Kunst vergrößerte 2016 seine Ausstellungsfläche durch neue Galerien und einen elfstöckigem Turm mit einer öffentlichen Dachterrasse. Die Erweiterung, wie der ursprüngliche Umbau in ein Museum, ist das Werk der Schweizer Stararchitekten Jacques Herzog und Pierre de Meuron. Zwei Bühnen in den früheren Lagern des Kraftwerks und die Öffnung der ehemaligen Öltanks bieten aufregende Ausstellungsflächen für Kunst aus aller Welt.
Eingebettet wird das Ganze in den neuen **Bankside Urban Park** mit 1350 neu gepflanzten Bäumen. Die filigrane Fußgängerbrücke **Millennium Bridge** von Norman Foster führt direkt zur St Paul's Cathedral am Nordufer.
U-Bahn: Blackfriars, Southwark | So. - Do. 10 - 18, Fr., Sa. bis 22 Uhr
Eintritt: frei | www.tate.org.uk

Kulturzentrum mit Ecken und Kanten

South Bank Centre

Dass brutalistische Architektur in den letzten Jahren zunehmend geschätzt wird, kommt dem Kulturzentrum South Bank sicher zu Gute. Wer an den Betonbauten keinen Gefallen findet, muss wenigstens anerkennen, dass das Gebäudeensemble ein Kulturangebot mit Weltniveau beherbergt. Das South Bank Centre besteht aus dem 1963 gegründeten **National Theatre**, der **Hayward Art Gallery** für moderne Kunst und der **Royal Festival Hall**, der Poetry Library und der **Queen Elizabeth Hall** mit dem Purcell Room und The Front Room als zweite Konzertstätte am Südufer.
U-Bahn: Waterloo
Hayward Art Gallery: tgl. 10 - 18, Mo. ab 12, Do., Fr. bis 20 Uhr
Eintritt: 15 £ | www.southbankcentre.co.uk

Ganz London im Blick

★ London Eye

Bei gutem Wetter liegt Ihnen ganz London zu Füßen, rund 40 km weit reicht der Blick über Englands Mega-Metropole. Mehr als 14 Mio. Menschen haben seit der Eröffnung zur Jahrtausendwende aus den 32 UFO-artigen Kapseln des 135 m hohen Riesenrades »London Eye« diese Aussicht genossen. In der County Hall dahinter ist das **SEA LIFE London Aquarium** untergebracht, wo sich 500 Spezies in 14 thematischen Becken tummeln. Beim Shark Reef Encounter können Sie gleich drei Dutzend Haie aus zwölf Arten hautnah kennenlernen. Das **London Dungeon** ist ein Gruselkabinett zur Stadtgeschichte.
U-Bahn: Waterloo
London Eye: tgl. 10 - 21, Juni, Juli Fr., Sa. bis 21.30, Sept. - März bis 20.30 Uhr | 30-minütige Fahrt 23,45 £ | www.londoneye.com
SEA LIFE London Aquarium: tgl. 10 - 19, letzter Zugang 18 Uhr
Eintritt: ab 23,50 £ | www.visitsealife.com
London Dungeon: Mo. - Fr. 10 - 17, Do. ab 11, Sa., So. 10 bis 18 Uhr
Eintritt: ab 21 £ | www.thedungeons.com/london

Von der Trinity Buoy Wharf in den Docklands blickt man auf eine imposante Skyline.

Docklands

Trendviertel

Museum of London Docklands

Östlich der Tower Bridge schlug das kommerzielle Herz des Empire. Bis in die 1960er-Jahre waren die Docklands Werftgelände und Warenhaus der Welt. Mit der Einführung riesiger Containerschiffe setzte jedoch der Niedergang ein, die Docks waren für diese viel zu klein, die Gebäude verfielen. 1982 begann ihre Sanierung. Innerhalb weniger Jahre wurden kühne, oft umstrittene Neubauten hochgezogen, darunter der Bürokomplex **Canary Wharf** auf den West India Docks mit einem 344 m hohen Turm von Stararchitekt Cesar Pelli. Die Vergangenheit des Londoner Hafens wird im exzellenten **Museum of London Docklands** am West India Quay lebendig. Beste Ausblicke auf das neue In-Viertel bietet die computergesteuerte Hochbahn **Docklands Light Railway** (DLR) ab Bank oder Tower Hill. In den beiden Hafenbecken des **St Katharine's Dock** liegen am Nordufer schmucke Jachten vor Anker, in den ehemaligen Lagerhäusern haben sich kleine Cafés, Galerien und Boutiquen etabliert – ein netter Pub ist das Dickens Inn am Marble Quay.

Tgl. 10 – 18 Uhr | Eintritt: frei | www.museumoflondon.org.uk/docklands

Neuer Look in alten Lagerhäusern

Fashion and Textile Museum

Wie es in den Docklands einst aussah, zeigen auch die traditionellen hohen Lagerhäuser zu beiden Seiten von Shad Thames. Wo sich einst Tee und Gewürze stapelten, sind heute schicke Lokale wie das Le Pont de la Tour eingezogen. Etwas weiter Richtung Osten befindet sich das von Modedesignerin Zandra Rhodes gegründete Fashion and Textile Museum

Di. – Sa. 11 – 18 Uhr | Eintritt: 9,90 £ | www.ftmlondon.org

★ Greenwich

Wo Britannien zur Seemacht wurde

Geschichte

Wollten Sie einmal auf dem Nullmeridian stehen – mit einem Fuß in der östlichen, dem anderen in der westlichen Hemisphäre? Der wohl schönste Ausflug von der Stadtmitte bietet dies und noch viel mehr, insbesondere herrliche Aussichten. Für den berühmten Blick auf Greenwich von der Themse kommen Sie mit dem Boot an oder, wenn Sie mit der DLR anreisen, steigen Sie bereits in Island Gardens aus und gehen Sie zu Fuß durch den **Greenwich Foot Tunnel** unter der Themse.

Eine ganze Reihe von Besichtigungsmöglichkeiten zeigt, wie in Greenwich große Geschichte geschrieben wurde. Hier nahm die britische Seemacht ihren Anfang. Entdeckungs- und Handelsfahrten begannen in Greenwich, die königliche Sternwarte war ein bedeutendes Zentrum der Wissenschaft, vor allem für die Seefahrt. Das einmalige, maritim-städtische Ensemble mit Royal Naval College, Greenwich Park, Royal Observatory und Maritime Museum ist **UNESCO-Weltkulturerbe**.

Stolzer Segler

★ Cutty Sark

Am King William Walk liegt der letzte der legendären Teeklipper, die im 19. Jh. Gewürze und Tee aus dem Fernen Osten nach Europa brachten: die »Cutty Sark« von 1869, die nach einem verheerenden Brand 2012 wieder hergestellt wurde. Eine neue interaktive Ausstellung schildert das Leben an Bord und die Geschichte des Teehandels, Stützen heben das Schiff, sodass man seine elegante Form von unten betrachten kann.

Tgl. 10 – 18 Uhr | Eintritt: 13,50 £, Online-Kombiticket inkl. Bootsfahrt 26,50 £ | www.rmg.co.uk/cuttysark

Barocker Prachtbau

Royal Naval College

»Säulen, Kolonnaden und Deckengemälde gehen nur schlecht zusammen mit gepökeltem Beef und gesäuertem Bier, vermischt mit Wasser.« So urteilten Marine-Veteranen über die Prestigearchitektur, die sie bewohnten. Im Auftrag von Karl II. errichtete Christopher Wren bis 1698 das Royal Naval Hospital als Alterssitz für Marine Veteranen mit der prachtvollen Royal Chapel und opulenten Sälen wie der **Painted Hall**. Wo sich das ehemalige Royal Naval College (heute University of Greenwich) nahe der Themse erhebt, stand bis zum Abriss 1660 ein Palast. 1427 baute der Herzog von Gloucester den »Bella Court«, den die Königin seines Neffen Heinrich VI. zur Lieblingsresidenz erkor und in »Placentia« umbenannte. Heinrich VII. machte ihn als »Greenwich Palace« zur Residenz, **Heinrich VIII.** kam hier – wie seine Töchter Maria. I. und Elizabeth I. – zur Welt, heiratete Katharina von Aragón und Anna von Cleve und unterzeichnete das Todesurteil für Anne Boleyn.

Meisterwerk des Palladianismus

Queen's House

Vollendete symmetrische Proportionen, wunderbare Marmorböden, schmiedeeiserne Ballustraden sowie geschnitzte und bemalte Decken prägen das ältestes Gebäude von Greenwich, das Queen's House. 1616 begann **Inigo Jones** mit dem Bau der palladianischen Residenz, den Jakob I. für seine Gemahlin Anna von Dänemark geplant hatte. Nach Annas Tod ruhten die Arbeiten, bis Karl I. den Palast von 1629 bis 1635 für seine Gemahlin Henrietta Maria fertigstellen ließ.

Tgl. 10 – 17 Uhr | Eintritt: frei | www.rmg.co.uk/queens-house

Rule, Britannia

★ National Maritime Museum

Ein Kolonnadengang verbindet das Queen's House mit dem Museum der königlichen Marine und der Handelsmarine. Auch die britische Kolonialisierung sowie Entdeckungsfahrten sind hier dokumentiert. Zu den Höhepunkten gehören prachtvolle königliche Barkassen, Lord Nelson's Uniformrock aus der Schlacht von Trafalgar 1805, die Kinderabteilung »All Hands« und eine nachgebaute Brücke, auf der man ein Schiff elektronisch aus dem Hafen steuern kann.

Tgl. 10 –18 Uhr | Eintritt: frei | www.rmg.co.uk

Ort der Erholung

Greenwich Park

Herzstück des weitläufigen, sanft ansteigenden Greenwich Parks ist das **Royal Greenwich Observatory**, das Sir Christopher Wren 1675 für König Karl I. entwarf. Vom Hügel der Sternwarte aus bietet sich ein wunderbarer Blick auf Queen's House und Royal Naval College vor dem Hintergrund des Themsebogens und der Docklands. Punkt 13 Uhr fällt der rote Ball auf **Flamsteed** House an seinem Mast herab und weist ankernde Schiffe an, ihre Uhren genau auf die Greenwich Mean Time zu stellen. Eine Stahlschiene mitten durch das Meridian Building symbolisiert den **Nullmeridian**. Im Equatorial Building ist das größte Teleskop Großbritanniens eingebaut. Neu: das Peter-Harrison-Planetarium.

Royal Greenwich Observatory: tgl. 10 – 18 Uhr | Eintritt: 9,50 £, Planetarium-Schauen zusätzl. 7,50 £, Online-Kombiticket inkl. Bootsfahrt | www.rmg.co.uk

Lange Jahre stets alleine am Bug eines Schiffes, befinden sich diese Galionsfiguren im National Maritime Museum nun in bunter Gesellschaft.

Gebändigte Naturgewalt

Bootsausflüge führen zurück nach London oder flussabwärts zur Thames Flood Barrier, der weltgrößten Sturmflutbarriere – zehn mächtige Tore fangen die hereindrückenden Wassermassen ab.

Thames Flood Barrier

Luftiger Thrill

Was das London Eye für die Innenstadt ist, sollte der **Millennium Dome** für Greenwich werden: eine Attraktion der Superlative. Jahrelang war der Bau von Richard Rogers mit dem größten Zeltdach der Welt eine ungeliebte Altlast, bevor man die Konzerthalle unter dem Namen **The O2** zur Multifunktionshalle umbaute. Wer den besonderen Kick sucht, kann am Seil gesichert aufs Kuppeldach der Veranstaltungshalle klettern – die Zeltplanen geben bei jedem Schritt nach! Besonders schön ist der Blick aus 50 m Höhe bei Sonnenuntergang.
Tickets ab 28 £ | www.theo2.co.uk/do-more-at-the-o2

North Greenwich Arena

Außenbezirke

Olympisches Erbe

Mit den Olympischen und Paralympischen Spielen 2012 war London nach 1908 und 1948 als einzige Stadt weltweit zum dritten Mal Gastgeber der internationalen Sportwettbewerbe. Natürlich wurden die hohen Kosten kritisiert, aber im Gegensatz zu anderen sportlichen

Queen Elizabeth Olympic Park

Großveranstaltungen hinterließen die Londoner Spiele keine maroden, unbenutzten Stadien. Im Stadtteil Stratford entstand mit dem 5000 ha großen Olympiagelände der Queen Elizabeth Park an der Stelle einer Industriebrache. Fußball-Erstligist West Ham United spielt im Olympiastadion, auch die Stadien für Schwimm- und Radsport finden viele Nutzer.
U-Bahn: Stratford

Heiliger Rasen

Wimbledon

Erdbeeren mit Sahne und Champagner dürfen nicht fehlen, wenn das älteste und prestigeträchtigste Tennisturnier zwei Wochen im Sommer im südlichen Vorort Wimbledon ausgetragen wird. Die »All England Lawn Tennis Championships« sind das einzige Grand-Slam-Turnier, bei dem die Sportler auf Rasen um Trophäen und Preisgeld kämpfen. Das **Tennismuseum** illustriert den weißen Sport von 1555 bis heute. Ein Muss für Tennisfans: Man darf sogar den Centre Court betreten!
U-Bahn: Wimbledon Park | tgl. 10 – 17.30 Uhr | Eintritt: Museum inkl. Tour 25 £ | www.wimbledon.com

Arche Noah der Pflanzen

★★ Kew Gardens

Wer die Hektik der Londoner Metropole für einen Tag hinter sich lassen möchte, wird in den **Royal Botanic Gardens** im Südwesten Londons eine wundervolle grüne Oase der Ruhe vorfinden. Dabei dienen die seit 2003 zum UNESCO-Weltkulturerbe zählenden Gärten nicht nur der Erholung, sondern auch der Wissenschaft. Hier wachsen und gedeihen Pflanzen, die sonst nirgendwo in Europa zugänglich sind – darunter etliche in der Natur bereits ausgestorbene und zahlreiche bedrohte. Insgesamt sagenhafte 19 000 Arten werden hier kultiviert, zudem die Samen von über 30 000 Arten bewahrt!
Hauptattraktion sind die drei gewaltigen viktorianischen Gewächshäuser von Decimus Burton und Richard Turner: Das 150 Jahre alte **Temperate House** beheimatet Gewächse der gemäßigten Zonen (noch bis Mitte 2018 geschlossen). Im **Arboretum** kann man vom 18 m hohen Baumwipfelpfad den Bäumen von Kew in die Kronen schauen. Und im **Palm House** kann man u. a. die Seychellenpalme bewundern, die die größten Samen des Pflanzenreichs ausbildet.
Im kleinen **Kew Palace** lebte George III., nachdem er für geisteskrank erklärt worden war. Queen Victoria verbrachte viel Zeit im **Queen's Cottage**.
U-Bahn: Kew Gardens | tgl. ab 10 Uhr | Eintritt: 15 £
www.kew.org/kew-gardens

Prachtvolle Tudor-Königsresidenz

★★ Hampton Court Palace

Als Catherine Howard Ehebruch vorgeworfen wurde, ahnte sie, dass im Tower of London das Henkerbeil auf sie wartete. Die fünfte Ehefrau von König Heinrich VIII. musste schreiend in ihre Gemächer ge-

BAEDEKER MAGISCHE MOMENTE

BLUMEN UND ANDERE SCHÖNE DINGE

Süßer Blumenduft und die vergnügten Klänge der Straßenmusiker liegen in der Luft. Lauthals und mit viel Witz preisen Händler ihr Warenangebot an, von Schnittblumen über kleine Topfpflanzen bis zu ganzen Olivenbäumen. Hinter den Ständen bieten kleine Geschäfte Mode, Schmuck, Parfüm und Designprodukte für den Haushalt, charmante Cafés und Flohmarktstände besetzen die Hinterhöfe drum herum. Ein Sonntagmorgen auf Londons Columbia Road Market sollte nicht enden! (www.columbiaroad.info)

zerrt werden. Und gelegentlich – so heißt es – wird sie noch als Gespenst, als »Screaming Lady«, gesichtet und gehört. Aber auch ohne Geisterspuk darf der Hampton Court Palace, 25 km südwestlich der Innenstadt gelegen, wohl als schönster und interessantester englische Königspalast zählen.
Erbauer des Musterbeispiels der Tudor-Architektur war Lordkanzler Thomas Wolsey, der hier ein Leben in Saus und Braus führte, das dem am Königshof in nichts nachstand. Nachdem er bei Heinrich VIII. in Ungnade gefallen war, sicherte sich dieser den Palast, in dem außer Katharina von Aragón alle Frauen Heinrichs lebten. Auch seine dritte Frau Jane Seymour soll noch herumspuken. Besichtigt werden können nicht nur die Prunkräume, sondern auch Küche und Keller. Der weite Park umschließt den Privatgarten des Königs, den Tudor-

und Elisabethanischen Garten, die Lower Orangery mit Mantegnas »Triumph des Cäsar« und einen Irrgarten.
April – Okt. Mo. – So. 10 – 18, Nov. – März Mo. – So. 10 – 16.30 Uhr
Eintritt: 20,90 £, online 18,40 £, Pass für alle fünf Paläste 50 £
www.hrp.org.uk | Züge ab Waterloo nach Hampton Court Station

★★ Windsor Castle

März – Okt. tgl. 9.45 – 17.15, letzter Einlass 16, Nov. – Feb. 9.45 bis 16.15, letzter Einlass 15 Uhr | Wachablösung: April – Juli Mo. – Sa. 11 Uhr, Aug. – März jeden 2. Tag | Eintritt: 19,20 £
www.royalcollection.org.uk

Sommerresidenz der königlichen Familie

Geschichte

Nicht mal im Buckingham-Palast spürt man die Macht und das Reichtum der britischen Monarchie so stark wie in Windsor – z. B. im Bankettsaal St George's Hall. Hier sitzen besonders wichtige Staatsgäste neben der Queen am Kopf eines Tisches, an dem bis zu 160 Gäste Platz finden. Hier spüren sie die Präsenz der prächtigen, 1585 angefertigten Rüstung des Königsritters (»King's Champion«), der nach einer Krönung mit einem dreifachen Wurf des Fehdehandschuhs jeden herausforderte, der die Autorität des neuen Monarchen bestreiten wollte. Der Brauch wird seit 200 Jahren nicht mehr praktiziert, aber die Botschaft bleibt.
Das seit über 900 Jahren durchgängig bewohnte Schloss ist Wochenend- und Sommerresidenz der Königlichen Familie, 22 mi / 35 km westlich von London. Ist die Queen anwesend, weht auf dem Round Tower die königliche Flagge – dann können die Prunkgemächer nicht besichtigt werden. Wilhelm der Eroberer ließ um 1078 die erste Festung errichten, Karl II. wandelte nach 1660 die Burg in ein bequemes Wohnschloss um.
Im Jahr 1348 gründete Eduard III. auf Windsor Castle den **Hosenbandorden** (The Most Noble Order of the Garter), den höchsten Orden des Königreiches. Anlass zur Ordensgründung soll ein Fest gewesen sein, auf dem eine Hofdame unter großem Gelächter der Ritter ihr Strumpfband verlor, was Eduard zu der Bemerkung veranlasste, dass es bald eine Ehre sein werde, ein solches Band zu erhalten. Mit dem Orden unter dem Patronat des hl. Georg wollte Eduard in Anlehnung an König Artus' Tafelrunde dem sich andeutenden Niedergang des Rittertums durch eine Gemeinschaft tapferer, die ritterlichen Tugenden bewahrenden Männer begegnen.

Adlige Wappen, königliche Gräber

St George's Chapel

Durch das monumentale Henry VIII. Gateway von 1511 betritt man den **Lower Ward** und sieht die 1474 von Eduard IV. begonnene und von Heinrich VIII. vollendete St George's Chapel, ein einzigartiges

Fast 5 km lang ist der »Long Walk«, der zu Windsor Castle führt – mit der königlichen Kutsche ein Katzensprung.

Beispiel für den spätgotischen **Perpendicular Style**. Die Fassaden zieren Wappentiere und Schildhalter der Herrscherhäuser Lancaster und York. In der Kapelle sind englische Herrscher beigesetzt: im nördlichen Seitenschiff Georg V. und Königin Maria, unter dem Chor Heinrich VIII. mit Jane Seymour sowie Karl I., im Altarraum Heinrich VI., Eduard IV. mit Gemahlin und Eduard VII. mit Königin Alexandra. Hinter und über dem prächtigen, aus Windsor-Eichen geschnitzten Gestühl (1478 – 1485) der Ritter vom Hosenbandorden hängen Wappen, Banner und Helmzier von 700 Ordensrittern.

Erinnerung an den Gemahl

Albert Memorial Chapel

Die Kapelle ist um 1500 von Heinrich VII. als seine Grabkirche erbaut worden, jedoch wurde er in Westminster Abbey begraben. Queen Victoria widmete die Kapelle 1861 ihrem verstorbenen Gemahl **Prinz Albert**.

ROYAL LONDON

Die britische Monarchie ist die älteste der Welt und London ist der Ort, an dem sie greifbar wird. Das ist den meisten Briten auch eine erkleckliche Summe wert.

▶ Residenzen und Gedenkstätten

- **A Buckingham Palace**
  Residenz von Queen Elizabeth II
- **B Kensington Palace**
  Ehemalige Residenz von Prinzessin Diana, Londoner Residenz der Herzöge von Kent und Gloucester
- **C Clarence House**
  Residenz des Prinzen von Wales (Charles) und der Herzogin von Cornwall (Camilla) sowie der Prinzen William und Harry
- **D St. James's Palace**
  Residenz des Prinzen von Wales (Charles) und der Princess Royal (Anne)
- **E Tower**
  Aufbewahrungsort der britischen Kronjuwelen
- **F Windsor Castle**
  Private Residenz von Queen Elizabeth II
- **G Diana-Gedenkbrunnen**

▶ Buckingham Palace in Zahlen (A)

Residenz d. britischen Monarchie seit	1837
Zimmer insgesamt	775
Schlafzimmer	188
Büros	92
Badezimmer	78
Prunkzimmer	19

▶ Wann ist die Queen zuhause?

Anwesenheit der Queen: Royal Standard ist gehisst, vier Wachsoldaten

Abwesenheit der Queen: Union Jack ist gehisst, zwei Wachsoldaten

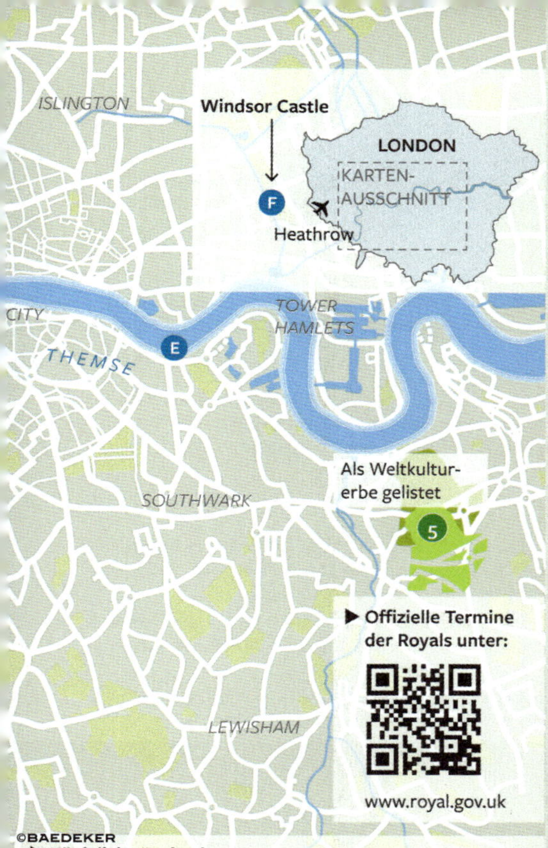

▶ Offizielle Termine der Royals unter:

www.royal.gov.uk

▶ Königliche Parkanlagen

1. Hyde Park
2. Green Park
3. Kensington Garden
4. St. James´s Park
5. Greenwich Park
6. Richmond Park
7. Regents Park
8. Bushy Park

▶ Diana-Gedenkbrunnen G

Kosten	5,4 Mio. Euro
Standort	Hyde Park
Ausmaße	ca. 50 x 80 m

Ruhiger Wasserfluss auf der einen, rauschender auf der anderen Seite soll Dianas Leben symbolisieren.

▶ Flächenvergleich (in ha)
Königliche Parkanlagen in London

Fürstentum Monaco

▶ Royale Kosten
Im Fiskaljahr 2015/2016 betrugen die königlichen Einnahmen £13,9 Mio. und die Ausgaben £54,7 Mio. Die Diffference gleicht der sog. Sovereign Grant aus, ca. 15% des letzten Jahresgewinns des Crown Estate.

Ausgaben 2015/2016 in £ Mio.

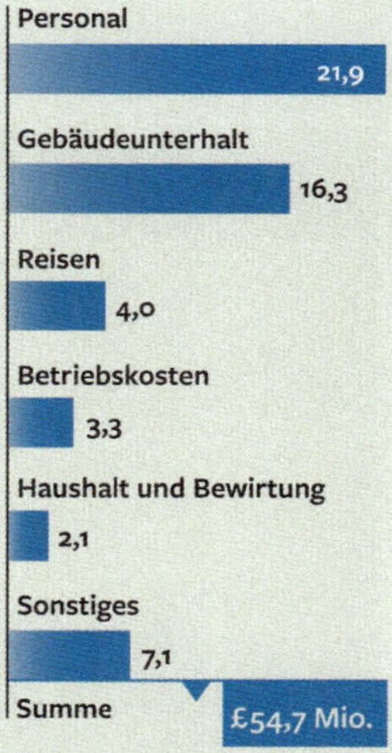

jährliche Kosten für jeden britischen Staatsbürger

ca. £ 0,60

Tödliche Kugel

State Apartments

Unter der reichen Ausstattung der Staatsgemächer (Zugang: North Terrace) sind besonders die Gemälde von Holbein, Leonardo da Vinci, Raffael, Michelangelo, van Dyck, Rubens und Rembrandt hervorzuheben, aber auch die Kugel, die Lord Nelson vor Kap Trafalgar tötete. Die im 14. Jh. erbaute **St George's Hall**, Bankettsaal der Königin, brannte 1992 aus, ist aber wieder restauriert. Ein Besuchermagnet ist das riesige **Puppenhaus** der Königin Mary von 1924.

Im Tode vereint

Schlosspark

Im Norden und Osten umschließt Windsor Castle der Home Park mit dem **Frogmore House and Mausoleum**, wo Königin Viktoria und Prinz Albert ruhen. An der Südseite des Schlosses erstreckt sich der 9 km lange Great Park.

Kaderschmiede

Windsor und Eton

Das mittelalterliche Städtchen Windsor zeigt im Coach House königliche Kutschen, in den Royal Mews in der St Albans Street Geschenke, die Königin Elisabeth II. auf Staatsbesuchen erhielt.
Über die Themsebrücke hinweg ist man schon in Eton. Das **Eton College** traditionsreichste britische Privatschule, 1440 von Heinrich VI.

Wer in Englands High Society was werden will, sollte sich im Eton College ordentlich in die Riemen legen – mit oder ohne Blumenschmuck.

gegründet, brachte 18 Premierminister hervor. So diverse Männer wie »Beau« Brummell, George Orwell und der Ökonom John Maynard Keyes sowie Prinz William und Prinz Harry mussten den Cut und gestreifte Hosen der Schülerschaft tragen. Um zwei Höfe erstreckt sich das Hauptgebäude aus rotem Backstein, das noch aus der Gründerzeit stammt. Die Grundschule (Lower School) wurde 1639 errichtet, die Oberschule (Upper School) 1692. Die Schulkapelle, 1441 im Perpendicular Style vollendet, ist eigentlich nur der Chor einer fast doppelt so groß geplanten Kirche. Sie enthält wunderbare Grisaillemalereien (1490) mit Marienszenen. Einblicke in das Schülerdasein und die Geschichte der Schule vermittelt das **Museum of Eton Life**.

Museum of Eton Life: So. 14.30 – 17 Uhr | College-Führungen inkl. Museum Mai - Aug. Fr. 14, 16 Uhr, Vorbuchung unter Tel. 01753 37 06 03 oder http://etoncollege.com/visits

★ NEW FOREST - SOUTHAMPTON

Grafschaft: Hampshire | **Einwohner:** 239 500

Bereits 1079 erklärte Wilhelm der Eroberer den großen New Forest zwischen dem wichtigen Fährhafen Southampton und ▸ Bournemouth zum königlichen Jagdgebiet. Bis heute bildet das rund 350 km² Areal eines der letzten großen Waldgebiete Europas, in dem sich Buchen und Eichen mit weiten Lichtungen, Wiesen und Heidekraut abwechseln – ein Paradies für Wanderer, Radler, Reiter und Camper, zumal Touren ohne große Steigungen absolviert werden können.

Outdoor-Paradies für Aktivurlauber

Wilhelms Sohn Wilhelm II. (reg. 1087 – 1100) wurde dieses Paradies allerdings zum Verhängnis: Während einer Jagdpartie im Forst durchbohrte ein Pfeil seine Lunge. Chroniken der Zeit berichten, dass seine adlige Begleitung den toten König liegen ließ, sodass ein einfacher Bauer die Leiche mit seinem Wagen zur Beerdigung in Winchester transportieren musste. Mord oder Unfall? Zeitgenossen von Wilhelm II., genannt William Rufus, und auch moderne Historiker rätselten darüber. Verdacht fällt auf den jüngeren Bruder, der sich nach dem Tod von Rufus blitzschnell den königlichen Schatz in Winchester sicherte und als Heinrich I. König wurde. Der Rufus Stone, ein Denkmal des 18. Jh.s nahe der Straße A 31 beim Dorf Minstead, soll die tödliche Stelle markieren.

NEW FOREST UND SOUTHAMPTON ERLEBEN

NEW FOREST CENTRE
Am Hauptparkplatz in Lyndhurst
Tel. 023 80 28 34 44
www.newforestcentre.org.uk
www.thenewforest.co.uk

TOURIST INFORMATION CENTRE SOUTHAMPTON
9 Civic Centre Road, Southampton
SO14 7FJ, Tel. 023 80 83 33 33
www.discoversouthampton.co.uk

NEW FOREST TOUR
Vom Ende Juni bis Mitte September erschließen drei Routen im offenen Doppeldecker den Nationalpark: die rote Route von Lyndhurst durch den Norden, die grüne Route im Südosten zwischen Brockenhurst und Beaulieu, die blaue Route zur Küste und zum Fährhafen Lymington für die Isle of Wight.
www.thenewforesttour.info

Unter www.newforestnpa.gov.uk gibt es eine Liste der **Reitschulen**. Burleys **Villa School of Riding** bei New Milton nimmt Sie mit auf Ausritte durch den New Forest, www.burley villa.co.uk.
Dank **200 km markierter Radwege** ist der New Forest ein Radlerparadies. Über Mietstationen für Fahrräder informiert www.newforestcentre.org.uk; in Brockenhurst sitzt **Balmer Lawn Bike Hire** (www.balmerlawn hotel.com/newforest/activities). Die Seite www.newforestcentre.org.uk bietet auch **Rad- und Wanderrouten** im PDF-Format zum Download an.

THE PIG COUNTRY HOUSE HOTEL €€€
Wie zu Hause fühlen kann man sich mitten im New Forest im bezaubernden Landhaus von Robin Hutson, der die 30 kuscheligen Zimmer im Shabby Chic stylte und im Wintergarten-Restaurant mit Blick auf den herrlichen Garten dem Namen seines Hauses alle Ehre macht: Köstlichkeiten rund ums Schwein dominieren die saisonale Karte von Küchenchef James Golding.
3 Beaulieu Road, Brockenhurst
Hampshire SO42 7QL
Tel. 01590 62 23 54
www.thepighotel.com

CAMBIUM €€€ – €€
Chefkoch Alistair Craig zaubert interessante, jedoch nicht überkandidelte Geschmackskombinationen aus ausschließlich regionalen Zutaten, d. h. Gemüse aus dem hoteleigenen Garten, in Hampshire produzierte Chorizo und Pancetta, in Sussex gelandeten Fisch, Meeresfrüchte aus Lymington. Neben Bestellungen à la carte besteht die Möglichkeit, ein mehrgängiges Tasting Menu, auch in einer vegetarischen Version, zu bestellen.
Lyndhurst Road, Brockenhurst
Tel. 01590 62 35 51
www.cambium-restaurant.co.uk

THE RED LION €€ – €
Voller mittelalterlicher Stimmung ist diese Kneipe, in der einst adligen Verschwörern gegen König Heinrich V. der Prozess gemacht wurde. Heute gibt es hier deftige Pub-Küche und gute Ales.
55 High Street, Southampton,
Tel. 023 80 33 35 95, http://theredlion.restaurantwebx.com/

Nicht »Wald«, sondern »Jagdrevier« ist die alte Bedeutung des Wortes »Forest«, und tatsächlich ist der kleinste der vier südenglischen Nationalparks eher alte Heidelandschaft als Wald. Offene Flächen wechseln mit Baumbestand ab, denn bereits in der Mittleren Steinzeit begann die Rodung. Im 16. und 17. Jh. wurden weitere Eichenwaldbestände für den Schiffbau abgeholzt. Im 19. Jh. stellte man den New Forest unter Naturschutz und begann mit der Wiederaufforstung – dennoch prägen das Gebiet bis heute weite Lichtungen, auf denen **wilde Ponys** grasen. Diese New Forest Ponys gelten als die Charmeure unter den Ponys, sind intelligent und gut belastbar, was sie zu einem optimalen Kinderpony machen.
Zentrum des New Forest mit Infozentrum ist das Landstädtchen **Lyndhurst**; ruhiger ist Fordingbridge im Nordwesten

Wohin im New Forest?

Nächtliche Jäger

Zu den größten Eulensammlungen Europas gehört das New Forest Owl Sanctuary, das die nächtlichen Jäger bei täglichen Flugschauen vorführt.

New Forest Owl Sanctuary

Nomen est omen

★ Beaulieu

Knapp 8 mi/13 km südöstlich von Lyndhurst vereint der »schöne Ort« Beaulieu (sprich »Bjulee«) drei Attraktionen. Das Zisterzienserkloster **Beaulieu Abbey** wurde 1204 von König Johann gegründet und unter Heinrich VIII. aufgelöst. Nur noch die Kreuzgangsruinen und das heute als Pfarrkirche genutzte Refektorium des Klosters sind erhalten geblieben, eine Ausstellung dokumentiert das Leben der Mönche im Mittelalter. Das Torhaus aus dem 14. Jh. wurde 1538 umgestaltet zum **Palace House**, dem Wohnsitz der Familie Montagu, die mehrere Räume der Öffentlichkeit zugänglich gemacht hat. Auf dem Klostergelände zeigt das 1952 von Lord Montagu gegründete **National Motor Museum** mehr als 250 Oldtimer, Motorräder und Rennwagen – die Rolls Royces und Cadillacs, Bluebirds und Golden Arrows ziehen viele Oldtimerfans an. Das älteste Fahrzeug ist das dampfbetriebene Grenville Steam Carriage aus dem Jahr 1875! Nostalgiker werden die Tankstelle und Reparaturgarage aus den 1930er-Jahren mit kompletter Ausstattung lieben.
Im Dörfchen **Buckler's Hard**, keine 3 mi/5 km flussabwärts, wurden im 18. Jh. auf der neuen königlichen Werft aus den Eichen des New Forest Schiffe wie Lord Nelsons »H.M.S. Agamemnon« gebaut – für den Bau einer Fregatte mussten rund 2000 Eichen gefällt werden. Das **Maritime Museum** und vier rekonstruierte Cottages erinnern an diese Vergangenheit. 1966 startete Sir Francis Chichester hier zur ersten Einhandumseglung der Welt. Von Ostern

bis Oktober werden Bootfahrten auf dem hübschen Beaulieu River angeboten.

Abbey, Palace House & Garden, National Motor Museum: tgl. 10 – 17, Ende Mai – Ende Sept. bis 18 Uhr | Eintritt: 24,75 £, online 19,50 £ | www.beaulieu.co.uk

Buckler's Hard, Maritime Museum: April – Sept. tgl. 10 – 17, Okt. – März. bis 16.30 Uhr | Eintritt: 6,90 £ | www.bucklershard.co.uk

Normannenkloster

★ Romsey

Stolz der Marktstadt am Test, 8,5 mi / 14 km nordwestlich von Southampton, ist die Abteikirche **Romsey Abbey**. Ihre Anfänge gehen auf eine Klosterkirche der Benediktiner von 907 zurück, von der noch ein sächsisches Relief am Südportal und ein steinernes Kruzifix erhalten sind. 1120 wurde die **normannische Kirche** errichtet. Während Chor, Querhaus und die vier östlichen Langhausjoche den kräftigen normannischen Baustil mit typischen Zickzackornamenten verkörpern, entstanden der westliche Teil und das Ostfenster im Early English Style des 13. Jahrhunderts. Heinrich VIII. löste die Abtei auf.

Königlicher Honeymoon

Broadlands

Auf dem palladianischen Landsitz Broadlands verbrachten sowohl Queen Elizabeth und Prince Philip als auch Prince Charles und Lady Di ihre Flitterwochen. Bis 1979 gehörte Broadlands dem letzten britischen Vizekönig von Indien, Lord Mountbatten (1900 – 1979), der bei einem Bombenanschlag der IRA ums Leben kam – eine Ausstellung rekapituliert sein Leben. Lord Mountbatten und Mitglieder seiner Familie wurden in der Romsey Abbey beigesetzt. Ein farbenprächtiges elisabethanisches Grabmal erinnert an die ersten Besitzer von Broadlands, die Familie St Barbe.

Nur im Rahmen von Führungen, 26. Juni – 4. Sept. Mo. – Fr. ab 13 Uhr, letzte Führung 16 Uhr | Eintritt: 10 £
www.broadlandsestates.co.uk

Bilderbuch-Landsitz

★ Mottisfont Abbey

Ein Kleinod des National Trust ist die 1201 gegründete Augustinerabtei Mottisfont, 5 mi / 8 km nordwestlich von Romsey, die nach der Säkularisierung in ein stilvolles Tudorhaus umgewandelt wurde. Die letzte Besitzerin des Hauses beauftragte 1938 Rex Whistler mit der Ausgestaltung des Salons. Das Resultat sind traumhafte Grisaille-Malereien im Trompe-l'Œil-Stil, besonders schön gelungen im **Whistler Room**. Die meisten Besucher jedoch lockt der **herrliche Landschaftspark** mit uralten Bäumen und der Sammlung von 350 alten Rosensorten aus aller Welt, die im Sommer ihren betörenden Duft verströmen.

Haus: Ostern – Okt. Sa. – Mi. 11 – 17 Uhr, Garten: Feb., März Sa., So. 11 – 16, Ostern – Okt. tgl. 11 – 18, Juni bis 20.30 Uhr | Eintritt: 13,60 £
www.nationaltrust.org.uk

Wohin in Southampton?

Maritimer Taubenschlag

Port of Southampton und Ocean Village

Southampton gehört zu den wichtigsten englischen Passagierhäfen: Hier lief 1912 die »Titanic« zu ihrer ersten und letzten Fahrt aus, wurde die »Queen Mary« gebaut, hatte die »Queen Elizabeth II.« der Cunard-Reederei ihren Heimathafen. Am Zusammenfluss von Itchen und Test vermischen sich Kreuzfahrtschiffe mit Fähren und Frachtschiffen, die den Solent in Richtung ▶ Isle of Wight durchqueren. Hinter dem Naturhafen hat sich die Industrie- und Universitätsstadt Southampton auf einer Halbinsel ausgebreitet.
Rund um die Mündung des Itchen entstand in den letzten Jahren für rund 75 Mio. £ das **Ocean Village**, ein Jachthafen mit Luxushotels, Restaurants und Cafés, Boutiquen und Kinos. Im Hafenbecken liegt die **»SS Shieldhall«** vor Anker, das letzte Dampffrachtschiff.

Rundfahrten mit dem Frachtdampfer dauern 2,5 Std. und sind ein Riesenspaß für die ganze Familie | Erw. 18 £ | www.ss-shieldhall.co.uk.

Relikte einer alten Hafenstadt

Old Town

Vom historischen Stadtkern haben die Bomben des Zweiten Weltkriegs nur wenig übrig gelassen. Entlang der Western Esplanade ist die **Stadtmauer** aus dem 14. Jh. auf 2 km begehbar. Erhalten ist auch das **Bargate**, das nördliche Stadttor. Ältestes Gebäude ist **St Michaels Church** von 1070 mit einem Taufbecken aus Tournai-Marmor. Hinter braun-weißem Fachwerk entführt das **Tudor House** ins 15. Jh., sein idyllischer Garten sogar noch 300 Jahre weiter, bis ins Mittelalter.

Einen Augen- und Nasenschmaus garantiert der Walled Garden von Mottisfont.

Altstadt (Bargate) und Hafen verbindet die neue **QE2 Mile**. Ebenfalls am Bargate startet der mit 21 Infopanelen markierte **Old Town Walk**.
Tudor House: St Michael's Square Mo. – Do. 10 – 15, Sa., So. 10 bis 17 Uhr | Eintritt: 5 £ | www.tudorhouseandgarden.com

★ Cultural Quarter

Über 500 Jahre Hafengeschichte

Am 10. April 1912 verließ die Titanic ihren Liegeplatz in Southampton – pünktlich zum 100-jährigen Jubiläum der Schiffskatastrophe eröffnete 2012 an der Havelock Road das **SeaCity Museum**, das die Geschichte der Hafenstadt seit 1450 so lebendig und anschaulich dokumentiert, als wäre man selbst mit dabei gewesen. Besonders der Disaster Room geht unter die Haut: Überlebende erzählen hier, wie der Passagierdampfer den Eisberg rammte – und sie von der RMS Carpathia gerettet wurden. Aus Southampton kam ein Großteil der Besatzung, fast 500 Familien waren vom Unglück der Titanic betroffen.
Das Sea City Museum gehört zum neuen Cultural Quarter (www.culturesouthampton.org.uk), das rund um den zur stylischen Open-Air-Bühne designten **Guildhouse Square** die wichtigsten Kulturträger der Hafenstadt vereint: das Mayflower Theatre, die City Art Gallery, die Stadtbibliothek sowie das Studio 144 mit John Hansard Gallery und City Eye für Film- und Videoprojekte.
Tgl. 10 – 17 Uhr | Eintritt: ab 8,50 £ | http://seacitymuseum.co.uk

Solent Sky Museum

Flugzeug-Oldtimer

Zu den Prunkstücken des **Solent Sky Aviation Museum**, das mit 26 Flugzeugen die Geschichte der Fliegerei erzählt, gehört eine **Spitfire** der in Southampton angesiedelten Supermarine Aviation Works.
7 Albert Road South | Di. – Sa. 10 – 17, So. 12 – 17 Uhr | Eintritt: 7,50 £
www.solentskymuseum.org

★ PLYMOUTH

Grafschaft: Devon | **Einwohner:** 258 000

H 14/15

Eine Anhöhe mit grünem Rasen und Meerblick, genannt Plymouth Hoe, ist der Schauplatz eines der beliebtesten Mythen des Seefahrervolks. Als 1588 Philipp II. von Spanien eine riesige Armada zur Eroberung von England schickte und die Nachricht eintraf, dass sich die feindliche Flotte näherte, spielte Admiral Sir Francis Drake gerade Bowls auf dem Hoe. »Es bleibt genug Zeit, zu Ende zu spielen und dann die Spanier zu besiegen«, soll Drake gesagt haben, während er in aller Seelenruhe weitere Kugeln warf.

Tatsächlich spielte Drake in der Niederlage der Spanier eine wichtige Rolle, und die Liebe der Engländer zu ihrem Bowlsspiel auf grünem Rasen ist hinlänglich bekannt. Doch angesichts der wahren Geschichten, die sich um die Hafenstadt ranken, hat Plymouth die Legende nicht nötig. Dort begann Englands Aufstieg zur Seemacht – und die Besiedlung Amerikas. Stolz präsentiert der größte Marinehafen Westeuropas auf The Hoe seine glanzvolle Vergangenheit.

Heimat der Sea Dogs

»Seehunde« nennt England seine großen Seefahrer, die mit ihren Schiffen von Plymouth aus die Geschichte des Empire entscheidend prägten. So wie **Sir Walter Raleigh**, der 1585 die Kolonie Virginia gründete, oder **Sir Francis Drake**, der von hier zwischen 1577 und

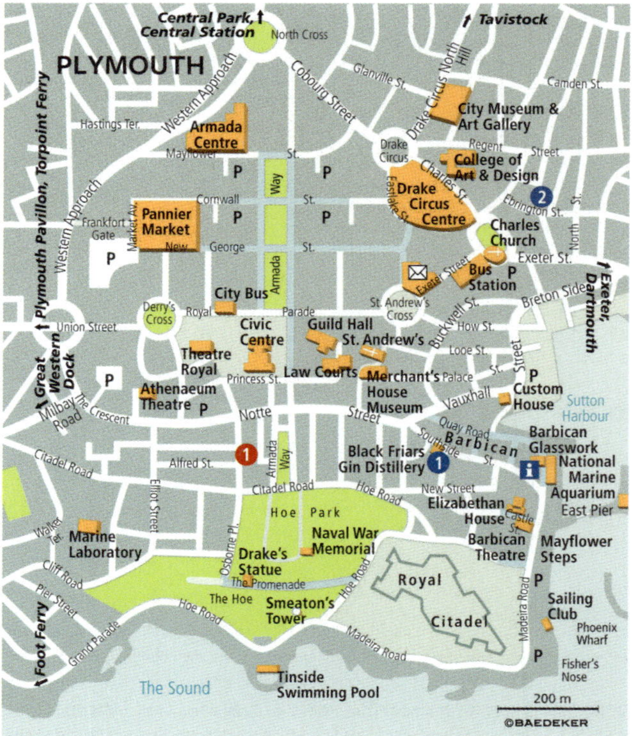

1 Barbican Kitchen
2 Brown & Bean

1 Drake

Fußgängerzone

PLYMOUTH ERLEBEN

PLYMOUTH MAYFLOWER VISITOR INFORMATION CENTRE

3–5 The Barbican, Plymouth
PL1 2LR, Tel. 01752 30 63 30
www.visitplymouth.co.uk

Für einen Einkaufsbummel empfehlen sich Royal Parade, New George Street und der Pannier Market

BARBICAN LIVE LOUNGE

Bis morgens um 4 Uhr wird im steinernen Kellergewölbe am Hafen alles vom Vocal bis Latin Jazz geboten. Bevor es richtig losgeht, kann man sich um die Ecke an der Quay Road in der Seafood & Pasta Bar mit fangfrischem Fisch stärken.
11 The Parade, Tel. 01752 25 60 49

1 BARBICAN KITCHEN €€€ - €€

Die Brüder Chris und James Tanner haben ihr Restaurant in Räumen der Gin-Destillerie etabliert. Auf der Karte stehen modern interpretierte Klassiker der Westküste, komponiert mit Zutaten von regionalen Erzeugern. Probieren Sie Salat mit Krebsfleisch aus Brixham, Burger von West Country-Rindfleisch oder Spargel aus Cornwall. Als Alternative zu Prosecco gibt es Sharpham Sparkling Brut aus Totnes in Devon.
60 Southside Street
Tel. 01752 60 44 48
http://barbicankitchen.com

2 BROWN & BEAN €€€ - €€

Das Restaurant in einer belebten Einkaufsstraße nördlich vom Sutton Harbour serviert mittags kreative Gerichte à la carte und abends ein mehrgängiges Tasting Menu, auch für Vegetarier. Wer mutig ist, wird mit teils gewagten Kombinationen belohnt. Wie wäre es z. B. mit Räucheraal mit Bacon-Jus und Apfelpüree oder Krebsfleisch-Curry mit flambierter Gurke?
68 Ebrington Street
Tel. 01752 26 16 71
http://brownandbean.co.uk

1 DRAKE €€

Der Familienbetrieb in einer viktorianischen Villa, einst die Residenz eines Marineoffiziers, bereitet einen freundlichen Empfang und liegt nur 300 m vom Hoe Park entfernt. Ausgezeichnetes Frühstück.
1 & 2 Windsor Villas
Lockyer Street, The Hoe
Plymouth PL1 2QD
Tel. 01752 22 97 30
www.drakehotel.net

1580 als erster Engländer die Welt umsegelte. Und **James Cook** (1728 – 1779) startete von Sutton Harbour seine Forschungsreisen, wo am 1620 die Pilgerväter auf der von Southampton kommenden **Mayflower** die Segel nach Amerika gesetzt hatten.
1941 wurde die Hafenmetropole in Schutt und Asche gelegt. Deshalb kann man bei Ankunft in der schachbrettartig angelegten, eher ge-

sichtslosen Neustadt nicht ahnen, dass Plymouth im Aussichtspark The Hoe faszinierende Einblicke in die Seefahrtsgeschichte und herrliche Aussichten auf die Hafenbucht »The Sound« bietet.

Wohin in Plymouth?

Triumphe und Tragödien einer Seefahrernation

★ The Hoe

Die Parkanlage The Hoe zwischen Sutton Harbour und den Great Western Docks ist eine einzige Hommage an die britische Seefahrt: mit einem Ehrenmal der Marine, dem Armada-Denkmal, Edgar Boehms Statue von Sir Francis Drake und der Aussichtsplattform von **Smeaton's Tower**. Von 1759 bis 1882 stand der Leuchtturm auf dem Eddystone Riff.

Die **Royal Citadel** von 1666, heute die Kaserne des 29. Artillerie-Regiments, kann im Rahmen einer Führung besichtigt werden.

Smeaton's Tower: April – Okt. tgl. 10 – 17 Uhr, Nov. – März Di. – Sa. 10 bis 16 Uhr | Eintritt: 4 £

Royal Citadel: Mitte April – Sept. So, Mo., Di. , Do. 14.30 Uhr Eintritt: 6 £ | www.english-heritage.org.uk

Go West!

Mayflower Steps & Museum

Die aussichtsreiche Madeira Road führt vorbei an der **Phoenix Wharf**, wo im Sommer Ausflugsdampfer ablegen, hinab zum Sutton Harbour. Von den Mayflower Steps segelten 1620 die 101 Pilgerväter gen Westen nach Amerika. Hier erzählt das **Mayflower Museum** deren Geschichte und zeigt ein Modell der »Mayflower«.

April – Okt. Mo. – Sa. 9.30 – 17, So. 10.30 – 16, Nov. – März Mo. – Fr. 9.30 – 17, Sa. 10.30 – 16 Uhr | Eintritt: 3 £ | www.plymouth.gov.uk

Maritimes Leben

National Marine Aquarium

Jenseits der Drehbrücke erhält man spannende Einblicke in die Unterwasserwelt, kann man Seepferdchen, Delfine und Haie beobachten.

Tgl. 10 – 17 Uhr | Eintritt: 15,95 £ | www.national-aquarium.co.uk

Wohl bekomms!

Barbican

Bummeln und Shoppen kann man in den Gassen und an der Quay Road des charmanten Hafenviertels »The Barbican«. New Street 32 ist das **Elizabethan House**, Wohnhaus eines Kapitäns aus der Tudorzeit. Die **Black Friars Distillery** an der South Side Street 60 stellt seit 1793 den legendären Plymouth Gin her, der noch immer mit frischem Dartmoor-Wasser destilliert wird – probieren Sie den Gin als Originalabfüllung mit 41,2 Vol.-%, als Navy Strength mit 57 Vol.-% oder als likörartigen, mit Schlehen aufgesetzten »Sloe Gin« mit 26 Vol.-%. Das **Merchant's House Museum** aus dem 16./17. Jh. an der St Andrew's Street zeigt Ausstellungen zur Stadtgeschichte.

Gilt auch für Leuchttürme wie den Smeaton's Tower:
Querstreifen fallen auf.

Black Friars Distillery: tgl. stdl. 10.30 – 16.30 Uhr
40-minütige Führung 7 £, 2,5-stündige Führung inkl. 200 ml Gin 40 £
www.plymouthgin.com
Merchant's House Museum: z. Zt. wegen Renovierung geschl.
https://plymhearts.org/merchants-house

Stadtgeschichte(n)

The Box

Das Stadtmuseum am Drake Circus wird derzeit umfassend renoviert und soll 2020 zum 400. Jubiläum der Fahrt der Mayflower unter dem Namen »The Box« neu eröffnet werden. Geplant sind u. a. Ausstellungen über Hafengeschichte und Entdeckungsfahrten und eine neue Galerie für die »Cottonian Collection« mit Zeichnungen und Stichen von Dürer, Michelangelo und Rubens.
https://plymhearts.org

Rund um Plymouth

Edles Interieur, feine Gärten

★ Herrenhäuser in der Umgebung

John Parker, Hausherr von **Saltram House** 3 mi / 5 km östlich von Plymouth, beauftragte Robert Adam Mitte des 18. Jh.s, den Salon und den Speisesaal einzurichten – mit ihren exquisiten Stuckarbeiten und Deckengemälden gehören beide Räume zu den am besten erhaltenen Adam-Interieurs des Landes. Die Gemäldesammlung birgt Werke von

Joshua Reynolds (1723–1792), der den Hausherrn mit seiner Familie porträtierte. Höhepunkte des Gartens sind eine Orangerie, eine Limonenallee und eine Kapelle. Haus und Garten waren Drehorte in der Jane-Austen-Verfilmung von »Sinn und Sinnlichkeit«.
Mount Edgcumbe blickt über das Ufer des Tamar nach Plymouth. Haus und Park sind seit 400 Jahren im Besitz der Familie Edgcumbe. Unter ihrer Ägide entstand ein **einzigartiger Garten** mit uralten Eichen, Kaskaden und Tempeln.
Mit der Autofähre nach Torpoint ist es nicht weit bis zum **Antony House**, 5 mi/8 km westlich von Plymouth. Seit über 600 Jahren gehört das Anwesen der Familie Carew. Das Wohnhaus aus silbergrauem Stein mit Stilmöbeln und Porträts von Reynolds und van Dyck stammt aus dem frühen 18. Jh.; im 40-ha-Park blühen 300 Kamelienarten.
Sir Richard Grenville ließ **Buckland Abbey**, ein 1278 gegründete Zisterzienserkloster 10 mi/16 km nördlich von Plymouth, 1576 zu einem glanzvollen Wohnhaus umbauen – im Jahr 1581 kaufte es **Sir Francis Drake** (► Interessante Menschen, S. 363). Porträts und Habseligkeiten des legendären Weltumseglers zeigt die Drake Gallery.

Saltram House: tgl. 11 – 16.30, Nov. – Feb. bis 15.30 Uhr | Eintritt: Gesamtanlage 10,30 £, nur Gärten 5,30 £, nur Westflügel 7,20 £
www.nationaltrust.org.uk

Mount Edgcumbe: April – Sept. So. – Do. 11 – 16.30 Uhr, Country Park tgl. 8 – 18 Uhr | Eintritt: Haus und Earl's Garden 7,20 £, Country Park frei, Gesamtanlage & Bootshuttle 12,50 £
www.mountedgcumbe.gov.uk, www.plymouthboattrips.co.uk

Antony House: April – Okt. Di. – Do. 12 – 17 Uhr, Juli, Aug. auch So. Eintritt: Gesamtanlage 8,90 £, nur Garten 4,80 £
www.nationaltrust.org.uk

Buckland Abbey: Mitte Feb. – Okt. tgl. 10 – 17, Nov., Dez. 10 bis 16 Uhr | Eintritt: Gesamtanlage 10 £, nur Garten 5 £, günstiger bei Anreise mit ÖPNV | www.nationaltrust.org.uk

★★ PORTSMOUTH

Grafschaft: Hampshire | **Einwohner:** 207 000

Wo, wenn nicht in Portsmouth, dem Flaggschiff des maritimen Großbritanniens, kann man der stolzen Seefahrtsgeschichte des Landes nachspüren? Schließlich sind im Haupthafen der Royal Navy zahlreiche Nationalheiligtümer, allen voran die »HMS Victory« von Lord Nelson, vertäut. Mondäner geht es hingegen in Southsea, der Geburtstadt von Charles Dickens, zu, einem einladenden Seebad mit hellem Kiesstrand.

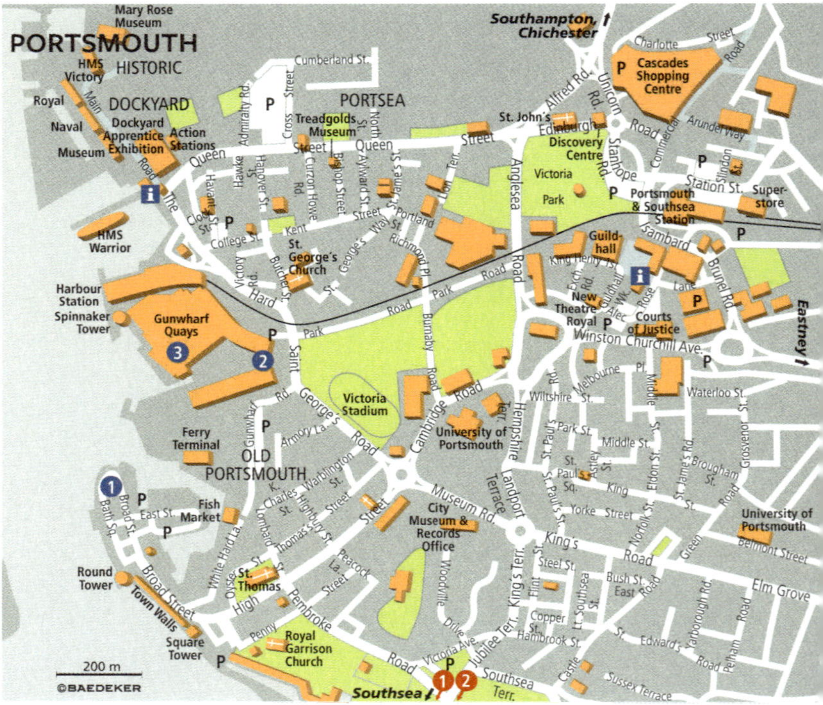

🍴🍷
1 Spice Island Inn
2 Brasserie Blanc
3 Old Customs House

🏠
1 Somerset House Hotel
2 Seacrest

Fußgängerzone

Heimathafen der Royal Navy

Als gegen Abend am 19. Juli 1545 endlich eine Brise aufkam, konnten englische Kriegsschiffe aus dem Hafen von Portsmouth laufen und die französischen Galeeren angreifen. Es gelang, die versuchte Invasion zurückzuweisen, aber dabei ereilte die »Mary Rose« die Katastrophe. Vor den Augen des Königs bekam das Flaggschiff Schlagseite und ging in kurzer Zeit unter. Losgerutschte Kanonen und der aus der Verankerung gerissene 360-l-Kessel der Kombüse erdrückten manche der 400 Besatzungsmitglieder, die am Deck gespannten Netze verhinderten das Entkommen vieler anderer. Nur 35 überlebten.
Das Heben des Tudorschiffs vom Meeresbett 1982 war ein großes Ereignis für ein Land, das auf seine Marine extrem stolz ist. Heute ist das Skelett der »Mary Rose« eins der beiden herausragenden Exponate in

PORTSMOUTH ERLEBEN

VISITOR INFORMATION SERVICE
The Hard, Portsmouth PO1 3PA
Tel. 023 92 82 67 22
www.visitportsmouth.co.uk

In den Outlets der Gunwharf Quays gibt es Designermode zu Schnäppchenpreisen.

Port Solent und Gunwharf Quays sind angesagte Adressen für ein Dinner mit Meerblick, Old Portsmouth lockt mit rustikaler Pub-Küche und romantischen Tea Rooms.

1 SPICE ISLAND INN €€€ – €€
Direkt am alten Hafen gehört es sich, Fisch zu essen. Hier erwarten Sie große, leckere Portionen mit Mut zur Würze. Wer noch Platz für den Nachtisch hat, sollte einen warmen Früchte-Crumble mit Clotted Cream-Eis probieren – danach geht aber wirklich nichts mehr!
Bath Square, Old Portsmouth
Tel. 023 92 87 05 43, www.spiceisland-portsmouth.co.uk

2 BRASSERIE BLANC €€€ – €€
Die Brasserie am Fuße des Büroturmes »Lipstick« überzeugt mit tollen Salaten, frischen Loch-Fyne-Muscheln, bestem englischen Shropshire-Blue-Käse und – Bouillabaisse. Hinter dieser französisch-britischen Symbiose steckt Raymond Blanc, der seit Jahrzehnten die britische kulinarische Szene bereichert. Nur wenige wurden wie er mit der Légion d'Honneur und dem Order of the British Empire ausgezeichnet.
1 Gunwharf Quays
Tel. 023 92 89 13 20
www.brasserieblanc.com

3 OLD CUSTOMS HOUSE €€
Wo einst die Royal Marines trainierten, werden heute süffiges Bier und Traditionsküche serviert. Das Besondere ist der Blick vom Biergarten aus auf den Hafenbetrieb.
Vernon Building, Gunwharf Quay
Tel. 023 92 83 23 33
www.theoldcustomshouse.com

1 SOMERSET HOUSE HOTEL €€€
Alle Zimmer in dem geschmackvoll eingerichteten Boutiquehotel besitzen ihre eigene Note. Zu dieser kleinen Hotelkette gehört auch der fast direkt nebenan gelegene Gastropub The Florence Arms, wo hauptsächlich britische Klassiker auf der Karte stehen, z. B. saftige Steaks und der Pie des Tages.
10 Florence Road, Southsea
PO5 2NE, Tel. 023 92 75 35 55
www.somersethousehotel.co.uk

2 SEACREST €€
Das familiengeführte Hotel liegt 100 m vom Strand im angenehmen Stadtteil Southsea. Die Hälfte der 28 eher plüschig als minimalistisch eingerichteten Zimmer haben Meerblick. Das reichhaltige Frühstück ist die perfekte Grundlage für den Sightseeing-Tag im alten Marinehafen.
12 South Parade,
Portsmouth PO5 2JB
Tel. 023 92 73 31 92
www.seacresthotel.co.uk

den Historic Dockyards, den Marinewerften – das andere ist die »HMS Victory«, das Flaggschiff von Lord Nelson. Portsmouth ist seit 500 Jahren der Haupthafen der Royal Navy und somit eine Art Nationalheiligtum der Seefahrtsgeschichte. Bereits im 12. Jh. etablierte Heinrich II. hier eine königliche Werft. 1495 wurde das erste Trockendock der Welt in Betrieb genommen. Außer Highlights der Marinegeschichte besitzt die Geburtsstadt von Charles Dickens mit Southsea ein einladendes Seebad mit hellem Kieselstrand und dem Clarence Pier. 1887 schrieb Sir Arthur Conan Doyle als Arzt im Stadtteil Southsea seinen ersten Sherlock-Holmes-Roman »A Study in Scarlet«.

★★ Historic Dockyard

April – Okt. tgl. 10 – 17.30, Nov. – März 10 – 17 Uhr | Eintritt: Gesamtanlage inkl. Hafenrundfahrt und Royal Navy Submarine Museum in Gosport 35 £ (online 28 £), Einzeltickets für National Museum of the Royal, HMS Victory, Mary Rose Museum, HMS Warrior, HMS M33 und Action Stations jeweils 18 £, Boathouse 4 frei
www.nmrn-portsmouth.org.uk,www.maryrose.org/

Marinegeschichte zum Anfassen

National Museum of the Royal Navy

Im größten Stützpunkt der königlichen Marine liegt eine Flotte aus Zerstörern, Fregatten, Minenjägern und Hochseewachbooten vor Anker. Einblicke in den Hafen und seine Geschichte geben 45-minütige Harbour Tours. In Lagerhallen aus dem 18. Jh. erzählt das **National Museum of the Royal Navy** die Geschichte der britischen Seefahrt von den Anfängen bis in unsere Tage. Mit Computersimulationen können Besucher ein Schlachtschiff aus der Ära von Lord Nelson oder auch einen Marinehubschrauber steuern.

Nelsons Flaggschiff

HMS Victory

Nicht nur echte Seebären werden von der HMS Victory begeistert sein – offiziell noch im Dienst der Marine stehend, ist sie das am längsten dienende Kriegsschiff der Welt. Das Flaggschiff von Admiral **Lord Nelson** misst knapp 60 m in der Länge, die insgesamt fünf Decks sind mit 104 Kanonen ausgestattet. Das Feuern und Nachladen dauerte nur 90 Sekunden! 1759 wurde der Dreimaster auf der Marinewerft Chatham auf Kiel gelegt, 1765 lief er vom Stapel. Ab 1922 wurde das Schiff restauriert, heute kann es vom Admiralsquartier bis zum Munitionsdepot besichtigt werden (▶ Baedeker Wissen, S. 276).

Heinrichs Geisterschiff

Mary Rose Museum

Im Vergleich zur HMS Victory wirkt die »Mary Rose« fast schon wie ein Geisterschiff. Umso beeindruckender erscheint das Wrack, wenn man sich die Geschichte des Kriegsschiffes vergegenwärtigt: 1509 für **Heinrich VIII.** gebaut, lag es nach seinem Untergang 1545 exakt

437 Jahre am Boden des Solent. Jahrelang wurde der Schiffsrumpf nach seiner Bergung mit einem Sprühnebel aus Süßwasser und Polyethyleneglycol konserviert, ab 2013 dann in einer Heißluftkammer getrocknet und sorgfältig restauriert. Das Wrack und weitere Funde zeigt das Mary Rose Museum.

Veteranen der Meere

Weitere Sehenswürdigkeiten

Zwei weitere Kriegsschiffe sind in den Docks zu besichtigen: der viktorianische **Dreimaster HMS Warrior**, der als erstes Schiff der Royal Navy mit Ganzmetall-Rumpf, gepanzerten Hauptgeschossen und leistungsstarker Dampfmaschine neue Maßstäbe im Schiffbau setzte, sowie die **HMS M33** aus dem Ersten Weltkrieg.

Boathouse 4 ist eine Familienattraktion mit Aktivitäten für Kinder und Informationen über den Schiffbau. **Action Stations** in Boatshouse 6 bietet Abenteuerspiele und technische Informationen für Jung und Alt.

Öffnungszeiten und Eintritt wie »Historic Dockyards«

Wohin in Portsmouth?

Angesagtes Ausgehviertel

Gunwharf Quays

Wo einst die Kriegsschiffe munitioniert wurden, entstand mit den Gunwharf Quays ein neues Hafenviertel mit Designer-Outlets, Bars

Alles im Blick! Vom Spinnaker Tower genießt man eine prächtige Aussicht auf den Hafen von Portsmouth und den Solent.

EIN STOLZES SCHIFF

Die HMS Victory ist das berühmteste englische Kriegsschiff aller Zeiten. Als Flaggschiff von Admiral Lord Nelson war sie mitten im Getümmel, als die Briten am 21. Oktober 1805 in der Schlacht von Trafalgar Napoleon und seine spanisch-französische Flotte besiegten und damit ihre Vorherrschaft zur See begründeten.

Historic Dockyard: April – Okt. tgl. 10 – 17.30, Nov. – März 10 – 17 Uhr
Einzelticket für HMS Victory 18 £
www.nmrn-portsmouth.org.uk

1 Kapitänsquartier
Thomas Masterman Hardy, befehlshabender Offizier während der Schlacht von Trafalgar, standen im Achterschiff drei Kajüten zur Verfügung – wie bei Nelson mit eigener Toilette. In der Offiziersmesse wurden die Tagesbefehle ausgegeben. Weniger komfortabel hatte es die Mannschaft – vor Trafalgar waren 821 Offiziere, Matrosen und Marinesoldaten an Bord.

2 Admiralsquartier
Vier Kabinen mit gediegener Einrichtung bewohnte Lord Nelson – ein Porträt von William Beechy aus dem Jahr 1801 zeigt Nelson als kommandierenden Vizeadmiral der Mittelmeerflotte, auf zwei weiteren Bildern sind Lady Hamilton und die gemeinsame Tochter Horatia im Alter von zwei Jahren zu sehen. Der Originaltisch, an dem Nelson mit seinen Kapitänen, Offizieren und illustren Gästen zu speisen pflegte, steht heute im Royal Naval Museum.

3 Steuerrad
Unter dem Kreuzmast auf dem Achterdeck war das Steuerrad.

4 Nelsons tödlicher Standort
Eine Plakette markiert die Stelle, an der Lord Nelson hinter den französischen Linien eine Kugel traf.

5 Kombüse
Der Schiffskoch hatte eine Speisekammer, mit Kohle und Holz befeuerte gusseiserne Herde und zwei Öfen zum Brotbacken.

Mit einem Kondensator konnte aus Salzwasser Frischwasser gewonnen werden. Die Verpflegung in der georgianischen Marine war übrigens besser als ihr Ruf: Die Tagesrationen (ca. 5000 Kalorien pro Kopf) bestanden aus frischem oder gepökeltem Fleisch, Gemüse, Schiffszwieback, Butter, Käse, Rosinen, Zwiebeln und Zucker. Die Mannschaft aß um 8, 12 und 16 Uhr, die Offiziere nahmen das Dinner zwischen 14 und 15 Uhr ein.

⑥ Pulvermagazin
Explosive Angelegenheit: Hier lagerten 784 Pulverfässer – ein Fünftel des Pulvers wurde während der Schlacht von Trafalgar verschossen.

⑦ Vorratskammer
Unterhalb der Wasserlinie war der Proviant verstaut, darunter bis zu 355 t Wasser.

und Restaurants, Fitnessclub, Kino, Hotel und Marina. Wahrzeichen des Viertels ist der **Spinnaker Tower** – aus 170 m Höhe bietet er einen fantastischen Rundblick über den Historic Dockyard. Die Aussichtsplattform auf 100 m Höhe sorgt mit Glasboden für den besonderen Kick, auf Deck 2 auf 105 m gibt es ein Café, auf Deck 3 steht man auf 110 m draußen im Wind.

Spinnaker Tower: tgl. 10 – 18 Uhr | Eintritt: 10,50 £
www.spinnakertower.co.uk

Seebad mit Mehrwert

★ Southsea

Von der Strandpromenade und dem 5 km langen Kieselstrand von Southsea ist bei schönem Wetter die ► Isle of Wight zu sehen. Der Clarence Pier, das Badezentrum The Pyramids und das Blue Reef Aquarium an der Clarence Parade machen Southsea zum beliebten Familienausflugsziel. Das **D-Day Museum** an der Clarence Esplanade widmet sich der Landung der Alliierten in der Normandie am 6. Juni 1944. Direkt dahinter liegt das Southsea Castle, von dem König Heinrich VIII. 1545 den Untergang der »Mary Rose« verfolgte.

Und in einem schmalen Backsteinbau in der Commercial Road Nr. 393 wurde 1812 **Charles Dickens** geboren.

Blue Reef Aquarium: tgl. 10 – 17, in den Ferien bis 18 Uhr
Eintritt: 10,75 £ | www.bluereefaquarium.co.uk
D-Day Museum: aktuelle Öffnungszeiten s.
www.ddaymuseum.co.uk
Southsea Castle: Ostern – Okt. Di. – So. 10 – 17 Uhr | Eintritt: frei
www.southseacastle.co.uk
Charles Dickens Birthplace: Ostern – Sept. Fr. – So. 10 – 17.30 Uhr
Eintritt: 4,20 £ | www.charlesdickensbirthplace.co.uk

Rund um Portsmouth

Auf Tauchstation

Gosport

Im **Royal Navy Submarine Museum** an der Haslar Road in Gosport können Besucher vier U-Boote entdecken – darunter auch die Holland (1901), das erste U-Boot der königlichen Marine.

April – Okt. tgl. 10 – 17.30, Nov. – März Mi. – So. 10 – 16.30 Uhr
Eintritt: 15 £ | www.submarine-museum.co.uk

Römisches Fort

Portchester Castle

Portchester Castle wurde als Portus Adurni im 3. Jh. mit 6 m hohen Außenmauern auf einer Landzunge im Norden von Portsmouth Harbour errichtet. Kein römisches Fort nördlich der Alpen ist besser erhalten. Zur Anlage gehört auch ein normannischer Bergfried. Gut konzipierte Ausstellungen erzählen die menschlichen Geschichten hinter den Festungsbauten, z. B. das Schicksal

der französischen Kriegsgefangenen, die vor mehr als 200 Jahren hier leben mussten.
April – Sept. tgl. 10 – 18, Okt. bis 17, Nov. – März Sa., So. 10 – 16 Uhr
Eintritt: 6 £ | www.english-heritage.org.uk

★ ROCHESTER

Grafschaft: Kent | **Einwohner:** 31 000

Wo die uralte Straße von London nach Canterbury und Dover den Medway überquert, bildet die Stadt zusammen mit Gillingham und Chatham ein Ballungsgebiet, das die Marine, Werften und ein Dichter prägten: Charles Dickens lebte als Kind in Chatham, im Alter in Rochester.

Beim alljährlichen Dickens-Festival von Rochester werden seine berühmten Romanfiguren zum Leben erweckt.

Ein Bäcker aus Schottland namens William machte sich mit seinem Adoptivsohn David, den er Jahre zuvor als verlassenen Säugling an der Kirchentür gefunden hatte, auf den Weg ins Heilige Land. Zwischen Rochester und Canterbury, wo die Straße durch eine einsame Gegend führte, erschlug der Adoptivsohn seinen Wohltäter und nahm Williams Geld. Eine geistesgestörte Frau fand die Leiche und band einen Kranz aus duftendem Geißblatt um die Stirn des Toten. Als sie später den Kranz um den eigenen Kopf legte, wurde sie von ihrem Leiden geheilt. Berichte über dieses Wunder im Jahr 1201 kamen den Domherren von Rochester gerade recht, hatten ihre Nachbarn in Canterbury doch seit 30 Jahren einen einträglichen Märtyrerkult um Thomas Becket. Nun konnten sie mit dem Schrein von **William of Perth** eine eigene Wallfahrtsstätte etablieren – seit dieser Zeit ist die Kathedrale des Ortes größter (aber nicht einziger) Besuchermagnet.

Wunder-volles Land-städtchen

Wohin in Rochester?

★ Rochester Cathedral

Geschichtsträchtiges Gotteshaus
Der altehrwürdige Kirchenbau, Englands zweitälteste Kathedrale, geht zurück auf das Jahr 604. Um 1080 begann Bischof Gundulf mit dem Bau der heutigen Kathedrale. Aus dieser Zeit haben sich der wehrhafte Gundulfturm und die Krypta erhalten. Die Türme und das Skulpturenportal der Westfassade waren um 1160 fertiggestellt, der Vierungsturm entstand 1343. Bis ins 15. Jh. hinein wurden Lang- und Querhaus um- und ausgebaut. Im Innern führen »Pilgerstufen« zum Grab des Bischofs Walter de Merton. Ursprünglich stand hier das Grab des heiliggesprochenen William of Perth. Der Kathedrale war ein Benediktinerkloster angegliedert, das unter Heinrich VIII. aufgelöst wurde. Von den vier Zugangstoren des 15. Jh.s sind drei erhalten: Zur High Street hin öffnet sich das Chertsey's Gate, daneben bot das Deanery Gate Pilgern Zugang zum Schrein des Heiligen William. Am besten erhalten ist das **Prior's Gate** an der Südseite. Ein Kleinod ist der Garten der Kathedrale mit seiner wunderschönen Magnolie und einer frisch restaurierten Sektion der antiken Stadtmauer, die um 200 n. Chr. in die römische Stadt Durobrivae und später in die Klostergebäude integriert wurde.
Mo. – Fr. 7.30 – 18, Sa. 8.30 – 17, So. 7.30 – 17 Uhr | Eintritt: frei, Spende erbeten | www.rochestercathedral.org

★ Rochester Castle

Normannenfestung
Trutzig ragen die Zinnen der granitgrauen Burgruine in den Himmel und vermitteln immer noch eine Aura der Uneinnehmbarkeit. Sie gehört zu den am besten erhaltenen normannischen Festungen in England und ist die höchste Europas aus dieser Zeit. Dass sie in früheren Zeiten tatsächlich recht wehrhaft war, musste König Johann 1215

ROCHESTER ERLEBEN

MEDWAY VISITOR CENTRE
95 High Street, Rochester
ME1 1LX, Tel. 01634 33 81 41
www.visitmedway.org

DICKENS-FESTIVAL
Zum alljährlichen Dickens-Festival im Frühjahr gehören Straßentheater, ein viktorianischer Handwerkermarkt und eine Parade mit farbenprächtigen Charakteren aus Dickens' Werken.
www.rochesterdickens festival.org.uk

Rochester ist bekannt für seine Antiquitätengeschäfte an und um die High Street, Markt wird Di. und Sa. auf der Gillingham High Street, Fr. und Sa. auf der Corporation Street abgehalten.

ELIZABETH'S RESTAURANT €€
Beim gelegentlichen Tapas-Abend zeigen Manuel und Cristina, dass sie die Küche ihrer spanischen Heimat exzellent beherrschen. Ebenso gut kochen sie für den modernen englischen Geschmack, also mit französisch und mediterran beeinflusster Zubereitung von Rindfleisch aus Kent, Lamm und Fisch von der Kanalküste. Das Restaurant befindet sich in einem charaktervollen Haus aus dem 16. Jh.
154 High Street, Tel. 01634 84 34 72
http://elizabethsrestaurant.co.uk/

Das Angebot an Unterkünften in den Medway Towns ist überschaubar. Die meisten Besucher übernachten in London (nur 30 Minuten Bahnfahrt) oder in nahe gelegenen Gegenden mit ländlichem Charme.

THE GOLDEN LION HOTEL €€
Das Haus in einer ehemaligen Bank an der Hauptstraße gehört einer großen Pub- und Hotelkette, d. h. individuellen Charme kann man nicht erwarten, aber zu einem vernünftigen Preis werden modern und saubere Zimmer mit allen wichtigen Annehmlichkeiten geboten.
147 – 151 High Street
Rochester Kent ME1 1EL
Tel. 01634 88 05 21
www.jdwetherspoon.com

feststellen, als sie einer der erbittertsten Belagerungen des englischen Mittelalters zwei Monate lang standhielt. Zwei bewegliche hölzerne Türme und fünf große Steinschleudern reichten nicht, um die Besatzung in die Knie zu zwingen. Erst ein mit dem Fett von 40 Schweinen gespeistes Feuer brachte einen Eckturm zum Einsturz. Bis auf diesen Turm, der als Rundturm wiedererrichtet wurde, stammt der gesamte Bergfried aus dem Jahr 1127. In 37 m Höhe bietet er eine fantastische Aussicht.
April – Sept. tgl. 10 – 18, Okt. bis 17, Nov. – März bis 16 Uhr
Eintritt: 6,40 £ | www.english-heritage.org.uk

Gefangen an Bord

Guildhall Museum

Die High Street folgt dem Lauf der römischen Handelsstraße Watling Street, die London mit der Küste verband. Die Geschichte von Stadt und Region lässt das Guildhall Museum u. a. mit einem Nachbau eines Schiffsgefängnisses lebendig werden. Ein Hingucker sind auch die Stuckdecken der 1687 erbauten Guildhall.

Di. – So. 10 – 17 Uhr | Eintritt: frei | www.medway.gov.uk

Eine Hand an der Krone

Restoration

In 17 – 19 Crow Lane wurde die elisabethanische Stadtvilla Restoration restauriert, in der Karl II. vor seiner Thronbesteigung am 28. Mai 1660 die erste Nacht auf englischem Boden nach seinem Exil verbrachte. Die Besitzer haben schöne Interieurs wiederhergestellt und die Villa mit erlesenen Möbeln und Bildern ausgestattet. Ihr Vorbesitzer, ein bekannter Bauchredner und Komiker, ruinierte sich finanziell durch Restaurierungsversuche in den 1990er-Jahren. Heute aber befinden sich Haus und Garten in einem prächtigen Zustand.

Juni – Sept. Do., Fr. 10 – 17 Uhr | Eintritt: 8,50 £
www.restorationhouse.co.uk

Rund um Rochester

Stolze Schiffs-Oldies

★ Chatham

Auf den im 16. Jh. angelegten Docks von Chatham, 4 mi / 6,5 km östlich von Rochester, wurden bis 1984 mehr als 400 Schiffe gebaut, darunter auch Nelsons Flaggschiff HMS Victory (▶ Portsmouth). Heute liegen in dem **Historic Dockyard** Oldtimerschiffe und das U-Boot »Ocelot«, erzählen eine Seilerei, Segel- und Fahnenloft die Geschichte des Schiffbaus am Medway. Im Sommer kann man mit dem **Paddle Steamer** »Kingswear Castle«, einem 1924 gebauten Kohleraddampfer, von den Dockyards aus den Leedway hinunter bis zum Upnor Castle schippern.

Fort Amherst wurde 1756 zum Schutz der königlichen Werft von Chatham errichtet und angesichts der Bedrohung durch Frankreich zwischen 1802 und 1811 erheblich ausgebaut. Um Mannschaft und Munition zu bewegen, wurden Tunnel in die Kreidefelsen gegraben. Heute gilt Fort Amherst mit seinen 50 Kanonen als besterhaltene und größte Festung Englands aus napoleonischer Zeit. Richtig gruselig wird die Besichtigung im Laternenschein der Ghost Tours. Was der Erfindergeist der königlichen Militäringenieure hervorgebracht hat, ist im **Royal Engineers Museum** von **Gillingham** zu sehen: Wellingtons Schlachtplan für Waterloo, Tauchanzüge von 1902, selbst ein Harrier Jet ist ausgestellt.

Chatham Historic Dockyard: Ostern – Okt. tgl. 10 – 18, Nov. – Ostern 10 – 16 Uhr | Eintritt: 24 £ | www.thedockyard.co.uk

Fort Amherst: Tunnel-Touren tgl. 11, April – Sept. auch um 14 Uhr, Ghost Tours Okt. – März tgl. 19.30, 20.30, April – Sept. 20, 21 Uhr, Freigelände rund um die Uhr geöffnet | Eintritt: Tunnel-Touren 5 £, Ghost Tours 10 £ | www.fortamherst.com
Royal Engineers Museum: Di. – So. 10 – 17 Uhr | Eintritt: 8,40 £ www.re-museum.co.uk

Das Landleben von einst

Cobtree Museum of Kent Life

Ein beliebtes Familienausflugsziel ist das Freiluftmuseum im Norden von Maidstone. Hopfendarren und -felder, Farmtiere und Traktorrundfahrten lassen Besucher am kentischen Landleben teilnehmen.
März – Okt. tgl. 10 – 17, in den Schulferien bis 18 Uhr | Eintritt: 9,95 £ (online günstiger) | www.kentlife.org.uk

Die »schönste Burg der Welt«

★ Leeds Castle

Die Burg, deren warm leuchtender Sandstein sich im weitem Wassergraben spiegelt, bietet einen solch spektakulären Anblick, dass Lord Conway sie kurzerhand als »schönste Burg der Welt« bezeichnete. An der Stelle von Leeds Castle, 7 mi / 11 km südöstlich von Maidstone, soll bereits im 9. Jh. ein sächsisches Herrenhaus gestanden haben. Danach gehörte Leeds den Normannen, war eine Residenz für sechs englische Monarchinnen, diente als Palast Heinrichs VIII. und bis 1974 als privates Wohnhaus.

So stellt man sich eine englische Burg vor: Leeds Castle, auf zwei Inseln im Len gelegen, muss keine Vergleiche scheuen.

Die Schlossanlage ist auf zwei separaten Inseln errichtet, die eine Brücke miteinander verbindet. Eine Zugbrücke bildet den Haupteingang und führt an einem Torhaus aus dem 13. Jh. und an Stallungen vorbei zum **Maiden's Tower**, dessen quadratische Anlage aus der Tudorzeit im 19. Jh. mit Zinnen bekrönt wurde. Das heutige **Hauptgebäude** ersetzte ab 1824 einen vorherigen Tudorbau. Die Innenausstattung stammt von der Amerikanerin Lady Baillie, die Leeds Castle 1926 kaufte und instand setzte. Über die doppelstöckige Steinbrücke geht es zur Gloriette aus der Zeit Heinrichs VIII. Der Bankettsaal des Königs mit Ebenholzboden und geschnitzter Eichendecke, der gelbe Salon mit feinem Seidendamastdesign, das Schlafgemach der Königin und die Königinnengalerie erinnern an die Aufenthalte Heinrichs VIII.

Einmalig ist ein **Hundehalsband-Museum** im Pförtnerhaus mit bis zu 400 Jahre alten Exponaten. Im 200 ha großen Landschaftsgarten tummeln sich Schwäne auf den Seen, dazu wollen Irrgarten, Grotte, Gewächshäuser, ein Weingut und eine Voliere mit 100 Vogelarten erkundet werden – mit Segways ein herrlicher Spaß.

April – Sept. tgl. 10 – 18, Einlass bis 16.30, Okt. – März 10.30 – 16, Einlass bis 15 Uhr | Eintritt: 25 £ | www.leeds-castle.com

RYE

Grafschaft: East Sussex | **Einwohner:** 4500

Auf einem Hügel thront die Perle der »Cinque Ports« stolz über den Weiden der Romney Marsh, auf denen Schafe grasen. Hinter Ryes Stadttor säumen schmucke Fachwerkbauten aus der Tudorzeit die Gassen mit Katzenkopfpflaster.

Perle der »Cinque Ports«

Die englische Südküste unterliegt ständigen Veränderungen. Heute sorgt man sich über Küstenerosion durch zunehmend heftige Stürme. In früheren Jahrhunderten konnte sich der Küstenverlauf dramatischer, plötzlicher verändern. Und Städten zum unverhofften Aufschwung verhelfen, wie im Falle von Rye, das nach einem Sturm 1287 davon profitierte, dass der benachbarte Hafen von Hastings blockiert war und der River Rother sich einen neuen Lauf gesucht hatte. Rye genoss fortan die Privilegien der Hafenkonföderation »Cinque Ports« und war als Fischereihafen und Schmugglernest bekannt.

Rund 300 später war es mit der Herrlichkeit aber vorbei. Der Hafen von Rye verlandete, und der wirtschaftliche Niedergang setzte ein. Aus heutiger Sicht ein Glücksfall, wurden doch viele Fachwerk-

RYE ERLEBEN

TOURIST INFORMATION CENTRE

The Heritage Centre, Strand Quay Rye TN31 7AY, Tel. 01797 22 66 96, www.visit1066country.com, www.ryeheritage.co.uk

Die holprigen Straßen mit denkmalgeschützten Häusern und urgemütlichen Teestuben wollen ausgiebig durchbummelt werden – allerdings nur mit flachem Schuhwerk! Rye besitzt zahlreiche Antiquitätengeschäfte, Antiquariate und Galerien, in denen lokale Künstler ihre Arbeiten präsentieren. Mittwochmorgen ist am Strand Quay Bauernmarkt.
Seit dem 11. Jh. wird in Rye die traditionelle **»Hopware«** getöpfert, Gefäße, die mit kleinen Hopfenzweigen oder -blättern verziert und mit Bleiglasur überzogen werden: Rye Pottery in der Wish Ward, www.ryepottery.co.uk.

THE MERMAID INN €€€

Mermaid Street, Tel. 01797 22 30 65, www.mermaidinn.com
Ein Muss für Romantiker: Das noble Traditionsgasthaus aus dem 15. Jh. mit dunkler Holzdecke, einer geheimen Treppe und offenen Kaminen war im 18. Jh. die Stammkneipe berüchtigter Schmuggler. Sechs der 31 Gästezimmer haben kuschelige Himmelbetten, andere geben sich bescheidener – aber alle versprühen historischen Charme. Im vorzüglichen Restaurant stehen Hummer, Makrelen, Schollen und Rindfleisch aus Winchelsea auf der Speisekarte.

JEAKE'S HOUSE €€

Jenny Hadfield und Richard Martin haben an der Mermaid Street ein bezauberndes Häuschen, jedes Zimmer ist mit Antiquitäten eingerichtet.
Mermaid Street, Rye TN31 7ET, Tel. 01797 22 28 28, www.jeakeshouse.com

TEA ROOMS

The **Avocet Tea Room** am Hafen mit angeschlossener Galerie (€, Tel. 01797 22 30 05, www.avocetgalleryandtea.co.uk) wartet mit leckeren Cream Teas und Kuchen sowie Sussex-Käseteller, geräucherter Makrele und im Sommer auch fangfrischem Krebsfleisch auf. Im Mermaid Inn nimmt man den Tee am Kamin ein, wie in Mutters guter Stube fühlt man sich im versteckt gelegenen **Cobbles Tea Room** (€, www.thecobbletearoom.co.uk), in dem sich seit mehr als 60 Jahren die Einheimischen zum Tee verabreden – im Sommer auf der Terrasse. Einer der bezauberndsten Tea Rooms der Region, **Miss Mollett's High Class Tearoom** in Appledore (€, 6,5 mi / 10,5 km nordöstl. von Rye, Tel. 01233 75 85 55, www.missmollettstearoom.co.uk) serviert Kuchen, Scones und Marmeladen, alle aus eigener Herstellung.

bauten nicht wie anderswo mit Backstein verkleidet. Innerhalb der geschleiften Stadtmauer ist der Grundriss des mittelalterlichen Rye mit drei Hauptstraßen, zahlreichen Querverbindungen sowie 140 Gebäuden aus der Zeit vor 1750 hervorragend erhalten.

Wohin in Rye?

Häuser mit Sitz ... und ohne

Stadtspaziergang

Berühmt ist die kopfsteingepflasterte **Mermaid Street** mit ihren gestaffelten Fachwerkbauten und dem Mermaid Inn. Humorvoll nennt sich das Fachwerkhaus gegenüber »The House Opposite«, ein anderes heißt »The House with a Seat«, und der nicht so glückliche Nachbar lebt im »The House without a Seat«.

Unten am **Strand Quay** säumen schwarz geteerte Speicherhäuser mit Antiquitätengeschäften und Teestuben das Flussufer des Tillingham. 1370 stürmten die Franzosen die Stadt und zerstörten sie. Aus jener Zeit sind nur der Festungsturm **Ypres Tower** mit einer Dependance des Stadtmuseums und das **Landgate** erhalten. Das letzte der vier Stadttore wurde 1327 unter Eduard III. errichtet und 1377 erneuert.

Ypres Tower: April – Okt. tgl. 10.30 – 17, Nov. – März bis 15.30 Uhr
Eintritt: 4 £ | www.ryemuseum.co.uk

Wer hat an der Uhr gedreht? In der schönsten Fachwerkgasse von Rye, der Mermaid Street, meint man, in der Vergangenheit gelandet zu sein.

Weißes Gold

Town Salts

Vom Landgate führt die Straße East Cliff den Berg hinauf und bietet einen Blick auf die Wiesen der »Town Salts«, wo bis ins 19. Jh. Salz gewonnen wurde. Die East Street birgt die georgianischen Stadthäuser Chequer House und Durrant House. Die Market Street führt vorbei am Flushing Inn mit Renaissance-Wandmalerei und Tunnelgewölbe aus dem 13. Jh. und zum Backstein-Rathaus von 1743.
Dahinter erhebt sich als höchster Punkt der Stadt die Pfarrkirche **St Mary** mit Kirchenfenstern von William Morris und Edward Burne-Jones aus dem Jahr 1897 sowie einer Turmuhr von 1561. Die zinnenbekrönte Plattform im Turm gewährt eine schöne Aussicht und Einblicke in den Glockenstuhl.

Literarisches Erbe

Lamb House

Der amerikanische Schriftsteller **Henry James** wohnte von 1898 bis zu seinem Tode 1916 in der West Street. In dem Stadthaus des 18. Jh.s, zu dem ein zauberhafter Garten gehört, verfasste er die Romane »Die goldene Schale« und »Die Gesandten«. Ungleich gruseliger ist Joan Aikens Roman »Der Geist von Lamb House«.
April – Okt. Di., Fr., Sa. 11 – 17 Uhr | Eintritt: 5,85 £
www.nationaltrust.org.uk

Rund um Rye

Die »kleinste Stadt« Englands

Winchelsea

Wie Rye liegt auch das 3 mi/5 km westliche Winchelsea auf einem Hügel und machte als Mitglied der »Cinque Ports« sogar dem Londoner Hafen Konkurrenz. Nachdem 1287 ein Orkan den Ort völlig zerstört hatte, wurde er auf schachbrettartigem Grundriss wieder aufgebaut. Weil heute nur rund 600 Personen ein für eine weitaus größere Bevölkerung geplantes Areal bewohnen, wirkt der lichterfüllte Ort mit seinen vielen Grünflächen fast schon gespenstisch leer. Durch die Verlandung des Hafens wurde die Stadt nie ganz fertiggestellt, auch die um 1300 begonnene Kirche **St Thomas** blieb unvollendet. Eduard I. hatte Winchelsea und Rye als Depot für importierte Weine aus Frankreich geplant – daher besitzen beide Orte zahlreiche uralte Gewölbekeller.
www.winchelsea.com

Filmreifer Strand

Camber Sands

Direkt östlich von Rye liegt beim Dorf Camber ein Dünengebiet mit einem 6,5 km langen Sandstrand und bietet ideale Bedingungen für lange Spaziergänge, Surfen, Drachenfliegen, Kitesurfen und andere Sportarten. Stellvertretend für die Küste der Normandie diente dieser Strand in George Clooneys Film »Monuments Men – Ungewöhnliche Helden« (2014) als Kulisse.

★★ SALISBURY

Grafschaft: Wiltshire | **Einwohner:** 40 000

Nicht nur in der Höhe übertrumpft die Salisbury Cathedral selbst Londons Kathedralen von Westminster und St Paul's, vielen gilt sie zudem auch als schönste Bischofskirche des Landes. Zu Füßen des imposanten Kirchenbaus, einer Perle der englischen Frühgotik, erstreckt sich das geordnete Ergebnis einer mittelalterlichen Stadtplanung.

Mittelalterliche Musterstadt

Im Jahr 1220 geschah der Umzug einer ganzen Stadt samt Kathedrale. In der ummauerten Hügelsiedlung Old Sarum war es viel zu eng geworden. Es herrschte Wassermangel. Wenn der Wind um den Dom heulte, war vom Gebet und Gesang nichts zu hören. Die Rivalität zwischen der Burgbesatzung und dem Domklerus mündete in Schlägereien. Endlich stimmten Papst und König einer Neugründung zu, der Bischofssitz wurde in die wasserreiche Talniederung des Avon verlegt und hieß fortan Salisbury.

In der Folge entstand eine Altstadt, die sich heute nicht als Gewirr enger Gassen präsentiert, sondern ein geordnetes Schachbrettmuster mit Häuserzeilen und Gartenhöfen. Geplant wurde sie am Reißbrett und gilt so als Musterbeispiel mittelalterlicher Stadtplanung. Als Tuchhändlerstadt blühte die Siedlung rund um die neue Kathedrale, eingefasst von den Wiesen der großen Domfreiheit, bekrönt vom höchsten Kirchturm des Landes. Und Straßennamen wie Fish Row oder Butcher Row erinnern bis heute an die einstigen Gewerke in den Gassen der Altstadt.

Wohin in Salisbury?

★★ Cathedral

Perle der englischen Frühgotik

Um die Entstehung der Kathedrale rankt sich eine Legende: Ein Bogenschütze sollte von Old Sarum einen Pfeil abfeuern. Dort, wo dieser landete, sollte die Kathedrale in den Himmel wachsen. Der Pfeil traf aber ein Reh – das sich glücklicherweise noch auf kirchlichen Grund schleppte, bevor es zusammenbrach. Die Kathedrale im frühgotischen Early English Style wurde in einer Rekordzeit von 45 Jahren aus silbergrauem Kalkstein errichtet – im 13. Jh. eine außerordentliche Leistung. 1265 wurde der Sakralbau geweiht, 1380 der 123 m hohe **Vierungsturm** vollendet. Nicht mehr erhalten ist der Glockenturm, der bis 1790 in der Domfreiheit stand. Sein Uhrwerk von 1386 – das älteste Englands – ist im nördlichen Seitenschiff zu sehen. Der Grundriss des Gotteshauses weist die für England typische additive

SALISBURY ERLEBEN

TOURIST INFORMATION CENTRE
Fish Row, Salisbury SP1 1EJ
Tel. 01722 34 28 60
www.visitwiltshire.co.uk/salisbury

SALISBURY INTERNATIONAL ARTS FESTIVAL
Festival im Frühsommer mit Konzerten, Lesungen, Theater und Tanz.
www.salisburyfestival.co.uk

HOWARDS HOUSE HOTEL €€€ – €€
Nick Wentworth setzt auf den originären Geschmack seiner regionalen Zutaten, die Zimmer sind im Zeichen von Nachhaltigkeit und zeitlos-moderner »Englishness« gestaltet. Das 1623 erbaute Haus ist eines der wohl schönsten Landhotels in Südengland. Bei gutem Wetter sind Cream Tea und Afternoon Tea auf der Gartenterrasse ein stilvolles Vergnügen.
Teffont Evias, Salisbury SP3 5RJ
Tel. 01722 71 63 92
www.howardshousehotel.co.uk

CAFÉ DIWALI €€
Die frische, gute gewürzte indische Küche ist um Klassen besser als die 08/15-Currys vieler anderer Lokale. Wer es richtig scharf mag, probiert Lammcurry nach Art der Provinz Rajasthan, für Vegetarier wird Paneer-Käse in einer leckeren Soße mit Ingwer und Koriander zubereitet. Dazu passt ein Glas Craft Beer.
90 Crane Street, Tel. 01722 32 97 00
http://cafediwali.com

CHARTER 1227 €
Französische und mediterrane Küche mit britischen Zutaten – Krebsfleischravioli und Terrine von Wiltshire- Schinken – serviert Chefkoch Danny Bozic am Marktplatz.
6/7 Ox Row, The Market Place
Tel. 01722 33 31 18,
www.charter1227.co.uk

Raumfolge von Langhaus, Querhäusern, Chor, Retrochor und Trinitätskapelle auf, die im Osten als Rechteck abschließt.
Der **Innenraum** beeindruckt durch seine helle, ungehinderte Weite, die durch die Entfernung der Lettner im 18. Jh. entstand. Fortlaufende Gesimse im Langhaus und die mit 25 m geringe Höhe des Kreuzrippengewölbes unterstreichen den horizontalen Gesamteindruck. Im frühen 19. Jh. ließ James Wyatt das Innere radikal umgestalten und **Grabdenkmäler** entfernen bzw. neu ordnen. Als Erster wurde 1226 William Longespée, Sohn von Heinrich II., in der Kathedrale beigesetzt – seine Grabskulptur zeigt erstmals einen Ritter in voller Rüstung. Davor ruht Bischof Osmund von Old Sarum († 1099) – von der Berührung seines Schreins versprachen sich Pilger Heilung ihrer Krankheiten. Elisabethanisch farbenfroh ist das polychromierte Doppelgrab von Sir Richard Mompesson und Gemahlin, deren Nachfahren Mompesson House erbauten. Die Gedächtniskapelle des 1524

PERSPEKTIVENWECHSEL

Der besondere Augenblick im wahrsten Sinne des Wortes kommt, wenn man die Außengalerie am Fuße des Turmhelms betritt. Dann öffnet sich die Aussicht über die mittelalterliche Stadt, die grüne Domfreiheit und die Wiesen am River Avon. Die Führung zum Dachgewölbe und zum Turm der Salisbury Cathedral ist ein unvergessliches Erlebnis (Turmtouren April – Okt. Mo. – Sa. stündl. 11.15 – 15.15, So. 13.15, 14.15 Uhr, Eintritt: 10 £).

verstorbenen Bischof Audley ist mit feinem Fächermaßwerk und einem florentinischen Mariengemälde über dem Altar ausgestattet. Die **Trinitätskapelle** erhebt sich als ältester Bauteil über feingliedrigen Säulen aus Purbeck-Marmor.

An den hochgotischen **Kreuzgang** schließt sich das ab 1275 entstandene, achteckige Chapter House (Kapitelhaus) an, das eine Kostbarkeit birgt: ein Exemplar der vier noch existierenden Originale der **Magna Charta**, deren 800. Geburtstag 2015 im ganzen Land groß gefeiert wurde.

Mo. – Sa. 9 – 17, So. 12 – 16 Uhr, Chapter House April – Okt. Mo. – Sa. 9.30 – 17.30, Nov. – März 10 – 16.30, So. 12.45 – 16.45 Uhr

Größte Domfreiheit Englands

The Close

Das riesige grüne Rasenquadrat wurde um 1330 mit einer Mauer vor der »aufständischen Bevölkerung« geschützt. Die Häuser innerhalb der Domfreiheit stammen aus dem 13. – 18. Jh. und dienen teilweise als Wohnungen der kirchlichen Angestellten. Vier Torwege verbinden den Dombezirk mit der Stadt: St Ann's Gate im Nordosten führt zum Malmesbury House, wo Karl II. 1651 vor den Truppen Cromwells Zuflucht suchte. Durch das südliche Bishop's Gate gelangt man zum 1220 begonnenen **Bishop's Palace** mit der Kathedralschule. Das **Salisbury Museum** im King's House zeigt Exponate aus ▶ Stonehenge und Old Sarum sowie Glas- und Porzellanarbeiten. Im Süden führt **Harnham Gate** zum Ufer des Avon – diesen Blickwinkel wählte der Maler John Constable für viele seiner Kathedralansichten.

King's House: 25 The Close, Mo. – Sa. 10 – 17, Ostern – Okt. auch So. 12 – 17 Uhr, Eintritt: 7,50 £ | www.salisburymuseum.org.uk

Gläser, Gläser, Gläser

Mompesson House

Vorbei an der bischöflichen Kleider- und Dokumentenkammer **The Wardrobe**, heute das Regimentsmuseum der Grafschaft Wiltshire, geht es durch ein geschwungenes Eisengitter zum 1701 errichteten Mompesson House. Seine kostbare Sammlung englischer Trinkgefäße zählt 400 Gläserformen. Ein gute Adresse für eine stilvolle **Teatime** ist die hübsche Teestube.

März – Okt. tgl. 11 – 17 Uhr | Eintritt: 6,50 £
www.nationaltrust.org.uk/mompesson-house

Pub-Legende

Haunch of Venison

Schon der Name (»Lende vom Reh«) lässt an alte Zeiten denken – tatsächlich geht das Haus in der Minster Street 1 auf das Jahr 1320 oder früher zurück und ist heute eine urige Kneipe mit vielen Geschichten. Da wäre z. B. die mumifizierte Hand, die ein Kartenspieler aufgrund seiner Betrügereien eingebüßt haben soll. Oder der seltene, mit Zinn bezogene Tresen und der gemütliche Horsebox-Raum, in dem Churchill und Eisenhower über die Normandielandungen beraten haben sollen.

Rund um Salisbury

Alter Siedlungsplatz

Old Sarum

Die Ruinen der Vorgängerstadt Salisburys liegen 2 mi/3,2 km nördlich nahe der A 345 auf einem Hügel, der schon in prähistorischer Zeit befestigt war. Die Römer errichteten an dieser Stelle das Lager Sorviodunum, unter den Sachsen entstand eine städtische Siedlung. Wilhelm der Eroberer ließ eine Burg erbauen und den Bischofssitz von ▶ Sherborne 1075 nach Old Sarum verlegen. Nach der Gründung von Salisbury ab 1220 diente Old Sarum als Steinbruch für die neue Stadt. Von der Burg und einer 1092 geweihten Kathedrale sind heute nur noch spärliche Ruinen innerhalb eines doppelten Ringwalls zu sehen. Beim alljährlichen Mittelalterfest **Grand Medieval Joust**

Ende August sieht man Ritter in schimmernden Rüstungen, Burgfräulein, Musikanten und Falkner, die ihre Vögel vorführen.
Ostern – Sept. tgl. 10 – 18, Okt. bis 17, Nov. – Ostern bis 16 Uhr
Eintritt: 4,80 £ | www.english-heritage.org.uk

Weber-Hochburg

Wilton

Die Kleinstadt Wilton, 3 mi / 4,8 km westlich von Salisbury, war einst Hauptstadt des angelsächsischen Königreiches Wessex und Namensgeber für die Grafschaft Wiltshire. 1655 etablierte sich hier eine Teppichmanufaktur, die bei der Verarbeitung der heimischen Wolle von den Kenntnissen hugenottischer Weber aus Flandern und Frankreich profitierte. Die **Wilton Carpet Factory** in der Minster Street, die sogar den königlichen Hof belieferte, ist heute noch in Betrieb, ihr Factory Shop Herz des **Wilton Shopping Village**, wo man auf historischem Gelände Mode, Schmuck, Glas und Porzellan erwerben kann.
www.wiltonshoppingvillage.co.uk

Herrenhaus mit flämischer Kunst

★ Wilton House

Wilton House gehört zu den beeindruckendsten Adelspalästen in ganz England. Einst befand sich an seiner Stelle ein Tudor-Landsitz, der 1647 in Flammen aufging – nur der heutige Ostturm und das Holbein-Portal im Park konnten gerettet werden. Heute residiert der 18. Graf von Pembroke im Haus, das unter der Federführung von **Inigo Jones** (1573 – 1652) entstand und nach dessen Tod von John Webb vollendet wurde. Die schlichte Fassade des Herrenhauses kontrastiert mit dem üppigen Barock der Staatsgemächer im Südflügel, die Inigo Jones entwarf.

Im Ante Room sind holländische und flämische Meister sowie ein Deckengemälde von Lorenzo Sabatini zu sehen. In Weiß- und Goldtönen ist der Colonnade Room mit kannelierten Säulen dekoriert. Der Great Ante Room zeigt ein Porträt der Mutter Rembrandts sowie Werke von van Dyck und William van der Velde. Den **Double Cube Room**, der von einem illusionistischen Deckengemälde zur Perseus-Mythologie überfangen wird, entwarf Inigo Jones eigens für die Kollektion von Familienporträts, die **van Dyck** 1634 anfertigte. Die schweren, vergoldeten Möbel wurden gut 100 Jahre später von Thomas Chippendale und William Kent entworfen. Während des Zweiten Weltkrieges diente der Raum als alliiertes Hauptquartier, in dem Eisenhower und Churchill die Landung in der Normandie vorbereiteten.

Uralte Bäume stehen im weiten **Landschaftspark** von Wilton House. Die Gärten führen auf der Südseite zum Fluss. Im Osten schließt sich an den japanischen Garten ein Waldwanderweg an. Und in den ehemaligen Stallungen werden Oldtimer ausgestellt.
Haus: Mai – Aug. So. – Do. 11.30 – 16.30 Uhr, Garten: Mai – Aug. 11 bis 17.30 Uhr | Eintritt: 15 £, nur Garten 6,25 £ | www.wiltonhouse.co.uk

SHERBORNE

Grafschaft: Dorset | **Einwohner:** 9300

Der kleine Ort besitzt einen ganz außergewöhnlichen Reichtum an mittelalterlichen Bauwerken. Einst war er der Wohnsitz eines der schillerndsten Persönlichkeiten des elisabethanischen »goldenen Zeitalters«. Sir Walter Raleigh, der an der Gründung der ersten englischen Kolonien in Nordamerika maßgeblich beteiligt war und den Tabak in England eingeführt haben soll, erhielt 1592 die Burg von Sherborne von Elisabeth I.

Sir Walter Raleighs Erbe

Raleigh hatte bereits eine Hofdame heimlich geheiratet. Als dies auffiel, ließ die Königin ihren Favoriten und seine Braut im Tower of London einkerkern. Später kam er frei, wurde Parlamentsmitglied, stieg zum renommierten Dichter auf und unternahm zwei Expeditionen zum Orinoco auf der Suche nach El Dorado. Zweimal sperrte ihn Elisabeths Nachfolger Jakob I. in den Tower, wo er den ersten Band einer Weltgeschichte verfasste und 1616 hingerichtet wurde.
Das imposante Landschloss New Castle ist sein Erbe in Sherborne, einer lebendigen Marktstadt im Grafschaftsdreieck von Dorset, Wiltshire und Somerset. »Scire borne«, der klare Fluss, wurde die Stadt im grünen Tal des Yeo von den Angelsachsen genannt, die sie zeitweilig als politisches und religiöses Zentrum des Königreichs Wessex nutzten.

SHERBORNE ERLEBEN

TOURIST INFORMATION CENTRE
Digby Road, Sherborne DT9 3NL
Tel. 01935 81 53 41
www.sherbornetown.com

EASTBURY €€€
Jedes der 15 stilvollen Zimmer des georgianischen Stadthauses ist nach einer englischen Blume benannt. Im Conservatory Restaurant diniert man vorzüglich mit Blick auf den Garten.
Long Street, Sherborne DT9 3BY
Tel. 01935 81 31 31
www.theeastburyhotel.co.uk

CUMBERLAND HOUSE €€€
Die Anfänge des charmanten Hauses, das keine fünf Gehminuten von St Mary entfernt ist, gehen auf das 17. Jh. zurück. Die Besitzerin Sandy bereitet ein hervorragendes Frühstück zu, teils mit Zutaten aus dem eigenen Garten, und kümmert sich auch sonst liebevoll um ihre Gäste.
Greenhill, Sherborne DT9 4EP
Tel. 01935 81 75 54
www.bandbdorset.co.uk

Wohin in Sherborne?

Schönster Perpendicular Style

St Mary the Virgin

Den Mittelpunkt der Kleinstadt bildet St Mary the Virgin, deren massiver Vierungsturm auf sächsisch-normannischen Pfeilern und Wänden ruht. Schon 705 wurde hier eine Kathedrale errichtet. Als die Normannen 1075 den Bischofssitz nach Old Sarum (▶ S. 291) verlegten, übernahmen Benediktinermönche die Kathedrale und fügten eine Klosteranlage hinzu. Im 13. Jh. entstanden die Kapellen der Bischöfe Wykeham und Roger im normannischen Stil sowie die Marienkapelle im Early English Style. Das feingliedrige **Fächergewölbe** von 1425 ist eines der frühesten und schönsten des Perpendicular Style in England. Die Klostergebäude an der Nordseite beherbergen seit 1550 die private **Sherborne School**. Die 1140 neben dem Südeingang errichteten Armenhäuser dienen heute als Altenheim.

www.sherborneabbey.com.

Wie Phönix aus der Asche

Old & New Castle

Auf einer Anhöhe thront malerisch die Ruine des 1645 fast völlig zerstörten Old Castle. Sie geht auf eine bischöfliche Burganlage aus dem 12. Jh. zurück. Sir Walter Raleigh baute ein kleines Jagdhaus am Fuße der Burg zum prunkvollen Herrensitz aus. Es wurde das Herzstück des späteren New Castle und ging an Sir John Digby über. Das Old Castle wurde von Cromwells Truppen geschleift.

Sir John Digby fügte dem New Castle, als H-Grundriss aus honiggelbem Ham-Hill-Stein erbaut, um 1630 vier weitere Flügel an. Das Schloss befindet sich heute im Besitz der Familie Wingfield-Digby. Das Innere zeigt Mobiliar des 16. bis 19. Jh.s und eine Sammlung chinesischen Porzellans. Landschaftsgarten und Wildpark wurden zusammen mit dem 20 ha großen Stausee 1753 von Capability Brown angelegt.

Old Castle: April – Okt. tgl. 10 – 17, Juli, Aug. bis 18 Uhr
Eintritt: 4,30 £ | www.english-heritage.org.uk
New Castle: April – Okt. Di. – Do., Sa., So. 11 – 16.30 Uhr
Eintritt: Schloss und Gärten 12 £, nur Garten 6,50 £
www.sherbornecastle.com

Rund um Sherborne

Elisabethanisches »Grand House«

★ Montacute House

Montacute House, 10 mi / 16 km westlich von Sherborne, verdankt seinen Namen dem sich hier erhebenden »Mons Acutus«. Das hübsche elisabethanische »Grand House«, um 1600 für Parlamentssprecher Sir Edward Phelps erbaut, wurde 1931 vom Enkel des Reisebürogründers Thomas Cook vor dem Abriss bewahrt und an den National Trust verkauft.

Die **Ostfassade** zum Garten prägen symmetrische Sprossenfenster, gerundete Giebel und hohe Zierkamine. In den Fensternischen stehen die »Nine British Worthies« in römischer Kleidung: Josua, David, Judas, Hektor, Alexander der Große, Cäsar, König Artus, Karl der Große und Gottfried von Bouillon. Ebenso prachtvoll präsentiert sich die Westfassade des 18. Jahrhunderts. In der **Great Hall** im Erdgeschoss mit Holztäfelungen und Glasfenstern aus dem 16. Jh. erzählt ein volkstümlicher Fries aus dem 17. Jh. die Geschichte eines betrogenen Ehemannes. In der 52 m langen **Long Gallery** – der längsten Englands – hängen 50 Porträts aus der Tudor- und Stuartzeit als Dauerleihgabe der Londoner National Gallery (▶ S. 220). Die formalen Gärten sind in Übereinstimmung mit dem Haus angelegt, einrahmende Pavillons vor der Ostfassade akzentuieren die Symmetrie der Anlage. Ein Blickfang hier ist die 150 Jahre alte »Wackelhecke«, die unter dem Gewicht starker Schneefälle Ende der 1940er-Jahre ihre gerade Form verlor und seitdem in hubbeliger Gestalt liebevoll erhalten wird.

Ostern – Okt. tgl. 10 – 17, Haus 11 – 16.30 Uhr, sonst eingeschränkt geöffnet | Eintritt: 12 £ | www.nationaltrust.org.uk

»Wollkirche«

Martock

In Martock, 3 mi/5 km nordwestlich von Montacute, errichteten reiche Wollhändler im 15. und 16. Jh. die Pfarrkirche **All Saints** als eine für Somerset typische »Wool Church«. Den Holzdachstuhl des Westturms schmücken 67 lebensgroße Engel.

Vielleicht etwas zu kurz geraten, dafür umso wuchtiger thront der Vierungsturm über der Abteikirche St Mary the Virgin.

Stadt der Kirchen

Shaftesbury

Auf einem Sandsteinhügel 10 mi/16 km östlich von Sherborne thront das verträumte Marktstädtchen Shaftesbury. Es ging hervor aus einem Benediktinerinnenkloster, das König Alfred 888 gegründet hatte. Die Stadt avancierte zum Wallfahrtsort mit fast einem Dutzend Kirchen, als der in Corfe Castle ermordete und später heiliggesprochene König Eduard der Märtyrer 979 in der Abtei beigesetzt wurde. Im 15. Jh. war das Kloster so wohlhabend geworden, dass im Volksmund behauptet wurde, eine Ehe der Äbtissin von Shaftesbury mit dem Abt von Glastonbury würde reichere Nachkommen hervorbringen als die Königsfamilie. Heinrich VIII. löste die Abtei 1539 auf und verkaufte das Klostergebäude auf Abbruch. Heute erinnern nur noch dürftige Grundmauern an die Abtei. Von den zwölf mittelalterlichen Kirchen ist nur noch St Peter im Perpendicular Style mit einer Krypta und einem schönen Portal erhalten. Die steile Kopfsteinpflasterstraße **Gold Hill** flankieren kleine, geduckte Häuser des 16. bis 18. Jh.s und eine ockerfarbene Mauer aus dem 13. Jahrhundert. Von der Anhöhe eröffnet sich dem Besucher ein herrlicher Blick über das Blackmore Tal, das westliche Somerset und an klaren Tagen auf den Glastonbury Tor.

Mysteriöser Riese

Cerne Abbas Giant

Warum und wann der Riese 55 m groß in den Kalk geritzt wurde, ist bis heute ungeklärt – das unverkennbare Geschlechtsteil ist jedoch unstrittig ein Fruchtbarkeitssymbol. Wer ein Gespür für das ländliche Dorset entwickeln will, sollte jedenfalls einen Abstecher zum Scharrbild von Cerne Abbas im lieblichen Cerne-Tal, ca. 11 mi/17 km von Sherborne unternehmen. In dem Dorf selbst stehen in der Abbey Street mehrere Landhäuser aus dem 16. Jh., von der ehemaligen Benediktinerabtei sind Torhaus und Zehntscheuer erhalten.

STONEHENGE

Grafschaft: Wiltshire

Seine ganze Magie entfaltet die mysteriöse Steinsetzung aus der Jungsteinzeit in den frühen Morgenstunden am Tag der Sommersonnenwende. Dann versammeln sich »moderne Druiden«, Priester einer Naturreligion, und ihre Anhänger, um den Sonnenaufgang zu erleben, nach dem der Kreis ausgerichtet ist. Dabei stört es sie auch nicht, dass die Anlage rund zwei Jahrtausende vor der Epoche der eisenzeitlichen Druiden errichtet wurde. Schließlich lassen die ungeklärten Geheimnisse von Stonehenge viel Raum für Interpretationen – und die eigene Fantasie!

Man muss kein New-Age-Anhänger sein, um die Mystik von Stonehenge zu spüren.

Es muss vor etwa 4500 Jahren gute Gründe gegeben haben, bis zu 5 t schwere »Blausteine« von den Preseli Hills in Wales über fast 385 km zu transportieren. Vermutlich schleppte man sie auf Rollschlitten zur nächsten Flussmündung, brachte sie auf Flößen entlang der Küste und weiter auf den Flüssen Avon, Frome und Wyle, wobei immer wieder Überlandstrecken zurückgelegt werden mussten. Über das Warum kann man heute aber nur noch spekulieren. Die Blausteine bilden zusammen mit den noch größeren Sarsen-Steinen den Steinkreis von Stonehenge, der sich weithin sichtbar auf der kahlen Ebene der Salisbury Plain erhebt. Englands berühmteste Kultstätte der Vorzeit, ein **UNESCO-Weltkulturerbe**, zieht über 1 Mio. Besucher jedes Jahr an. Und manche verstehen sich eben keinesfalls als Touristen, sondern sind in tiefer Religiösität mit Stonehenge verbunden, dessen Name vom altenglischen »Stanhen gist« (hängende Steine) abgeleitet ist.

Hängende Steine

★★ Rätselhafte Megalithkultstätte

Juni – Aug. tgl. 9 – 20, April, Mai, Sept. – Mitte Okt. 9.30 – 19, Mitte Okt. – März 9.30 – 17 Uhr | Eintritt: 16,50 £, mit English Heritage Overseas Visitor Pass frei (Tickets haben festgelegte Zeitfenster und sind nur online buchbar) | www.english-heritage.org.uk www.stonehenge.co.uk

STONEHENGE ERLEBEN

ENGLISH HERITAGE
PO Box 569, Swindon SN2 2YP
Tel. 01980 62 47 15
www.english-heritage.org.uk
www.stonehenge.co.uk

BESUCHERZENTRUM
Ausstellung, Café und Museumsshop. Von hier startet der »land train«, ein Geländewagen mit drei Anhängern, die Touristen zum 2,5 km entfernten Steinkreis bringt.

FÜHRUNGEN
Audioguides erläutern auch auf Deutsch beim vorgegebenen Rundweg um den Steinkreis dessen Entstehung und Deutung. Außerhalb der Öffnungszeiten kann bei Führungen auch das Innere des Steinkreises betreten werden.
www.stonehenge-avebury.net

MANDALAY GUEST HOUSE €€
Nur 1,5 mi / 2,5 km von Stonehenge entfernt bieten Nick und Angie Ramplin fünf liebevoll eingerichtete Zimmer und ein tolles Frühstück.
15 Stonehenge Road, Amesbury SP4 7BA, Tel. 01980 62 37 33
www.mandalayguesthouse.com

Lange Bauzeit

Die Anlage und ihre Entstehungsgeschichte

Stonehenge wurde in drei Phasen errichtet, die sich über 2000 Jahre erstreckten. **Um 3000 v. Chr.** bestand die Anlage aus einem heute noch existierenden Ringwall mit Graben und Haupteingang im Nordosten. Die 56 Löcher an der Innenseite des Erdwalls wurden zumindest teilweise für Menschenbestattungen benutzt. Nach John Aubrey, ihrem Entdecker im 17. Jh., werden sie »Aubrey Holes« genannt. Zwischen **2900 und 2600 v. Chr.** erhielt Stonehenge Holzstrukturen innerhalb des Erdwalls. In der Mitte des Heiligtums errichteten die Siedler der »Becherkultur« ab **2550 v. Chr.** aus bläulich wirkenden Monolithen, den bis zu 5 t schweren »Blausteinen«, einen doppelten Halbkreis. Um **2300 bis 1500 v. Chr.** wurden die 30 **Sarsensteine** aufgestellt, die bis heute das Bild von Stonehenge bestimmen. Die grauen Sandsteinblöcke wurden aus den 33 km nördlich gelegenen Marlborough Downs hierher transportiert.

Das Zentrum der Kultstätte bildeten 19 hufeisenförmig angeordnete Blausteine, eine Basaltart, umfasst von einem Hufeisen aus fünf **Trilithen**, bis zu 7 m hohen Steintoren aus je zwei Tragsteinen und einem Deckstein. Im Zentrum der Anlage erhebt sich der **Altarstein** aus blaugrauem Sandstein. Die Hufeisen wurden von einem Kreis aus 60 Blausteinen umschlossen, welcher wiederum von einem etwa 4,5 m hohen Kreis aus 30 Sarsensteinen umringt war, die ein umlaufendes Gebälk aus meterdicken Steinplatten miteinander verband. Vom **Slaughter Stone**, dem Opferstein am Haupteingang, führte ein Prozessionsweg zum **Heel Stone** (griech. helios = Sonne), der nach dem Sonnenaufgang zur Sommersonnenwende ausgerichtet war. Die **»Stationssteine«** wurden innerhalb des Walls mit Bezug auf die Mondzyklen und den Sonnenuntergang zur Wintersonnenwende aufgestellt.

Neolithisches Erfindertum

Bautechnik

Die Errichtung von Stonehenge fasziniert bis heute. Die gewaltigen Sarsensteine wurden über hügeliges Land und eine Distanz von 35 km auf riesigen Schlitten und Rollen fortbewegt und von ca. 500 Männern mithilfe von **Seilen aus Rinderhaar** oder geflochtenen Lederriemen gezogen. Sämtliche Steine wurden vor Ort sorgfältig bearbeitet. Mit schweren Steinhämmern wurden die Findlinge behauen und die Oberflächen geglättet. Die Decksteine erhielten eine leichte Krümmung für die kreisförmige Aufstellung. Horizontal wurden sie durch Spundung miteinander verkeilt, vertikal durch Zapfen-Zapfenloch-Verbindungen mit den Tragsteinen verbunden. Die mächtigen Tragsteine wurden an vorbereitete Gruben herangerollt und so lange hochgestemmt, bis sich die Enden in die Gruben hineinsenkten. Mit 200 Männern, Zugseilen, Hebeln und Stützwerk richtete man die Monolithen sukzessive auf. Die Oberkanten erhielten anschließend eine passgenaue Abschleifung mit exponierten **Steinzapfen**, auf denen die Decksteine verankert werden konnten.

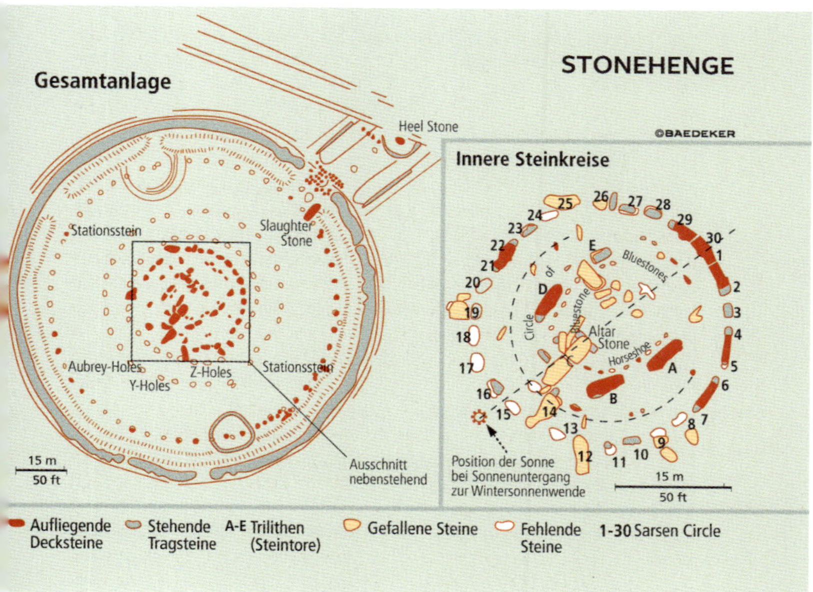

MEGALITHKULTUREN

Ab Mitte des 4. Jahrtausends v. Chr. entstanden auf den Britischen Inseln Steinsetzungen, -kreise und -reihungen. Auch andernorts – in und außerhalb Europas – bildeten sich während der Jungsteinzeit und der Bronzezeit Megalithkulturen aus. Man geht heute allerdings davon aus, dass sie sich unabhängig voneinander entwickelten.

Brownshill-Dolmen, Irland
Größter Deckstein (100 t)
Breite: 4,7 m, Höhe: 6,1 m

Dolmen (Steintisch) große Steinblöcke, die oftmals als Grabstelle dienen.

Stonehenge, England
115 m Ø

Steinkreise
Runde oder ovale Anordnung von Menhiren und Findlingen. Oft in Verbindung mit Grabstätten.

Alignements von Carnac
In der Bretagne gibt es 56 Steinreihen (»alignements«). Die beeindruckendste steht bei Carnac: 2800 Menhire auf einer Länge von 4 km.

Klekkendehøj, Dänemark
Ganggrab mit Doppelkammer
Länge: ca. 7 m

Ganggrab
Der Gang führt zu einer meist länglichen Grabkammer.

Sieben Steinhäuser, Deutschland
Eine Gruppe von fünf Großsteingräbern, Anlage D

Tempelanlage von Ħaġar Qim »Steine des Gebets«, Malta
Auf Malta und Gozo sind rund 40 Tempelanlagen aus neolithischer Zeit erhalten. Ħaġar Qim ist eine der eindrucksvollsten.

©BAEDEKER

Naveta d'es Tudons, Menorca
Grabanlage
Länge: 13 m
Breite: 6 m
Höhe: 3 m

RÄTSEL DER STEINZEIT

Der auf ca. 3000 v. Chr. datierte monumentale Steinkreis von Stonehenge ist die meistbesuchte prähistorische Stätte Großbritanniens. Ob es sich bei den gewaltigen Megalithen und Menhiren um eine Kultstätte oder eine Sternwarte handelt, bleibt ein ungelöstes Rätsel der Steinzeit.

Juni – Aug. tgl. 9 – 20, April, Mai, Sept. bis Mitte Okt. tgl. 9.30 – 19, Mitte Okt. – März tgl. 9.30 – 17 Uhr
Eintritt: 16,50 £, mit English Heritage Overseas Visitor Pass frei
www.stonehenge.co.uk

1 Sommersonnenwende
Die durch eine gelbe Linie angegebene Achse des Denkmals ist auf den Sonnenaufgang zur Sommersonnenwende ausgerichtet.

2 Sarsensteine
Alle größeren Blöcke und Decksteine bestehen aus Sarsen, einem grauen Sandstein der Marlborough Downs. Den Kreis der Sarsensteine bildeten einst 30 bis zu 25 t schwere Tragsteine, abgedeckt von einem durchgehenden Ring aus 30 Decksteinen, von denen jeder bis zu 7 t wog.

3 Blausteine
Ursprünglich waren es 60 dicht gesetzte, bläulich gefärbte, kleinere Steine, die den Kreis der Bluestones formten. Hierbei handelt es sich um verschiedene Gesteinsarten der Preseli Hills im Südwesten von Wales.

4 Sarsentrilithen
Fünf Sarsentrilithe bildeten im Kreisinnern ein Hufeisen. Jeder bestand aus zwei bis zu 45 t schweren Steinpfeilern und einem wuchtigen Deckstein.

5 Altarstein
Der 5 m lange, blaugraue Sandsteinblock stammt von der Küste bei Milford Haven in Pembrokeshire.

1
2
3
4
5
©BAEDEKER

Zur Sonne ausgerichtet

Bedeutung

Die Zeremonienstätte wird mit der Sonnenverehrung und dem Totenkult in Verbindung gebracht. Steht man während der Sommersonnenwende am Altarstein im Zentrum des Steinkreises, so sieht man die Sonne direkt über dem Heel Stone aufgehen, das Gleiche gilt in entgegengesetzter Richtung für den Sonnenuntergang bei der Wintersonnenwende. Die Achse des Steinkreises weist direkt auf jenen Punkt, von dem der Sonnenaufgang am längsten Tag des Jahres in seiner nördlichsten Stellung am Horizont gesehen werden kann.

Ausgrabungen der letzten Jahre ließen immer wieder neue Theorien entstehen. Eine Untersuchung der Bestattungen auf dem Gelände und aus der Umgebung hat zur Vermutung geführt, dass es sich um eine Art **»Heilzentrum« mit europaweiten Verbindungen** handelte. Sehr viele Knochen zeigen Spuren von Verletzungen oder Krankheit, und manche Bestatteten kamen nicht von den britischen Inseln, so beispielsweise der sogenannte »Bogenschütze von Amesbury«, der aus der Alpenregion stammte, oder ein etwa 15-jähriger Junge aus dem Mittelmeerraum. Fest steht jedenfalls, dass Stonehenge zu einer rituellen Landschaft mit großer Ausdehnung und einer langen Entstehungsgeschichte gehörte. Etwa 3 km nördlich befand sich »Woodhenge«, ein Kreis aus Holzpfählen, während im nahe gelegenen Durrington Walls im 4. Jt. v.Chr. die wohl größte Siedlung Nordeuropas bestand. Darüber hinaus fand man Reste einer Allee, die Stonehenge mit dem River Avon verband, und einen »Cursus«, ein etwa 3 km langer Erdbau.

Wer sich über den aktuellen Stand der wissenschaftlichen Diskussionen informieren will, findet im Besucherzentrum multimediale Darstellungen und eine Ausstellungen, die u. a. menschliche Überreste, Schmuck- und Keramikfunde zeigt.

★ TUNBRIDGE WELLS

Grafschaft: Kent | **Einwohner:** 56 500

Im »Garten Englands«, der Grafschaft Kent und angrenzenden Gebieten, bauten seit Jahrhunderten die Reichen und Mächtigen ihre Landsitze, die sie mit herrlichen Gärten und Landschaftsparks umgaben. Dazu gehörten Hinzugezogene wie Sir Winston Churchill und natürlich der alteingesessene Adel. Ein angenehmes Standquartier für die Entdeckung dieser reizvollen und geschichtsträchtigen Landschaft ist Tunbridge Wells.

Inspiration für den heimischen Garten? Der italienische Landschaftspark von Hever Castle weist den Weg zur Perfektion.

Die Kleinstadt im »Stockbroker Belt«, dem Speckgürtel Londons, war dank der bereits 1606 entdeckten Heilquelle ab 1735 ein mondänes Modebad, in dem sich auch Beau Nash, Zeremonienmeister von ► Bath, gerne aufhielt. Über die Nordhänge des Weald erstreckt sich Tunbridge Wells mit steilen Straßen und Gassen – nur auf Landkarten erinnert noch der Präfix »Royal« daran, dass im 17. und 18. Jh. auch königliche Gäste das schöne **Kurbad** aufsuchten. Ausgedehnte Grünanlagen wie Dunorlan Park, in dem die Chalybeate-Quelle entspringt, elegante Straßenzüge und eine Vielfalt an Shops und Restaurants runden das Stadtbild ab. Die 5 m hohe Millennium Clock gestaltete der örtliche Bildhauer Jon Mills zur Jahrtausendwende aus Stahl. Der Hauptgrund für einen Besuch sind aber nichtsdestotrotz die zauberhaften Landsitze und Gärten der näheren Umgebung

Zentrum für Gartenliebhaber

Wohin in Tunbridge Wells?

Altehrwürdige Fußgängerzone

★ Pantiles

Wo früher Kurgäste lustwandelten, kann man heute durch eine der ältesten Fußgängerzonen Englands flanieren: Die 200 m langen Pantiles entstanden vor mehr als 300 Jahren als Promenade zur Heilquelle. Ihr Name stammt von den roten Pfannenziegeln, »pantiles«, mit denen die Straße einst gepflastert war. **Schmucke Geschäfte und**

Cafés reihen sich heute als Ladenzeile hinter den weiß gestrichenen Kolonnaden des Upper Walk, der baumbestandene Lower Walk führt an Galerien und Antiquitätengeschäften vorbei.

Kirchen-Unikat

King Charles the Martyr

King Charles the Martyr ist die einzige englische Kirche, die dem von Cromwell geköpften Karl I. geweiht ist. Der äußerlich schlichte Sakralbau von 1678 besitzt im Innern eine reich verzierte **Stuckdecke** von Henry Doogood. Am Ende der High Street zweigt die steile Straße Mount Sion ab, deren elegante Stadtvillen im 18. Jh. für Kurgäste errichtet wurden. Das Haus Nr. 23 – 25 wurde nach dem Zeremonienmeister Nash benannt und diente zu dessen Lebzeiten als Spielsalon.

Kunsthandwerk aus Holz

Tunbridge Wells Museum

Das städtische Museum im Civic Centre präsentiert neben der Vor- und Stadtgeschichte die weltweit größte Sammlung an Tunbridge-Ware, feinsten Holzarbeiten aus dem 17. bis 19. Jahrhundert.

Mo. – Sa. 9.30 – 17, Aug., Sept. auch So. 10 – 16 Uhr, Eintritt: frei
www.tunbridgewellsmuseum.org

Wohin im Osten von Tunbridge Wells?

Chagall-Fenster

Tudeley

Kein geringerer als Marc Chagall fertigte (1897 – 1985) zwischen 1967 und 1977 sämtliche Fenster der unscheinbaren Pfarrkirche All Saints Church, die den schlichten Innenraum in ein mit Gelb und Rot durchsetztes Blau tauchen. Auftraggeber war Sir Henry D'Avigdor-Goldsmid, dessen Tochter beim Segeln ums Leben kam. Die Fenster betten das tragische Unglück in biblische Szenen ein.

5 mi / 5 km nordöstl. von Tunbridge Wells | tgl. 9.30 – 18, Nov. – März bis 16 Uhr | http://www.tudeley.org/chagallwindows.htm

Bilderbuch-Burg

Scotney Castle

Die Wasserburg aus dem 14. Jh. umgibt ein romantischer Landschaftspark, der von 1837 bis 1855 im Stil des »Natural Landscaping« mit Rhododendren, Azaleen, Kletterrosen und Spazierwegen samt schöner Ausblicke angelegt wurde (Abb ▶ S. 308).

8 mi / 12,9 km östl. von Tunbridge Wells | Ostern – Okt. tgl. 10 – 17 Uhr
Eintritt: 13 £ | www.nationaltrust.org.uk

Der vielleicht schönste Garten Englands

★ Sissinghurst Castle Garden

Nur noch ein vierstöckiger Torturm, der im Jahr 1930 in den Besitz der exzentrischen Literatin und Gartenkolumnistin **Vita Sackville-West** (1892 – 1962) überging, zeugt von einer einstigen Tudorburg

TUNBRIDGE WELLS ERLEBEN

TOURIST INFORMATION CENTRE
Unit 2, Corn Exchange
The Pantiles, Tunbridge Wells
TN2 5TE, Tel. 01892 51 56 75
www.visittunbridgewells.com

Antiquitätenfreunde sollten durch die Läden der Pantiles, der High Street und des Chapel Place bummeln.

THACKERAY'S €€€€
Begonnen wurde das elegante Stadthaus um 1660. Chefkoch Patrick Hill zeigt sein Können mit einem fünfgängigen Tasting Menu für 78 £, bei dem er Köstliches aus den Gewässern und von den Wiesen Großbritanniens mit französisch inspirierter Raffinesse zubereitet. Es gibt auch ein vegetarisches Angebot und ein kostengünstiges Mittagsmenü. Tipp für den Sommer: Champagnercocktails oder auch eine volle Mahlzeit auf der Terrasse.
85 London Road, Tel. 01892 51 19 21, www.thackerays-restaurant.co.uk

SANKEY'S SEAFOOD BRASSERIE €€
Seit Jahren eine Institution für Seafood-Liebhaber. Serviert werden Krebse und Hummer aus Newlyn in Cornwall, schottische Jakobsmuscheln, Colchester-Austern aus Ostengland, große Fruits-de-Mer-Teller oder einfach nur gute Fish & Chips. Im Sommer kann man auch im Garten essen.
12–14 Camden Road
Tel. 01892 51 14 22
www.sankeys.co.uk

HOTEL DU VIN AND BISTRO €€€
38 elegante Zimmer und das schicke Bistro du Vin gehören zu dem edwardianischen Sandsteingebäude aus dem 18. Jahrhundert. Von der Gartenterrasse blickt man auf den Calverley Park.
Crescent Road
Tunbridge Wells TN1 2LY
Tel. 01892 52 64 55
www.hotelduvin.com

MANOR COURT FARM €€
Die georgianische Schaffarm ist ein wundervolles Domizil. Nach einer Nacht in einem der großzügigen Zimmer und einem opulenten Frühstück können Wanderer direkt von der Farm starten, z. B. auf dem Fernweg Weald Way.
Ashurst, Tunbridge Wells
(knapp 5 mi / 8 km westl.)
TN3 9TB, Tel. 01892 74 02 79
www.manorcourtfarm.co.uk

aus der Zeit vor 1550. Vita – eine enge Freundin von Virginia Woolf – begründete hier mit ihrem Ehemann, dem Diplomaten und Historiker Sir Harold Nicholson Harold, einen berühmten Garten. Die beiden führten ein turbulentes Eheleben voller Irrungen und Wirrungen, fanden aber in ihrer Gärtnerleidenschaft immer wieder zusammen. Auf 2,5 ha schufen sie zehn individuell gestaltete Gartenzimmer, in

Man muss ja nicht gleich mitschunkeln, aber der sommerliche Auftritt der Morris Dancers vor Scotney Castle macht einfach gute Laune.

denen sich Rosen, Kräuter, Obstbäume und Eibenhecken abwechseln, während im White Garden nur Pflanzen mit weißen Blüten oder silbrigen Blättern wachsen. Vita verfügte über ein breites Wissen und bewies großes Geschick in der Kunst, Farben und Formen der Pflanzen zu kombinieren. Davon kann man sich heute noch überzeugen, pflegt doch der National Trust die Gärten liebevoll im Sinne ihrer Gründerin.

16 mi / 25,7 km östl. von Tunbridge Wells | März – Okt. Fr. – Di. 10.30 bis 17 Uhr | Eintritt: 12,50 £ | www.nationaltrust.org.uk

Englisches Landleben

High Weald Country Tour

Benenden, Biddenden, Smarden, Goudhurst, Lamberhurst – folgt man in dem Landschaftsdreieck zwischen Tenterden, Tunbridge Wells und Maidstone der Straßenausschilderung »High Weald Country Tour«, so trifft man auf **traditionsreiche Dörfer** in einer abwechslungsreichen Hügel- und Wiesenlandschaft, die Besuchern einen lebendigen Eindruck vom komfortablen Landleben geben, das die Engländer so sehr lieben. Die meisten der Ortsnamen enden auf »-den« oder »-hurst«, was so viel wie Lichtung oder Wald bedeutet und auf den einstigen Waldreichtum hinweist. Ein regionales Charakteristikum sind die runden »oast houses«, **Hopfendarren** mit weißen Dachspitzen, die sich inzwischen oftmals in schicke Wohnhäuser verwandelt haben.

Wohin im Westen von Tunbridge Wells?

Abenteuer im Grünen

Groombridge Place

Familien zieht es zum Groombridge Place, einem Landsitz des 17. Jh.s, der mit Tieren, Baumhäusern, einem Kletterparcours sowie dem längsten und höchsten Baumwipfelpfad Englands lockt. Wer diese Abenteuer scheut, kann sich an Blumengärten erfreuen, z. B. dem White Rose Garden und dem in Blau und Gelb gehaltenen Drunken Garden mit wahrlich »schräger« Baumschnittkunst. Er war ein Lieblingsort des Sherlock-Holmes-Autors Sir Arthur Conan Doyle, der hier Séancen besuchte. Vom Bahnhof Tunbridge Wells West fahren die Dampfloks der Spa Valley Railway nach Groombridge (www.spavalleyrailway.co.uk).

4 mi / 6,5 km westl. von Tunbridge Wells | März – Sept. tgl. 10.30 bis 17.30 | Eintritt: 12,95 £ | www.groombridgeplace.com

Eines der ältesten Herrenhäuser Südenglands ...

Penshurst Place & Gardens

... findet sich in Penshurst Place. Ältester Teil ist die **Baron's Hall**, die Sir John de Poulteney, Lord Mayor von London, 1341 errichtete. 1552 ging Penshurst Place in den Besitz der Familie Sidney über, die den Landsitz um Staatsgemächer erweiterte und bis heute hier lebt. Die Gärten im Stil des 16. Jh.s bereichern ein Spielzeugmuseum, ein Naturlehrpfad und ein Abenteuerspielplatz.

8 mi / 13 km nordwestl. von Tunbridge Wells | April – Okt. Garten tgl. 10.30 – 18, Haus 12 – 16 Uhr | Eintritt: Gesamtanlage 11,50 £, nur Gelände und Garten 9 £ | www.penshurstplace.com

Romantische Tudorburg

★ Hever Castle

Ein doppelter Burggraben umgibt das Wasserschloss aus dem 13. Jh., in dem **Anne Boleyn** ihre Kindheit verbrachte. Porträts, Dokumente und persönliche Gegenstände erinnern an die zweite Frau Heinrichs VIII. und dessen fünf weitere Gemahlinnen. 1903 kaufte William Waldorf Astor das gesamte Anwesen, restaurierte das Schloss als romantische Tudorburg mit Zugbrücke und Zinnen, korrigierte den Flusslauf des Eden und errichtete für seine zahlenden Gäste ein ganzes Tudordorf mit stilvollen Fachwerkhäusern und höchstem Komfort. Der Park erhielt sein Aussehen nach italienischem Vorbild und ist mit kunstvollen Renaissance-Skulpturen bestückt. 5,5 mi / 9 km nordwestlich von Penshurst.

12,7 mi / 20,4 km nordwestl. von Tunbridge Wells | April – Okt. Garten tgl. 10.30 – 18 Uhr, Schloss ab 12 Uhr | Eintritt: Gesamtanlage 16 £, nur Gärten 13,50 £ | http://hevercastle.co.uk

★ Chartwell

Churchills Refugium
Mehr als 40 Jahre lebte Sir Winston Churchill (▶ Interessante Menschen, S. 363) in Chartwell, hier malte der Politiker Garten und Hügel der Umgebung, genoss zusammen mit seiner Familie die weite Aussicht nach Kent hinein und schrieb seine Geschichtswerke wie »Die Geschichte des Zweiten Weltkriegs«. Das Landhaus ist ein nationaler Wallfahrtsort: Churchills Arbeitszimmer, Zigarre und Schreibtisch, Uniformen, Auszeichnungen und literarische Werke bringen Besuchern das Privatleben des charismatischen Premierministers näher.
15 mi / 24 km nordwestl. von Tunbridge Wells | März – Okt. tgl. 11 bis 17 Uhr | Eintritt: Gesamtanlage 13,50 £, nur Garten und Studio 6,75 £
www.nationaltrust.org.uk

★ Knole

Majestätischer Adelssitz
Mit seinen 365 Räumen, 52 Treppen und sieben Innenhöfen gehört Knole am Rande des gutbürgerlichen **Sevenoaks**, seit Jahrhunderten Stammsitz der Familie Sackville, zu den größten Herrenhäusern Englands und gleicht mehr einem mittelalterlichen Universitätsgebäude als einem Familienwohnsitz. Vita Sackville-West (▶ S. 306) schwärmte vom Schloss in ihren Romanen – und war zeitlebens verbittert, dass sie es aufgrund fehlender männlicher Nachfolger nicht

In einem klassischen englischen Wildpark wie Knole Palace darf Damwild nicht fehlen.

erben konnte. Die Anfahrt durch den Wildpark, in dem **zahmes Damwild** grast, stimmt hervorragend auf den strengen Palast ein, dessen dunkle Säle mit Mobiliar des 17. Jh.s ausgestattet sind. Zu den Prunkgemächern mit flämischen Tapisserien, persischen Teppichen und kostbarem Porzellan gehören das königliche Schlafgemach, der Ballsaal und das Zimmer des venezianischen Botschafters.
11,8 mi / 19 km nordwestl. von Tunbridge Wells | Haus Mi. – Mo. 12 – 16, Orangerie 10.30 – 17 Uhr, Park Sonnenauf- bis -untergang
Eintritt: 11,30 £ | www.nationaltrust.org.uk

Wandern mit Winnie

Ashdown Forest

Zwischen Tunbridge Wells, East Grinstead, Haywards Heath und Uckfield erstrecken sich die Wälder und Heideflächen des Ashdown Forest. Das einstige königliche Jagdrevier, in dem vom 15. bis 18. Jh. Holz für den Schiffbau und die Eisenindustrie geschlagen wurde, ist heute ein Wandergebiet mit Picknickplätzen und Aussichtspunkten.
Mittendrin liegt Hartfield, die Heimat des weltbekannten Bären **»Winnie the Pooh«**. A. A. Milne lebte von 1925 bis 1956 hier auf der Cotchford Farm und schrieb für seine Kinder die Klassiker »Pu der Bär« und »Pu baut ein Haus«. Heute wandert der Nachwuchs begeistert auf den Spuren seines honiggelben Helden von der »Pooh Corner« in Hartfields High Street zur »Poohsticks Bridge«, von der aus man Stöckchen in den Bach wirft.

Kleinod im englischen Arts-&-Craft-Stil

★ Standen House & Garden

Das viktorianische Landhaus Standen erbaute Philipp Webb 1894 für die neunköpfige Familie des Londoner Rechtsanwaltes James Beale. Die Wohnräume des schlichten Ziegelbaus stattete der Begründer der Arts-&-Craft-Bewegung, **William Morris** (1834 – 1896), mit farbenreichen Teppichen, Gardinen, Tapeten und Wandbehängen mit meist floralen Motiven aus. William Morris' Ziel war es, das industrialisierte Kunstgewerbe wieder zu einer qualitätvollen und individuellen Handwerkskunst zurückzuführen und dennoch komplette Wohnungseinrichtungen liefern zu können. Das Haus steht in einem reizvollen Garten am Hang und ist auf der gewundenen B 2110 (8 mi / 13 km westl. von Hartfield) zu erreichen.
15 mi / 24 km westl. von Tunbridge Wells | Ostern – Okt. Haus tgl. 11 bis 16.30, Garten 10 – 17, sonst Haus bis 15 Uhr | Erw. 11,50 £
www.nationaltrust.org.uk

Wasser- und Pflanzenreich

★ Sheffield Park Garden

Auf waldreicher Strecke geht es zum Sheffield Park Garden (11 mi / 19 km südöstl. von Standen). **Capability Brown** legte den Garten im 18. Jh. mit vier künstlichen Seen im Zentrum an, die durch Wasserkaskaden und Brücken verbunden sind. Eine Vielzahl exotischer Bäume und Rhododendren folgte zu Beginn des 20. Jahrhunderts. Die

Symmetrie des Gartens ist auf das (nicht zugängliche) Sheffield Park House ausgerichtet, das Thomas Wyatt um 1789 zu einem neogotischen Landschloss umgestaltete.
18,5 mi / 30 km südwestl. von Tunbridge Wells | tgl. 10 – 17 Uhr
Eintritt: 11,20 £ | www.nationaltrust.org.uk

★ Wakehurst Place Garden

Rare Flora
Am Rande des Ashdown Forest bildet Wakehurst Place Garden eine Zweigstelle der Königlichen Botanischen Gärten von Kew in London (► S. 254). Lord Wakehurst sammelte seltene Bäume und Pflanzen aus beiden Teilen Amerikas, aus Ostasien, Australien, Japan und Neuseeland, die den 60 ha großen Park das ganze Jahr über mit einer fantastischen Farben- und Duftpracht versorgen. Das dazugehörige elisabethanische Landhaus informiert über das Naturreservat Loder Valley, 14 km nordwestlich von Sheffield Park Garden.
19,5 mi / 31,5 km westl. von Tunbridge Wells | Mai – Okt. tgl. 10 – 18, Nov. – Feb. 10 – 16.30 Uhr (das Haus schließt jeweils 1 Std. früher)
Eintritt: 13,75 £ | www.nationaltrust.org.uk

★★ WELLS

Grafschaft: Somerset | **Einwohner:** 9800

So recht weiß man nicht, wo man an der überbordenden Westfassade der riesigen Wells Cathedral zuerst hinschauen soll. Fast 300 Statuen – biblische Gestalten und Könige, Bischöfe und Apostel, Engel und als Krönung all derer Christus – blicken dem Betrachter entgegen. Einst waren es sogar rund 400 Figuren.

Kleinste »City« des Landes

In knalligen Farben bemalt, bildeten die Figuren, Höhepunkt der frühgotischen Schaffenskraft in England, die würdige Kulisse für das Spektakel, das die Kirche jährlich am Palmsonntag inszenierte: den Einzug Jesu Christi in Jerusalem. Himmlische Gesänge und Fanfaren von unsichtbaren, weil hinter steinernen Engeln versteckten Chorknaben und Trompetern erklangen wie durch ein Wunder.
Heute kommt Wells, das seinen Namen den hier entspringenden Quellen verdankt, eher charmant und beschaulich als dramatisch daher, gehört aber unbestritten zu den Höhepunkten einer Südenglandtour. Als Bischofssitz ist Wells die kleinste »city« Englands – andere Orte vergleichbarer Größe ohne einen solch gewaltigen Sakralbau dürfen sich nur »town« nennen. Die noch mittelalterlich geprägte Kleinstadt, deren Einwohnerzahl sich in den letzten 500 Jahren nur knapp verdoppelt

hat, besitzt aber nicht nur eines der schönsten englischen Gotteshäuser, sondern ist auch ein guter Ausgangspunkt für Wanderungen in den Mendips Hills oder Ausflüge zu den Cider-Mostereien. Und nur 10 km südwestlich zieht die von Legenden umrankte Stadt Glastonbury Fans von König Artus und ein kunterbuntes Volk aus New-Age-Mystikern an.

Wohin in Wells?

Meisterwerk an der Schwelle zur Gotik

★★ Wells Cathedral

Nicht allein die Westfassade verhalf der Kathedrale von Wells weit über die Landesgrenzen hinaus zur Berühmtheit. Kaum minder spektakulär ist die raffiniert verspielte Lösung für ein statisches Problem: Die gekreuzten **Scherenbögen** in der Vierung scheinen Ausdruck der gotischen Exzentrik zu sein, wurden 1338 aber vor allem deswegen eingezogen, um die Last des Vierungsturms aufzufangen. Fast 150 Jahre waren zu diesem Zeitpunkt seit der Grundsteinlegung der Kathedrale vergangen, die ab 1180 als früheste englische Bischofskirche im gotischen Stil komplett neu entstand. Das 126 m lange und 20,5 m hohe Hauptschiff verkörpert denn auch reinsten Early English Style, während die Querschiffe noch spätnormannische Elemente

Ort der Kontemplation: Der Kreuzgang der Wells Cathedral ist zu schön, um ihn raschen Schrittes zu durchqueren.

WELLS ERLEBEN

VISITOR INFORMATION SERVICE

Wells Museum, 8 Cathedral Green
Wells BA5 2UE, Tel. 01749 67 17 70
www.wellssomerset.com
www.visitsomerset.co.uk

Antiquitätenfreunde finden in der Post Road eine gute Auswahl, jeden Do. findet ein Antiquitätenmarkt, Mi. und Sa. ein Straßenmarkt auf dem Market Place statt. In Street, 13 km südwestl. via A 39, befindet sich das **Clark's Outlet Village** mit 90 Markenoutlets und Gastronomie.

GOODFELLOWS €€€

Die moderne Küche von Adam Fellows spart an Kalorien, aber nicht am Geschmack und lässt mediterrane Einflüsse von Gazpacho bis Panna Cotta erkennen. Besonders lecker: Fisch und Meeresfrüchte, z. B. im fünf-gängigen Tasting Menu.
5 Sadler Street, Tel. 01749 67 38 66
www.goodfellowswells.co.uk

CLOISTER RESTAURANT €

Im Nebentrakt der Kathedrale werden unter Rippengewölbe und Maßwerkfenstern bis 17 Uhr kleine Mahlzeiten, Sandwiches und Kuchen gereicht.
Cathedral, West Cloister
Tel. 01749 67 65 43

ANCIENT GATE HOUSE €€€

Voller Atmosphäre steckt das kleine Hotel von 1473, dessen neun Zimmer Himmelbetten, Antiquitäten und einen Postkartenblick auf die Westfassade der Kathedrale bieten. Im Rugantino Restaurant wird vorzüglich italienisch gekocht.
20 Sadler Street, Wells Somerset BA5 2SE, Tel. 01749 67 20 29
www.ancientgatehouse.co.uk

BERYL €€€ – €€

Luxus-B & B mit 15 charmanten, teils sehr großen Zimmern, Pool und ummauertem Garten in einer neugotischen Villa von 1842! Im Winter mit offenem Kamin, immer mit einem herzlichen Empfang.
Hawkers Lane, Wells Somerset BA5 3JP, Tel. 01749 67 87 38
www.beryl-wells.co.uk

enthalten. Um 1240 setzte man die Westfassade vor. In der zweiten Bauphase folgten 1290 bis 1340 der Ostteil mit Vierungsturm, Retrochor, Marienkapelle und Kapitelhaus im hochgotischen Decorated Style. Die beiden gedrungenen Türme der Westfassade wurden 1386 und 1421 errichtet.

Von den 400 einst farbigen Figuren der Skulpturengalerie der **Westfassade** aus dem 13. Jh. sind heute noch 127 original erhalten; andere – wie die »Auferstehung Christi« – wurden neu geschaffen. Es handelt sich um die größte Schau mittelalterlicher Skulpturenkunst des Landes. Die Figurenkapitelle veranschaulichen mittelalterlichen Alltag: einen Mann mit Zahnweh, einen Dornauszieher, Obstdiebe, die stehlen und bestraft werden. Eine ausgetretene Treppe führt als Kaskade aus Stein zum **Kapitelhaus**, dessen Gewölbe ein einziger Bündelpfeiler aus 36 elegant geschwungenen Rippen trägt. Im nördlichen Querschiff schickt die **astronomische Uhr** seit 1392 Ritter in die Schlacht – alle 15 Minuten muss einer sein Leben lassen, zur vollen Stunde fallen vier Ritter. Hinter einem Torhaus öffnet sich der **Vicar's Close**. Die älteste Reihenhausanlage Europas – 42 Backsteinwinzlinge mit grazilen Schornsteinen und Minivorgärten – wurde 1348 erbaut. Bis heute leben die Chor- und Domherren in den Häusern.

Im Süden der Kathedrale schützen Wall und Wassergraben den **Bishop's Palace** aus dem 13. bis 15. Jh., in dem bis heute der Bischof von Bath und Wells residiert. Besucher können die Ruinen der riesigen Great Hall, die Kapelle (1292), Innenräume des Palasts und den wunderschönen Garten sehen.

Wells Cathedral: April – Sept. tgl. 7 – 19, sonst bis 18, Chor bis 16 Uhr | Eintritt: frei, Spende von 6 £ erbeten
www.wellscathedral.org.uk

Bishop's Palace: Ostern – Okt. tgl. 10 – 18, sonst bis 16 Uhr, Führungen 11, 14 Uhr | Eintritt: 7,25 £ | https://bishopspalace.org.uk

Bummeln und Schauen

Altstadt

Die geschäftige **High Street** säumen Häuser aus dem 15. bis 17. Jh. mit Fachwerk und blumengeschmückten Ladenfronten. **St Cuthbert** aus dem 15. Jh. ist mit ihrem 35 m hohen, eckigen Westturm die größte Pfarrkirche Somersets.

Rund um Wells

Der Käse aus der Tiefe

★ Cheddar Gorge

Spektakulär ist die 3 km lange und bis zu 120 m tiefe Cheddar-Schlucht. Am unteren Ende der Klamm kann man die im 19. Jh. entdeckten Stalaktitenhöhlen Gough's Cave und Cox's Cave besichtigen, im Museum wird das 9000 Jahre alte Skelett des **»Cheddar Man«** aus der Eiszeit aufbewahrt. Wer die 274 Stufen der **Jacob's Ladder** (Jakobsleiter) erklimmt, wird mit einer herrlichen Aussicht belohnt.

Das Dorf Cheddar ist für den gleichnamigen, oft zu unrecht verschmähten würzigen Hartkäse berühmt, der seit dem 12. Jh. hergestellt wird und traditionell in den Höhlen der Schlucht genug Zeit zum Reifen erhält. Wer die Produktion sehen und den Käse verkosten will, hat im Visitor Centre der **Cheddar Gorge Cheese Company** dazu Gelegenheit (► Das ist Südengland, S. 24).

Höhlenreich

Wookey Hole

In den wildromantischen Mendips hat der Fluss Axe ein Höhlensystem mit **Tropfsteingrotten** und tiefgrünen Seen gebildet: Wookey

Wohnsitz eines keltischen Gottes, Aufbewahrungsort des Heiligen Grals und Zuflucht Artus' – der Glastonbury Tor regt seit jeher die Fantasie der Menschen an.

Hole. Wo bis zur Römerzeit noch Menschen lebten, lockt heute neben Höhlenführungen Spaß für Kinder: im Tal der Dinosaurier, im Spiegelkabinett oder bei Geisternächten in den Grotten.
April – Okt. tgl. 10 – 17, Nov. – März 10 – 16 Uhr
Eintritt: 19 £ (online 20% Rabatt) | www.wookey.co.uk

Auf den Spuren Avalons

Glastonbury

Kein Ort in England ist mehr von Mythologie umwoben. So soll der missionierende Joseph von Arimathäa mit dem **Heiligen Gral** hierhergekommen sein, aus dem Christus und seine Jünger beim Letzten Abendmahl tranken und mit dem Joseph das Blut des Gekreuzigten auffing. Am Fuße des 160 m hohen Kegelberges **Glastonbury Tor** (Tor = Berg) mit dem Turm der St-Michael-Kirche aus dem 14. Jh. soll Joseph den Kelch vergraben haben – woraufhin die »Blood Spring« oder »Chalice Well« mit heißem, rötlich schimmerndem Wasser zu sprudeln begannen. Der Artuslegende nach ist Glastonbury auch die Insel **Avalon**, wohin der tödlich verwundete König nach der Schlacht von Camlann segelte. Zusammen mit seiner Gattin Guinevere soll er in Glastonbury ruhen – sein Schrein in der Abtei war im Mittelalter Wallfahrtsziel. Heute ist Glastonbury eine Kultstätte für

New-Age-Gruppen, die sich hier zur Mittsommernacht treffen. An der Hauptstraße reihen sich vegetarische Cafés, Anbieter von spirituellen Seminaren und Geschäfte mit kraftspendenden Steine oder Traumfängern aneinander. Ein Shuttlebus pendelt zwischen dem Parkplatz in der Stadtmitte und Glastonbury Tor, von dem der Blick über die ganze Tiefebene der Somerset Levels schweift.

Stolze Abteiruine

Glastonbury Abbey

Selbst die wenigen Überreste der Klosterkirche St Peter and Paul vermitteln bis heute einen guten Eindruck ihrer früheren majestätischen Größe – ihre Länge betrug im 16. Jh. stolze 177 m. Heinrich VIII. ließ 1539 die Kirche zerstören. Ansatzweise erhalten sind die 1189 geweihte Marienkapelle im spätnormannischen Stil mit figurengeschmückten Portalen, einer Josephskrypta und der Galiläakapelle aus dem 15. Jh., die zum Langhaus überleitete. Eine Einfassung im Chor markiert, wo von 1218 bis 1539 König Artus' Schrein stand. Im Torhaus zeigt ein Museum das Modell der Klostergebäude, von denen nur Abbot's Kitchen aus dem 14. Jh. übrig blieb.

Juni – Aug. tgl. 9 – 20, März –Mai, Sept., Okt. bis 18, Nov. – Feb. bis 16 Uhr | Eintritt: 8,25 £ | www.glastonburyabbey.com

★★ WINCHESTER

Grafschaft: Hampshire | **Einwohner:** 40 000

Eine »angenehme Stadt, bereichert durch eine wunderschöne Kathedrale, umgeben von saftigen Wiesen«, schwärmte der Romantiker Keats (1795 – 1821) von der ersten Hauptstadt Englands, die sich am Fluss Itchen in die sanft gewellte Hügellandschaft der South Downs bettet. Artus-Enthusiasten werden jedoch ihre ganze Aufmerksamkeit auf ein Objekt richten: die berühmte Tafel, an der er seine Ritter versammelte.

Königliche Stadt

Fällt eine Sommerreise nach England regenreich aus, dann ist beim hl. Swithun, Bischof von Winchester (gest. ca. 862) die Schuld zu suchen. Sein Festtag, der 15. Juli, ist die englische Version von Siebenschläfer. Als er im Sterben lag, bat er der Überlieferung zufolge um eine Bestattung außerhalb der Kathedrale, damit Passanten über sein Grab gehen und Regentropfen von der Dachtraufe darauf fallen konnten. Am Tag einer späteren Umbettung ins Innere des Doms soll es heftig geschüttet haben. Seitdem bedeutet Regen an St Swithun's Day, dass auch die folgenden 40 Tage feucht werden.

WINCHESTER ERLEBEN

TOURIST INFORMATION CENTRE

Guildhall, High Street, Winchester SO23 9GH, Tel. 01962 84 05 00, www.visitwinchester.co.uk

Regionale Spezialitäten gibt es am 2. und am letzten So. im Monat auf dem größten **Farmers Market** des Landes. Straßentheater und verrückte Hüte gehören zum beliebten **Hat Fair** Anfang Juli. Im gleichen Monat finden auch das **Winchester Festival** mit Theater, Musik und Lesungen und das **Southern Cathedrals Festival** mit Chorkonzerten in der Kathedrale statt (www.festivalsinwinchester.co.uk).

❶ THE OLD CHESIL RECTORY €€€

Das französisch und italienisch inspirierte Lokal in einem Tudor-Haus am Itchen verarbeitet Meeresfrüchte von der Südküste, Forelle aus Hampshire und Wild von englischen Mooren und Wiesen zu erstklassigen Gerichten. Die guten Tropfen des bei Winchester gelegenen Weinguts Hattingley Valley passen perfekt dazu – probieren Sie Hattingley's Classic Cuvee als Alternative zu Champagner!
1 Chesil Street, Tel. 01962 85 15 55
www.chesilrectory.co.uk

❷ WYKEHAM ARMS €€€ – €€

Über 250 Jahre alter georgianischer Pub mit offenen Kaminen. Bei Graeme Jameson wird die Lammschulter zartrosa serviert, die Kalbsleber mit Knoblauchmus und Rotwein auf einem Zwiebelbett. Gutes Bier und ambitionierte Weinkarte.
75 Kingsgate Street, Winchester SO23 9PE, Tel. 01962 85 38 34
www.wykehamarmswinchester.co.uk

❶ THE WINCHESTER ROYAL €€€

Zentrale Nobelherberge in der ehemaligen Bischofsresidenz aus dem 15. Jh.; die meisten der 75 stilvollen Zimmer haben Blick auf den preisgekrönten Garten. Im Conservatory Restaurant wird vorzüglich gekocht.
St Peter Street, Winchester Hampshire SO23 8BS
Tel. 0330 102 72 42
www.sjhotels.co.uk/winchester

❷ ST JOHN'S CROFT €€

Drei geräumige Zimmer, eins davon für Familien, in einem herrschaftlichen Haus aus dem 1720er-Jahren, das nur fünf Gehminuten von der City entfernt ist. Die herzliche Atmosphäre und das gute Frühstück machen das Heim der Fraser-Familie zu einem erstklassigen B & B-Erlebnis.
Blue Ball Hill, Winchester SO23 0AF, Tel. 01962 85 99 76
http://st-johns-croft.co.uk/

Doch auch bei schlechtem Wetter lohnt sich ein Aufenthalt in Winchester, das zweifelsohne zu den geschichtsträchtigsten Orten Englands gezählt werden darf. Bereits zu Zeiten der Römer war es eine bedeutende Stadt, damals noch unter dem Namen Venta Belgarum.

Im 10. und 11. Jh. war der wohlhabende Marktort im Herzen der Grafschaft Hampshire die erste Hauptstadt des vereinten Englands. Und selbst als London Hauptstadt des Landes wurde, blieb Winchester eine königliche Residenz.

Wohin in Winchester?

Stein gewordener Machtanspruch

★★ Cathedral

Dass die Kathedrale Anfang des 20. Jh.s nicht einstürzte, war »Will the Diver« zu verdanken. Der Taucher William Walker ersetzte innerhalb von sieben Jahren bis 1911 die maroden Holzbohlen des Fundaments, die in den morastigen Boden eingesunken waren,

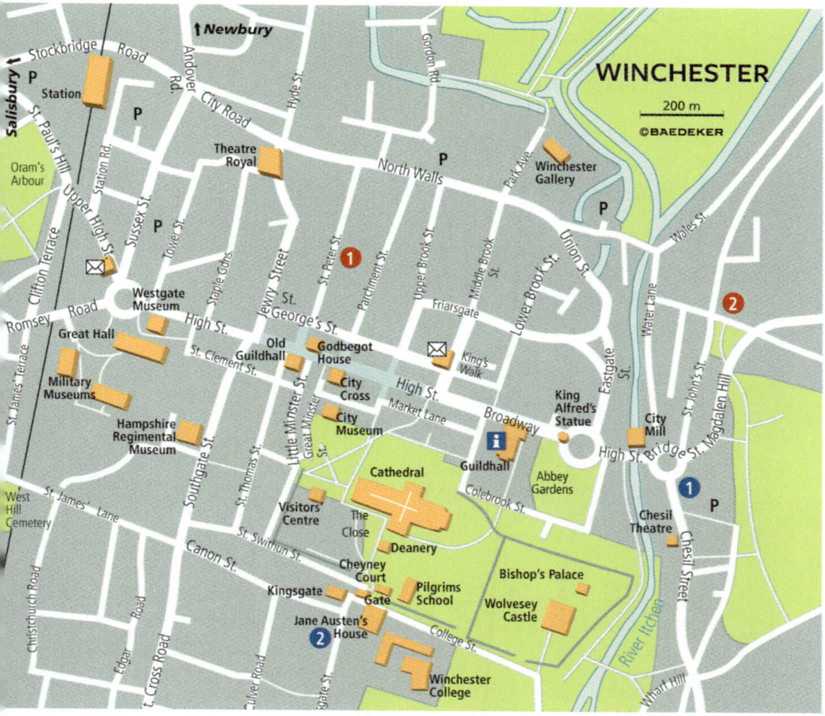

1 The Old Chesil Rectory
2 Wykeham Arms

1 The Winchester Royal
2 St John's Croft

Fußgängerzone

durch Beton und Zement. Gelegt wurden die Fundamente einst im Jahr 1079: Nur wenige Jahre nach der Eroberung Englands demonstrierten die Normannen ihre Macht, indem sie das Old Minster, Grablege der angelsächsischen Könige, durch den mit 164 m längsten Sakralbau dieser Zeit in ganz Europa ersetzten. Aus dieser Bauphase blieb das normannische Querhaus samt gedrungenem Vierungsturm erhalten. Aus den drei späteren Phasen stammen der frühgotischer Ostteil, das spätgotische Langhaus und der im 16. Jh. umgestaltete Chor.

Das **Langhaus** aus dem 14. Jh. ist mit einem typischen Netzgewölbe im Perpendicular Style und verzierten Schlusssteinen gedeckt. Im nördlichen Seitenschiff befinden sich die Grabplatte der Schriftstellerin Jane Austen (▶ Interessante Menschen, S. 360), eine prächtige Grabkapelle des Bischofs William of Wykeham und das normannische Taufbecken aus schwarzem Tournai-Marmor mit Szenen aus dem Leben des hl. Nikolaus. Im **nördlichen Querschiff** hat man einen herrlichen Blick auf reinste frühnormannische Architektur mit Rundbögen, Würfelkapitellen, tiefen Emporen und dickem Mauer-

Mit der Kathedrale von Winchester unterstrichen die Normannen ihren Machtanspruch auch architektonisch.

werk. Hier befindet sich die Kapelle der hl. Drei Könige mit einem Fenster von Edward Burne-Jones. Fresken des 13. Jh.s schmücken die Kapelle des Heiligen Grabes. Die Figuren auf dem reich geschmückten Lettner (ca. 1475 – 1490) hinter dem Hochaltar fielen der Reformation zum Opfer. Fragmente davon sind in der **Triforium Gallery** zu sehen, die heute sichtbaren Darstellungen angelsächsischer und dänischer Könige wie Alfred der Große und Knut stammen aus dem 19. Jahrhundert.
Eine skurriles Detail schmücken die seitlichen Chorschranken: Wenig königlich wurden hier in Knochenkisten die sterblichen Überreste mehrerer angelsächsischer und dänischer Herrscher wie auch Wilhelms II. gesammelt. Bilderstürmer von Oliver Cromwells parlamentarischer Armee hatten sie durch die mittelalterlichen Glasfenster nach außen befördert. 1660 kehrte die Monarchie zurück, die alten neuen Herren ließen die Gebeine zusammentragen und sie durcheinander in die Kisten legen.
Den Schrein des Heiligen Swithun im enormen **Retrochor** aus dem frühen 13. Jh. flankieren die reich ausgeschmückten Kapellen für Bischof Waynflete und Kardinal Beaufort († 1447), dem Widersacher von Jeanne d'Arc, deren Statue am Eingang zur Marienkapelle steht. In der Kathedralbibliothek wird die berühmte **Winchester-Bibel** aus dem 12. Jh. aufbewahrt, deren kunstvoll ausgemalte Initialen zu den großen Leistungen der Buchmalerei zählen (Abb. ► S. 354).

Mo. – Sa. 9.30 – 17, So. 12.30 bis 15 Uhr | Eintritt: 8 £
www.winchester-cathedral.org.uk

Älteste Privatschule Englands

Winchester College

Das 1382 von William of Wykeham gegründete Winchester College ist noch heute eine der angesehensten Schulen des Landes. Ihre 570 Schüler, davon 70 im Internat, drücken in 600 Jahre alten Klassenzimmern die Schulbank. Im Kreuzgang haben sich zahlreiche Schüler in den Säulen verewigt.

Besuch nur im Rahmen von Führungen: Mo., Mi. Fr., Sa. 10.15, 11.30, 14.15, 15.30, Di., Do. 10.15, 11.30, So. 14.15, 15.30, Sept. – März Mo., Mi. Fr., Sa. nicht 15.30 Uhr | Eintritt: 7 £ | www.winchestercollege.org

Rund um die High Street

Altstadt

Die Ruine von **Wolvesey Castle** östlich der Kathedrale war einst die Residenz der Bischöfe von Winchester. Hinter den **Abbey Gardens** markiert die kolossale Statue Alfreds des Großen den Beginn der High Street mit einem Marktkreuz des 15. Jahrhunderts. Die reizvolle Fußgängerzone endet am **Westgate**. Die Stadtgeschichte illustriert das **City Museum** am Square.

Wolvesey Castle: April – Okt. tgl. 10 – 17 Uhr | Eintritt: frei
City Museum: April – Okt. Mo. – Sa. 10 – 17, So. 12 – 17, Nov. – März bis 16 Uhr | Eintritt: frei

Tafelrunde mit kleinem Makel

Great Hall

Die 34 m lange Great Hall ist der letzte Teil einer Burg, die unter Wilhelm dem Eroberer errichtet wurde, um das Domesday Book zu verwahren. Heute kann man in der hellen, dreischiffigen gotischen Halle, die ab 1222 unter Heinrich III. entstand, die große runde Tischplatte bewundern, an der König Artus mit seinen Rittern die Tafelrunde abgehalten hat – mit dem kleinen Schönheitsfehler, dass die Platte erst um 1250 gefertigt, Jahrhunderte nach Artus' Tod, entstand und zudem 1522 in den Tudorfarben Grün und Weiß bemalt wurde.

Tgl. 10 – 16.30 Uhr | Eintritt: 3 £ | www3.hants.gov.uk/greathall.htm

Pionier der Wohltätigkeit

Hospital of St Cross

Ein knapp 2 km langer Spaziergang am Itchen führt zur ältesten wohltätigen Einrichtung Englands. Seit 800 Jahren dient St Cross als Pflege- und Altenheim. Gegründet wurde das Hospital mit Kapelle 1132, 1445 wurde ein Armenhaus für Adlige in Finanznöten ins Leben gerufen. Ihre Kleidung unterscheidet beide Orden: Die Angehörigen des Hospitals tragen schwarze Roben mit silbernem Krückenkreuz, die des Armenhauses Rot mit Kardinalshut. 25 Klosterbrüder versorgen noch heute Reisende mit dem traditionellen Wayfarer's Dole, Bier und Brot.

April – Okt. Mo. – Sa. 9.30 – 17, So. 13 – 17, Nov. – März Mo. – Sa. 10.30 bis 15.30 Uhr | Eintritt: 4,50 £ | http://stcrosshospital.co.uk

Rund um Winchester

Wirkungsstätte Jane Austens

Chawton

Im Jahr 1809 kam Jane Austen mit Mutter und Schwester Cassandra nach Chawton, 18 mi/29 km nordöstlich von Winchester, wo sie »Mansfield Park«, »Emma« und »Überredung« schrieb. 1817 zog sie nach Winchester in die **College Street Nr. 8**, um in der Nähe ihres Arztes zu sein – am 18. Juli 1817 verstarb sie dort im Alter von nur 42 Jahren und wurde in der **Winchester Cathedral** beigesetzt.

Leben und Werk der berühmten englischen Autorin werden im **Jane Austen House** von Chawton wieder lebendig. Ein kurzer Spaziergang führt zur Chawton House. Der 400 Jahre alte Herrensitz gehörte einst Janes Austens Bruder und beherbergt heute eine Bibliothek mit Ausstellung und Forschungszentrum für frühe Frauenliteratur.

Jane Austen House: März – Mai, Sept. – Dez., tgl. 10.30 – 16.30, Juni – Aug. 10 – 17 Uhr | Eintritt: 8 £ | www.jane-austens-house-museum.org.uk

Chawton House Library: Ostern – Okt. Mo. – Sa. 12 – 16.30, So. 11 bis 17 Uhr | Eintritt: 8 £ | https://chawtonhouse.org

Landsitz eines Überlebenskünstlers

The Vyne

Nördlich von **Basingstoke** verbirgt sich hinter dem Namen The Vyne ein um 1520 für Lord Sandys erbauter Tudorlandsitz. Sandys konnte

An dieser Tafel saßen Artus und seine Runde garantiert nicht. Aber die Vorstellung ist schön ...

sich rühmen, 30 Jahre im Dienste Heinrichs VIII. gestanden zu haben und nicht hingerichtet worden zu sein. Er ließ das Innere mit einer eichengetäfelten Long Gallery sowie einer Hauskapelle ausstatten, die mit ihren flämischen Renaissancefenstern zu den besterhaltenen Privatkapellen Englands zählt. Für den neuen Besitzer wurde die Nordseite im 17. Jh. mit einem Säulenportikus versehen, den John Webb erstmals an einem englischen Landhaus anbrachte. Ein Jahrhundert später entstanden Vestibül und Treppenhaus, prachtvoll gestaltet mit Kassettendecken, Säulengalerien und Büsten.

April – Okt. Sa. – Mi. 13 – 17, Garten ab 11, Nov. – März Sa., So. 11 bis 17 Uhr | Eintritt: 11,75 £, nur Park 7,20 £ | www.nationaltrust.org.uk

H
HINTER-GRUND

Direkt, erstaunlich, fundiert

Unsere Hintergrundinformationen beantworten (fast) alle Ihre Fragen zu Südengland.

Abendstimmung am viktorianischen Pier von Eastbourne ►

DAS LAND UND SEINE MENSCHEN

Südengland ist das politische und wirtschaftliche Herz des Vereinigten Königreiches, eine der schönsten Landschaften Europas und ein farbenprächtiges Kaleidoskop aus zwölf Grafschaften, die unterschiedlicher nicht sein könnten. Und dann ist da ja noch London, eine der spannendsten und trendigsten Metropolen der Welt und zugleich Hüterin englischer Tradition.

Von rau bis romantisch

Landschaftsformen

An Vielfalt ist die Landschaft Südenglands kaum zu überbieten: Auf die weiten Moore von Cornwall und Devon im Westen folgen das saftige Grün der Grafschaft Somerset, die sanft gewellte Wiesenlandschaft von Wiltshire, in der Anlagen wie Stonehenge von prähistorischen Zeiten zeugen, die von Hecken umsäumten Wiesen und Felder in Dorset und Hampshire, die fischreichen Gewässer und bewaldeten Hügelkämme zweier lang gestreckter Höhenzüge aus Kreidekalk, genannt South und North Downs, und die Blütenpracht von Kent, dem »Garten Englands«. Die abwechslungsreiche Küste zieht sich von den weißen Klippen von Dover bis zu den zerklüfteten Felsen von Land's End hin, unterbrochen von Sand- und Kieselstränden, kleinen, urigen Fischerdörfern und mondänen Badeorten.

Hochländer im Westen

Die felsige, zum Plateau abgeflachte **Halbinsel von Devon und Cornwall** bildet eine durch Hochländer geprägte Großlandschaft im Südwesten. Drei große Moore bilden den Kern des West Country: Bodmin Moor und das bis zu 700 m hohe Dartmoor, beides Granitmassive, sowie das bis zu 580 m hohe Exmoor – Dartmoor und Exmoor werden als Nationalparks geschützt. Die Spitze der Halbinsel heißt Land's End, dessen Granitfelsen sich 45 km westlich auf den Scilly-Inseln fortsetzen.

Cornwall

Alte Bergbaustätten, nun wieder Jagdrevier für Füchse, Marder und Wanderfalken, zeugen mit ihren Schornsteinen von der Vergangenheit Cornwalls als Zinnlieferant. Neben Fels- und Sandstränden zeugen subtropische Parks wie die märchenhaften »verschwundenen Gärten von Heligan« bei Mevagissey vom milden Klima der Südküste.

Bodmin Moor

Obwohl fast ausschließlich in Privatbesitz, ist das unwirtliche **Hochmoor** von Bodmin von der A 30 aus leicht zugänglich – und wer sich an die markierten Pfade hält, bekommt auch keine Probleme. Stein-

Markante Felsformationen wie Durdle Door in der Bucht von Lulworth prägen die zerklüftete Küste von Dorset.

kreise wie The Hurlers oder der 10 m hohe Cheesewring, dem Wind und Wetter seine typische Form gegeben haben, bieten sich dem Wanderer im Süden des Moors. Die mit 419 m höchste Erhebung heißt **Brown Willy**.

Devon

Devon ist eine idyllische **grüne Grafschaft**: sanfte Hügel, saftige Weiden, große Milchfarmen und vereinzelte Herrenhäuser in Parkanlagen. Kontrastreicher könnten sich die Hochländer Dartmoor und Exmoor nicht präsentieren. Im Süden von Devon das oft von Nebeln umhüllte, mit aufragenden Granitfelsen (»Tors«) und imposanten Steinkreisen übersäte **Dartmoor**, in dem Schafe und wilde Ponys zu regieren scheinen. Im Norden Devons lockt das in warmen Sandstein getauchte, kleinere **Exmoor**. Seine Flüsse sind reich an Forellen und Lachsen. Bewaldete, tiefe Täler laden zum Wandern ein.

Somerset

Weiter östlich erstrecken sich geologisch jüngere **Tieflandregionen**: In Somerset beherrschen die Milchfarmer und Cider-Produzenten die Landschaft. Zwischen den Quantock und Mendip Hills erstreckt sich flaches ehemaliges Marschland, das von Legenden des Königs Artus umrankte »Avalon«. Vereinzelt ragen kleine Hügel wie der **Glastonbury Tor** auf.

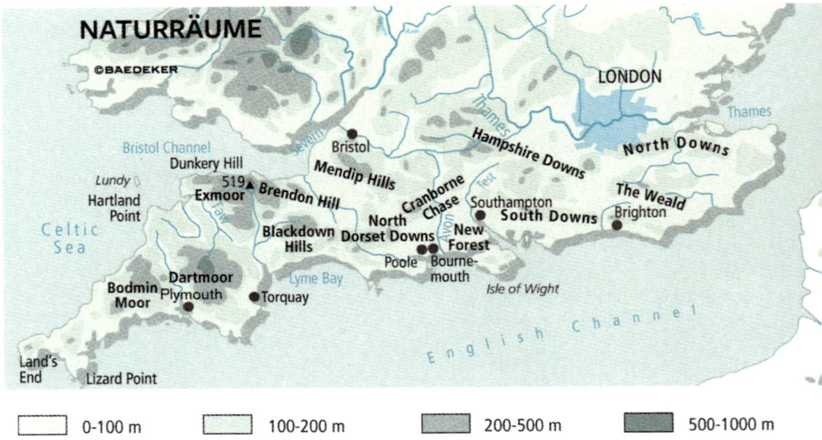

Wiltshire Die mystische Landschaft von Wiltshire ist reich an prähistorischen Denkmälern: Stonehenge, Avebury und Silbury Hill. Die landschaftlichen Höhepunkte der Grafschaft reichen von den Buckeln der North Downs hin zu Bächen und Seen, kleinen Marktflecken und idyllischen Dörfern. In **Dorset** setzt sich südlich die sanfte Hügellandschaft fort.

Hampshire Weiter westlich beginnt Jane Austens Hampshire. Forellenreiche, schnell dahinfließende Bäche – vor allem die Flüsschen Itchen und Test sind ein Paradies für Fliegenfischer –, fruchtbare Täler, enge Straßen und die hügeligen Downs mit ihren Buchenwäldern ergeben ein abwechslungsreiches Bild. Im Westen der Grafschaft liegt der **New Forest National Park**, einst königliches Jagdrevier, heute Waldgebiet mit offenen Heideflächen.

South Downs In **Sussex** ziehen sich die South und North Downs parallel zur Küste hin. Weideland für Schafe wechselt mit Äckern, Heide mit Mischwald. Die Kalkhügel der South Downs sind als Nationalpark ausgewiesen.

Kent Im äußersten Osten Südenglands liegt Kent, der **»Garten Englands«** und das Tor zu den Britischen Inseln – und das nicht erst seit Eröffnung des Eurotunnels zwischen Calais und Folkestone 1994. Hopfen- und Obstplantagen, sogar Weinanbau, bestimmen das Bild – und Festungen: Nur Northumberland im Nordosten Englands übertrifft Kent an Schlössern und Burgen.

Südenglands Küsten Die Nordküste Cornwalls ist zerklüftet und bietet spektakuläre Ansichten. Die Cornish Riviera hingegen prägen **Sandstrände** und bewaldete Hügel, die mit blumengesäumten Tälern an die Küste grenzen. Die weiten Flussmündungen von Tamar, Fowey und Fal ähneln den nordspanischen Rias. Malerische Fischerhäfen, **kleine Buchten und Höhlen**, die einst Schmugglern Zuflucht boten, säumen die Küste. Die Landzungen und Nehrungen an der Südküste entstanden durch die von Nordostwinden ausgelösten Strandversetzungen gen Süden. Allein auf einem Küstenstreifen von 200 km zwischen Chichester und Ramsgate versandeten zwölf noch im Mittelalter funktionsfähige Häfen. Im Kreidekalk der Downs ist durch Abtragung der Brandung eine markante **Kliffküste** entstanden, die noch heute stetig zurückverlegt wird. Bei Dover und Folkestone, wo die North Downs auf die Küste treffen, und um den Beachy Head bei Eastbourne, am Endpunkt der South Downs, bricht immer wieder der Kreidefelsen weg.

Von Pflanzen und Tieren

Schlüsselblumen und Feuernelken

Da die Britischen Inseln bis um 7000 v. Chr. durch eine Landbrücke mit dem Kontinent verbunden waren, setzt sich in Südengland die nacheiszeitliche, kontinental-europäische Vegetation fort. Die relativ dichte Besiedlung seit prähistorischer Zeit hat die ursprüngliche Vegetation zurückgedrängt. Die Eichen- und Buchenwälder der Tieflandregion sind seit dem frühen Mittelalter verschwunden. Selbst in einst großräumigen Waldgebieten wie dem New Forest haben sie der typisch englischen Parklandschaft und landwirtschaftlich genutzten Flächen Platz gemacht. Obgleich mehr als 80 % der Hecken und Feuchtgebiete durch die industrielle Landwirtschaft verloren gegangen sind, gedeihen in Südengland noch immer **seltene Arten**: Schlüsselblumen (primrose) und kleine Hyazinthen (bluebells), Myrrhe (sweet cicely), Kornblumen (cornflower) und Meerkohl (sea kale), der im Strandkies von Kent im Mai in weißer Blütenpracht erstrahlt.

Mediterrane Pflanzen

In Cornwall und auf den Scilly-Inseln gedeihen durch den **Einfluss des Golfstroms** mediterrane Pflanzen und subtropische Gewächse: Gummibäume, Kakteen, Mimosen, Agaven, Orchideen und Palmen. Viele Bewohner der Scilly-Inseln leben von der Blumenzucht. Im Frühjahr bietet sich hier ein farbenprächtiges Bild blühender Blumenbeete, Narzissenfelder und Fuchsien.

Gräser und Heidekräuter

Auf den raueren Hochebenen des Südwestens sind das Schwingelgras (creeping fescue), Kleesorten wie Hornklee (birdsfoot trefoil) und die Moorpimpernelle (bog pimpernel) zu Hause. Exmoor und Dartmoor im Südwesten sind Heidemoore mit Heidekraut und feuchtigkeitsliebenden Pflanzen auf sauren Torfböden. Auf ehemals bewaldeten Flächen der Downs sind Grasländer mit Kalk liebenden Arten weit verbreitet.

Vögel Bemerkenswert ist der Reichtum an Vogelarten. In den Downs und über den Mooren kreisen Bussarde (buzzards), Sperber (sparrow hawks), Turmfalken (kestrels) und Zwergfalken (merlins). Auch Bachstelzen (grey wagtails) und Waldkäuze (tawny owls), Schleiereulen (barn owls), Rotschwänzchen (redstarts), Nachtigallen (nightingales) und Weidenlaubsänger (chiffchaffs) kann man hier beobachten. An den Küsten des Südwestens übertönt das Kreischen der Möwen (sea gulls) fast alle anderen Vögel wie Seeschwalben (common terns) und Strandläufer (common sandpipers). **Lundy Island** vor der Nordküste Devons verdankt den auf seinen Granitfelsen lebenden Papageientauchern (puffins) seinen Beinamen Puffin Island. Die Beobachtungsstation von **Portland** gilt bei »birdwatchers« als beste Südenglands; vor allem im Herbst lohnt es sich, wegen der Seevögel hierher zu kommen.

Wilde Ponys, Rotwild und Füchse Im Dartmoor und Exmoor gibt es noch frei lebende Ponys. Exmoor birgt den größten Rotwildbestand Englands. Die Nordküste Devons, vor allem Barnstaple Bay, ist Ottergebiet, die Isles of Scilly sind bekannt für ihre Seehundkolonien. Die Flüsse und Seen des Südens sind ein **Paradies für Angler**: Avon, Itchen, Kennet und Test sind reich an Lachs (salmon), Meerforellen (sea trout), Bachforellen (brown trout) und Äschen (grayling).

Überall an der Küste sind Silber- und Heringsmöwen unterwegs.

Zusammenleben in Südengland

Dicht besiedelt

Die Bevölkerung des Vereinigten Königreiches ist in der letzten Dekade so rasch gewachsen wie nirgendwo sonst in Europa. Dank Zuwanderung und Babyboom überstieg die Bevölkerung im Vereinigten Königreich 2015 erstmals 65 Mio. Menschen. Hält dieser Trend an, könnte Großbritannien 2027 die Marke von 70 Mio. Einwohnern knacken. Dann würden sich 497 Menschen auf einem Quadratkilometer drängen – zum Vergleich, in Deutschland sind es nur 228.
Der Zuwachs der letzten Jahre von jährlich 500 000 Menschen stammte zu zwei Dritteln aus Zuwanderung, die bei der Entscheidung für den Austritt aus der EU ein beherrschendes Thema war – etwa die Hälfte der Zuwanderer kamen aus EU-Ländern, vor allem aus Ost- und Südosteuropa. Es bleibt vorerst unklar, ob der »Brexit« die Bevölkerungszunahme tatsächlich bremsen wird.

Metropolregion London

Fast 8,8 Mio. Menschen leben heute in London. Besonders die östlichen Stadtviertel wachsen rasant. Rund um Englands Hauptstadt erstrecken sich die Grafschaften der **Home Counties**. Einige Orte sind Schlafstädte für Pendler in die Metropole, andere – wie Guildford oder Reading – haben sich als Industrie- und Dienstleistungszentren profiliert. Nach Westen nimmt die Bevölkerungsdichte ab; die Besiedlung konzentriert sich an der Küste – das milde Klima verlockt nicht nur viele Pensionäre, ihren Altersruhesitz dorthin zu verlegen.

Die Briten und Europa

Für das britische Bewusstsein war und ist die **Distanz zum Kontinent** prägend. Bei einer Kanalüberquerung sprechen noch immer viele Briten von einer »Reise nach Europa«. Wer glaubte, die Inbetriebnahme des Eurotunnels (1994) und mehr als 40-jährige Zugehörigkeit zur Europäischen Union hätten Großbritannien für immer an das europäische Festland gekoppelt, wurde im Juni 2016 eines Besseren belehrt. 51,9 % der Wähler landesweit, die Mehrheit im kosmopolitischen London allerdings nicht, stimmten gegen den Verbleib in der EU.

Religion

Religiöser Glaube ist in Großbritannien im internationalen Vergleich schwach ausgeprägt: nur 30 Prozent der Briten bezeichnen sich als religiös. Die meisten davon sind Anglikaner, d. h. Mitglieder der **Church of England**; knapp 10 % sind katholisch. Nicht-christliche Minderheiten, allen voran Muslime, bilden 6 % der Bevölkerung. Im Großraum London spielt auch Hinduismus eine Rolle. Hier leben außerdem zwei Drittel der britischen Juden.

Staatsform

Das **Vereinigte Königreich** von Großbritannien und Nordirland (United Kingdom of Great Britain and Northern Ireland; UK) ist eine parlamentarisch-demokratische Erbmonarchie des Hauses Windsor. Dabei besitzt das Land keine in einem Dokument niedergelegte Ver-

Bevölkerung:
Greater London: **9,1 Mio.**
City of London **(8021)**
Südostengland: bevölkerungsreichste britische Region mit **8,9 Mio. Einw.**
Südwestengland: **5,5 Mio. Einw.**
19,6 % älter als **65** (Spitzenplatz im UK, sonst durchschnittlich **16,5 %**)

Bevölkerungsdichte:
Südwestengland: **228 Einw pro km²**
Südostengland: **465 Einw pro km²**

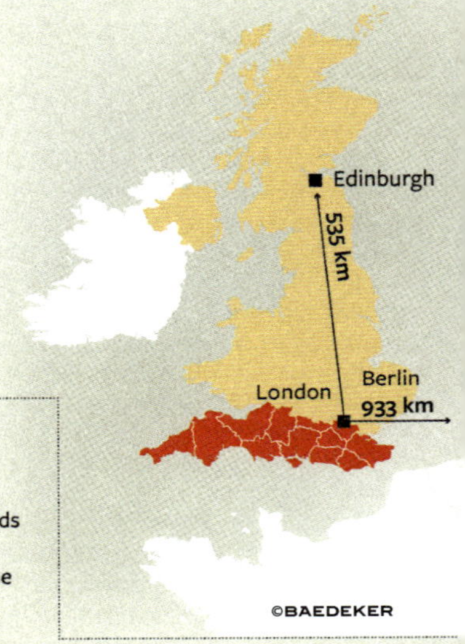

▶ Wappen/Flagge

Der Union Jack verbindet die Kreuze der Schutzheiligen Englands (George), Schottlands (Andrew) und Irlands (Patrick). Das britische Königs- und Staatswappen zeigt im Schild die drei englischen Löwen, den schottischen Löwen und die irische Harfe, umschlungen vom Band des Hosenbandordens mit dessen Wahlspruch »Honi soit qui mal y pense« – »Verachtet sei, wer schlechtes dabei denkt«. Der Schild wird gehalten vom englischen Löwen und dem schottischen Einhorn, die auf einer Wiese mit den Zeichen Englands (Rose), Schottlands (Distel) und Irlands (Klee) stehen; darunter das königliche Motto »dieu et mon droit« (»Gott und mein Recht«).

▶ Grafschaften

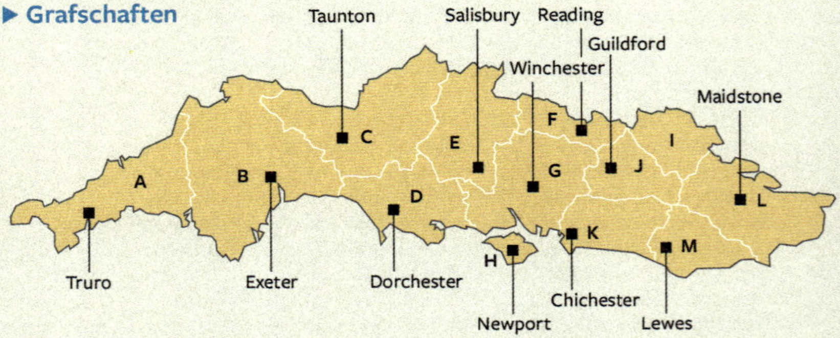

Grafschaften
A: Cornwall
B: Devon
C: Somerset
D: Dorset
E: Wiltshire
F: Berkshire
G: Hampshire
H: Isle of Wight
I: Greater London
J: Surrey
K: West Sussex
L: Kent
M: East Sussex

Wirtschaft

Bruttoinlandsprodukt:
2565 Mrd € (2017)
Großbritannien ist die fünftgrößte Volkswirtschaft der Welt hinter den USA (1.), China (2.), Japan (3.) und Deutschland (4.).

Exporte Großbritannien:
409 Mrd. € (2017)

BIP pro Kopf:
36603 € (2017)
Arbeitslosenquote: Südwestengland: 4,1%, Südostengland: 3,9%, London: 5,8%
Großbritannien: 4,5% (2017)

Verwaltung

Südengland umfasst drei Regionen: **Greater London, Southwest** (Grafschaften Cornwall mit den Scilly-Inseln, Devon, Somerset, Dorset, Wiltshire) und **Region Southeast** (Grafschaften Berkshire, Hampshire mit der Isle of Wight, Kent, Surrey, East Sussex, West Sussex)

Klimastation Plymouth

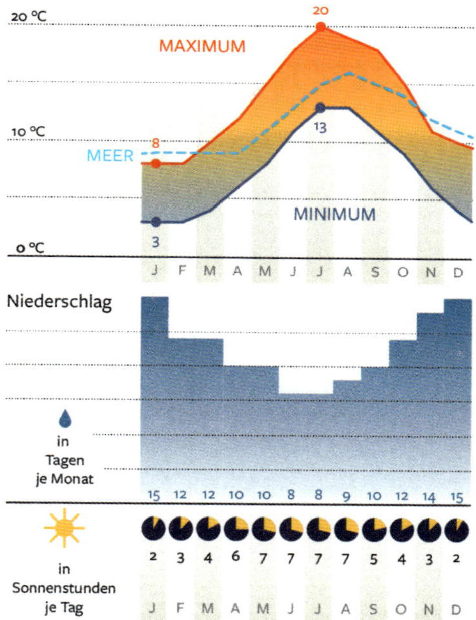

Schlösserland Südengland

Englische und deutsche Schlösser im Vergleich

Arundel Castle

Schloss Neuschwanstein

Anzahl der Schlösser

158 Südengland

503 Bayern

3200 Großbritannien

10 000 Deutschland

fassung – die Briten begreifen ihre Verfassung als geschichtlichen Prozess, der mindestens 1000 Jahre zurückreicht. Die grundlegenden Dokumente der britischen Verfassung, die vor allem die **Rule of Law** festschreibt, sind allesamt aus dem Konflikt zwischen Krone und Parlament und dessen Vorgängern entstanden. Zu ihnen gehören die Magna Charta von 1215, die Petition of Right von 1628, die Habeas-Corpus-Akte von 1679 und die Bill of Rights von 1689.

Die Krone

Der **Monarch** ist Staatsoberhaupt und zugleich Haupt des Commonwealth of Nations sowie Staatsoberhaupt von 17 der 51 unabhängigen Commonwealth-Staaten. Theoretisch mit großer Macht ausgestattet, ist die Teilnahme an der Regierung aufgrund von »Conventions« weitgehend formal: Eröffnung, Auflösung und Schließung des Parlaments, formelle Ernennung des Premiers und der Minister sowie Genehmigung verabschiedeter Gesetze. Der Souverän ist zudem Oberhaupt der anglikanischen Kirche.

Königin Elisabeth II. (geb. 21. April 1926) wurde am 2. Juni 1952 in Westminster Abbey offiziell gekrönt. Im September 2015 übertraf sie den von Königin Viktoria aufgestellten Regierungsrekord von 63 Jahren und sieben Monaten. Erster in der Thronfolger ist Prinz Charles; mit dessen älterem Sohn William und Williams Sohn Prinz George stehen bereits zwei Nachfolgegenerationen bereit.

Kabinett und Premierminister

Die Kabinettsmitglieder werden vom Premierminister bestimmt, doch gehören immer der Schatzkanzler, Außen-, Innen- und Verteidigungsminister sowie der Lordkanzler dazu. Die eigentliche Regierung hat 80 bis 100 Mitglieder. Der Premierminister (**Prime Minister**; seit 2016 die Konservative Theresa May) muss Mitglied des Unterhauses sein und ist der Führer der bei den Wahlen siegreichen Partei. Er kann Minister ernennen und entlassen und sogar wichtige Entscheidungen der Außenpolitik ohne seine Minister oder das Unterhaus fällen.

Parlament

Das Parlament besteht aus dem auf fünf Jahre gewählten Unterhaus mit derzeit 650 Mitgliedern (**House of Commons**) und dem Oberhaus (**House of Lords**) mit geringerer politischer Bedeutung. Das Parlament hat sich seine Rechte, insbesondere das Budgetrecht, die Legislative und die Kontrolle der königlichen Macht, in jahrhundertelangen Auseinandersetzungen mit der Krone erstritten. Bei der Unterhauswahl am 8. Juni 2017 erhielten die Konservativen 42,3 % der Stimmen und verloren die absolute Mehrheit der Parlamentssitze. Die Labour Party kam auf 40,0 %. Die UK Independence Party, die den Austritt aus der EU vorantrieb, wurde bedeutungslos. Weitere Parteien mit Parlamentssitzen sind die Liberalen, die schottischen und walisischen Nationalisten, die Grünen (1 Sitz) und nordirische Parteien, darunter die Democratic Unionist Party, mit deren Unterstützung Premierministerin May weiterregieren will.

Tradition verpflichtet: Jede neue Sitzungsperiode wird von der Queen mit dem »State Opening of the Parliament« feierlich eröffnet.

Wirtschaft

Wirtschaftlicher Motor im Südosten

Ein starkes Nord-Süd-Gefälle, teilweise auch ein Ost-West-Gefälle, kennzeichnet die englische Wirtschaft. Wer im Südosten unterwegs ist, bereist die wohlhabendsten Landesteile. Das Bruttosozialprodukt pro Kopf ist in London fast doppelt so hoch wie der EU-Durchschnitt; außerhalb von London und der Region Südosten liegt der Wert 10 % unter dem EU-Durchschnitt. Im Südosten dominiert, mehr noch als in Großbritannien insgesamt, der **Dienstleistungssektor**. Vor allem die Finanzbranche schafft viele gut bezahlte Arbeitsplätze, nicht nur in der Hauptstadt – Arbeitsplätze, die teilweise von den Folgen des Brexits mit Stichtag im März 2019 bedroht sind, da der Zugang des britischen Finanzsektors zu den Märkten der EU erst noch geklärt werden muss.

Beschäftigungssituation

Die **Arbeitslosenquote** lag in Großbritannien Mitte 2017 bei 4,5 %. In Südengland gibt es starke regionale Unterschiede: Während arme Londoner Bezirke wie Tower Hamlets recht hohe Arbeitslosenquoten besitzen, gehörte West-Dorset (einschließlich Bournemouth) zur Spitzengruppe im Beschäftigungsranking von Südengland. Allerdings sind zahlreiche Stellen keine Vollzeitbeschäftigungen. Hinzu kommen niedrige Löhne in Teilen des Dienstleistungssektors, beispielsweise Einzelhandel und Gastronomie, sowie stark eingeschränkte Arbeitnehmerrechte.

Industrie und Dienstleistungen

Der Südosten hat sich zur führenden Industrieregion Englands entwickelt. Allein Hampshire bietet über 30 000 Arbeitsplätze in der **Luft- und Raumfahrtindustrie**. Weitere bedeutende Arbeitgeber dort sind die Elektronikindustrie und die neuen Informations- und **Kommunikationstechnologien**. Von der Nähe Londons haben die Grafschaften Berkshire, Surrey, Hampshire, East und West Sussex sowie Kent profitiert, wo sich viele Firmen des Dienstleistungssektors und der **Informationstechnologien** niedergelassen haben.
Der Hafen von London ist noch immer der wichtigste Seehafen der Insel. Mit seinen sechs internationalen Flughäfen – Heathrow, Gatwick, City of London, Stansted, Luton, Southend – und seiner Funktion als Dreh- und Angelpunkt des britischen Eisenbahnnetzes ist **London** Verkehrsknotenpunkt Nr. 1 im Vereinigten Königreich. In Kent haben der **Eurotunnel** sowie neue Trassen für Bahn und Autoverkehr einen neuen Wirtschaftskorridor entstehen lassen mit Industrieparks, Wohnanlagen und Einkaufszentren. Im Südwesten ist die ehemalige Hafen- und Industriestadt Bristol ein Zentrum des Dienstleistungssektors geworden mit Versicherungsgesellschaften wie Sun Alliance, Sun Life oder Lloyds. Aber auch IBM und Hewlett Packard haben sich hier angesiedelt.

Tourismus

Großbritanniens Tourismusindustrie stellt mit mehr als 3 Mio. Beschäftigten ca. **9 % aller Jobs** im Land. Beliebtestes Reiseziel ist London. An der Kanalküste findet sich die größte Zahl von Ferienorten, von mondänen Seebädern wie Brighton bis zu malerischen kleinen Fischerhäfen. Das West Country, vor allem entlang der »Englischen Riviera« im südlichen Devon und an den Küsten Cornwalls, ist eine der führenden Tourismusregionen Englands.

Landwirtschaft und Fischerei

Trotz der geringen Zahl an Arbeitsplätzen sorgen beispielsweise Molkereiprodukte (Devonshire »Clotted Cream«, Cheddar usw.), Hopfen und Gerste für die Brauereien, Getreide, Apfelplantagen zur Herstellung von Cider (Somerset und Devon), Gemüseanbau sowie die Viehzucht dafür, dass die Landwirtschaft etwa die Hälfte der im Vereinigten Königreich benötigten Lebensmittel produziert.
Die britischen Fischereien liefern rund zwei Drittel aller im Land verbrauchten Fische. Fast 75 % des Fangertrags stammen aus küstennahen Gewässern. Die Hochseeflotte wurde wegen wachsender internationaler Konkurrenz und wegen Überfischung merklich reduziert.

GESCHICHTE

Mit dem Ende der Eiszeit beginnt die eigentliche Geschichte Südenglands, die 7000 Jahre lang die Invasionen von Kelten, Gälen, Belgern und Normannen prägen – bis Britannia von Südengland aus selbst nach fernen Ländern greift und zur größten Handels- und Kolonialmacht der Welt aufsteigt.

Kelten und Pax Romana

Steinzeit

Das Ende der Eiszeit machte England, das während der Altsteinzeit noch durch eine Landbrücke mit dem Kontinent verbunden war, um 7000 v. Chr. zur Insel, die Hirten und Bauern aus West- und Nordeuropa besiedelten. Die Völker pflegten einen ausgeprägten Totenkult und hinterließen Hügelanlagen, Grabstätten, Dolmen und Menhire. Silbury Hill und Windmill Hill in Wiltshire, Maiden Castle in Dorset und Cissbury Hill in Sussex gehörten zu den größten Anlagen jener **Megalithkultur**, die nach dem Fundort bei Avebury auch als Windmill-Hill-Kultur bezeichnet wird. In jener Zeit entstanden neben Steinsetzungen und Langgräbern auch die Steinkreise von **Avebury** und **Stonehenge** (▶ Baedeker Wissen, S. 302), die bis heute der Landschaft Südenglands ihren mystischen Reiz verleihen.

UNESCO-Weltkulturerbe: der mystische Steinkreis von Stonehenge. Erich von Däniken war überzeugt, Außeridische hätten ihn errichtet.

Bronze- und Eisenzeit Ab etwa 1400 v. Chr. entwickelte sich die Getreide anbauende Urnenfelderkultur. Mit den Einwanderungen bildete sich gegen 1800 bis 1500 v. Chr. die **Wessex-Kultur** heraus, die bereits Handel mit Zinn bis in den Mittelmeerraum betrieb. Zur Mitte des 1. Jt.s v. Chr. kamen die **keltischen** Goidelen (Gälen), dann die Brythonen (Briten). Die Einwanderung der **Belger** markierte den Beginn der Eisenzeit auf den Britischen Inseln. Die Belger lebten in Stammesverbänden, in denen nur die Druiden eine Machtstellung einnahmen, und errichteten um 75 v. Chr. ein staatsähnliches Gebilde in Südengland.

Römische Invasion Unter **Julius Cäsar** setzten die Römer 55 und 54 v. Chr. in zwei Expeditionen über den Ärmelkanal und landeten nahe des heutigen Dover, zogen sich jedoch vor dem Widerstand der Kelten wieder zurück. Erst unter Kaiser Claudius gelang 43 n. Chr. die Eroberung, Südostengland wurde römische Provinz. Auch der Aufstand der Ostangeln oder Iceni unter ihrer Königin Boadicea im Jahr 61 konnte ihr Vordringen nach Westen und Norden nicht aufhalten. Die **Pax Romana** währte rund 400 Jahre. Ab 350 sahen sich die Römer zunehmend den Überfällen der Pikten und Scoten (Iren) im Norden und Nordwesten sowie der Angeln und Sachsen im Süden ausgesetzt. 410 verließen alle römischen Legionen Britannien.

Südengland im Mittelalter

Angeln und Sachsen (449 – 1066) Ab Mitte des 5. Jhs. bis Anfang des 7. Jhs. wanderten Angeln und Sachsen aus dem heutigen Schleswig-Holstein und Niedersachsen ein, teils als kriegerische Eroberer, teils als friedliche Siedler neben der romano-britischen Bevölkerung. Nach und nach etablierte sich die angelsächsische Sprache (Old English), während keltische Kulturen in Wales und Cornwall überlebten. Im Süden Englands entstanden die angelsächsischen Königreiche Kent, Sussex und Wessex. Der Sieg der Keltisch sprechenden Briten über die Sachsen in der **Schlacht von Badon Hill** um 500 wurde später einem Feldherrn namens Artus zugeschrieben und begründete den Mythos von **König Artus** (▶ Baedeker Wissen, S. 114) und den Rittern der Tafelrunde. 596 entsandte Papst Gregor I. den Mönch Augustin zur Missionierung der Angelsachsen.

Königreich Wessex Im frühen 9. Jh. vereinte König Egbert weite Teile Südwest- und Südostenglands im Königreich Wessex; 865 konsolidierte **Alfred der Große** (871 – 899) das angelsächsische Reich, das Cornwall, Sussex und Kent einschloss. Nordöstlich der Linie London – Chester galt das **Danelaw** der Dänen; südlich entstanden Grafschaften (Shires) mit »Sheriffs« als leitenden Kronbeamten. Hauptstadt wurde Winchester neben London. Ab 1016 regierte Knut der Große in Personalunion

CHRONOLOGIE

KELTEN UND PAX ROMANA

ab 4000 v. Chr.	Erste Siedlungen mit Landwirtschaft und Viehzucht
ab 600 v. Chr.	Beginn der keltischen Einwanderung
43 – 410 n. Chr.	Römische Herrschaft

SÜDENGLAND IM MITTELALTER

597	Der hl. Augustinus christianisiert die Angelsachsen.
ab 800	Überfälle der Wikinger
1066	Normannische Invasion: Wilhelm der Eroberer siegt in der Schlacht von Hastings.
1215	Magna Charta: Die Macht der Krone wird eingeschränkt.
1337 – 1453	Hundertjähriger Krieg mit Frankreich

DER WEG IN DIE NEUZEIT

1536 – 1539	Auflösung der Klöster unter Heinrich VIII.
1588	Sieg über die spanische Armada im Ärmelkanal
1649	Enthauptung Karls I. nach seiner Niederlage im Bürgerkrieg
1688 / 1689	»Glorious Revolution«: Der Stuart-König Jakob II. wird abgesetzt.

AUFSTIEG ZUR WELTMACHT

1756 – 1763	Siege über Frankreich im Siebenjährigen Krieg, Ausweitung britischer Kolonialmacht
1805	Nelson gewinnt die Seeschlacht von Trafalgar und stirbt.
1815	Wellington siegt über Napoleon bei Waterloo.
1851	Weltausstellung in London
1939 – 1945	Zweiter Weltkrieg: Der Himmel über Südengland ist Schauplatz der »Battle of Britain«. 1944 starten die Alliierten von den Häfen Südenglands aus die Invasion in der Normandie.

VOM KALTEN KRIEG ZUR JAHRTAUSENDWENDE

1952	Krönung Elisabeths II.
1973	Großbritannien tritt der EG bei.
1979	Margaret Thatcher wird als erste Frau Premierministerin.
1994	Eröffnung des Eurotunnels

DAS NEUE MILLENNIUM

2000	Millennium Wheel (heute: London Eye) wird als Londoner Wahrzeichen eingeweiht.
2012	XXX. Olympische Spiele & Paralympic Games in London
2016	Referendum über den Verbleib in der EU: die Wähler stimmen für den Austritt (»Brexit«). Dieser soll im März 2019 erfolgen.

Dänemark und England, sein Sohn musste jedoch die Herrschaft über England an Eduard den Bekenner (reg. 1042 – 1066) abtreten. Zu seinem Erben bestimmte der letzte König der Angelsachsen den Herzog der Normandie, Wilhelm.

Normannen (1066 – 1138)

Am 14. Oktober 1066 gelang **Wilhelm dem Eroberer** (William the Conqueror, reg. 1066 – 1087) die letzte erfolgreiche Invasion Englands: In der **Schlacht von Hastings** schlug er die Angelsachsen unter Harald II. Als Wilhelm I. regierte er beiderseits des Ärmelkanals und unterdrückte mit seiner normannischen Herrschaftskaste die einheimische Bevölkerung. Hof und Klerus sprachen Französisch, das Angelsächsische wurde zur Sprache der Ungebildeten. Im **Domesday Book** (1085 – 1087) ließ Wilhelm den Zustand der Land- und Besitzverhältnisse erfassen. Zur gleichen Zeit schlossen sich fünf Hafenstädte des Südens – Sandwich, Dover, Romney, Hythe und Hastings – zu den **»Cinque Ports«** zusammen, später stießen noch Rye und Winchelsea zur englischen »Hanse« hinzu. Unter Heinrich I. (reg. 1101 – 1135) wurde das erste Schatzamt Europas eingerichtet, London einzige Hauptstadt.

Das Haus Plantagenet (1138 – 1399)

Unter Heinrich II. (reg. 1154 – 1189), der durch die Heirat seiner Mutter Mathilde mit Gottfried von Anjou auch über die Hälfte Frankreichs herrschte, begann sich das **»Common Law«**, das allgemeine englische Recht, herauszubilden. Nach einem Streit über die Grenzen zwischen weltlicher und kirchlicher Macht ließ Heinrich II. seinen einstigen Freund und Erzbischof von Canterbury, **Thomas Becket**, von königlichen Rittern in dessen Kathedrale ermorden. Als Heinrichs Sohn, Johann Ohneland (Lackland, reg. 1199 – 1216), seine Besitzungen in Frankreich verlor, zwangen ihn englische Barone am 15. Juni 1215, ihre Rechte in der **»Magna Charta«** zu verbriefen. Unter Heinrich III. (reg. 1216 – 1272) büßte der Hof weiter Macht ein, 1265 musste der König erstmals ein Parlament einberufen.

Hundertjähriger Krieg

1337 begann unter Eduard III. (reg. 1327 – 1377) der bis 1453 andauernde Hundertjährige Krieg mit Frankreich, ausgelöst durch Eduards Anspruch auf den französischen Thron. Nach ersten Erfolgen blieben von den Eroberungen nach dem Tod von Eduards Sohn, dem **Schwarzen Prinzen**, nur Calais und die Gascogne. 1349/1350 halbierte die Pest die Bevölkerung auf 4 Mio. Menschen. Innenpolitisch trennten sich Unter- und Oberhaus, das Parlament erhielt das volle Steuerbewilligungsrecht, Englisch wurde Hof- und Amtssprache.

Rosenkriege

Unmittelbar nach Kriegsende mit Frankreich tobte 1455 bis 1485 der »War of the Roses«, benannt nach dem Emblem der sich den Thron streitig machenden Herrschaftshäuser **York** (weiße Rose) und **Lancaster** (rote Rose), deren Dynastie Heinrich IV. (reg. 1399 – 1413)

Kurz nach der Schlacht von Hastings 1066 entstand der berühmte, 74 m lange Teppich von Bayeux, der die Eroberung Englands durch die Normannen in 58 Szenen darstellt.

begründet hatte. In der Schlacht von Bosworth siegte Henry Tudor, Earl of Richmond und letzter lebender Lancaster, 1485 über Richard III., der als letzter König des Hauses York auf dem Schlachtfeld starb. Mit der Heirat von Elisabeth, Tochter Eduards IV. aus dem verfeindeten Hause York, beendete er die Fehden und begründete als Heinrich VII. (reg. 1485 – 1509) die Dynastie der Tudors.

Der Weg in die Neuzeit

Das Haus Tudor

In der Tudor-Dynastie (1485 – 1603) folgte auf Heinrich VII. eine der schillerndsten Figuren auf dem englischen Thron, **Heinrichs VIII.** (reg. 1509 – 1547, ► Interessante Menschen, S. 364), der nicht nur wegen seines Lebensstils, sondern auch als Begründer der von Rom losgelösten Anglikanischen Staatskirche in die Geschichtsbücher einging. Da der Papst die Scheidung Heinrichs von Katharina von Aragón verweigerte, erklärte Heinrich sich selbst in der **Suprematsakte** von 1542 zum weltlichen Oberhaupt der Anglikanischen Kirche; geistliches Oberhaupt wurde der Erzbischof von Canterbury. In den Jahren 1536 – 1539 löste Heinrich VIII. alle Klöster auf, beschlagnahmte deren Besitz für die Krone und investierte in Englands erste Flotte. Während Eduard VI. (reg. 1547 – 1553) die Reformation förderte, rekatholisierte die mit Philipp II. von Spanien verheiratete **Maria I. die Katholische** (reg. 1553 – 1558) mit Hinrichtungen und Protestantenverfolgungen das Land. Unter ihrer anglikanischen Halbschwester, der zeitlebens unverheirateten »Virgin Queen« **Elisabeth I.** (reg. 1558 – 1603), erlebte das Königreich im Elisabethanischen Zeitalter eine wirtschaftliche, kulturelle und wissenschaftliche Blüte und legte den Grundstein für das spätere Kolonialreich. 1577 bis 1580 umsegelte **Sir Francis Drake** (▶ Interessante Menschen, S. 363) nach Magellan als Zweiter die Welt, 1584 gründete **Sir Walter Raleigh** mit Virginia die erste englische Kolonie in Nordamerika, 1600 begann mit der Gründung der **Ostindiengesellschaft** (British East India Company) der Aufstieg zur Kolonialmacht. London und Bristol wurden Zentren des Sklavenhandels. 1588 hatten sich die Engländer gegen die spanische **Armada** behauptet. Kulturell gipfelte das Golden Age im literarischen Werk **William Shakespeares** (1564 – 1616), der seine Dramen im eigenen Theater in London, »The Globe«, aufführte.

Das Haus Stuart (1603 – 1714)

Jakob I. (reg. 1603 – 1625), Sohn der 1587 von Elisabeth I. hingerichteten Rivalin Maria Stuart und König von Schottland, vereinte 1603 England, Schottland und Irland. Er ließ zunächst die Puritaner verfolgen und – nach dem **»Gunpowder Plot«** vom 5. November 1605, bei dem Guy Fawkes das Parlament in die Luft zu sprengen versuchte – dann auch die Katholiken. Während der Regentschaft des absolutistisch gesinnten Karls I. (reg. 1625 – 1649) spaltete im Jahr 1642 ein Bürgerkrieg das Land in königstreue **Cavaliers** aus dem niedrigen Landadel, den späteren Tories, und Parlamentarier.

Bürgerkrieg und Republik

1644 schlug das Parlamentsheer unter **Oliver Cromwell** das königliche Heer bei Marston Moor, 1645 erneut bei Naseby. Das von Cromwell bereinigte Parlament verurteilte Karl I. zum Tode, 1649 starb er auf dem Schafott in Whitehall. 1653 zum **Lord Protector** ernannt, regierte Cromwell die Republik England 1649 bis 1658 mit eiserner Hand, jedes Amüsement wurde untersagt.

Restauration

Nach dem Rücktritt von Oliver Cromwells Sohn Richard, seit 1658 Lord Protector, restaurierte **Stuart-König Karl II.** (reg. 1660 – 1685) die anglikanische Staatskirche und brachte Glanz und Luxus zurück an den Hof. 1673 beschloss das Parlament die **Testakte**, die Nichtanglikaner von öffentlichen Ämtern ausschloss und viele Puritaner zur Auswanderung nach Amerika veranlasste.

Glorious Revolution

Karls Bruder, Jakob II. (reg. 1685 – 1688), bevorzugte Katholiken, behauptete seine Macht als König von Gottes Gnaden – und verlor das Vertrauen des Parlaments, das Jakobs Neffen und Schwiegersohn herbeirief: **Wilhelm von Oranien**. Jakob floh und wurde in der Glorious Revolution 1688 unblutig abgesetzt. Wilhelm III. (reg. 1688 bis 1702) regierte mit seiner Gattin Maria II. und erkannte in der **Bill of Rights** die Rechte des Parlaments an. Königin Anna (reg. 1702 – 1714), die jüngere Tochter Jakobs II., vereinte mit der **Union of Parliaments** die Parlamente von England und Schottland im Vereinigten Königreich.

Aufstieg zur Weltmacht

Das Haus Hannover / Windsor

Um die protestantische Thronfolge zu gewährleisten, ging nach dem Tod von Anna die englische Krone auf die Kurfürsten von Hannover über. Unter Georg I. (reg. 1714 – 1727) stützte sich **Sir Robert Walpole** auf die Parlamentsmehrheit und das Vertrauen des Königs. Er gilt als erster Premierminister. Unter Georg II. (reg. 1727 – 1760) und Georg III. (reg. 1760 – 1820) stieg England zur größten Handels- und Kolonialmacht der Welt auf.
Hauptgegner im Kampf um die Vorherrschaft, vor allem in Übersee, war Frankreich, das im Siebenjährigen Krieg große Teile seiner kolonialen Territorien in Indien und Nordamerika verlor. 1798 schlug **Admiral Nelson** die französische Flotte bei Abukir, 1805 siegte er bei Kap Trafalgar über die spanisch-französische Flotte und 1815 schlugen in der Schlacht von Waterloo die vereinigten britischen, holländischen und preußischen Truppen unter Wellington und Blücher Napoleons Franzosen entscheidend.

Industrielle Revolution

Im georgianischen Jahrhundert wurde England das Mutterland der Industriellen Revolution, die mit **James Watts** Dampfmaschine (1769) und der Erfindung des mechanischen Webstuhles (1790) vor allem im Norden an Fahrt gewann. Im Süden führten die Mechanisierung der Landwirtschaft und die Einteilung in kleine Parzellen durch den **»Enclosure Act«** zur Landflucht. Bauten wie der Royal Pavilion von 1822 und die 1823 eröffnete erste Pier in Brighton zeugen von der steigenden Bedeutung der Badeorte.

Viktorianisches Zeitalter

Im Viktorianischen Zeitalter, benannt nach **Königin Viktoria** (reg. 1837 – 1901), wandelte sich Großbritannien als führende Handelsmacht der Welt in einen modernen Staat. Die Wahlreform von 1832 vergrößerte die Wählerschaft um die – männliche – »middle class«; im Parlament bildete sich das Gegenspiel von Regierung und Opposition heraus. Die Proteste der ausgebeuteten Arbeiterschaft bündelte 1838 die **Chartistenbewegung**; langsam setzten sich Regelungen zur Einschränkung der Kinderarbeit durch.
Genialer Ingenieur und Baumeister des imperialen England war **Isambard Kingdom Brunel**. Er plante die 1841 eröffnete, 190 km lange Eisenbahnstrecke von London nach Bristol und baute mit der »Great Britain« 1843 auch den ersten Ozeandampfer mit Schraubenantrieb. Zur Londoner **Weltausstellung** »The Great Exhibition« strömten 1851 rund 5 Mio. Besucher in die Hauptstadt. Den technologisch-wissenschaftlichen Erfolgen und der Ausweitung des Empire um Hongkong, Burma, Zypern, Sudan, Ostafrika, Südafrika und Rhodesien standen die »viktorianische« Klassengesellschaft und die Prüderie der Mittelklasse gegenüber, die im Skandal um **Oscar Wilde** in den 1890er-Jahren ihren Höhepunkt erlebte.

Ein technisches Meisterwerk schuf Isambard Kingdom Brunel in den Jahren 1836 bis 1864 mit der Clifton Suspension Bridge bei Bristol.

Erster und Zweiter Weltkrieg

Nach dem deutschen Einmarsch in das neutrale Belgien erklärte Großbritannien unter König Georg V. (reg. 1910 – 1936) am 4. August 1914 Deutschland den Krieg. 1915 wurde ein Kriegskabinett aus Konservativen, Liberalen und Labour unter Premierminister Asquith gebildet, 1916 die allgemeine Wehrpflicht eingeführt. Britische Truppen kämpften in Belgien, Frankreich, Palästina und am Bosporus. Am Ende des »Great War« war Großbritannien wirtschaftlich angeschlagen, mehr als 2 Mio. Briten wurden durch die **Weltwirtschaftskrise** ab 1929 arbeitslos.

Ab 1924 regierte erstmals ein Labour-Kabinett unter James Ramsay MacDonald. Das Streben der Kolonien nach Unabhängigkeit führte 1931 zur Gründung des **»Commonwealth of Nations«**. Neville Chamberlains Friedenspolitik des **Appeasement** scheiterte an Hitlers Entschlossenheit zum Krieg. Nach dem deutschen Überfall auf Polen trat Großbritannien am 3. September 1939 in den **Zweiten Weltkrieg** ein. Winston Churchill (▶ Interessante Menschen, S. 363) wird als Erster Lord der Admiralität in das Kriegskabinett aufgenommen. Nach Beginn des deutschen Westfeldzugs bildete er am 10. Mai 1940 eine Allparteienregierung und hielt vor dem Unterhaus seine berühmte **»Blut-Schweiß-und-Tränen«-Rede**. Von September 1940 bis Mai 1941 bombardierte die deutsche Luftwaffe beim »Blitz«, der **»Luftschlacht um England«**, in Südengland vor allem

Ziele im Großraum London, Dover, Plymouth, Southampton und Portsmouth. Am frühen Morgen des 6. Juni 1944 begann von den Häfen Südenglands aus die alliierte Invasion in der Normandie.

Vom Kalten Krieg zur Jahrtausendwende

Nach Kriegsende hatte die Siegermacht Großbritannien ihre Weltgeltung eingebüßt. Winston Churchill verlor 1945 angesichts der schwierigen Wirtschaftslage die Wahlen gegen Labour unter **Clement Attlee**, der den britischen Wohlfahrtsstaat ausbaute. Am 6. Februar 1952 wurde **Königin Elisabeth II.** gekrönt. Im selben Jahr zündete Großbritannien im Pazifik seine erste **Atombombe**.

Nach dem Zweiten Weltkrieg

Mitte der 1950er- bis Mitte der 1960er-Jahre strömten Hunderttausende **Immigranten** aus den ehemaligen Kolonien – vor allem Indien, Pakistan und der Karibik – ins Mutterland. 1965 fand im Londoner Stadtteil Notting Hill erstmals ein schwarzer Karneval statt. Veraltete Industrien, mangelnde Modernisierungen und endlose Streikwellen kennzeichneten die strukturelle **Wirtschaftskrise**, der die Regierungen unter Wilson (Labour), Heath (Konservative) und Callaghan (Labour) nicht Herr werden konnten. Trotzdem wurde Großbritannien 1973 **Mitglied der EG**.

1950er- und 1960er-Jahre

Im Frühjahr 1979 wurde die Konservative Margaret Thatcher erste britische Premierministerin. Unter der Hand der **»Eisernen Lady«** verstärkten radikale Wirtschaftsreformen die Kluft zwischen Arm und Reich: Staatliche Unternehmen wurden privatisiert, Sozialleistungen drastisch gekürzt, die Rechte der Gewerkschaften beschnitten, private Investitionen gefördert und kommunaler Wohnraum in Privateigentum umgewandelt. 1983 und 1987 wieder gewählt, wurde die wegen der Kopfsteuer **»Poll Tax«** immer unpopulärer gewordene Politikerin von ihrer eigenen Partei gestürzt. Ihr Nachfolger wurde 1990 der blasse **John Major**, dessen Regierung durch Skandale und parteiinternen Zwist über das Verhältnis zur EU das Vertrauen der Bevölkerung und damit ihre parlamentarische Mehrheit verlor. In seine Amtszeit fiel die Eröffnung des **Eurotunnels**, der seit 1994 unter dem Ärmelkanal das Königreich mit dem Kontinent verbindet.

Ära Thatcher

Am 1. Mai 1997 erzielte Tony Blairs **New Labour** einen Erdrutschsieg. Mit einer konstitutionellen Reform brachte Blair Parlamente und Volksversammlungen für Schottland, Nordirland und Wales auf den Weg; Cornwall stieg zur eigenständigen Region auf, um in den Genuss von EU-Strukturfördergeldern gelangen zu können.
Abseits der großen Politik erregten vor allem die Geschicke der Royals die Gemüter. 1981 heiratete Prince Charles **Lady Diana Spencer**,

Labour-Sieg unter Tony Blair

1992 verkündigte Premierminister John Major ihre Trennung im Unterhaus. Am 31. August 1997 starb Diana bei einem Autounfall in Paris.

Das neue Millennium

Aufbruchstimmung und Trauer

Mit spektakulären Feiern, eindrucksvollen Neubauten wie der Londoner Millennium Bridge oder des neuen Wahrzeichens Millennium Wheel (London Eye) begrüßte Südengland das neue Jahrtausend. Der 2001 und 2005 wiedergewählte **Tony Blair** warb für ein selbstbewusstes und auf der Weltbühne führungsstarkes New Britain und zugleich für ein junges »Cool Britannia«, das er durch die Einladung von Designern und Popstars in die Downing Street Number 10 gefördert hatte.

2005 kürte das IOC die Themsemetropole zum **Gastgeber der Olympischen Sommerspiele** im Jahr 2012. Doch schon am nächsten Morgen wich der Freudentaumel Trauer und Entsetzen. Mitten im Berufsverkehr zündeten islamistische Selbstmordattentäter Rucksackbomben in U-Bahn-Zügen und in einem Doppeldeckerbus – 79 Menschen starben bei den schwersten Terroranschlägen in Großbritanniens Geschichte, 700 wurden schwer verletzt.

Die Tories und der Brexit

2007 trat Blair zurück und übergab die Amtsgeschäfte an seinen Schatzkanzler **Gordon Brown**, auf den nach den Unterhauswahlen im Mai 2010 der Konservative **David Cameron** folgte. Nach Englands Nein zum Euro (2002) verweigerte Cameron als einziger Staatschef der EU seine Zustimmung zum Euro-Fiskalpaket.

Sein Veto spiegelte die zunehmende Europa-Skepsis bzw. -Feindlichkeit im Land wider: Mit ihrer Forderung nach Austritt aus der EU stieg der Stimmenanteil der UK Independence Party (UKIP) bei den Unterhauswahlen 2015 deutlich an. 2014 durften die Schotten über den Austritt aus dem Vereinigten Königreich abstimmen – nur 44,7 % waren dafür, 55,3 % gegen die Unabhängigkeit. Von diesem Erfolg ermutigt, wollte Premier Cameron durch ein zweites Referendum UKIP den Wind aus den Segeln nehmen – doch diesmal ging sein Kalkül nicht auf: 51,9 % der Briten stimmten gegen den Verbleib in der EU, Cameron trat zurück. Seine Nachfolgerin ist Theresa May.

Königliche Feiern

Bei den Royals hingegen begann nach den Turbulenzen der 1990er-Jahre mit dem neuen Millennium eine neue Blüte der Monarchie. Statt Skandalen prägten spektakuläre Feiern die erste Dekade. Den Auftakt machte der Sohn der Queen. Am 9. April 2005 durfte Charles auf Schloss Windsor seine wahre Liebe heiraten: **Camilla Parker-Bowles**. Sieben Jahre später ehelichte am 29. April 2012 sein Sohn **William** die bürgerliche **Kate Middleton**. Auch nach der Hochzeit versuchten der Herzog und die neue Herzogin von Cambridge, ihren

Just married: Die Frischvermählten William und Kate geben sich auf dem Balkon des Buckingham Palace einen weiteren Hochzeitskuss.

Alltag so normal wie möglich zu gestalten – was die Sympathiewerte der jungen Royals in die Höhe katapultierte.
Im Juni 2012 feierte Queen Elizabeth II. ihr **»Diamond Jubilee«**. Höhepunkte des 60-jährigen Thronjubiläums waren eine Schiffsprozession auf der Themse, ein Großkonzert am Buckingham Palace und ein Dankgottesdienst in der St Paul's Cathedral. 2015 übertraf sie den 1901 von Victoria aufgestellten Rekord von 63 Jahren und 6 Monaten Regierungszeit. Am 22. Juli brachte Kate Middleton ihren ersten Sohn zur Welt: **Prinz George Alexander Louis**. Im Mai 2015 erhielt Prinz George eine Schwester – **Prinzessin Charlotte Elizabeth Diana** von Cambridge.

Unsichere Zeiten

Erfreuliche Nachrichten aus der Königsfamilie können die Briten aktuell gut gebrauchen, stehen doch in der Politik nach jahrelangen Kürzungen im öffentlichen Haushalt die Zeichen auf Sturm. In der Absicht, Rückendeckung für die schwierigen Verhandlungen über den EU-Austritt (**»Brexit«**) zu erhalten und die vermeintlich schwache, vom Altlinken Jeremy Corbyn geführte Labour Party vernichtend zu schlagen, rief Premierministerin May im Juni 2017 vorgezogene Neuwahlen aus – und verlor ihre absolute Mehrheit. Mit der Unterstützung einer rechts-religiösen Partei nordirischer Protestanten regiert sie weiter. Mitten in dem politischen Chaos begannen die Brexit-Gespräche in Brüssel, doch sind die Briten über ihre eigenen Ziele uneinig.

KUNSTGESCHICHTE

Mystische Steinkreise und römische Mosaiken, gotische Kathedralen und prachtvolle Schlösser, kopfsteingepflasterte Bilderbuchdörfchen und spektakuläre Neubauten – Südengland fasziniert facettenreich!

Frühzeit

Jungsteinzeit

Steingeräte und Tonwaren zeugen von der Bauernkultur, die während der Jungsteinzeit im 4. Jt. v. Chr. vom westeuropäischen Festland her nach Südengland einwanderte. In der Zeit nach 3000 v. Chr. entstanden auf Anhöhen in Dover und Henbury »Causeway Camps«, kreisförmige Sammellager mit Wall und Graben. In der Nähe dieser Camps finden sich häufig 30 bis 100 m lange und etwa 3 m hohe »Long Barrows« (Langhügel), Kollektivgräber für eine Sippschaft oder Herrenschicht. Mehr als ein Jahrtausend bauten verschiedene Stämme ab 2800 v. Chr. an **Stonehenge**. Knochenfunde deuten darauf hin, dass die weltberühmten Steinkreise rund 1700 Jahre als Zeremonienstätte und Heiligtum dienten – doch für wen? Noch immer gibt das UNESCO-Weltkulturerbe bei Salisbury viele Rätsel auf (▶ Baedeker Wissen, S. 302). Einige Jahrhunderte später entstanden in Südwestengland die ersten Großsteingräber. Besonders eindrucksvoll ist das Megalithgrab von **West Kennet** (ca. 2500 v. Chr.) bei Avebury in Wiltshire. Vereinzelt gesetzte, hoch aufragende Steine (Menhire) und Steinkreise (Cromlechs) hatten ebenfalls kultische Bedeutung.

Bronzezeit

Mit der Becherkultur begann ab ca. 2200 v. Chr. die Bronzezeit, von der kostbare Grabbeigaben wie der gehämmerte Goldbecher von Rillaton im Britischen Museum zeugen. Um 800 v. Chr. begann unter dem Einfluss der Hallstattkultur die **Eisenzeit** in England. Eine gut erhaltene Eisenzeitsiedlung ist in **Chysauster** im Westen Cornwalls zu besichtigen. In Südengland entwickelte sich ein eigenständiger Zweig der La-Tène-Kultur. Um 75 v. Chr. führten die Belger die teilweise städtisch geprägte Oppidum-Zivilisation Galliens ein. Das mächtige **Maiden Castle** in Dorset ist die größte Hügelfestung aus dieser Zeit.

Römerzeit

Albion – Roms Britannien

Um ihre Macht zu sichern, schufen die Römer Strukturen, deren Spuren bis heute erhalten sind: **Londinium** (London) wurde Zentrum der Macht und wichtigster Handelsplatz, Isca Dumnoniorum (Exeter) als Grenzfeste zum keltischen Cornwall errichtet. Ehemalige

Garnisonsstädte lassen sich am Suffix »-chester« erkennen: Rochester (Kent), Chichester (West Sussex), Winchester (Hampshire), Dorchester (Dorset), Ilchester (Somerset). Noch heute beherrscht eindrucksvoll das Römerkastell von Portchester aus dem 3. Jh. mit 6 m hohen Mauern die Hafenbucht von Portsmouth. Becken der römischen Bäder und Reste des Tempels der Sulis Minerva sind in **Aquae Sulis** (Bath) zu sehen. Entlang der klimatisch milden Südküste wurden herrschaftliche Landsitze angelegt, darunter **Fishbourne** in West Sussex, wo der Roman Palace bedeutende Mosaiken enthält.

Frühmittelalter

The Dark Ages

Zwischen dem Ende der römischen Ära im Jahr 410 und der Schlacht von Hastings 1066 liegt die Zeit, in der die **Angeln und Sachsen** germanische Kultur in England verbreiteten. Ihre Siedlungen lassen sich an den Namensendungen erkennen: »-ham« deutet auf eine flache Weidensiedlung hin; »-ton« auf eine Flusssiedlung; »-ley« auf eine Rodung und »-wick« auf ein Bauerndorf mit Tierbestand.

Architektur

In der Architektur der Angelsachsen verbanden sich keltische mit römischen Bauweisen. Erhaltene Steinbauten sächsischen Ursprungs sind die St Lawrence-Kirche in Bradford-on-Avon / Wiltshire aus dem 7. Jh., St-Mary-in-Castro in der Burg von Dover sowie der Helm des Kirchturms von Sompting in Sussex.

Seltenes steinernes Überbleibsel aus angelsächsischer Zeit: die Kirche St Lawrence in Bradford-on-Avon

IM LAND DER DRUIDEN

BAEDEKER WISSEN

Kontaktversuche von Außerirdischen oder profane Umweltschäden – für die über Nacht auftretenden Kreise in südenglischen Getreidefeldern wurden die unterschiedlichsten Ursachen gefunden. Übermäßig überrascht war dort aber niemand. Denn schließlich erinnern Monumente wie Stonehenge die Bewohner Südenglands stets an die Existenz des Unerklärlichen.

Die **Kornkreise**, perfekt gezirkelte Formen wie von Geisterhand gezeichnet, tauchten erstmals im August 1980 in Getreidefeldern bei Westbury in Wiltshire auf, weitere folgten auch in der Grafschaft Hampshire. So makellos waren sie geformt, dass sie unmöglich von Menschen stammen konnten. Bauern zeigten gegen Entgelt die geheimnisvollen Kreise auf ihrem Grund und Boden, und die Spekulationen über ihre Ursprünge wurden bald höher als das Sommerkorn. Ob im Pub am Ort oder auf Konferenzen von Ufologen – überall wurde über die Herkunft der Kreise diskutiert. Grenzwissenschaftler mischten sich ein. Handelte es sich um lokale Auswirkungen klimatischer Veränderungen – oder waren übernatürliche Kräfte am Werk?
Erst 1992 bekannten sich zwei **Rentner aus Southampton** dazu, zumindest für einen Teil der Kreise und Symbole im Getreide verantwortlich zu sein, und demonstrierten, wie man Getreide gleichmäßig niederdrückt, ohne Spuren zu hinterlassen. Aber Südengland wäre nicht **New-Age-Land**, wenn sich jeder mit dieser profanen Erklärung zufrieden gäbe. Und deshalb haben hier noch immer einige Leute ihre eigene Theorie zu den Kreisen im Korn.

Prähistorische Rätsel

Wenig erstaunlich ist es, dass die Getreidekreis-Epidemie der 1980er-Jahre ausgerechnet hier ausbrach. Im Süden Englands ist man in besonderem Maße an die Existenz des Unerklärlichen gewöhnt. Keine andere englische Grafschaft besitzt so viele geheimnisumwitterte Stätten wie **Wiltshire**. Wie Zeugen einer längst versunkenen Welt schweigen sie auf Reisebusse und Menschenmengen hinab – unverrückbar und umweht von einem Hauch Ewigkeit. Wer in dieser Gegend lebt, ist von Kindesbeinen an mit mystischen Geschichten und magischen Begebenheiten vertraut. **Stonehenge** ist die berühmteste, **Avebury** die größte prähistorische Stätte Englands. Und dann sind da noch die Pferde und archaischen **Riesen aus Kalk**, die in die Grashügel von Wiltshire geprägt wurden – einige vor 2000 Jahren (Uffington White Horse), andere vor 200 Jahren (Cherhill und Westbury White Horses). Zu denken gibt die **längste Steinreihe der Welt** im Süden des Dartmoors: Markiert sie einen Prozessionsweg oder diente sie der Astronomie? Niemand weiß es. Und auch die Megalithgräber, Menhire und Steinkreise von Devon und Cornwall geben Rätsel auf und verleiten zu manch eigenwilliger Deutung – wie bei den **»Merry Maidens«**: Die 19 Steine, die bei Land's End einen perfekten Kreis bilden, waren einst 19 Mädchen, die am heiligen Sonntag tanzten – und zur Strafe für diese Sünde zu Stein erstarrten. Doch wie bei allen prähistorischen Monumenten ist nur eines sicher: die Aura des Geheimnisvollen.

Kreise im Kornfeld – ein Scherz lausbübiger Rentner. Oder doch Außerirdische?

Stonehenge

Früher bemühte man gerne die keltischen Druiden als Erstnutzer von Stonehenge – doch als diese zur Römerzeit ihre Rituale hier vollzogen, hatte die Anlage bereits drei Jahrtausende auf dem Buckel. Zwischen den Gesteinsbrocken wurden ursprünglich Gottheiten verehrt, denen man im Tempel auch Opfer darbrachte, lautet eine Theorie. Andere meinen, die Steine dienten als Versammlungsort und zur Sonnenanbetung. Oder vielleicht wurden sie auch als Kalender genutzt oder markierten Stellen mit starker Bodenstrahlung. Möglicherweise treffen alle Vermutungen zu, in unterschiedlichem Maß oder zu unterschiedlichen Zeiten.
Die Frage, was in den Menschen vorging, die beträchtliche Mühen auf sich nahmen, um die tonnenschweren Steine von Stonehenge herbeizuschaffen und exakt auf die aufgehende Sonne zur Sommersonnenwende am 21. Juni auszurichten, hat gerade deshalb nichts von ihrer Faszination verloren. Erstaunlich ist nicht nur die Steinsetzung, sondern auch das **astronomische Wissen** der Erbauer. Obwohl niemand genau weiß, wofür die Felsbrocken gut sein sollten, üben sie bis heute eine enorme Anziehungskraft aus.

Neuzeit-Druiden

Zur Sommersonnenwende müssen die rituellen Stätten oft von der Polizei abgesperrt werden, um sie vor dem Ansturm selbst ernannter **Neuzeit-Druiden** zu schützen. Diese nehmen in Stonehenge und Avebury starke Schwingungen wahr, bevor sie weiterziehen nach Glastonbury, einem weiteren wichtigen Punkt auf Südenglands mystischer Landkarte. Alt-Hippies und Jung-Freaks verbinden dort am mutmaßlichen Grab von König Artus alljährlich beim **New-Age-Festival** Mystik und Musik. Dass ungeklärt ist, ob der sagenhafte König Artus überhaupt existiert hat, spielt weder für Touristen noch Esoterik-Fans eine Rolle: Ob historisch verbrieft oder nicht – die Heldentaten König Artus' bieten immer wieder Stoff für exzellente Geschichten.

Buchmalerei

Beeinflusst von der hohen Kunst der irischen Mönche und Buchillustratoren entwickelte sich in den Buchmalereien vor allem aus Winchester und Canterbury im 9. Jh. ein eigener Stil. In Canterbury entstanden im 8. Jh. u. a. der Vespasian Psalter (British Museum, London) und der Codex Aureus (Königliche Bibliothek, Stockholm). Die Dombibliothek von Winchester dokumentiert die reiche Produktion der **School of Illumination**. Die auf 975 datierte Aethelwold-Benediktionale gehört zu den wertvollsten Handschriften Englands (British Museum, London). Ebenfalls in der zweiten Hälfte des 10. Jh.s schrieben und verzierten die Mönche von Glastonbury Werke wie Dunstan's Classbook (Bodleian Library, Oxford).

Romanik

Norman Style

Die Eroberung Englands durch die Normannen im Jahr 1066 löste eine Neuordnung der Diözesen und die Verlagerung der Bischofssitze in die Städte aus, wo eine rege Bautätigkeit einsetzte: Zahlreiche **Kathedralen** und Abteikirchen wurden im Norman Style, der anglo-normannischen Variante der Romanik, verändert oder neu errichtet. Großzügig bemessene Domfreiheiten (Cathedral Close) mit Grünflächen fassten die meist frei stehenden Kathedralen ein, die sich statt in die Höhe **eher in die Länge streckten**. Die enorme Dichte an Burgen, Schlössern und Kirchen im englischen Mittelalter sind auch Zeichen des vor allem auf dem Wollhandel basierenden Reichtums der Insel.

Architektur und Buchkunst

Bei der normannischen **Sakralarchitektur** dominierte die dreischiffige Basilika auf lateinischem Kreuzgrundriss, an der Westfassade mit doppeltürmigem Abschluss, mit markanten Querhäusern, mächtigem Vierungsturm und rechteckigem Chor. Charakteristisch ist die extreme Längsausrichtung, wobei Pfeiler und Säulen mit kräftigen Rundbögen die Schiffe unterteilen. Die frühromanischen Tonnengewölbe wichen Kreuzgratgewölben. Bauliche Vorbilder wurden die in der zweiten Hälfte des 11. Jh.s entstandenen Kathedralen von Canterbury, Winchester und Chichester. Um den normannischen Machtanspruch abzusichern, wurden zahlreiche **Militäranlagen** errichtet wie der White Tower in London aus dem späten 11. Jh. oder der Wehr- und Wohnturm (Tower Keep) von Rochester in Kent aus der Mitte des 12. Jahrhunderts. Heinrich II. (reg. 1154 – 1189) ließ die **Festung von Dover** ab 1168 mit mehr als 6 m dicken Mauern anlegen. Byzantinischen Einfluss verrät die in Winchester Mitte des 12. Jh.s entstandene, unvollendete **Winchester-Bibel**, deren Initialen in ihrer Farbigkeit und Detailfülle sie zu einem Prachtexemplar mittelalterlicher Buchkunst machen (Abb. ► S. 354). Auch in der Schreibschule von Canterbury wurden byzantinische Impulse aufgenommen, so z. B. in der Lambeth-Bibel aus dem 12. Jahrhundert.

Lichte Gotik

Early English Style

Der Early English Style (1180 – 1250, **Frühgotik**) übernahm zwar die gotische Gliederbauweise, behielt aber die normannische Raumaufteilung mit breit angelegter Westfassade, gestrecktem Langhaus, markantem westlichen Hauptquerschiff, Langchor, kürzerem östlichen Chorquerschiff und Retrochor mit Lady Chapel (Marienkapelle). Zu den schönsten Zeugnissen dieser Stilrichtung gehören die Kathedrale von Salisbury, der Chor-Neubau der Kathedrale von Canterbury und die Westfassade der Kathedrale von Wells.

Decorated Style

Wie der Name verrät, glänzt der Decorated Style (1250 – 1350, **Hochgotik**) durch reichhaltige Ausschmückungen, die die Grundstrukturen und ihre Funktionen im Bauwerk überdecken. Zu studieren ist dies am 1245 begonnenen Chor der Westminster Abbey in London oder an der Fassade (ab 1230) und dem Chorneubau (frühes 14. Jh.) der Kathedrale von Wells. Weitere herausragende Beispiele bieten der Neubau der um 1270 begonnenen Kathedrale von Exeter und der 1332 vollendete Chor der Kathedrale von Bristol.

Perpendicular Style

Als Gegenreaktion bildete sich der Perpendicular Style (1350 – 1530, **Spätgotik**) heraus, der in strenger Linienführung die Vertikale betont – vor allem an den Fensterstäben setzt sich die neue Klarheit an der Fassade durch. Meisterhafte Deckengewölbe entstanden, so im Langhausgewölbe der Kathedrale von Winchester (begonnen 1394) und in der Henry VII. Chapel der Westminster Abbey (1519). Weitere gute Beispiele des Perpendicular Style sind das im 15. Jh. wieder aufgebaute Langhaus der Sherborne Abbey und die Pfarrkirche St Mary Redcliffe in Bristol.
In den Städten entstanden öffentliche Versammlungshallen wie die Westminster Hall in London, die Guildhall in Faversham (Kent) sowie zahlreiche Rathäuser wie in Exeter (1466 – 1484 umgebaut).

Bauplastik und Holzschnitzereien

Die schönsten Schöpfungen der Bildhauerkunst schmücken **Kathedralen**: 300 Figuren, in Nischen eingestellt, zieren seit 1239 die Westfassade der Kathedrale von Wells, in Blendarkaden aufgereihte Gewandfiguren schmücken seit 1260 die Kathedrale von Salisbury. In Stein gehauene Apostel, Engel, Propheten und Richter aus dem 14. Jh. sind an der Westfassade der Kathedrale von Exeter zu bewundern. Ein hervorragendes Beispiel **gotischer Grabplastik** ist das Grab Heinrichs III. in der Londoner Westminster Abbey (um 1291). Die Chorgestühle der Kathedralen belegen die Kunstfertigkeit der Holzschnitzmeister. Exeter z. B. hat skurrile Miserikordien aus dem 13. Jh. sowie einen geschnitzten Bischofsthron aus Eiche vorzuweisen. Auch das auf die Mitte des 14. Jh.s. datierte Chorgestühl von Winchester und Wells ist durch Schnitzwerk reich verziert.

OBEN: Perpendicular Style in Reinkultur: die prunkvolle Grabkapelle Heinrichs VII. in der Westminster Abbey von London

UNTEN: Hohe Buchkunst zeigt sich in den illuminierten Initialen der Winchester-Bibel.

Tudor-Dynastie, Elisabeth I. und Jakob I.

Stilpluralismus

Im 16. und frühen 17. Jh. gingen von der flämischen, deutschen und italienischen Renaissance starke Impulse nach Südengland aus. Resultat war bis zum Beginn des Klassizismus um 1620 ein stark vom Geschmack der jungen Tudor-Könige sowie von Elisabeth I. und Jakob I. beeinflusster Stilpluralismus.

Blütezeit des Profanbaus

Durch die Auflösung der Klöster unter Heinrich VIII. wurden für fast 100 Jahre während der Reformationszeit keine Kirchenbauten mehr errichtet; dagegen sorgte der neue Hofadel für eine Blütezeit im Profanbau. Nach dem Vorbild der französischen Loire-Schlösser setzten sie Dreiflügelbauten in die Landschaft, um einen Hof gruppiert oder auf E-förmigem Grundriss. Fensterreiche, klar gegliederte Fassaden, markante Torhäuser und kamingeschmückte Flachdächer gehören neben langen, symmetrisch angelegten Hauptachsen zu den Merkmalen der »Big Houses«. Eine der eindrucksvollsten Tudor-Anlagen Südenglands ist der elisabethanische Landsitz **Hampton Court Palace** am Themseufer, 1520 für Kardinal Wolsey errichtet, von Heinrich VIII. umgebaut und Königin Elisabeths I. Lieblingsresidenz. Die wohlhabenden Kaufleute errichteten schmuckvolle Fachwerkbauten, oft in Kombination mit Stein, wie sie eindrucksvoll u. a. in Salisbury erhalten sind.

17. und 18. Jahrhundert

Architektur in Klassizismus und Neugotik

Manierismus, Barock und Rokoko fanden in der englischen Baukunst kaum Niederschlag; hier herrschte von 1620 bis ca. 1750 der Klassizismus vor, beeinflusst durch den oberitalienischen Renaissance-Baumeister Andrea Palladio (1500 – 1580). Nach den regierenden Herrschern wird die Spätphase des englischen Klassizismus im 18. Jh. als **Georgian Style** bezeichnet, die im 19. Jh. wiederbelebte Gotik als **Gothic Revival**. Der nach der Regentschaft des späteren Königs Georg IV. benannte **Regency Style** im späten 18. und frühen 19. Jh. kann in seiner eleganten Zurückhaltung und Betonung klassischer Bauelemente noch in Seebädern wie Brighton oder in der Umbauung des Londoner Regent's Park bewundert werden.

Palladianischer Klassizismus

Der palladianisch geprägte Klassizismus begann mit **Inigo Jones** (1573 – 1652) und seinem Entwurf für die Residenz der Königin in Greenwich, Queen's House, im Jahr 1616. Von ihm stammt auch eines der Meisterwerke der englischen Renaissance, das 1622 eingeweihte Banqueting House in Whitehall. **Wilton House** bei Salisbury ist ein Juwel der Schlossarchitektur: Die strenge, klassische Außenfassade birgt ein prunkvolles Inneres, das an die barocken Interieurs französischer Schlösser erinnert. Ein Höhepunkt des barocken Klassizismus ist das Landhaus **Kingston Lacy** bei Wimborne in Dorset, das Sir Roger Pratt 1665 erbaute.

Christopher Wren

Den **Wiederaufbau Londons** nach dem Great Fire von 1666 dominierte Christopher Wren (1632 – 1723): Mehr als 50 Kirchen und unzählige Profanbauten machen ihn zum bedeutendsten Architekten des Klassizismus. Herausragend sind die 1675 – 1711 wieder aufgebaute St Paul's Cathedral in London – hier wurde Wren 1723 auch begraben –, die Londoner Pfarrkirchen St Bride's (1678), St Stephen Walbrook (1679) und St Clement Danes (1682) oder das Hospital für Seeleute in Greenwich (1716).

Landschaftsgärten

Lancelot »Capability« Brown (1715 – 1783), Schöpfer der Parkanlagen von Highclere Castle in Hampshire, Sheffield Park in Sussex und Sherborne Castle in Dorset und **William Kent** (1685 – 1748) gehören zu den Begründern des englischen Landschaftsgartens (▶ Das ist Südengland, S. 8).

Neugotische Architektur

Die Neugotik trat in der zweiten Hälfte des 18. Jh.s mit schlankeren, zierlichen Formen hervor. Ein frühes Beispiel ist die 1755 vollendete Halle in **Lacock Abbey** in Wiltshire. Horace Walpole (1717 – 1797) erbaute 1790 die gotische Villa von Strawberry Hill (heute St Mary's College), James Wyatt (1746 – 1813) errichtete den unvollendeten Herrensitz Fonthill Abbey, ebenfalls in Wiltshire.

Malerei

Die Flamen sorgten auch in der Malerei für neuen Auftrieb. **Peter Paul Rubens** (1577 – 1640) malte die Decke der Banqueting House in London. Sein einstiger Assistent, **Anthony van Dyck** (1599 bis 1641), wurde 1632 Hofmaler König Karls und verhalf der **Porträtmalerei** zu neuer Blüte.

Die Sitten der Zeit hat kein zweiter so bissig und satirisch festgehalten wie **William Hogarth** (1697 – 1764). Nach einer Lehre als Kupferstecher entwickelte der gebürtige Londoner seinen eigenen Stil als Graveur und Maler von Szenen mit moralischem Unterton.

Der hoch geschätzte Porträtist **Thomas Gainsborough** (1727 bis 1788) wohnte ab 1760 in Bath und malte Gesellschaftsporträts. Er war auch einer der ersten Engländer, der dem holländischen Beispiel folgte und realistische, lichtdurchflutete Landschaften statt idealisierter italienischer Szenerien malte.

Kunsthandwerk

Für die angemessene Einrichtung der Wohnung, im 18. Jh. ein zentrales Thema des Bürgertums, sorgten **Thomas Chippendale** (um 1718 – 1779) mit seinen berühmten Mahagoni-Stühlen aus seinem Workshop in der St Martin's Lane in London, aber auch George Hepplethwaite (1727 – 1786) und Thomas Sheraton (ca. 1751 – 1806) mit seiner Inlay-Technik.

19. Jahrhundert

Architektur

Als bestes Beispiel der neogotischen Kirchenbaukunst gilt **Truro Cathedral**, ab 1880 im anglo-französischen Gotikstil des 13. Jh.s von J. L. Pearson (1817 - 1897) in Cornwall errichtet. Im italo-byzantinischen Stil erbaute John Francis Bentley (1839 - 1902) die monumentale katholische Kathedrale von Westminster, die 1903 vollendet wurde. Herausragende Bauten des Klassizismus sind die **Bank of England** von John Soane (1753 - 1837) und das 1823 begonnene British Museum von Robert Smirke (1781 - 1864), beide in London. In den ab 1837 erbauten **Houses of Parliament** in London begegnet einem der Gothic Revival Style. John Nash (1752 - 1835) ließ sich beim exotischen **Royal Pavilion** in Brighton von fernöstlichen Einflüssen inspirieren.

Ingenieurbauten der Industriellen Revolution

Herausragender Architekt der Industriellen Revolution ist der Ingenieur **Isambard Kingdom Brunel** (1806 - 1859), der 1840 mit der Bristol Old Railway Station und 1864 der Clifton Suspension Bridge (Abb. ▶ S. 344), dem Wahrzeichen Bristols, eindrucksvolle Denkmäler geschaffen hat. Joseph Paxton (1803 - 1865) entwarf aus Glas und Gusseisen zur Weltausstellung 1851 in London den Crystal Palace.

Viktorianisches Zeitalter

Zu den bedeutenden Architekten des viktorianischen Zeitalters gehören auch Sir Gilbert Scott, der in London u. a. das **Albert Memorial** und die Bahnhofsgebäude von St Pancras entwarf, Philipp S. Webb (1831 - 1915) mit Landsitzen wie dem 1879 begonnenen Clouds in Wiltshire und Richard Norman Shaw (1831 - 1912), der sich im Siedlungsbau engagierte wie beispielsweise 1875 bei der Einzelwohnhaus-Siedlung **Bedford Park** in London. Aston Webb (1849 - 1930) baute 1913 die Fassade von Buckingham Palace.

Landschaftsmalerei

Einer der größten Landschaftsmaler des 19. Jh.s war **John Constable** (1776 - 1837), der mit seinem atmosphärisch dichten, an den holländischen Meistern orientierten Malstil versuchte, den Wechsel von Natur, Wetter und Wolken ebenso einzufangen wie das Monumentale von englischen Landschaftsszenen. **Joseph Mallord William Turner** (1775 - 1851) entwickelte die Landschaftsmalerei zu einer Apotheose von Licht und Fantasie. Von seinen Europareisen legen viele Aquarelle beredtes Zeugnis ab. Seine frühen Ölgemälde zeigen noch holländische Einflüsse, später orientierte Turner sich an Claude Lorrain und Richard Wilson, bevor er seinen eigenen Stil entwickelte.

Präraffaeliten

Zu den Gründern und wichtigsten Vertretern der Pre-Raphaelite Brotherhood (1848 - 1853), die ihre Inspiration in den einfachen, sittlich ernsten Bildern des Spätmittelalters suchten, gehörten Dante Gabriel Rossetti (1828 - 1882), John Everett Millais (1829 - 1896),

»Die letzte Fahrt der Téméraire« (1838): Turners Gemälde zeigt, wie ein Symbol der britischen Seeherrschaft zum Abwracken geschleppt wird.

William Holman Hunt (1827 – 1910), Ford Madox Brown (1821 bis 1893) und **Edward Burne-Jones** (1833 – 1898).

Kunsthandwerk

William Morris (1834 – 1896), der Begründer der Arts-and-Crafts-Bewegung, teilte die Begeisterung der Präraffaeliten für spätmittelalterliche Kunst. Viele seiner Designs, die er ab 1861 in seiner Firma für selbst entworfene Möbel, Teppiche und dekorative Tapeten produzierte, werden heute noch nachgedruckt. Bunte Glasfenster von William Morris und Edward Burne-Jones im präraffaelitischen Stil schmücken auch zahlreiche Kirchen in Südengland.

Vom 20. ins 21. Jahrhundert

Vom Art déco bis zum Brutalismus

Nachdem die ersten Jahrzehnte des 20. Jh.s noch am historischen Zitat klebten, machten sich in den 1920er- und 1930er-Jahren in Stadtsiedlungen sowie im Schul- und Universitätsbau auch zunehmend Einflüsse des französischen **Art déco**, des deutschen **Expressionismus** sowie des funktionalen, niederländischen **Funktionalismus** (De Stijl) bemerkbar. Nach dem Zweiten Weltkrieg fand der **Brutalismus** mit Bauten aus Sichtbeton Eingang in die englische Architektur, u. a. am Economist Building (1964) in London.

High Tech

In den 1960er-Jahren trat die Gruppe **Archigram** mit futuristisch-technischen Projekten hervor. Ihre Formensprache fand in London u. a. ein Echo in Richard Rogers' formenreich-spektakulärem Lloyd's Building (1986) und bei Norman Foster mit den Sackler Galleries (1992).

Londoner Skyline

Gemischte Kritiken ernteten die Neubauten der Londoner **Docklands**: der Büroblock One Canada Square von Cesar Pelli oder das postmoderne Wohnsilo The Cascades von Piers Gough. Richard Rogers **Millennium Dome** in Greenwich sollte zur Jahrtausendwende die Schaubühne der selbstbewussten Nation werden, doch erst nach Umbau zur Mega-Bühne bis 2007 wurde die größte Zeltkuppel der Welt ein Erfolg. 2004 mit dem Stirling-Preis ausgezeichnet wurde Norman Fosters 180 m hoher, verglaster **Swiss Re Tower** an der St Mary Axe, von den Londonern gern »The Gherkin« (Gurke) genannt. Zu den neueren architektonischen Highlights von London gehört auch die von Norman Forster bis 2003 erbaute **City Hall** am südlichen Themse-Ufer. Alles überragt seit 2012 im London Bridge Quarter die 500 t schwere, stählerne Spitze von **The Shard**. Entworfen wurde der mit 310 m höchste Wolkenkratzer der EU von Renzo Piano. 2014 eröffnete in der Fenchurch Street eine aussichtsreiche Konkurrenz: der Sky Garden in den Stockwerken 35 bis 37 im 160 m hohen, voll verglasten »**Walkie Talkie**« von Rafael Viñoly – mit Aussichtsetage und Restaurant in luftiger Höhe.
Doch London wächst rasant weiter. Mindestens 236 Hochhaustürme, so die Architektur-Denkfabrik NLA (New London Architecture), kommen in den nächsten Jahren hinzu. Und das zu 80 % nicht als Büros, sondern als Wohnungen mit 40 und mehr Stockwerken. Die Entwicklung der Londoner Skyline hin zum **europäischen Manhattan** hat einen guten Grund: Londons Planungsbürgermeister Edward Lister rechnet schon in den nächsten Jahren mit 1 Mio. Neubürgern.

Poundbury

Ein scharfer Kritiker moderner Architektur ist **Prinz Charles**. Seinen Gegenentwurf realisiert er seit den 1990er-Jahren in Dorchester mit dem **Modelldorf Poundbury**, klassisch-ländlich aus Purbeck-Marmor und Portland-Stein erbaut. Trotz einiger Kritik wird Poundbury nachgeahmt, etwa bei Shepton Mallet in Somerset, aber auch in Hampshire und Cornwall.

Moderne Skulptur

Abstrakt-archaische Figuren und Figurengruppen sind das Markenzeichen von **Henry Moore** (1898 – 1986). Er griff Anregungen aus der »primitiven« Kunst Süd- und Mittelamerikas ebenso auf wie Impulse aus dem Werk Picassos. Seine abstrakt-monumentalen Werke sind oft in die Landschaft integriert und haben viel dazu beigetragen, radikale moderne Kunst in England zu popularisieren. International bekannt ist auch der 1945 in Bristol geborene **Richard Long**, der mit

Neue Londoner Landmarken am südlichen Themseufer: die City Hall und The Shard, seit 2012 das höchste Bürogebäude der EU

Steinkreisen, Wegmarkierungen und Materialsammlungen aus der Natur die Land-Art vertritt.

BritArt Passend zu den »Cool Britannia«-Jahren der 1990er und Anfang des neuen Millenniums richtete sich die Aufmerksamkeit auf eine lose Gruppe, die YBAs (Young British Artists), deren vielfältige Kunst als BritArt bezeichnet wurde. Zu den prominentesten Vertretern gehören **Damien Hirst**, der z. B. mit einem in Formaldehyd eingelegten Tigerhai als Vitrinenobjekt Aufsehen erregte, und die ebenso provokante **Tracy Emin**, deren Werke stark autobiografische Züge tragen.

Street Art Der Star der äußerst lebendigen südenglischen Street Art Szene heißt **Banksy** (► Interessante Menschen S. 362). Als dessen kleinen Bruder sehen viele **Stik**, den Sprayer der Strichmännchen von Ost-London. Vor Kurzem lebte der junge Künstler dort noch als Obdachloser, 2012 entdeckte ihn die Imitate Modern Gallery und zeigte ihn in Belgravia. Zu den Ersten, die Stiks freundlich dreinschauende Männchen kauften, gehörte Elton John – bei der Vernissage waren Stiks Werke innerhalb von fünf Minuten verkauft. Bei einem Spaziergang durch den Ost-Londoner Stadtteil Shoreditch sind zahllose Werke von bekannten und neuen britischen und internationalen Künstlern an Mauern, Türen, Toren und Gehwegen zu entdecken.

INTERESSANTE MENSCHEN

Von ganz unten in den Pop-Olymp: Adele

* 1988
Sängerin

Im sozialen Brennpunkt Tottenham im Norden Londons kam Adele zur Welt. 2006 absolvierte sie die Brit School der darstellenden Künste, ein Karrieresprungbrett, das u. a. Amy Winehouse und Katie Melua hervorbrachte. Die bescheidene Süd-Londoner Gegend West Norwood, in die Adeles alleinerziehende Mutter mit ihr zog, inspirierte sie zu ihrer ersten Single »Hometown« (2007). Noch im selben Jahr gewann sie den Kritikerpreis bei den prestigeträchtigen Brit Awards und erreichte 2008 mit dem **Album »19«**, benannt nach ihrem damaligen Alter, den internationalen Durchbruch. Es folgte ein raktenartiger Aufstieg, die Alben »21« (2011) und »25« (2015) erzielten internationale Verkaufsrekorde. Ihre selbstgeschriebenen Lieder und ihre gewaltige, doch geschmeidige und variantenreiche Stimme verhalfen ihr zu zahlreichen Preisen, darunter 15 Grammys! Ganz andere Jugendjahre als Adele erlebte ihr langjähriger Partner, seit 2017 Eheman Simon Koniecki, der die Eliteschule Eton besuchte, Finanzmakler wurde und nun als Geschäftsführer eines karitativen Vereins arbeitet. Ihr gemeinsames Kind Angelo James wurde 2012 geboren. Die Familie lebt im ländlichen West Sussex.

Porträtistin ihrer Zeit: Jane Austen

1775 – 1817
Schriftstellerin

»Drei oder vier Familien in einem Dorf«, sagte sie einmal, reichten ihr als Stoff für ihre Romane. Jane Austens Vater war Rektor an der Dorfkirche von Steventon bei Basingstoke in Hampshire, wo sie am 16. Dezember 1775 als siebtes von acht Kindern geboren wurde. Jane fing früh mit dem Schreiben an, der Zeit entsprechend anonym, nur mit dem Hinweis **»By a Lady«**. Ihre Romane, darunter »Verstand und Gefühl« (» Sense and Sensibility, 1811), »Stolz und Vorurteil« (»Pride and Prejudice«, 1813) und »Emma« (1816), spiegeln Sprache und Sitten der englischen Gesellschaft im 18. und 19. Jh. wider und sind voller Lokalkolorit, verknüpft mit dem Lebensweg der Autorin. 1801 bezog die Familie eine Wohnung im mondänen, von Jane Austen aber gehassten Bath in Somerset. 1807, nach dem Tod des Vaters, lebte sie zunächst in Southampton, kehrte dann aber nach Hampshire zurück, wo sie ab 1809 bei ihrem Bruder Edward in Chawton bei Alton die meisten ihrer Bücher schrieb. Kurz vor ihrem Tod zog Jane Austen nach Winchester, um ärztliche Hilfe zu suchen, wo sie bald verstarb und in der Kathedrale begraben wurde. Ihr Haus in Chawton ist heute Museum.

Das Phantom der Straße: Banksy

* unbekannt
Street Artist

Ein Graffiti sprayender Mann aus Bristol ist mittlerweile weltberühmt. Seit den 1990ern verziert er in Britannien heimlich Hauswände mit Ratten, knutschenden Polizisten, Waffen und Überwachungskameras, heute ist seine illegale Kunst selbst auf der Mauer zwischen Israel und dem Westjordanland zu sehen. Zu den bekanntesten Motiven von Banksy gehört das Mädchen mit dem Herzluftballon. Dank Sammlern wie Brad Pitt und Jude Law erzielen Banksys Bilder, von Sotheby's bereits zur »modernen Klassik« erklärt, Spitzenpreise. Für das Titelbild ihres Albums »Think Tank« legten Blur stolze 288 000 £ hin – ein bis dato unerreichter Preisrekord für Street Art.
Wer sich hinter Banksy verbirgt, ist **bis heute ein Geheimnis**. Selbst Banksys Film »Exit Through the Gift Shop«, der 2010 das Leben eines Sprayers präsentierte, gab keinerlei Aufschluss über den Menschen hinter den Schablonenfiguren. 2013 hinterließ Banksy einen Monat lang in New York City seine Spuren, 2015 wies er in einem Video auf die Zerstörungen im Gazastreifen hin. Bemühungen der Medien, ihn zu entlarven, dauern an. 2016 wollte eine Studie beweisen, dass es sich um einen ehemaligen Schüler der Bristol Cathedral School namens Robin Gunningham handelt: eine Datenanalyse verglich Gunninghams Bewegungen mit dem Erscheinen neuer Werke von Banksy. Andere halten Banksy für eine Künstlergruppe oder für Robert del Naja, Sänger der aus Bristol stammenden Band »Massive Attack«.

»Queen of Crime«: Agatha Christie

1890 – 1976
Krimiautorin

Als 1947 der 80. Geburtstag Queen Marys von England bevorstand, fragte die BBC bei ihr nach, was sie sich als Festprogramm wünsche. »Ein neues Stück von Agatha Christie«, verlautete es aus dem Buckingham-Palast. Noch heute erfreut das auf königlichen Wunsch entstandene Theaterstück **»Die Mausefalle«**, 1952 am St Martin's Theatre uraufgeführt, das Londoner Publikum – als längstes ununterbrochen gespieltes Bühnenstück der Welt! Agatha Christie wurde in Torquay geboren. Als Rot-Kreuz-Schwester im Ersten Weltkrieg heiratete sie 1914 ihren ersten Patienten, Colonel Christie. Ein Giftdiebstahl im Lazarett gab den Anstoß für ihren ersten Krimi. Die berühmtesten Fälle ihres exzentrischen belgischen Meisterdetektivs **Hercule Poirot** – »Mord im Orientexpress« (1934) und »Tod auf dem Nil« (1937) – wurden u. a. in den 1980ern mit Peter Ustinov in der Hauptrolle verfilmt. Die resolute Margret Rutherford machte die scharfsinnige, schrullig-liebenswerte Hobbykriminalistin **Miss Marple** 1961 in der Verfilmung von »16.50 Uhr ab Paddington« unsterblich.

Staatsmann, Maler, Literat: Sir Winston Churchill

1874 – 1965
Politiker

Keiner hat die britische Politik in der ersten Hälfte des 20. Jh.s so geprägt wie Winston Leonard Spencer Churchill. Als Erster Lord der Admiralität führte er von 1911 bis 1915 die Royal Navy, 1917 bis 1929 bekleidete er mehrere Ministerposten. Am 3. September 1939 wurde er 1938 abermals Oberbefehlshaber der Royal Navy, im Mai 1940 zog er als **Premierminister einer Allparteienregierung** in Downing Street No. 10 ein. In der kritischen Phase nach der Niederlage Frankreichs ist es vor allem ihm zu verdanken, dass Großbritannien nicht mit Hitlerdeutschland verhandelte. Doch obwohl er sein Land siegreich durch den Krieg geführt hatte, verlor seine Regierung 1945 die Unterhauswahlen wegen ihrer Wirtschafts- und Finanzpolitik. 1951 bis 1955 bekleidete er noch einmal das Amt des Premierministers.
Der auch als Maler geschätzte Churchill erhielt 1953 für seine Darstellung des Zweiten Weltkriegs den Literaturnobelpreis. Sein Wohnhaus Chartwell, das er mit seiner Familie von 1924 bis zu seinem Tod 1965 in Kent bewohnte, ist heute zu besichtigen.

Freibeuter, Entdecker, Weltumsegler: Sir Francis Drake

ca. 1540
bis 1596
Seefahrer

Der berühmteste Seeheld des Elisabethanischen Zeitalters wurde in Tavistock bei Plymouth geboren. Als Freibeuter unternahm Drake mit mehreren ihm anvertrauten Fregatten Angriffe gegen spanisch-amerikanische Handelsplätze. Mit einem Geschwader von fünf Schiffen stach er im Dezember 1577 in See, umrundete Kap Horn und folgte der Küste, vorbei an Chile und Peru, bis nach Kalifornien, wo die Drake Bay nördlich von San Francisco heute seinen Namen trägt. Von dort segelte er nach Westen und erreichte über Java und das Kap der Guten Hoffnung nach fast dreijähriger Abwesenheit wieder englischen Boden. 1581 wurde er von Elisabeth I. zum Ritter geschlagen.
Als der Seekrieg gegen Spanien ausbrach, erhielt Sir Francis Drake 1585 den Oberbefehl über 20 Schiffe, mit denen er Kaperfahrten auf den Kapverdischen Inseln und in Westindien durchführte. 1587 fügte seine Flotte den Spaniern vor Cádiz schwere Verluste zu, 1588 trug Sir Francis Drake als Vizeadmiral zum **Sieg über die spanische Armada** im Ärmelkanal bei. 1595 erlag er vor Portobelo einem Fieber.

»Englands Nero«: Heinrich VIII.

1491 – 1547
Englischer
König

Zeitgenossen nannten ihn »Englands Nero«, Gegner verfolgte er – vor allem in seinen letzten Lebensjahren – aufs Härteste, zwei seiner sechs Ehefrauen sowie die beiden Kanzler Thomas More und Thomas Cromwell endeten auf sein Geheiß hin auf dem Schafott. Und dennoch gehört der von 1509 bis 1547 regierende Heinrich VIII. aus dem Hause Tudor zu den bedeutendsten englischen Königen.

In Anerkennung einer von Heinrich, in den Hauptzügen jedoch von Thomas More verfassten Streitschrift gegen Luther verlieh ihm Papst Leo X. den Titel eines »Verteidigers des Glaubens«. Mit Dispens des Papstes heiratete Heinrich zunächst die Witwe seines Bruders, Katharina von Aragón. Da die Ehe jedoch nicht den erwünschten männlichen Erben brachte, wollte Heinrich die Scheidung, was der Papst ablehnte. Der Streit endete 1533 mit der Loslösung von Rom und der **Gründung der anglikanischen Kirche** mit dem König als Oberhaupt. Mit den Mitteln aus konfiszierten Kirchengütern begründete er die erste Flotte Englands und legte zu den Grundstein für die spätere englische Seemachtstellung. Berühmt wurde er gleichwohl besonders für seine Frauengeschichten: Nach Katharina heiratete Heinrich Anne Boleyn, die er 1536 hinrichten ließ, danach Jane Seymour, die 1537 starb, dann Anna von Cleve, von der er sich scheiden ließ, Catherine Howard, 1542 hingerichtet, und Catherine Parr, die ihn – wenn auch nur um eineinhalb Jahre – überlebte.

Meister der Spannung: Alfred Hitchcock

1899 – 1980
Regisseur

Er war Hollywoods unumstrittener »Master of Suspense«. Generationen von Kinogängern lehrte Hitchcock das Gruseln in Meisterwerken wie »Psycho«, »Das Fenster zum Hof«, »Die Vögel« oder »Der unsichtbare Dritte«. Hitchcock definierte das Genre neu: Er wusste, dass der Schlüssel zur »**Suspense**« darin lag, normale Menschen in alltägliche Situationen zu bringen und die Fantasie des Zuschauers durch perfekte Montage und subtile Kameraperspektiven anzukurbeln.

Im Londoner Osten geboren, besuchte Hitchcock eine Jesuitenschule und arbeitete zunächst in der Werbebranche, bevor er 1926 mit »Irrgarten der Leidenschaft« und »Der Bergadler« (verschollen) seine beiden ersten Filme drehte – in München! In den 1930er-Jahren entstanden in England seine ersten Klassiker »Die 39 Stufen« und »Eine Dame verschwindet«. 1939 zog es »Hitch« schließlich nach Hollywood, wo er in Filmen wie »Rebecca«, »Bei Anruf Mord!«, »Vertigo« oder »Familiengrab« mit den bedeutendsten Stars jener Jahre arbeitete.

Genie und Grenzgänger: Sherlock Holmes

1854 – 1957
Meisterdetektiv

Das Leben des größten Detektivs aller Zeiten, der als fiktive Romanfigur der Fantasie und Feder von Sir Arthur Conan Doyle entsprungen ist, lässt sich nur nach seinen eigenen Aussagen und Aufzeichnungen seines Gefährten, des Arztes Dr. John H. Watson, rekonstruieren. Sherlock Holmes, 1854 in Sussex geboren, besuchte eine Universität und begegnete 1881 Dr. Watson, mit dem er in 221b Baker Street in London eine Männer-WG bezog. Watson schildert Holmes als hageren, durchtrainierten Menschen von ungeheuer scharfem Verstand, der mit einer Monografie über »140 Arten von Zigarrenasche« brillierte. Zum Nachdenken spielte er Geige und rauchte billigen Tabak. Mit Dr. Watson klärte Holmes so berühmt gewordene Verbrechen wie den **»Hund der Baskervilles«** und »Eine Studie in Scharlachrot« auf. Viele Fälle trugen sich in London zu, so auch das Geheimnis um das »Zeichen der Vier«, das Holmes nach einer Dampfboot-Verfolgungsjagd auf der Themse löste. 1891 war Holmes Prof. Moriarty, dem »Napoleon des Verbrechens«, auf der Spur. Nach drei Jahren auf Reisen – Eingeweihte wollen jedoch wissen, er habe sich in Wien bei Sigmund Freud von seiner Morphiumsucht heilen lassen – tauchte er 1894 wieder in der Baker Street auf, um erneut auf Verbrecherjagd zu gehen. Im Oktober 1903 zog er aus der Baker Street nach Sussex, um dort Bienen zu züchten und über Gelée Royale zu forschen. Von hier aus löste er auch seinen letzten Fall, als er den deutschen Meisterspion von Bork zur Strecke brachte und damit das Empire rettete. Holmes starb am 6. Januar 1957 – so weit man weiß.
Die hochgelobte BBC-Krimireihe »Sherlock« mit Benedict Cumberbatch und Martin Freeman versetzt den Ermittler spannend und sehr britisch ins heutige London: Arrogant, exzentrisch und mit überragender Kombinationsgabe löst er mit Watson seine kniffligen Fälle.

Einmal um die ganze Welt: Ellen MacArthur

*1976
Seglerin

Mit 20 Knoten preschte Ellen MacArthur mit ihrem Trimaran B & Q Castorama durch die Biskaya im Nordwesten Frankreichs. Um halb elf nachts kreuzte die 28-Jährige aus Derbyshire die imaginäre Ziellinie bei der Île d' Ouessant. Mit 71 Tagen, 14 Stunden und 18 Minuten schrieb die Soloseglerin am 8. Februar 2005 mit der bis dahin **schnellsten Einhandfahrt nonstop** Sportgeschichte. Mehr als anderthalb Tage war sie schneller gewesen als der französische Weltrekordhalter Francis Joyon, der jedoch 2008 den Rekord mit 57 Tagen, 13 Stunden, und 34 Minuten zurückholte.
Im Alter von vier Jahren entdeckte Ellen auf einem Segeltörn mit ihrer Tante ihre Leidenschaft fürs Meer. Vom gesparten Geld für Pausenbrote kaufte sie sich als Elfjährige ihr erstes eigenes Boot, einen

Acht-Fuß-Dingy. Mit 17 Jahren umsegelte sie als jüngste Kapitänin Englands nonstop Großbritannien, mit 24 Jahren machte sie das härteste Rennen der Welt – die Vendée Globe, die Weltumseglung im Alleingang – zum Star unter den Seglern. 2005 wurde sie zur Weltseglerin des Jahres gewählt und von der Queen zur Dame ernannt, 2008 zum Ritter der Ehrenlegion. Wenn sie nicht auf hoher See ist, lebt Ellen MacArthur in Cowes auf der Isle of Wight. Segeln als Krebshilfe für Jugendliche und Ideen für umweltverträglichere Lebensweisen sind Anliegen ihrer Stiftung (www.ellenmacarthur.com).

Düster bis witzig: Ian McEwan

*1948
Romanautor

Der Geburtsort eines der bedeutendsten englischen Schriftstellers der Gegenwart war die Militärstadt Aldershot in der Grafschaft Hampshire, wo sein Vater, ein Berufssoldat, stationiert war. Während seines Studiums an der University of East Anglia im ostenglischen Norwich belegte er Kurse im Seminar für Kreatives Schreiben. Die schwarze Stimmung früher Werke wie »Der Trost von Fremden« (1981) brachte ihm den Spitznamen »**Ian Macabre**« ein. Auch »Amsterdam«, mit dem er 1998 den profiliertesten britischen Literaturpreis, den Man Booker Prize, gewann, handelt von einem dunklen Thema: der Euthanasie. Oft schrieb er über ungewöhnliche menschliche Beziehungen und moralische Dilemmas, doch immer mit Leichtigkeit und nicht selten mit Humor. Einige seiner meist kurzen Romane spielen in südenglischer Umgebung und sind als Urlaubslektüre durchaus geeignet. »On Chesil Beach« (»Am Strand«) hat die gleichnamige Stein-nehrung in Dorset als Kulisse, »Saturday« (2005) beschreibt einen Tag im Leben einer Londoner Familie kurz vor dem Irak-Krieg. Verfilmt wurde u. a. sein ergreifender Roman »Abbitte« 2007 mit Keira Knightley und Benedict Cumberbatch in den Hauptrollen.

The Naked Chef: Jamie Oliver

*1975
Promikoch

Als jüngster TV-Koch der BBC und Autor des Begleitbuchs zur Kultserie »The Naked Chef« – der Titel steht für die Einfachheit von Zutaten und Rezepten – wurde Jamie Oliver zum Idol aller Hobbyköche und heiß begehrten Frauenschwarm. Im Jahr 2000 heiratete er jedoch seine langjährige Freundin, mit der er vier Kinder hat.
Den größten Teil seiner Kindheit verbrachte Oliver über und im Pub »The Cricketers« in Clavering in der Grafschaft Essex. Mit acht Jahren half er hier seinem Vater in der Küche, mit elf bereitete er die ersten Speisen zu. Berühmt wurde er aber nicht nur für seine Kochkunst, sondern auch für sein soziales Engagement. Sein Stiftung **Jamie Oliver Foundation** (www.jamieoliver.com) bildet arbeitslose

OBEN: Smart, gut aussehend und zudem ein ausgezeichneter Koch – Jamie Oliver

UNTEN: Jubelnd stand Ellen MacArthur am 8. Februar 2005 auf ihrem Trimaran, mit dem die Einhand-Seglerin in Rekordzeit nonstop die Welt umrundet hatte.

Jugendliche in seinem »Fifteen«-Restaurant in London zu Profiköchen aus. Im »Ministry of Food« versuchte er, die Einwohner von Rotherham für das Kochen mit frischen Zutaten zu begeistern. Er engagierte sich für die Einführung von Küchengärten und gesunde Mittagskost in Schulen wie daheim und rief den 19. Mai als Food Revolution Day aus (www.jamiesfoodrevolution.org) – 2015 komponierte der britische Sänger und Songwriter Ed Sheeran für Jamie den Food-Revolution-Song. Seine landesweit vertretene Kette »Jamie's Italian« serviert erschwingliche italienische Küche. Er veröffentlichte zahlreiche Kochbücher und leistet unermüdlich Überzeugungsarbeit dafür, dass jeder für wenig Geld gut und gesund kochen kann – ohne Firlefanz und ellenlangen Zutatenlisten.

Vorkämpferin der Frauenbewegung: Virginia Woolf

1882 – 1941
Schriftstellerin

Adeline Virginia Stephen wurde in die intellektuellen Kreise des spätviktorianischen Zeitalters hineingeboren. Sie wuchs am Hyde Park Gate in London auf, verbrachte aber die glücklichsten Stunden ihrer Kindheit in St Ives in Cornwall. Mit Freunden und Geschwistern bildete sie die »**Bloomsbury Group**«, die sich in ihrem Haus im Londoner Stadtteil Bloomsbury traf und der sich auch der Schriftsteller und Verleger Leonard Woolf anschloss. Nach ihrer Heirat 1912 gründeten beide die Hogarth Press, auch als Therapie, denn Virginia hatte nach familiären Rückschlägen und sexuellem Missbrauch durch ihren Halbbruder schon früh mit mentalen Problemen zu kämpfen. Sie arbeitete als Literaturkritikerin für die Times und wurde als Essayistin und Romanautorin bekannt.

Nach dem Tod ihrer Freundin Katherine Mansfield erschienen ihre Romane »Jacobs Zimmer« (»Jacob's Room«, 1922), »Mrs. Dalloway« (1925) und »Orlando« (1928). Ihr Essay »Ein eigenes Zimmer« (»A Room of One's Own«, 1929) gehört zu den bedeutendsten Manifesten der Frauenbewegung. Auf ihrem Landsitz in Rodmell in Sussex beging Virginia Woolf Selbstmord – offensichtlich aus Furcht vor dem Wahnsinn ertränkte sie sich in der Ouse.

Der Erfinder des Reiseführers: Karl Baedeker

1801 – 1859
Verleger

Als Buchhändler kam Karl Baedeker viel herum, und überall ärgerte er sich über die »Lohnbedienten«, die die Neuankömmlinge gegen Trinkgeld in den erstbesten Gasthof schleppten. Nur: Wie sollte man sonst wissen, wo man übernachten könnte und was es anzuschauen gäbe? In seiner Buchhandlung hatte er zwar Fahrpläne, Reiseberichte und gelehrte Abhandlungen über Kunstsammlungen. Aber wollte

man das mit sich herumschleppen? Wie wäre es denn, wenn man all das zusammenfasste?
Gedacht, getan: Zwar hatte er sein erstes Reisebuch, die 1832 erschienene »Rheinreise«, noch nicht einmal selbst geschrieben. Aber er entwickelte es von Auflage zu Auflage weiter. Mit der Einteilung in »Allgemein Wissenswertes«, »Praktisches« und »Beschreibung der Merk-(Sehens-)würdigkeiten« fand er die klassische Gliederung des Reiseführers, die bis heute ihre Gültigkeit hat. Bald waren immer mehr Menschen unterwegs mit seinen **»Handbüchlein für Reisende, die sich selbst leicht und schnell zurechtfinden wollen«**. Die Reisenden hatten sich befreit und sie verdanken es bis heute Karl Baedeker. Südengland beschreibt er erstmals in der 1889 erschienenen 1. Auflage von »Baedeker's Grossbritannien«.

»

Das englische Table d'hôte Dinner ist meist theuer und weniger gut als auf dem Kontinent, und die Kochkunst abseits der grossen Touristenrouten gelegenen Gasthäuser geht selten über die Bereitung einfacher Fleisch- und Gemüsekost hinaus.

«

Baedeker's Grossbritannien, 1. Auflage 1889

E

ERLEBEN & GENIESSEN

Überraschend, stimulierend, bereichernd

Mit unseren Ideen erleben und genießen Sie Südengland.

Einladender wie hier in Lymington kann ein Restaurant eigentlich gar nicht aussehen. ►

RESTAURANT
BLUEBIRD RESTAURANT
ROAST
SIRLOIN OF BEEF
SERVED ON
SUNDAY LUNCH
01590
676908
OPEN
SEVEN DAYS A WEEK
BREAKFAST SERVED TILL
LUNCH FROM
DINNER FROM
SERVING
TEA, COFFEE
CREAM TEA
HOT TAKE AWAY
DRINKS AVAILABLE

BEWEGEN UND ENTSPANNEN

»No sports« hatte der britische Premier Winston Churchill einem Reporter einmal geantwortet, als er nach seinem persönlichen Rezept zum Altwerden gefragt worden war. Was nur wenige wissen: Der passionierte Zigarrenraucher, der im hohen Alter Whisky und Champagner in vollen Zügen genoss, war als Kind und junger Mann dem Sport sehr zugetan – als Fechter, Reiter und Polospieler, und aus seiner Militärzeit in Sandhurst ist ein nicht minder legendäres Zitat erhalten: »Jede Stunde, die man nicht im Sattel verbringt, ist verloren.«

Eine sportliche Nation

In der Heimat des Fair Play und Wiege von Sportarten wie Fußball, Tennis, Golf, Boxen, Rugby, Cricket, Wasserball und Polo ist Sport bis heute auch immer ein geselliges und gesellschaftliches Ereignis – und Spiegelbild der Zugehörigkeit einer Schicht. **Fußball** ist, wenn auch nicht mehr in dem Maße wie früher, in England das Spiel der Arbeiterklasse – Mittelschicht und Upper Middle Class gehen zu Spielen der **Rugby Union**. Und während die Ausschreitungen der

Sein Handicap verbessern: Golf ist Volkssport in Großbritannien.

Fans bei Fußballspielen immer wieder für Schlagzeilen sorgen, gab es bei Rugby noch nie Randale. Warum Rugby nie die Unterschicht eroberte, liegt an seiner Geschichte: Zum Kicken mit dem Fußball genügte in den Arbeiterorten und Großstädten ein Hinterhof, für Rugby indes benötigt man ein Green, eine große Rasenfläche. Als Sportart der Oberschicht gilt bis heute **Polo**, dessen bekannteste Spieler drei Royals sind: Prince Charles und seine beiden Söhne Prince William und Prince Harry. **Golf**, das einst ebenfalls zu den elitären Sportarten zählte, ist heute in England ein Breitensport mit teilweise kostenlosen Greens in Wohnsiedlungen und Sportanlagen der Schulen.
Segeln steht in der alten Seefahrernation bis heute hoch im Kurs, der Norden Cornwalls gilt als Hotspot der **Surfer**. Beliebteste Sportart ist das Schwimmen – jeder vierte Bewohner zieht regelmäßig seine Bahnen im Meer oder den vielen Pools und Schwimmhallen, zu denen sich in den letzten Jahren auch zahlreiche Erlebnis- und Wellnessbäder gesellt haben. Wachsender Beliebtheit erfreut sich auch **Radfahren**. Die vielen Erfolgen des Team GB bei den Radsport-Wettbewerben der Olympischen Spiele hatte einen positiven Einfluss auf das Radeln als Aktivität für die breite Masse. Sportarten, die jederzeit und überall ausgeübt werden können und Outdooraktivitäten wie **Nordic Walking oder Wandern** boomen im südlichen Britannien und werden von Gemeinden und Städten kontinuierlich ausgebaut.

Angeln

Dank seiner Seen, Flüsse und Küsten besitzt Südengland ausgezeichnete Angelreviere. Die entsprechende Ausrüstung wird in den örtlichen Angelzentren vermietet. Angler über zwölf Jahre benötigen eine **NRA Rod Licence (Angellizenz)**, die online erhältlich ist unter www.gov.uk/fishing-licences/buy-a-fishing-licence sowie bei Postämtern, in Geschäften für Angelbedarf und Hotels. Die Preise für die Lizenz betragen für Wanderfische wie Lachs und Meeresforellen 12 £ am Tag, pro Woche 27 £, eine Saison 82 £. Die **Forellensaison** beginnt Ende März und endet im späten September. Die **Lachssaison** startet im Januar und dauert bis Oktober. Weitere wichtige Fangfische sind Hecht (pike), Brasse (bream), Schleie (tench), Stint (smelt), Rotfeder (rudd), Rotauge (roach), Flussbarsch (perch), Karpfen (carp) und Aal (eel). Fangsaison ist Mitte Juni bis Mitte März. Vor der Westküste finden Hochseeangler hervorragende Fanggründe für **Deep Sea Fishing** auf Hai, Rochen, Dorsch, Schellfisch, Seehecht, Seebarsch, Seekarpfen, Meeräsche und Meerbrasse. Saison ist das ganze Jahr.

Golf

Mehr als **3000 Plätze** warten in England auf Golfer. Sie werden unterteilt in sogenannte **Link Courses**, Anlagen, die überwiegend dem natürlichen Landschaftsverlauf folgen, und **Parkland Courses**, die von Landschaftsarchitekten entworfen wurden. Die meisten Plätze stehen nach Zahlung der Greenfee auch Gästen offen. Da Golf Volkssport ist, sind die Gebühren in der Regel erschwinglich, eine Runde auf öffentlichen Plätzen kostet ab 28 £, auf Klubanlagen ab 40 £. Besonders schöne Golfplätze befinden sich in Burnham und Berrow (Somerset) sowie in Moretonhampstead (Dartmoor). Der Freshwater Bay Golf Club auf der Isle of Wight verspricht atemberaubende Ausblicke auf den Ärmelkanal. Auf dem Royal St George Golf Club in Sandwich wurden bereits 15 Open Championships ausgetragen. Bekannt sind auch Old Thorns in Hampshire, der Parklandcourse in Falmouth, der St Mellion Golf and Country Club in Cornwall und der St Enodoc Golf Club im Norden Cornwalls.

Hausboote

An vielen Orten können Hausboote ohne Bootsführerschein gemietet werden. Attraktive südenglische Reviere sind die Themse und der 140 km lange **Kennet & Avon Canal**, auf dem man von Reading über Newbury, Devizes und Bath in zwei Wochen gemütlich bis nach Bris-

29 Schleusen wollen an den Caen Hill Locks am Kennet & Avon Canal überwunden werden.

tol schippern kann. In der Hauptsaison ist eine frühzeitige Buchung ratsam (http://canalrivertrust.org.uk).

Radfahren und Reiten

Südengland lässt sich hervorragend mit dem Rad entdecken. Leihräder gibt es vielerorts, kostengünstige Transporte bietet die Bahn. Wunderschöne Radrouten sind der **South Downs Way** zwischen Eastbourne und Winchester und **Devon Coast2Coast**.

Reiten

Wer dem Fahrrad- den Reitsattel vorzieht, kann bei verschiedenen Veranstaltern und auf Reiterhöfen nicht nur Reitstunden buchen, sondern auch mehrtägige Überlandritte (Pony Trekking) und Unterricht in Querfeldein- und Springreiten.

Segeln und Surfen

Lange Sandstrände, Steilküsten, malerische Buchten und ein milder Golfstrom bieten Surfern und Seglern an den Küsten Devons und Cornwalls optimale Bedingungen. Entsprechend gut ist die Infrastruktur von modernen Jachthäfen über den Verleih von Ausrüstungen bis hin zu Klubs und Segelschulen. Wegen seines großen Tidenhubs und der oft kräftig vom Atlantik blasenden Winde ist der Ärmelkanal zwar nicht das populärste Segelrevier, aber ein Törn mit der Charterjacht im **Solent vor der Isle of Wight** und Zwischenstopps auf den Kanalinseln ist mit Sicherheit ein Erlebnis. Hoch im Kurs stehen die Cowes-Week-Segelregatta und die Torquay-Royal-Regatta. An den elf Stränden von Newquay werden internationale Surfmeisterschaften ausgetragen.

Tauchen

Tide, Weltkriege und Kollisionen haben vor der Südküste Englands viele Schiffe stranden lassen, die heute beliebtes Tauchrevier sind. Vor der cornischen Küste liegen **über 1500 Wracks**.

ADRESSEN

ALLGEMEINE AUSKÜNFTE

SPORT ENGLAND
3rd Floor, Victoria House,
Bloomsbury Square, London
WC1B 4SE Tel. 08458 50 85 08,
www.sportengland.org

TIDENHUB UND WETTER
Informationen für Schwimmer, Segler und Wanderer gibt es unter:
www.bbc.com/weather/coast_and_sea/tide_tables

ACTION AND FUN

BRITISH TRAVEL COMPANY
Rafting, Canyoning, Bergsteigen und Mountainbike-Touren
Hedderichstr.120, 60596 Frankfurt
Tel. 069 66 37 99 60, www.btco.de

GOLF

WWW.ENGLISHGOLF-COURSES.CO.UK
Golfplätze in ganz Südengland

Die Blicke bei Wanderungen an der Küste machen die Mühen des steten Auf und Ab locker wett.

THE NATIONAL GOLF CENTRE

The National Golf Centre
Woodhall Spa LN10 6PU
Tel. 01526 35 45 00
www.englandgolf.org
www.ukgolfguide.com

HAUSBOOTE

HOSEASONS HOLIDAYS LTD.

Hausboote auf dem Kennet & Avon Canal, der Themse und Wey
Tel. 0345 4 98 60 60,
www.hoseasons.co.uk

LE BOAT

Hausboote auf der Themse
c/o Crown Blue Line GmbH
Theodor-Heuss-Str. 53–63
61118 Bad Vilbel
Tel. 06101 8 07 30 30
www.leboat.de

RADFAHREN

WWW.RADREISEN-ENGLAND.DE

Radreisen durch Cornwall zu den Scilly Islands und zum Eden Project

WWW.SUSTRANS.ORG.UK

Alles rund ums Radfahren in Großbritannien

WEITERE WEBSITES

www.amphitrek.de,
www.cornishcycletours.co.uk

REITEN

DARTMOOR NATIONAL PARK

► S. 130

EXMOOR NATIONAL PARK

► S. 179

EQUITOUR – PEGASUS INTERNATIONALE REITERREISEN
Reiterferien auf einer kleinen Farm im Exmoor.
Herrenweg 60, CH-4123 Allschwil
Tel. 0800 5 05 18 01
www.reiterreisen.com

SEGELN

ROYAL YACHTING ASSOCIATION
Auskunft über Segelklubs, -scheine und -kurse
RYA House, Ensign Way
Hamble, Hants SO31 4YA
Tel. 02380 60 41 00
www.rya.org.uk

HAMBLE POINT YACHT CHARTER
Segeljachten mit und ohne Skipper von 32 bis 46 Fuß
Hamble Point Marina
School Lane, Hamble SO31 4JD
Tel. 023 80 45 71 10
www.yacht-charter.co.uk

FREEWINDS YACHT CHARTER
Segeljachten mit und ohne Skipper
49 Permarin Road, Penryn (nahe Falmouth), Cornwall TR10 8BU
Tel. 01326 37 38 21
www.freewinds.co.uk

SURFEN

WWW.SURFLINE.COM
Infos zu Surf-Spots, Wetterbedingungen und Karten

TAUCHEN

WWW.UKDIVING.CO.UK
Infos über Tauchscheine, -vereine und gute Unterwasserreviere

ESSEN UND TRINKEN

»Die Engländer haben die Tischreden erfunden, damit man ihr Essen vergisst«, meinte der französische Journalist Pierre Daninos. Solche Vorurteile gegenüber der britischen Küche halten sich hartnäckig, auch wenn die Wirklichkeit längst anders aussieht.

Die englische Küche

Südengland bietet eine Fülle von **Gaumenfreuden**: Austern aus Whitstable und Falmouth, Seezunge aus Dover, Wild aus New Forest, Erdbeeren aus Hampshire, Salzlamm aus dem Marschen vom Romney, Cheddar-Käse und Dorset Blue Vinney, Kea-Pflaumen, Kentish Cobnuts (Haselnuss-Art) und knackige Saltcote Pippin Äpfel – eine ganze Arche köstlicher Genüsse, fest verhaftet im Boden und der Geschichte der jeweiligen Region.

Bodenständig, schmackhaft, selbstbewusst

Im Zuge der Uniformisierung des Geschmacks durch die industrielle Lebensmittelproduktion hat sich auch in England seit gut zwei Dekaden das Bewusstsein geändert. **Bauernmärkte**, um 1980 fast völlig verschwunden, werden heute von Ostern bis Oktober in vielen Orten abgehalten, **Food Festivals** feiern die regionalen Genüsse und ihre

Erzeuger. »Real British Food« ist en vogue und inzwischen so Mainstream, dass auch Supermärkte auf den Zug gesprungen sind und regionale Erzeugnisse propagieren.
Die neue **Lust auf heimische Genüsse** hat auch die Restaurantlandschaft verändert. Besonders an der Küste hat der Kochnachwuchs mit neuen Konzepten den Sprung in die Selbstständigkeit gewagt, alte Bootsschuppen in sympathische Bistros verwandelt, mal durchgestylt, mal shabby chic, kleine Oasen für ein Mahl am Meer, das mit mediterranem Erbe flirtet, orientalische Einflüsse aufnimmt oder ganz puristisch daherkommt: sechs Austern, Essig, Zwiebel, Seeblick.

Stars und ihre Sterne

Das Gros der 165 Sterne, die Michelin im Jahr 2017 an englische Restaurants vergab, konzentriert sich auf Südengland. Deren »celebrity chefs« sind nicht nur Meister am Herd, sondern auch sexy. Umschwärmt wie Popstars werden zwei Cracks in der Küche, die unterschiedlicher nicht sein können: **Jamie Oliver**, ein blonder, volksnaher Sunnyboy aus Ostengland (▶ Interessante Menschen, S. 366), und **Gordon Ramsay**, der dunkle, bissige Betreiber von edlen Lokalen. Die beiden Dreisterneköche Londons sind **Clare Smyth**, die das Chelsea Gordon Ramsay Flagship-Restaurant führt, und **Jocelyn Herland** im Alain-Ducasse-Restaurant des Hotels The Dorchester. Im Themsedorf Bray nahe Windsor zaubern mit **Alain Roux** vom Waterside Inn und **Heston Blumenthal** von The Fat Duck ebenfalls zwei Dreisterneköche kulinarische Köstlichkeiten.

Mahlzeiten

Early Morning Tea

Die meisten Hotels und B & Bs haben im Zimmer alle Utensilien zur Teezubereitung. In manchen Hotels wird noch immer gegen einen Aufschlag die erste Tasse Tee, der »Early Morning Tea«, beim Wecken aufs Zimmer gebracht – ein starker Tee mit Keksen.

Breakfast, Lunch und Afternoon Tea

Das traditionelle englische **Frühstück** (breakfast) besteht aus Haferbrei (porridge) oder Cornflakes mit Milch, gefolgt von Eiern mit Speck oder Schinken (bacon and eggs, ham and eggs), Würstchen (sausages), weißen Bohnen (baked beans), Grilltomate (grilled tomato) und mitunter gebratenen Champignons. An der Küste ersetzen oder ergänzen Bratfisch (fried fish) oder Bückling (kippers) mitunter das Fleisch. Toast mit Butter und Marmelade (jam) oder Bitterorangenkonfitüre (marmalade) runden das Frühstück ab, zu dem neben Tee mit Milch auch immer ein Glas Orangensaft gehört. Zum **Morning Tea** (»elevenses«) am Vormittag werden trockene Kekse, Sand- oder Früchtekuchen gereicht. Das **Mittagessen** (lunch) ist leicht: Salat, Suppe oder Sandwich. Hinter einem Ploughman's Lunch verbirgt sich ein Käseteller mit Gewürzgurke.

OBEN: Als Krönung eines Seafood-Mahls darf fangfrischer Hummer nicht fehlen.

UNTEN: Nicht jedermanns Sache – aber deftige Englische Frühstück mit Speck, Eiern und Bohnen schafft die Grundlage für einen langen Tag.

TYPISCHE GERICHTE

Fish & Chips: Winston Churchill nannte sie »the good companions«, John Lennon badete sie in Tomatenketchup, Michael Jackson liebte sie mit zerstampften Erbsen: Fish & Chips sind die Nationalspeise der englischen Küste. Als Erfinder des sättigenden Duos aus paniertem Fisch und frittierten Kartoffeln gilt der jüdische Immigrant Joseph Malin, der um 1860 in London den ersten Fish 'n' Chips-Shop eröffnete und seine Fish & Chips in Zeitungspapier einrollte – seit 1980 ist das aus gesundheitlichen Gründen verboten. Heute nach Burgern, Chinaspeisen sowie Huhn und Pizza auf Rang fünf der beliebtesten Take-aways abgedrängt, erlebt das einstige Armeleuteessen seine Renaissance als Gourmet-Fast-Food, bei dem sich die »Chippies« längst nicht mehr nur mit Kabeljau, Heilbutt, Schellfisch und Scholle paaren, sondern auch mit Seezunge und feinstem Seafood.

Cornish Pasty: Seit dem 13. Jh. ist sie kulinarischer Botschafter Cornwalls. Was in die handgroße Teigtasche in D-Form kommt, haben die 50 Mitglieder der Cornish Pasty Association 2002 festgelegt: eine Füllung aus mindestens 12,5 % Rindfleischstücken, Zwiebeln, Kohl oder Steckrübe und Kartoffel, leicht gewürzt mit Salz und Pfeffer. Doch nur, wenn der Teig auf der geschwungenen Seite umgeschlagen wurde, ist es eine echte Cornish Pasty. Jetzt noch mit Milch oder Eigelb glasiert, gebacken und dann warm gegessen – ein Genuss!

Pie: Pies bzw. Pasteten sind aus der englischen Küche nicht wegzudenken. Ein Klassiker ist der **Steak & Kidney Pie** (Abb. unten): Einst wurde unter der knusprigen Blätterteighaube alles vom Rind versteckt, was nicht gebraten oder gegrillt werden konnte: Fleischreste und Innereien. In einer dunklen Bratensoße gegart, lieferten sie als Pastete dennoch ein schmackhaftes Mahl, bei dem nichts verschwendet wurde. In der Nachkriegszeit stieg das Armeleuteessen zu einem populären Mahl der gehobenen Mittelschicht auf und eroberte selbst Feinschmeckerlokale. Dazu gehören traditionell Erbsen, Kartoffelbrei und scharfer Senf. Meist kalt gegessen wird **Pork Pie**, also eine mit Schweinefleisch gefüllte Pastete. Beliebt sind auch **Steak & Ale Pie** mit einem Ragout aus in Bier geschmortem Rindfleisch, **Game Pie** (Wild) oder **Chicken & Mushroom Pie**. Und weil der Pie so gut schmeckt, kann man ihn auch zum Nachtisch genießen: die bekannteste Variante ist Apple Pie, aber fast jede andere Obstsorte kommt schon mal in die Teigtasche.

Roastbeef & Yorkshire Pudding: Für viele Briten ist es der einzig wahre Sunday Roast: zartes Roastbeef mit jungen Karotten und Yorkshire Pudding. Wichtig bei der Zubereitung des urbritischen Sonntagsbratens ist die gleichzeitige Zubereitung im Aga – oder notfalls im modernen Ofen – und die richtige Position der Speisen: Oben gart bei niedriger Temperatur langsam das Roastbeef auf dem Rost, darunter der Yorkshire Pudding in einer hohen Fettpfanne. Eine gute Stunde lang tropft so der Bratensaft auf den Pudding und verleiht ihm sein typisches, unnachahmliches Aroma.

Pudding: Der englische Pudding hat nichts mit cremigen Süßspeisen zu tun, die aus Schälchen gelöffelt werden. Er ist vielmehr ein gedämpfter Kuchen, der durchaus auch salzig daherkommen kann: Ein Blackpudding ist keine Schokospeise, sondern schlichtweg nur Blutwurst. Doch kein Pudding ist so berühmt und beliebt wie der Christmas Pudding, der bei keinem weihnachtlichen Festmahl fehlen darf. Von den Puritanern Oliver Cromwells wurde er im 17. Jh. allerdings verboten – für sie war der Genuss des »sündig reichhaltigen« Gerichtes ein »unzüchtiger Brauch«. In den Teig kommt neben Mehl, Zucker, Fett, getrockneten Früchten, Mandeln, Eiern, Zimt, Ingwer und Nelken außerdem noch reichlich Alkohol! Das ganze Jahr über bekommt man warmen Sticky Toffee Pudding, eine Kalorienbombe mit Karamelgeschmack.

Die vielerorts wiederbelebten Farmer Markets wie The Goods Shed in einem alten Bahnhof in Canterbury verheißen kulinarische Entdeckungen.

Eine englische Institution ist der Nachmittagstee, der **Afternoon Tea**, Cream Tea oder High Tea. Zu sich genommen wird er meistens wesentlich früher als 17 Uhr – der »Five o‘clock Tea« gehört eher der Vergangenheit an (▶ Das ist Südengland, S. 12).

Dinner, Lunch

Das **Abendessen** ist die Hauptmahlzeit. In den Familien, wo durch das Berufsleben die Zeit zum Afternoon Tea fehlt, kommt es bereits früh – meistens zwischen 17 und 18 Uhr – auf den Tisch. Restaurants servieren Abendgerichte ab 18 Uhr. Der Dresscode zum Dinner ist, anders als beim lässigen Lunch, smart casual oder elegant. Nach 21.30 Uhr werden mit Ausnahme von London Bestellungen selten angenommen. In Lokalen mit ausländischer Küche werden meist bis 22 Uhr warme Mahlzeiten zubereitet.

Bier, Wein und Sherry

Bier

Im Pub bestellen die Briten kein Bier (beer), sondern »a pint of ...« (ein **Pint = 0,568 l**) oder »a half pint« (0,264 l). Britische Brauer haben überwiegend die traditionelle obergärige Brauweise beibehalten. Ihre **Ales** erinnern mit ihrem spritzig-fruchtigen, leicht süßen Geschmack an ein Altbier oder Kölsch. Ohne Schaum und kaum ge-

FOOD FESTIVALS

EXETER FOOD AND DRINK FESTIVAL OF SOUTH WEST ENGLAND
April, www.exeterfoodanddrink festival.co.uk

TASTE OF LONDON
Mitte Juni und Mitte Nov., http://london.tastefestivals.com

WHITSTABLE OYSTER FESTIVAL
Juli, www.whitstableoyster festival.co.uk

NEWLYN FISH FESTIVAL
Ende Aug., www.newlynfish festival.org.uk

REAL FOOD FESTIVAL
Diverse Termine und Orte in London
Sept., www.realfoodfestival.co.uk

CORNWALL FOOD & DRINK FESTIVAL
In Truro
Sept., www.greatcornishfood. co.uk/festival/

FALMOUTH OYSTER FESTIVAL
Okt., www.falmouthoyster festival.co.uk

DEVON CELEBRATION OF FOOD
Okt., www.celebrationoffood. co.uk

kühlt serviert, sind diese Biere gewöhnungsbedürftig. Klassische Sorten sind das leichte »Pale Ale« aus der Flasche, das gezapfte »Real Ale« oder »Bitter« und das dunkle »Mild« vom Fass sowie »Brown Ale« aus der Flasche. Die obergärig gebrauten **Stouts** sind kräftige, dunkle, malzstarke, aber bittere Biere mit meist sahnigem Schaum wie das berühmte Guinness. Ebenfalls tiefdunkel und würzig ist ein **Porter** – kosten Sie in der Hauptstadt das »London Porter« der Meantime Brewing Company mit stattlichen 6,5 Vol.-%.
Die untergärigen **Lager**-Biere entsprechen einem deutschen Export und stammen meist von internationalen Brauereien. Gern getrunken werden auch Biermixgetränke: ein »Shandy« als Alsterwasser bzw. Radler aus Lager und Limo.

Wein, Sherry und Cider

Kaum bekannt, aber durchaus gut ist englischer **Wein**. Schon die Römer brachten die Kunst des Weinbaus nach Britannien. Im Mittelalter bauten vor allem Mönche Wein an und lernten dabei viel von den Winzern aus Bordeaux, das 300 Jahre lang zu England gehörte. Mit der Säkularisierung des Kirchenbesitzes unter Heinrich VIII. ging der Weinbau jedoch zugrunde. Dank des Klimawandels boomt heute die englische Weinindustrie, besonders im Hinterland der südenglischen Küste gedeihen beste Tropfen (▶ Baedeker Wissen, S. 182).
Traditioneller Aperitif ist ein **Sherry**, klassischer Digestif ein **Portwein**. Geschätzt werden aber auch Apfelwein (cider) und Birnenwein (perry), die in den südwestlichen Grafschaften Somerset und

WOHNZIMMER AUSSER HAUS

Die ältesten und gemütlichsten Pubs der Insel sind zwischen Kent und Cornwall zu finden. Bei Kaminfeuer und Ale, Stout oder Bitter lassen sich die britische Trinkkultur und ihre Rituale studieren.

Die Teppiche sind dick, die dunkel getäfelten Wände mit Bildern und Stichen gepflastert, an allen Ecken und Kanten glänzt Messing, im Kamin prasselt ein Feuer. Wenn dann noch der Regen gegen die Fenster trommelt, möchte man diese Oase am liebsten gar nicht mehr verlassen. So einladend sind die englischen **Pubs**, dass bald auch Ungeübten das schaumlose Bier wunderbar schmeckt. Nachteulen dürfen sich freuen: Rund 90 Jahre nach ihrer Einführung ist die **23-Uhr-Sperrstunde** in britischen Pubs Ende 2005 endgültig gefallen. Der Ausschankstopp war während des Ersten Weltkrieges eingeführt worden, um zu verhindern, dass Arbeiter in den Fabriken angetrunken zur Frühschicht erschienen. Bis nach Mitternacht dürfen die Wirte nun ausschenken, wenngleich nur wenige davon Gebrauch machen – besonders auf dem Land oder in kleineren Städten.

Speis und Trank

Im Pub trinkt man Bier, meist als **Pint** (= 0,568 l). Klassische Sorten sind das fassvergorene, handgezapfte, oft dunkle Ale, das malzstarke Stout und das helle Lager. Britische Biergläser besitzen keinen Eichstrich – die kellerkühlen Gefäße werden bis zum Rand ohne Schaum gefüllt. Trinken Briten gemeinsam, ordert niemand für sich allein, sondern stets eine Runde für alle: »It's my round!«. Im Pub werden Getränke an der Theke bestellt und sofort bezahlt, ebenso oft auch das Essen. Bedienung am Tisch ist für Getränke grundsätzlich nicht vorgesehen, Trinkgeld daher unüblich. Manchmal wird das Essen zum Tisch gebracht, manchmal erhält man eine Nummer, die ausgerufen wird, oder einen Pieper, der vibriert und blinkt, sobald das Gericht abgeholt werden kann: ein Ploughman's lunch mit Cheddarkäse, Zwiebeln, Gurken und Brot, einen Shepherd's Pie mit Hack, Zwiebeln und Kartoffelbrei oder einen Steak & Kidney Pie.

Public Houses

Britische Pubs öffnen rechtzeitig zur Mittagspause, manchmal früher. Ein Feierabendbier in der Lieblingskneipe gehört für viele ebenso zum Alltag wie der **Pub Crawl**, die Kneipentour am Freitag. Ob Banker, Student oder Schlossherr: Der **local pub**, die Stammkneipe um die Ecke, ist ihr erweitertes Wohnzimmer voller Geschichte und Geschichten. Im Londoner »George Inn« soll schon Shakespeare gezecht haben, im »Anchor« beobachtete Samuel Pepys, wie 1666 das »Große Feuer« das mittelalterliche London verschlang. In der »Museum Tavern« in Bloomsbury machte sich Virginia Woolf Notizen, und Karl Marx erholte sich dort von seiner Arbeit am »Kapital«. Seit Jahrhunderten wird in den mit viel Liebe eingerichteten Pubs gegessen und getrunken, Geselligkeit gepflegt, geplauscht und gespielt – am liebsten Darts.
Nicht nur die Aufhebung der Sperrstunde und das 2007 eingeführte

Rauchverbot, das ein massives Kneipensterben nach sich zog, haben die britischen Pubs verändert. Längst überholt ist auch die Unterteilung in vier Kategorien. Die rustikale Public Bar war der arbeitenden Klasse vorbehalten. Die Saloon Bar war das Reich der Bürger, die Lounge Bar frequentierten Großbürgertum und Landadel, die Private Bar war dem Hochadel und allein reisenden Damen vorbehalten.

Real Ale und Craft Ale

Die **Großbrauereien** werden kritisch beobachtet, seit sie in den 1960er- und 1970er-Jahren üblen Frevel begingen: Anstelle des guten britischen Ale, das erst in den Kellern des Pubs in Fässern zur individuellen Vollendung reift, brachten sie billig gebrautes, pasteurisiertes und künstlich mit Kohlensäure versetztes Keg-Bier auf den Markt. Ihre Rechnung hatten die Bierbrauer allerdings ohne die Biertrinker und die Verbraucherverbände gemacht. Mit ihrer »**Campaign for Real Ale**« zwangen sie die Brauereien, wieder traditionelles »Real Ale« herzustellen. Der Trend des 21. Jh.s: »Microbreweries«, Kleinbrauereien wie die Londoner Kernel Brewery (www.thekernel brewery.com), die ihren eigenen Gerstensaft mit viel Liebe zum Handwerk brauen. Solche Biersorten nennt man Craft Beer. Es gibt mittlerweile etwa 1500 Brauereien in Großbritannien sowie geschätzte 11 000 Sorten von Real Ale und Craft Beer. In fast jedem Pub steht neben landesweit bekannten Marken auch mindestens ein Produkt aus der unmittelbaren Gegend zur Auswahl.

Mikrokosmos Pub – bei einem Pint und knisterndem Kaminfeuer (hier im Griffin Inn in Fletching, East Sussex) vergisst man schnell die Unbilden des Alltags.

BAEDEKER ÜBERRASCHENDES

6X UNTERSCHÄTZT

Genau hinsehen, nicht daran vorbeigehen, einfach probieren!

1. SÜFFIG

Lauwarm und schal? Mitnichten! Halten Sie Ausschau nach Pubs, die bei CAMRA mitmachen, der »Campaign for Real Ale« – beste **englische Braukunst** aus kleinen Brauereien.

2. FANGFRISCH

Die englische Küche kann mehr als Fish & Chips. Gerade die Qualität der Fischgerichte und Meeresfrüchte ist vielerorts ausgezeichnet, so auch in **Padstow**, der kulinarischen Hauptstadt von Cornwall. (► **S. 116**)

3. ENTSPANNT

Ja, trotz Rechtsverkehr kann Autofahren in England Spaß machen, so z. B. auf grünen, tunnelartigen Straßen unter altem Baumbestand. Abenteuerlich wird's zwischen engen Steinmauern oder beim Auf und Ab mit Fernblick auf dem **Dartmoor**. (► **S. 128**)

4. BESSER ...

... als sein Ruf! Nehmen Sie nicht nur den Regenschirm und die wetterfeste Jacke, sondern auch Sonnencreme und Sonnenhut mit. Wie mild das Klima des englischen Südwestens und wie wohltuend der Einfluss des Golfstroms ist, erlebt man in den subtropischen Gärten von **Abbotsbury**. (► **S. 154**)

5. TECHNISCH

Genug von Landschaftsgärten und Herrensitzen? Ein Kontrast dazu sind die hervorragend präsentierten Zeugnisse der Technik- und Arbeitsgeschichte, z. B. die **Kupferminen** nahe **Penzance**, am Ende der Welt. (► **S. 124**)

6. PARADIESISCH

Auf Inseln mitten im Atlantik wird man nicht unbedingt traumhafte Sandstrände erwarten. Doch die Strände der **Isles of Scilly** präsentieren sich tatsächlich noch als unberührte Naturparadiese. (► **S. 198**)

Devon hergestellt werden. Der mittelalterliche Honigwein (mead) steht nur noch selten auf der Karte.

Restaurants

Neben Restaurants mit englischer Küche gibt es viele Lokale mit internationalen Speisen. Empfehlenswerte Restaurants sind bei den Reisezielen von A bis Z aufgeführt. Beliebte Speisestätten sind auch die **Pubs** (▶ Baedeker Wissen, S. 384), **Coffee Houses** (»Caffs«), **Tea Rooms** und **Sandwich Bars**. In den Tea Rooms werden mehrere Sorten Tee serviert, außerdem Sandwiches, Gebäck, Kuchen und ein Mittagsimbiss; am späten Nachmittag wird meist geschlossen. Einfache, preiswerte Mahlzeiten bieten Snackbars, meist Filialen von Kettenrestaurants. Imbissstände locken mit asiatischen und orientalischen Speisen. Typisch britisch sind **Chippies**, bei denen man »fish and chips«, frittierten Fisch mit Pommes Frites, stilecht mit Essig und Salz gewürzt aus der Papiertüte bekommt.

FEIERN

In Südengland ist allerhand los – besonders an der Küste und in der Kapitale London sind die Veranstaltungskalender das ganze Jahr hindurch prall gefüllt mit Festivals, Feiern und besonderen Veranstaltungen.

Very british!

Event-Marketing ist auch in Südengland ein wichtiger Wirtschaftsfaktor. Jahr für Jahr werden daher neue Großereignisse aus der Taufe gehoben – mal Eintagsfliege, mal tatsächlicher Erfolg. Längst Institutionen hingegen sind **Festivals** wie das Theatertreffen von Chichester oder die Opernaufführungen von Glyndebourne, die zu den Höhepunkten im südenglischen Kulturkalender zählen und Schaufenster wie Sprungbrett internationaler Karrieren waren und sind.

In den ländlichen Regionen Südenglands fiebert die Bevölkerung den regionalen **»fairs«** und **»county shows«** entgegen, Landwirtschaftsmessen mit allerlei Volksfestrummel (▶ Das ist Südengland, S. 20). Da werden Schafe, Rinder, Kühe und Hühner fachmännisch begutachtet, messen sich Jung und Alt in mitunter seltsam anmutenden Wettbewerben und jauchzen in Achterbahn und Karussell. Oft gehören auch ein abendlicher Ball, Talentwettbewerbe und die Wahl einer Schönheitskönigin dazu. Die vielen **Flower Shows**, die zwischen Ostern und Oktober abgehalten werden, enden mit der Prämierung des schönsten Pflanzenzüchtung oder des gelungensten Vorgartens.

Großgeschrieben wird in Südengland auch **Charity**, und Wohltätigkeit bietet immer wieder Anlass für ein Fest. Kirchenvereine und Clubs wie Kiwanis, Lions und Rotary veranstalten rund ums Jahr immer wieder »bazaars« oder »jumble sales«, wo Gehäkeltes und Handgetöpfertes neben selbst gemachten Marmeladen und Chutneys sowie Second-Hand-Kleidung und Bücher nach Abnehmern suchen und sich die örtliche Bevölkerung zum Plausch trifft.

Kurioses und Karneval

Nur mit Muskelkraft dürfen die selbst gebastelten Fluggeräte beim **»Birdman«** in Bognor Regis betrieben werden – 15 000 £ winken für den weitesten Flug über 100 m (www.birdman.org.uk). Fantastische Kostüme sieht man alljährlich in West-London auf dem **Notting Hill Carnival** am Bank Holiday im August – nach Rio der zweitgrößte Karneval der Welt (http://thelondonnottinghillcarnival.com/).

Sportveranstaltungen

Fußball

Zuschauersport Nr. 1 ist natürlich Fußball. **FC Arsenal** und **FC Chelsea** sind auch international ganz groß. In ihrem Schatten, aber ebenfalls in der Premier League, spielen die Tottenham Hotspurs, Crystal Palace und West Ham United. Andere Londoner Klubs wie der FC Fulham und Charlton Athletic sind zweitklassig. Einige Mannschaften von der Südküste, z. B. Brighton, Portsmouth, Southampton und neuerdings Bournemouth, spielen schon mal in der Premier League. Wer ein Spiel in der Premier League besuchen will, sollte sich rechtzeitig und online Tickets reservieren – für Arsenal, Chelsea und Tottenham möglichst lang im Voraus! Wer hinter die Kulissen blicken will, kann eine Führung durch das Chelsea Football Stadium machen.

Cricket

Nationalsport des Commonwealth und englisches Sommerspiel ist Cricket. Gespielt wird im Mekka aller Cricketfans, dem Londoner **Lord's Cricket Ground** mit seinem Cricket Museum nahe dem Regent's Park, im Oval Cricket Ground in Kennington südlich der Themse und an vielen Orten außerhalb von London. Zeit muss man auf jeden Fall mitbringen.

Rugby

Wesentlich beliebter als in den meisten Ländern auf dem europäischen Kontinent ist Rugby. Die großen Londoner Clubs sind die Harlequins, die Wasps und London Irish. Saisonhöhepunkte sind der Pilkington Cup und die **Six Nations Championship** (England, Schottland, Wales, Irland, Frankreich und Italien) im März. Das englische Nationalstadion ist Twickenham im Westen Londons.

Tennis

Was Lord's für die Cricketfans, ist **Wimbledon** für die Tennisfans. Das Ende Juni / Anfang Juli ausgetragene Turnier ist das berühmteste der Welt. An Karten kommt man auf zweierlei Art: Sich jeden Morgen (je früher, desto besser!) in die Warteschlange einreihen und auf

Der zweitgrößte Karneval der Welt, der bunte und schrille Notting Hill Carnival, springt aus der Reihe – er findet im August statt.

eine der täglich 600 frei verkauften Karten hoffen. Oder aber man schreibt ein Jahr vorher an den **All England Lawn Tennis Club, Church Road, Wimbledon, SW 19** und bekommt mit Glück die Berechtigung zum Erwerb einer Karte zugelost.

Pferderennen

Ascot und Epsom sind Synonyme für exklusive Pferderennen, bei denen sich der britische Hochadel ein Stelldichein gibt. Volkstümlicher geht es in Windsor zu.

Darts und Snooker

Typisches Kneipenspiel ist Darts. Es wird auch von Profis gespielt und im Fernsehen direkt übertragen. Aber auch ein Amateur kann sich jederzeit im Pub versuchen. Snooker ist eine komplizierte Variante des Pool-Billards. Wie Darts ist es ein Kneipenspiel, doch werden Profiturniere ebenfalls im Fernsehen übertragen.

VERANSTALTUNGSKALENDER

FEIERTAGE

1. Januar: Neujahr (New Year's Day)
Karfreitag (Good Friday)
Ostermontag (Easter Monday)
1. Montag im Mai (May Day Bank Holiday)
Letzter Montag im Mai (Spring Bank Holiday)
Letzter Montag im August (Late Summer Bank Holiday)
25. Dezember/Erster Weihnachtsfeiertag (Christmas Day)
26. Dezember/Zweiter Weihnachtsfeiertag (Boxing Day)

EVENTS IM JANUAR

LONDON
New Year's Day Parade am 1. Januar
Chinesisches Neujahr Ende Januar In Chinatown

FEBRUAR

LONDON
Great Spitalfields Pancake Race: Hindernisrennen mit Pfannkuchen und Pfanne in der Hand in wilden Kostümen am Fastnachtsdienstag

MÄRZ

BATH
Lit(erature) Fest
http://bathfestivals.org.uk/literature

APRIL

LONDON
Queen's Birthday: Salutschießen zum Geburtstag der Queen am 21. April

Die Damen haben sich in Schale geworfen. Wichtigstes Accessoire der Frau von Welt ist auf der Pferderennbahn ein Hut oder Headpiece – je ausgefallener, desto besser!

BADMINTON (SOMERSET)
Horse Trials Militaryturnier
www.badminton-horse.co.uk

MAI

PADSTOW (CORNWALL)
Obby' Oss am 1. Mai: eigentl. Hobby Horse, d. h. Steckenpferd, Umzug zur Austreibung des Winters

HELSTON (CORNWALL)
Furry Dance am 8. Mai: Umzug in historischen Kostümen
www.helston-online.co.uk

ROCHESTER (KENT)
Großes **Dickens-Festival** Ende Mai
www.rochesterdickensfestival.org.uk

LONDON
Royal Windsor Horse Show: Pferdeschau in der 2. Maiwoche
www.rwhs.co.uk

Chelsea Flower Show: Blumenschau der Royal Horticultural Society Ende Mai
www.rhs.org.uk

State Opening of Parliament: Zu Beginn jeder Legislaturperiode, meistens im Mai, eröffnet die Queen feierlich das Parlament.
www.parliament.uk

BRIGHTON (EAST SUSSEX)
450 Kunstevents an 24 Tagen
http://brightonfestival.org

BATH
Internationales Musikfest (bis Juni)
http://bathfestivals.org.uk/music

GLYNDEBOURNE (EAST SUSSEX)
Opernfestival bis August
http://glyndebourne.com

SALISBURY (WILTSHIRE)
Kunstfestival, bis Juni
www.salisburyfestival.co.uk

JUNI

BROADSTAIRS (KENT)
Broadstairs Dickens Festival
www.broadstairsdickensfestival.co.uk

EPSOM (SURREY)
Weltberühmtes Pferderennen
www.epsomderby.co.uk

LONDON
Trooping the Colour: Geburtstagsparade für Königin Elisabeth II. am zweiten Junisamstag
www.trooping-the-colour.co.uk

STONEHENGE (WILTSHIRE)
Mitsommerfest
www.stonehenge.co.uk

BOURNEMOUTH (DORSET)
Bournemouth Music Competitions Festival mit Chor, Orchester und Bands (bis Juli)
www.bmcf.info

JULI

LONDON
All England Lawn Tennis Championships: Tennisturnier auf heiligem Rasen
www.wimbledon.com

Swan Upping: In einer Schiffsprozession werden auf der Themse alle Schwäne gezählt.
www.royal.uk

BBC **»Proms«**-Konzertreihe: Von Jazz bis Symphonie in der Royal Albert Hall (bis September)
www.bbc.co.uk/proms

JULI – AUGUST

GOODWOOD (WEST SUSSEX)
Pferderennwoche und Dressurmeisterschaften
www.goodwood.co.uk

SIDMOUTH (DEVON)
Internationales Volksmusikfestival mit Musik und Tanz, bis August
www.sidmouthfolkweek.co.uk

ISLE OF WIGHT
Vice Admiral's Cup (Segelregatta) und **Cowes Week** (Jachtfestival)
www.aamcowesweek.co.uk

AUGUST

LONDON
Notting Hill Carnival ▸ S. 388

ARUNDEL (WEST SUSSEX)
Arundel Festival: mit Oper, Tanz und Shakespeare-Freilichtaufführungen (bis September)
www.arundelfestival.co.uk

TARRANT HINTON
Great Dorset Steam Fair: Treffen mit mehr als 150 alten Traktoren, Fahrrädern und sonstigen Oldtimern, landwirtschaftlichen Vorführungen, Live-Bands u. v. m.
www.gdsf.co.uk

SEPTEMBER

LISKEARD (CORNWALL)
Cornish Gorseth bzw. Gorsedd: Treffen der Barden aus Cornwall mit Musik, Tanz und Umzügen in historischen Kostümen
www.gorsedhkernow.org.uk

LONDON
Antiquitätenmesse in der Chelsea Old Town Hall
www.littlechelseafair.co.uk

NOVEMBER

LONDON – BRIGHTON
London to Brighton Veteran Car Run: Oldtimerrennen mit Start an Hyde Park Corner
www.veterancarrun.com

LANDESWEIT
Am 5. Nov. wird in der **Guy Fawkes Night** mit Feuerwerk und Freudenfeuer an den »Gunpowder Plot 1605« erinnert; damals wollten Fawkes und seine Mitverschwörer das Parlament in die Luft sprengen.

SHOPPEN

»Shop till you drop« – »Einkaufen bis zum Umfallen« ist in Südengland kein Problem. Ob man sich nun auf die Pirsch nach Mode, Antiquitäten, Schnäppchen und schickem Design macht, die Chancen, erfolgreich zu sein, stehen sehr gut – schließlich ist London neben Paris das aufregendste und schönste Shoppingparadies Europas. Hier ist »Customer Service« mehr als nur ein Wort, Umtausch kein Problem, und selbst in Topboutiquen herrscht erfrischend wenig Snobismus.

Trendiges und Traditionelles

Mit 30 000 Geschäften ist London zwar wahrhaftig ein Shoppingparadies der Superlative, doch auch Städte wie Bristol und Brighton überraschen mit ihrer Vielfalt im Einzelhandel. Trendige Boutiquen, alteingesessene Fachgeschäfte und hier und da ein »quirky shop«, vollgestopft bis unter die Ladendecke mit Urigem und Schrulligem, genauso liebenswert verschroben wie der Inhaber, machen einen Einkaufsbummel in Südengland zum Erlebnis. Und nicht zuletzt lohnt auch ein Blick in die **Museumsshops** mit ihrer oft hervorragenden Auswahl an Kunsthandwerk, Spielzeug, Textilien und Büchern; großartig sind beispielsweise die Läden im British Museum, in der National Gallery und im V & A Museum in London.

Made in Britain

Berühmt sind **britische Textilien**: Pringle of Scotland (www.pringlescotland.com) hat heute nicht mehr nur golfgrüne oder marineblaue Wollpullover im Angebot, sondern Kaschmir- und Merinostrick in frischen Farben und Schnitten. Das berühmte Burburry-Karo (www.burberry.com) gibt es inzwischen sogar für Kids. Smart, maßgeschneidert und modern ist die Herrenmode von Paul Smith (www.paulsmith.co.uk) und Joseph (www.joseph-fashion.com), die schönsten Herrenhemden hat Thomas Pink (www.thomaspink.com). Vivienne Westwood (www.viviennewestwood.com) und Stella McCartney (www.stellamccartney.com) begeistern mit ausgefallenen Schnitten und Mut zum Design.
Der Erfolg von Agent Provokateur (www.agentprovocateur.com), mit dem Joseph Corré und Serena Rees 1994 der britischen Prüderie etwas entgegensetzen wollten, löste in London einen Lingerie-Boom aus. Zu den Topadressen, bei denen auch Filmstars wie Nicole Kidman edle Unterwäsche einkaufen, gehören Tallulah Lingerie (www.tallulah-lingerie.co.uk), Myla London (www.myla.com) und Coco de Mer (www.coco-de-mer.com). Schutz vor Regenschauern bieten seit 180 Jahren die von Hand hergestellten – und gern einmal mit Jaguargriffen versehenen – Schirme von James Smith & Sons (www.james-smith.co.uk) in der New Oxford Street. Und für alle, die gern selber nähen, sind die kultigen Stoffe von Cath Kidson (www.cathkidston.co.uk) ein schönes Mitbringsel.

Kulinarische Spezialitäten

Im 1706 eröffneten Twinings-Shop (http://twinings.com) am Strand haben Sie die Qual der Wahl unter **mehr als 200 Teesorten**. Nicht minder edel ist der lose Tee von Taylors of Harrogate – der passende Begleiter ein Teegeschirr von Wedgwood. Die meisten Briten hingegen werfen meist ganz schnöde einen Teebeutel in den Becher. Dazu passen buttriges Shortbread von Walker und Scones – Backmischungen für »selbst gemachte« klassische Begleiter des Afternoon Tea gibt es aber auch in jedem Supermarkt. Köstlich sind die **süßen Aufstriche:** Jams (Marmelade) von Robertson's (www.robertsons.co.uk), Hartley's (www.hartleysfruit.co.uk) oder Wilkin & Sons (www.

»Diamonds are a girl's best friends« – Shoppen in London, etwa in der eleganten Burlington Shopping Arcade, kann ein teurer Spaß sein.

tiptree.com), Marmalade (Orangenkonfitüre) von Frank Cooper's (www.frankcoopers.co.uk), die Elizabeth II. am liebsten isst und in allen Botschaften servieren lässt, sowie Lemon Curd von Hogan's – die Zitronen-Ei-Creme passt gut zum morgendlichen Butter-Toast.

Bücher, DVDs und mehr

Last but not least lohnt sich in England auch das Kultur-Shopping. CDs und DVDs sind meist günstiger als daheim, zudem ist das Angebot an erstklassigen Sachfilmen und Dokumentationen der **BBC** hervorragend. So präsentierte die Serie »Coast« die englische Küste als spannendes Abenteuer (https://shop.bbc.com).
Leseratten werden in London die Buchhandlung **Foyles** (www.foyles.co.uk) lieben, in dessen Räumen sich an der Charing Cross Road die Bücher auf 6,5 km Regallänge bis unter die Decke stapeln! Obendrein serviert das zugehörige Jazzcafé einen ausgezeichneten Monmouth-Kaffee. Bristol hingegen rühmt sich des größten Second-hand-Buchgeschäftes im Vereinigten Königreich: In der Bookbarn International (www.bookbarninternational.com) findet man über 5 Mio. Bücher – und einen guten Coffee Shop für den erschöpften Bücherwurm.

Düfte und Essenzen

Natürliche Essenzen aus Lavendel, Sandelholz, Ambra und Bergamotte – Düfte englischer Hoflieferanten, die seit Generationen das Königshaus versorgen und so wohlklingende Namen tragen wie Woods of Windsor, J. Floris und Truefitt & Hill, das mit seinem Zitrus-

Zedern-Duft »Trafalgar« auch den Herzog von Edinburgh beliefert. **Penhaligon's** hat seit 1870 mehr als 34 Düfte entwickelt, darunter das zeitlose »Blenheim Bouquet«, das Winston Churchill liebte. Aus besten ätherischen Ölen lancierte Michael Boadi seine Illuminum-Duftlinie – das blumige »White Gardenia Petals« war Hochzeitsparfüm von Kate Middleton. Wer nicht in England fündig wird, bekommt die Düfte auch unter www.english-scent.de, www.thedifferentscent.de und www.duftcontor.de.

Gut zu wissen!

Rund um die Uhr

Feste Ladenschlusszeiten gibt es seit 20 Jahren nicht mehr, und viele Geschäfte sind daher auch an Sonn- und Feiertagen von 12 bis 18 Uhr entlang der großen Einkaufsstraßen geöffnet. Dennoch haben sich Kernzeiten herausgebildet: So haben Warenhäuser werktags meist von 9 bis 17.30/18 Uhr geöffnet, donnerstags oder freitags locken viele Läden mit Late-Night-Shopping bis 20 Uhr oder noch später. Manch großer Supermarkt öffnet rund um die Uhr. Kleinere Shops und »corner stores«, die ihre Nachbarschaft mit Zeitungen, Chips, Konserven, Milch und mehr versorgen, sind meist sieben Tage die Woche geöffnet und schließen oft erst nachts. Dies gilt auch für die Off-Licence-Läden, die Alkohol verkaufen dürfen und sich in ihren Öffnungszeiten an den örtlichen Pubs orientieren.

Mehrwertsteuer

Auf die meisten Waren und Dienstleistungen (auch in Hotels und Restaurants) wird eine Mehrwertsteuer (Value Added Tax = VAT) in Höhe von 20 % (mit Ausnahme von Lebensmitteln und Kinderkleidung) berechnet. Schweizer können sich die VAT bei der Ausreise erstatten lassen, wenn sie sich in Geschäften, die am Programm zur Exportförderung teilnehmen – kenntlich am »Tax Free«-Schild – eine Bescheinigung ausstellen lassen.

ÜBERNACHTEN

Luxushotel oder Landhaus? Burgromantik oder stylisches Stadtdomizil? Kuscheliges B & B oder komfortables Kuppelzelt? In Südengland gibt es für jeden Geldbeutel und Geschmack eine passende Unterkunft.

Hotels

Die **Preise** liegen allerdings auch nach den Kursverlusten des britischen Pfunds 2016/17 über deutschen Vergleichspreisen, zur Hauptsaison und zu Messezeiten klettern sie in London oder Bristol in astronomische Höhen – Londoner Hotels gehören zu den teuersten der Welt. Ähnlich wie auf dem Kontinent ist die Hotellerie im Umbruch: Ausgebaut werden vor allem Luxus- und Budgetangebote, nahezu unverändert präsentiert sich die Mittelklasse – an der Küste teilweise mit Modernisierungsstau. Investiert wird überall in Wellnessangebote und moderne Medien, in der Küche wird verstärkt auf regionale Produkte und gesunde Zubereitung gesetzt. Die im Reiseteil aufgeführten Preise sind Durchschnittswerte für ein Doppelzimmer mit kontinentalem Frühstück, für ein English Breakfast wird mitunter ein Aufpreis erhoben. Ausgezeichnet sind britische Hotels mit einem bis fünf Sternen, Bed & Breakfast oder Pensionen erhalten einen bis fünf Diamanten.

Wer sparen will, sollte online vorab buchen. Wohnungsportale wie www.wimdu.de, www.fewo-direct.de oder www.airbnb.com bieten eine große Zahl an günstigen Zimmern und Wohnungen in Südengland und London an. Auch VisitBritain(► S. 408) hat ein Online-Buchungsportal . Am Wochenende sind die Preise oft günstiger oder es gibt Package-Angebote mit Extras: eine Flasche Champagner, Spa-Nutzung oder Musicalkarte. Bei den Preisen der Hotels muss man darauf achten, dass die **Mehrwertsteuer** von 20 % nicht immer ausgewiesen ist – so werden aus 99 £ pro Nacht schnell 120 £. Wer aufs

Sich einmal als Lady und Lord fühlen? Im Eastwell Manor bei Ashford werden blaublütige Urlaubsträume wahr.

Geratewohl losfahren möchte, kann direkt in Hotels und B & B-Unterkünften nachfragen. Etwas länger suchen muss man in der Hauptreisezeit im Juli und August, vielerorts sind während der Schulferien die Unterkünfte schon Monate im Voraus ausgebucht.

Fürstlich übernachten

Eine Nacht in einer trutzigen Burg, einem **prunkvollen Schloss** oder einem **stattlichen Manor House** ist ein Erlebnis, das man nicht vergisst. Unzählige Landsitze, einst dem Adel vorbehalten, verwöhnen heute auch bürgerliche Gäste mit exquisitem Service, erlesener Küche, gut bestücktem Weinkeller und luxuriösen Zimmern. Deren aufwendige Einrichtung vereint Antiquitäten und Erbstücke adliger Familien mit höchstem Komfort. Im Salon prasselt das Kaminfeuer, eine Bibliothek lädt zu Mußestunden, Mylord begrüßt zum Welcome Drink an der Bar.

Bed & Breakfast

Bed and Breakfast (B & B) ist eine preiswerte Alternative zum Hotel. Man wohnt bei einer britischen Familie, wobei man ein **gemütliches Zimmer** und das berühmte **»English Breakfast«** erhält. Die Unterkunft kann in einem Privathaus, einem Farmhaus, einem Landgasthof oder einem luxuriösen Landhaus sein, je nachdem, wer anbietet. Die Häuser sind durch Schilder (»Bed and Breakfast«, »B & B« oder »vacancies«) gekennzeichnet. Eine vorherige Reservierung ist nicht Pflicht, aber möglich, direkt beim Anbieter oder einer Agentur. B & B-Übernachtungen kosten pro Person ab 70 £, in London ab 80 £.

Inns

Sehr verbreitet sind Inns, **Gasthöfe** aus der Zeit der Postkutschen. Viele der meist kleinen Häuser sind daher von beträchtlichem Alter, oft mit von Kletterpflanzen bedeckten Fassaden und Strohdächern. Ein Inn ist bequem ausgestattet, ohne luxuriös zu sein, und besitzt nur wenige Gästezimmer. Die Küche bietet mitunter hervorragende regionale Speisen.

Lodges und Motels

Lodges können motelartige Unterkünfte oder handverlesene Kleinode auf dem Land sein wie die Classic Lodges und Wolsey Lodges. Motels liegen meist an Haupteinfahrtsstraßen der Städte oder der Autobahn und bieten Durchreisenden Zimmer mit Einheitspreisen für ein bis vier Personen – das Fahrzeug wird meist direkt vor der Zimmertür geparkt.

Self-Catering

Von einfachen Cottages auf dem Land oder an der Küste bis hin zu Stadt-Apartments reicht die Auswahl der Ferienhäuser und Apartments. Der Landmark Trust, 1965 vom Londoner Bankier Sir John Smith zum Schutz historischer Stätten gegründet, bietet von der Mietwohnung bis zum Schloss originelle Feriendomizile, ebenso der National Trust for England.

OBEN: Bezaubernde Domizile – die reetgedeckten englischen Cottages

UNTEN: Zimmer mit Aussicht – an Englands Küste finden sich zauberhafte B & Bs mit Meerblick wie The Beach at Bude in Summerleaze Crescent, Cornwall.

INFORMATIONEN

PREISKATEGORIEN

für ein Doppelzimmer

€€€€	über 240 £
€€€	160 – 240 £
€€	75 – 160 £
€	bis 75 £

HOTELS ONLINE

www.visitbritain.com,
www.londonhotels.com,
www.prideofbritainhotels.com

B & B ONLINE

www.bedandbreakfasts-uk.co.uk,
www.bedandbreakfast nationwide.com,
www.devonfarms.co.uk

SELF-CATERING

BRITISH COTTAGES

Curt-Beckmannstr. 3a,
D-40474 Düsseldorf,
Tel. 0211 23 98 13 00 ,
www.british-cottages.com

FERIENWOHNUNGEN

Englische Anbieter:
www.ruralretreats.co.uk,
www.sykescottages.co.uk,
www.english-country-cottages.co.uk

JUGENDHERBERGEN

YOUTH HOSTEL ASSOCIATION

Trevelyan House Dimple Road,
Matlock, Derbyshire DE43YH,
Tel. 01629 59 27 01,
www.yha.org.uk

CLINK HOSTELS

Clink 78, 78 King's Cross Road,
London WC1X 9QG,
Tel. 02071 83 94 00

CLINK261

261-265 Gray's Inn Road,
London WC1X 8QT,
Tel. 02078 33 94 00,
www.clinkhostels.com

GENERATOR HOSTEL

37 Tavistock Place, Russell Square
London, WC1H 9SE,
Tel. 0207 3 88 76 66,
www.generatorhostels.com

ST CHRISTOPHER'S INN

In London, Bath, Newquay
www.st-christophers.co.uk

SMART HOSTELS

https://smarthostels.com

UNABHÄNGIGE HOSTELS

http://independenthostels.co.uk

LODGES UND LUXUSHOTELS

CLASSIC LODGES

Conway House, Ackhurst Park,
Chorley PR7 1NY,
Tel. 01257 23 87 54,
www.classiclodges.co.uk

WOLSEY LODGES

Westend House, Cheddington
LU7 0RP, Tel. 0208 6 96 03 99,
www.wolseylodges.com

SMALL LUXURY HOTELS OF THE WORLD

Simonshofer Str. 21,
D-91207 Lauf a. d. Pegnitz,
kostenfreie Servicenummer:
Tel. 0800 7 23 47 38,
www.slh.com

PRIDE OF BRITAIN HOTELS

Cowage Farm, Foxley SN16 0JH,
kostenfreie Servicenummer:
Tel. 0808 1 63 92 09
www.prideofbritainhotels.com

RELAIS & CHÂTEAUX
Reservierung in D:
Tel. 069 96 75 91 17,,
www.relaischateaux.com

STUDENTENWOHNHEIME & COLLEGEZIMMER

VENUEMASTERS
The Workstation, Paternoster Row
Sheffield, SI 2 BX
Tel. 0114 245 34 23
www.venuemasters.com

CAMPING

THE CARAVAN AND MOTORHOME CLUB
East Grinstead House
East Grinstead, West Sussex
RH19 1UA, Tel. 01342 326 944
www.caravanclub.co.uk

THE CAMPING AND CARAVANNING CLUB
Greenfields House, Westwood Way
Coventry, CV4 8JH
Tel. 02476 47 54 48
www.campingandcaravanning-club.co.uk

EKOPOD
The Old Farmyard, Yanley Lane
Long Ashton, Bristol, BS41 9LR
Tel. 01275 39 54 47
www.canopyandstars.co.uk

YURTWORKS
Greyhayes St Breward
Bodmin Cornwall, PL30 4LP
Tel. 01208 85 06 70
www.yurtworks.co.uk

WEITERE WEBSITES
www.visitengland.com
www.eurocampings.de
www.camping.info
www.touringtheuk.co.uk

UNGEWÖHNLICHE UNTERKÜNFTE

NATIONAL TRUST
www.nationaltrustcottages.co.uk

LANDMARK TRUST
www.landmarktrust.org.uk

DISTINCTLY DIFFERENT
www.distinctlydifferent.co.uk

Camping & Caravaning

Mehr als 1000 Campingplätze gibt es in Südengland, die meisten von ihnen liegen an oder nahe der Küste. Und dank der Modewelle »Glamping« (glamourous camping) müssen vielerorts nicht mehr Heringe in den Boden geschlagen werden, sondern man kann ohne Aufbau gleich ein komfortables »Zelt« beziehen und beim Gläschen Wein das populäre Luxuscamping genießen.
In diese Kategorie fallen auch die Holzhütten von The POD für bis zu fünf Personen, die mit großen Glastüren und meist Veranda ausgestattet sind, und manchmal sogar mit richtigen Betten! Inmitten einer Blumenwiese am Bodmin Moor erhebt sich das außergewöhnliche Ekopod: ein traumhaft schönes Kuppelzelt mit breitem Doppelbett, Holzofen und durchsichtiger Wand, die vom Bett aus Panoramablicke auf die umliegenden Hügel eröffnet. Küche und Bad mit holzbefeuerter Badewanne sind in einem separaten Würfelzelt untergebracht (www.canopyandstars.co.uk/britain/england/cornwall/ekopod). Sie wohnen lieber in einer Jurte? Ganz in der Nähe gibt es auch drei dieser mongolischen Zelte für zwei bis sechs Personen mit

dicken Teppichen, Kissenbergen auf den Betten, Holzöfen und Solarleuchte (www.yurtworks.co.uk/holidays).

Farm Holidays

Viele Höfe bieten **Urlaub auf dem Bauernhof** an, meist als Farm Holidays mit Übernachtung inklusive Frühstück, gelegentlich auch mit Halbpension. Oft sind Reitzentren und Angelreviere in der Nähe.

Youth Hostels

In Südengland liegen **rund 60 Jugendherbergen**, davon acht gut verteilt in London. Viele wurden in den letzten Jahren modernisiert. Nicht nur Jugendliche, auch Erwachsene und Familien können hier preiswert übernachten – in London gibt's ein Bett im Schlafsaal ab 18 £, ein Zimmer ab 59 £, in Südengland nächtigt man bereits ab ca. 10 £ (Canterbury). Zugang gewährt der Internationale Jugendherbergsausweis, der vor Ort in England – und nicht schon in Deutschland – erworben werden sollte. Sonst wird bei jeder Übernachtung ein Zuschlag für einen »welcome stamp« (3,50 £) erhoben. Der Aufenthalt ist auf drei Tage, in London auf vier Tage begrenzt. Voranmeldung ist ratsam. In der Nebensaison haben einige Herbergen Ruhetage, im Winter bleiben viele geschlossen.
Günstige Unterkünfte sind auch die zahlreichen unabhängigen Hostels, die dem Jugendherbergswerk nicht angehören, in London z. B. die beiden trendig gestylten Clink Hostels am King's Cross, die Häuser von Smart Backpackers und die Londoner Dependance der Kette Generator Hostels am Russell Square.

P

PRAKTISCHE INFOS

Wichtig, hilfreich präzise

Unsere Praktischen Infos helfen in allen Situationen in Südengland weiter.

Ein Lächeln kann über so manche Sprachbarriere hinweghelfen. ►

TICKETS

KURZ & BÜNDIG

ELEKTRIZITÄT
Die Netzspannung beträgt 240 V Wechselstrom bei 50 Hz. In manchen Hotels gibt es Euro-Stecker. Dennoch ist es ratsam, einen Adapter mitzunehmen. Fast alle britischen Dreipol-Steckdosen haben einen Extra-Schalter zum Einschalten!

GELD

WÄHRUNG
Landeswährung ist das Britische Pfund (Pound Sterling, £) zu je 100 Pence (p, Einzahl Penny). Es gibt Banknoten zu 5, 10, 20 und 50 £ sowie Münzen zu 1, 2, 5, 10, 20 und 50 p sowie 1 und 2 £. Die Wechselkurse betragen:
1 € = 0,88 £/1 £ = 1,12 €,
1 SFr = 0,77 £/1 £ = 1,30 SFr.

BANKEN & GELDAUTOMATEN
Banken sind von Mo. – Fr. 9.30 bis 15.30, in Hauptgeschäftsstraßen auch bis 17.30 Uhr und auf Flughäfen rund um die Uhr geöffnet. An Geldautomaten (cash machine, ATM) kann man mit Bank- oder Kreditkarten jederzeit Bargeld abheben.

SPERRNOTRUF
Unter folgender Nummer kann man u. a. Bank- und Kreditkarten und Handys sperren lassen.
Tel. 116 116 (aus dem Ausland mit Vorwahl +49)
www.sperr-notruf.de

NOTRUFE

POLIZEI, FEUERWEHR, AMBULANZ
Tel. 999

PANNENHILFE DES AA
Tel. 0800 88 77 55

PANNENHILFE DES RAC
Tel. 0333 2000 999

ADAC AUSLANDSNOTRUF DEUTSCHLAND
Tel. +49 89 22 22 22

ACE-NOTRUFZENTRALE STUTTGART
Tel. *+49 1802 34 35 36

VORWAHLEN
Vorwahl Großbritannien:
Tel. 0044
Aus Großbritannien:
nach Deutschland: Tel. 0049
nach Österreich: Tel. 0043
in die Schweiz: Tel. 0041

WAS KOSTET WIE VIEL?
Einfaches Doppelzimmer: ab 80 £
Einfache Mahlzeit: ab 7 £
Mahlzeit im Pub: ab 10 £
1 Pint Bitter: ab 3 £
1 Tasse Kaffee: ab 2,50 £
Einzelfahrt U-Bahn: 4,80 £ (Zone 1)

ZEIT

GREENWICH MEAN TIME
(GMT = MEZ –1 Stunde)

SOMMERZEIT
Ende März – Ende Oktober
(GMT + 1 Stunde)

Die Stunden vor Mittag (lat. ante meridiem) werden mit a. m. bezeichnet (6 a. m. = 6 Uhr), die Stunden nach Mittag (lat. post meridiem) mit p. m. (6 p. m. = 18 Uhr).

ANREISE · REISEPLANUNG

Anreisemöglichkeiten

Mit dem Flugzeug

Die schnellste und günstigste Anreise nach Südengland bieten Flüge über **Londons Flughäfen** Heathrow, Gatwick, Stansted oder London City. Tickets gibt es je nach Abflugort schon unter 50 €. Nonstop-Verbindungen bestehen von allen größeren deutschen Flughäfen, von Österreich aus Salzburg und Wien, aus der Schweiz von Basel, Genf und Zürich. Eurowings fliegt London-Heathrow und Stansted an; ab Düsseldorf und Hamburg gibt es außerdem Direktflüge nach Newquay in Cornwall. Der Low-Coast-Carrier Flybe fliegt – allerdings nicht direkt – von Düsseldorf und Hannover nach Newquay, Exeter und Southampton. EasyJet hebt von Berlin, Hamburg, München, Basel und Genf nach London Gatwick und Luton ab.

Mit Bus und Bahn

Die schnellste Bahnreise bietet der **Eurostar**, der in 35 Minuten den Kanal im **Eurotunnel** zwischen Calais und Folkestone unterquert. Abfahrt ist in Brüssel über Lille bzw. in Paris über Frethun, Ankunft in St Pancras International. Ab Köln saust der Hochgeschwindigkeitszug **Thalys** zum Eurostar in Brüssel und erreicht London in der schnellsten Verbindung nach vier Stunden 40 Minuten.
Bahnreisende können auch an der Kanalküste auf Fähren umsteigen, die in Hoek van Holland nach Harwich und im französischen Calais nach Dover ablegen. Die Anschlusszüge von Dover nach London laufen in der Victoria Station, von Harwich in der Liverpool Street Station ein.
Die **Europabusse** der **Deutschen Touringgesellschaft** fahren in Zusammenarbeit mit **National Express/Eurolines** von allen großen Städten Deutschlands zur Victoria Coach Station am gleichnamigen Londoner Bahnhof.

Fähre oder Eurotunnel

Selbstfahrer mit Auto, Wohnmobil und Motorrad stehen vor der Wahl: Fähre oder Eurotunnel? Die Autozüge durch den **Kanaltunnel** fahren rund um die Uhr. Man bleibt im Auto sitzen bzw. kann sich nur im Transportwaggon bewegen. Die Verladeterminals bieten direkten Autobahnanschluss: in Frankreich über Abfahrt 13 von der A 16, in Großbritannien über Abfahrt 11a von der M 20. Im Juli und August muss man für die **Fähren** zwischen dem Kontinent und Südengland frühzeitig reservieren! Die kürzeste Überfahrt mit der Fähre ist von Calais nach Dover.

INFORMATIONEN

FLUGHÄFEN

LONDON HEATHROW
Der riesige Flughafen hat 5 Terminals. Um den richtigen zu finden, auf der Flughafen-Website auf »Airport Guide« und »Which Terminal« klicken.
24 km westl. der City
www.heathrowairport.com

LONDON GATWICK
40 km südl. der City
www.gatwickairport.com

LONDON LUTON
51 km nördl. der City
www.london-luton.co.uk

LONDON STANSTED
55 km nordöstl. der City
www.stanstedairport.com

LONDON CITY AIRPORT
10 km östl. der City
www.londoncityairport.com

LONDONER FERNBAHNHÖFE (AUSWAHL)

CHARING CROSS
Strand: Züge nach Süd-London und Kent

LIVERPOOL STREET
Liverpool Street: Züge nach Ostengland und Endstation des Stansted Express, Anschluss zu den Kanalfähren ab Harwich

PADDINGTON
Praed Street: Züge nach Westengland, Endstation des Heathrow Express

ST PANCRAS INTERNATIONAL
http://stpancras.com
Endstation der Eurostar-Züge

VICTORIA
Victoria Street: Züge nach Kent, Surrey, Sussex, Endstation des Gatwick Express

WATERLOO
York Road, Züge nach Südengland

BAHNAUSKUNFT

NATIONAL RAIL
Tel. 03457 48 49 50
www.nationalrail.co.uk

EUROSTAR UND THALYS
Tel. 03432 18 61 86
www.eurostar.com
in D: Tel. +49 01807 07 07 07
www.thalys.com
in D: Tel. *01806 99 66 33
www.bahn.de

EUROTUNNEL
Tel. *08443 35 35 35
in D: Tel. *01805 00 02 48
www.eurotunnel.com

BUS

EUROLINES DEUTSCHE TOURING
Am Römerhof 17
D-60486 Frankfurt a. M.
Service-Hotline:
Tel. 06196 20 78-501
www.eurolines.de

FÄHRGESELLSCHAFTEN

BRITTANY FERRIES
Zentrale in Frankreich:
Tel. +33 0825 82 88 28
www.brittanyferries.de

CONDOR FERRIES
Tel. 01202 20 72 16
www.condorferries.co.uk

DFDS SEAWAYS
Tel. 040 389 03 71
www.dfdsseaways.de

ISLES OF SCILLY STEAMSHIP
Tel. 0173 6 33 42 20
www.islesofscilly-travel.co.uk

P & O FERRIES
www.POferries.com
Tel. 0800 1 30 00 30

RED FUNNEL
Tel. 02380 01 91 92
www.redfunnel.co.uk

STENALINE
in D: Tel. *01806 02 01 00
www.stenaline.de

WIGHTLINK
Tel. 033 39 99 73 33
www.wightlink.co.uk

FÄHREN NACH SÜDENGLAND

CAEN – PORTSMOUTH
Brittany Ferries, tgl.
Kreuzfahrtfähre: 5 ¾ Std. tagsüber,
8 Std. nachts

CALAIS – DOVER
P & O Ferries, tgl., 90 Min.
DFDS Seaways, tgl., 90 Min.

CHERBOURG – POOLE
Brittany Ferries, tgl., 4¼ Std.

CHERBOURG – PORTSMOUTH
Brittany Ferries, tgl., 3 Std.

DIEPPE – NEWHAVEN
DFDS Seaways, tgl., 4 Std.

DÜNKIRCHEN – DOVER
DFDS Seaways, tgl., 2 Std.

HOEK VAN HOLLAND – HARWICH
Stenaline, tgl., 6,5 Std.

LE HAVRE – PORTSMOUTH
Brittany Ferries, tgl. März – Okt.
Schnellfähre 3 ¾ Std.
»MS Etretat« 10 Std.

ROSCOFF – PLYMOUTH
Brittany Ferries, tgl.,
tagsüber 6 Std., nachts 8 Std.

ST-MALO – PORTSMOUTH
Brittany Ferries, tgl., 10 ¾ Std. nachts
9 Std. tagsüber

FÄHREN IN SÜDENGLAND

ISLE OF WIGHT
Lymington – Yarmouth: tgl.,
Wightlink (30 Min.)
Portsmouth – Fishbourne: tgl.,
Wightlink (40 Min.)
Portsmouth – Ryde: tgl.,
Wightlink (22 Min.)
Southampton – Cowes: tgl.,
Red Funnel (20 – 55 Min.)

ISLES OF SCILLY
Penzance – St Mary's: April – Okt.
4- bis 6-mal wöchentl.
Isles of Scilly: Steamship
(2,5 Std.)

London

In London sollte man **aufs Auto verzichten**. Der Verkehr staut sich, die Beschilderung ist bescheiden, Parkplätze sind rar und teuer. Zudem wird für Fahrten in der Innenstadt werktags 7 bis 18 Uhr die sogenannte **Congestion Charge** von 11,50 £ pro Tag erhoben, die online, per SMS oder an Tankstellen bezahlt werden kann. Ausländische Fahrzeuge müssen sich außerdem vorab für die **London Low Emission Zone** registrieren lassen oder sie werden automatisch mit Bußgeld belegt (www.tfl.gov.uk).

Ein- und Ausreisebestimmungen

Brexit Nach dem Austritt Großbritanniens aus der EU können sich nachfolgende Bestimmungen ändern.

Reisedokumente Für EU-Bürger und Schweizer Staatsangehörige genügt zur Einreise ein gültiger Personalausweis oder Reisepass – auch Kinder brauchen einen eigenen Ausweis oder Pass! Autofahrer müssen Führerschein, Kraftfahrzeugschein und die internationale grüne Versicherungskarte mit sich führen.

Tiere Tiere müssen einen Mikrochip zur Identifikation besitzen, Tollwuttest und -impfung in einem autorisierten Labor mindestens sechs Monate vor der Einreise, Zecken- und Bandwurmimpfung ein bis zwei Tage vor der Einreise haben. Nachweis: **EU-Heimtierausweis**.

Zollbestimmungen Im **EU-Binnenmarkt** ist der private Warenverkehr weitgehend zollfrei. Lediglich gewisse obere Richtmengen – 800 Zigaretten, 10 l Spirituosen, 90 l Wein für Reisende über 17 Jahre – gelten noch. Für Reisende aus **Nicht-EU-Ländern** wie der Schweiz bestehen folgende Freimengen: 250 g Kaffee, 100 g Tee, 200 Zigaretten oder 50 Zigarren oder 250 g Tabak, 2 l Wein oder andere Getränke bis 22 Vol.-% Alkoholgehalt sowie 1 l Spirituosen mit mehr als 22 Vol.-% Alkoholgehalt. Geschenkartikel dürfen bis zu einem Wert von 300 €, bei Flugreisen bis 430 €, unter 17 Jahren bis 175 € zollfrei eingeführt werden.

AUSKUNFT

VISITBRITAIN
Infos vom britischen Fremdenverkehrsamt gibt es nur noch online.
www.visitbritain.de

VISITENGLAND
Reiseplanung, Unterkünfte, aktuelle Infos und barrierefreies England
www.visitengland.de

TOURISM SOUTH EAST
Infos über East Sussex, West Sussex, Kent, Surrey, Isle of Wight, Dorset, Hampshire, Berkshire
www.visitsoutheastengland.com

SOUTH WEST TOURISM
Infos zu Cornwall, Devon, Dorset, Somerset, Wiltshire, Isles of Scilly, Gloucestershire & Cotswolds
www.visitsouthwest.co.uk

CITY OF LONDON INFORMATION CENTRE
Informationen auch auf Deutsch; Liste aller Tourist Information Centres in London unter www.visitlondon.com/tag/tourist-information-centre
St Pauls Churchyard
Tel. 020 73 32 14 56
www.visitlondon.com

BRITISCHE BOTSCHAFTEN

DEUTSCHLAND
Wilhelmstr. 70, D-10117 Berlin
Tel. 030 20 45 70, www.gov.uk/government/world/organisations/british-embassy-berlin.de

SCHWEIZ
Thunstrasse 50, CH-3005 Bern
Tel. 031 3 59 77 00, www.gov.uk/government/world/organisations/british-embassy-berne

ÖSTERREICH
Jaurèsgasse 12, A-1030 Wien
Tel. 01 71 61 30, www.gov.uk/government/world/organisations/british-embassy-vienna.de

BOTSCHAFTEN IN GROSSBRITANNIEN

DEUTSCHLAND
23 Belgrave Square, London SW 1X 8PZ, Tel. 020 78 24 13 00
www.london.diplo.de

SCHWEIZ
16 – 18 Montagu Pl., London W1H 2BA, Tel. 020 76 16 60 00
www.eda.admin.ch/countries/united-kingdom/en/home.html

ÖSTERREICH
18 Belgrave Mews, London SW 1X HU, Tel. 020 73 44 32 50
www.bmeia.gv.at/botschaft/london.html

NATIONAL TRUST
Der gemeinnützige Verein besitzt und bewahrt mehr als 300 historische Besucherattraktionen und kümmert sich um den Erhalt der Landschaft.
www.nationaltrust.co.uk

ENGLISH HERITAGE
English Heritage pflegt über 400 historische Stätten, von Stonehenge über Burgen und Abteiruinen bis zu Atombunkern aus dem Kalten Krieg.
www.english-heritage.org.uk

WEITERE INTERNETADRESSEN

WWW.ARTSLINE.ORG.UK
Behindertengerechte Plätze und Events für Menschen mit Handicap

WWW.BRITISHCOUNCIL.DE
Der British Council präsentiert die Kultur des Vereinigten Königreiches im Ausland mit Sprachkursen, Vorträgen, Ausstellungen und Filmvorführungen.

WWW.RAC.CO.UK
Unter »Travel Services« bietet der Royal Automobile Club (RAC) einen guten Routenplaner sowie aktuelle Verkehrsinfos.

WWW.THEAA.COM
Kompetenter Online-Führer der Automobile Association (AA) zu Hotels, B & Bs, Pubs und Restaurants

WWW.STREETMAP.CO.UK
Straßenkarten und Stadtpläne aus ganz Großbritannien

WWW.CULTURE24.ORG.UK
Gute Übersicht über rund 3000 Museen und Galerien in England

WWW.LONDONTOWN.COM
Nach eigener Aussage die »number one internet site for London« – da ist was dran.

WWW.OFFICIALLONDONTHEATRE.CO.UK
Das gesamte Londoner Theaterprogramm inkl. Shows und Comedy; Suchmaschine und Ticketinformationen

WWW.TFL.GOV.UK
Alles über den öffentlichen Nahverkehr der Themsestadt, inkl. Fahrpläne

ETIKETTE

Jenseits von Europa?

»Nebel im Kanal – Kontinent abgeschnitten« – diese legendäre Schlagzeile kombiniert treffend die geografische Lage Großbritanniens mit dem Selbstverständnis der Briten hinsichtlich ihrer Nachbarn. Selbst Winston Churchill konstatierte: »Der Kanal ist keine Wasserstraße, sondern eine Weltanschauung.« Seien Sie bei einem Besuch auf den Britischen Inseln daher auf die Frage gefasst, ob Sie denn vom Kontinent bzw. aus Europa angereist seien!

Britische Höflichkeit

Freundlich sind die Briten, und auch recht unkonventionell. Bringen Sie etwas Zeit, Geduld und Humor beim Schlangestehen am Bus oder vor der Kasse mit. Beim freundlichen Smalltalk übers Wetter, Warten und andere Widrigkeiten sind Religion und Politik stets tabu! Nach einem »How do you do?« oder »How are you?« spricht man sich beim ersten Kennenlernen meist gleich mit Vornamen an. Eifriges Händeschütteln geht den eher auf physische Distanz bedachten Briten zu weit. Auch Titel spielen eine untergeordnete Rolle, wird doch Understatement großgeschrieben: Selbst herausragende Talente werden nur in aller Bescheidenheit zur Schau gestellt. Eine fundamentale Höflichkeit bestimmt den alltäglichen Umgangston. Schon die Kleinsten sagen selbstverständlich »Please« und »Thank you«. Es ist ratsam, immer ein »Sorry« oder »Excuse me« auf den Lippen zu haben. Was mancher Gast als übertriebene Höflichkeit definiert, ist für den Einheimischen gerade gut genug, und wer erst einmal in die »not very friendly«-Kiste gesteckt wurde, ist im sozialen Abseits. Wundern Sie sich also nicht, wenn die Person, der Sie auf den Fuß treten, sich zuerst bei Ihnen entschuldigt und dann bedankt, nachdem Sie Ihren Fauxpas korrigiert haben!

Britischer Humor

Besonders stolz sind die Briten auf ihren Humor. Gute und schlechte Situationen werden ironisch oder mit schlichtem Witz gewürzt, der kollektiv belacht und verstanden wird.

GESUNDHEIT

Ärztliche Hilfe

EU-Bürger haben im Krankheitsfall in England Anspruch auf kostenlose Behandlung durch den Staatlichen Gesundheitsdienst (**National Health Service**) und sollten daher die **Europäische Krankenversicherungskarte (EHIC)** dabeihaben. Diese ist vorerst auch trotz

Brexit-Verhandlungen noch gültig. Selbst zu zahlen sind zahnärztliche Behandlungen und verschriebene Medikamente (prescription). Nicht-EU-Bürger sollten eine **Auslandskrankenversicherung** abschließen. **Apotheken** (chemist, pharmacy) sind oft Abteilungen einer Drogerie, z. B. der landesweit stark vertretenen Kette Boots.

LESETIPPS

Belletristik

Jane Austen: Emma. Insel 2017. Eine junge, schöne und selbstbewusste Frau spielt mit dem Schicksal anderer Menschen, bis sie merkt, dass sie Unglück stiftet, wo sie mit gutgemeinten Liebesintrigen die Glücksfee spielen wollte.

Bill Bryson: Reif für die Insel – England für Anfänger und Fortgeschrittene. Goldmann TB 2007. Wenn ein Yankee versucht, die Tommies zu verstehen, ist Lesespaß garantiert: Die Liebeserklärung an die Insel zwischen Ärmelkanal und Atlantik ist nicht nur hintersinnig, sondern auch hinreißend komisch.

Julian Fellowes: Snobs. Goldmann 2013. Julian Fellowes, der als Peer im Oberhaus sitzt und als Drehbuchautor von »Downtown Abbey« gefeiert wird, hat mit seinem Debütroman eine wundervoll unterhaltsame wie entlarvende Sittenkomödie der englischen Oberschicht verfasst.

Hans-Dieter Gelfert: Typisch englisch: Wie die Briten wurden, was sie sind. C.H. Beck 2011. Humor, Höflichkeit und das Ideal des Gentleman, Fair Play, Common sense, Kompromissbreitschaft und Naturnähe werden aus der englischen Geschichte erklärt.

Rachel Joyce: Die unwahrscheinliche Pilgerreise des Harold Fry. Fischer 2013. »Ich werde laufen, und Du wirst leben.« Eigentlich will er nur einen Brief an sie einwerfen, doch dann läuft Harold von Südengland bis an die schottische Grenze zu Queenies Hospiz. Ein berührender Selbstfindungsroman über Mitgefühl und Menschlichkeit, Tapferkeit und Betrug, Liebe und Loyalität und ein ganz unscheinbares Paar Segelschuhe.

Ian McEwan: Saturday. detebe 2007. Ein Tag in London im Jahr 2003 – der Tag einer großen Demo gegen den Krieg in Irak, auch der Tag, an dem das Leben des Neurochirurgen Henry Perowne und seiner begabten Familie durch Londoner Kriminelle durcheinandergewirbelt wird.

Bildbände **DuMont Bildatlas Südengland**. DuMont 2016. Prachtvolle Gärten, idyllische Fischerorte und zerklüftete Klippen – Impressionen aus England zwischen Cornwall und Kent.

Barbara Baker, Jerry und Marcus Harpur: Englische Traumgärten. Klasing 2011. Die 100 schönsten Gärten, ihre Gestalter und Besitzer.

MASSE · GEWICHTE

Metrisches System mit Ausnahmen In Großbritannien gilt das metrische System für Maße und Gewichte. Beibehalten wurden das Pint (1,57 l) für Bier und Milch, die Meile (1,61 km) als Entfernungsmaß und die eigenen Konfektionsgrößen.

ENGLISCHE MASSE
1 inch = 2,54 cm
1 foot = 30,48 cm
1 yard = 91,44 cm
1 mile (mi) = 1,61 km
1 pint (pt) = 0,568 l
1 pound = 453,59 g

KONFEKTIONSGRÖSSEN

D:	36	38	40	42	44
GB:	8	10	12	14	16

SCHUHGRÖSSEN

D:	38	39	40	42	43	44
GB:	5	6	7	8	9	10

PREISE · VERGÜNSTIGUNGEN

Teures Reiseland London gehört zu den teuersten Städten der Welt – und auch in Südengland sind Hotels, Restaurants und Attraktionen nicht gerade ein Schnäppchen, obwohl das Votum für den Austritt aus der EU zu einem deutlichen Kursverlust des britischen Pfunds gegenüber dem Euro geführt hat. Wer sparen will, sollte bei der Reiseplanung das **Internet konsultieren** und dort vorab Eintrittskarten für Attraktionen erwerben: So lassen sich bis zu 40 % sparen. Auch Hotels bieten häufig im Internet nur online buchbare, günstigere Pauschalen an. Die viel angepriesenen **CityCards**, z. B. der London Pass, lohnen sich nur bei wirklich ausgiebigen Besichtigungstouren.

Unterkunft Saubere, meist modern eingerichtete Zimmer zu günstigen Preisen bieten Hotelketten wie Premier Inn, Holiday Inn Express oder Travelodge. Eine gute Alternative sind Bed-&-Breakfast-Unterkünfte. Sehr preiswert sind Jugendherbergen und, außerhalb der Semester, Studentenwohnheime. In vielen Hotels, Lodges und Jugendherbergen gibt es »Family Rooms« mit drei bis fünf Betten, die deutlich preiswerter sind als zwei Doppelzimmer. Mit einer Familie oder einer Gruppe ist es in der Regel günstiger, eine Ferienwohnung oder ein Ferienhaus zu mieten.

Essen gehen

Mittags und abends locken zahlreiche Restaurants mit Menüs oder Buffets zum Festpreis. Pub Food ist häufig recht preiswert. Die unabhängigen »Les Routiers«-Lokale verbinden gute Küche und angenehme Atmosphäre mit fairen Preisen. Günstig sind auch indische, chinesische, thailändische, vietnamesische, koreanische, indonesische Restaurants und das japanische Wagamama. In Einkaufszentren findet man oft preiswerte Lokale, auch die Museumsrestaurants sind nicht zu teuer. Gute Adressen für Pizza-Fans sind Pizza Express und Ask. Eine Alternative sind »Fish & Chips« zum Mitnehmen. Leckere Sandwiches gibt es nicht nur an der Sandwichbar, sondern auch abgepackt in Supermärkten wie Marks & Spencer und Sainsburys, auch in der Drogeriekette Boots.

Reisen im Land

Die **BritRail- und Flexipässe** der Bahn erlauben unbegrenzte Fahrten im Land während einer festgelegten Zeitdauer (www.visitbritainshop.com). Die preiswertesten Tankstellen werden von den großen Supermärkten in Stadtrandlage betrieben, z. B. Tesco.
Der **Eintritt** für Schlösser, Burgen, Gartenanlagen und historische Stätten in Südengland ist recht hoch. Mehr als 100 Sehenswürdigkeiten, u. a. Burgen, Schlösser, Abteien, römische Ruinen und prähistorische Stätten wie Stonehenge, kann man mit dem **English Heritage Overseas Visitor Pass** (9 Tage Erw. 36,50 £, 16 Tage 43,50 £) besuchen. Auch für die 300 historischen Anwesen des National Trust kann man einen Besucherpass kaufen (7 Tage Erw. 30,50 £, 14 Tage 36,50 £). Beide Pässe muss man vor der Reise erwerben (www.visitbritainshop.com). Für **Londons U-Bahn** lohnt sich eine Travelcard oder eine Oyster Card (► S. 204). In den meistbesuchten Kathedralen wird Eintritt verlangt. Dafür gibt es häufig kostenlose Führungen.

REISEZEIT

Blumenpracht im Frühling

Der Sommer ist mit seinen angenehmen Tages- und Nachttemperaturen für viele die beste Reisezeit. Wer zeitlich flexibel ist und nicht unbedingt baden will, sollte – z. B. für den Besuch von London – die schöne Vorsaison im Mai und Juni wählen. **Entfesselte Naturgewalten** kann man von November bis Februar an Cornwalls Küsten erleben, wenn hohe Brecher an die Steilküsten der Halbinsel peitschen. Wer Sehnsucht nach Frühling hat, sollte Anfang März die Südküste von Cornwall und Devon aufsuchen. Durch die klimatische Gunst des Golfstroms entfaltet sich hier die Blütenpracht in Parks und Gärten früher als in vielen Teilen Deutschlands. Milde, regenreiche und bisweilen stürmische Winter und mäßig warme Sommer prägen das Klima in Südengland. Durch den **Golfstrom**, dessen Temperatur selbst im Winter nie unter 10 °C fällt, ist das Klima an den Südküsten von Devon und Cornwall sehr mild. Im Landesinnern ist das Winterwetter mit Nachtfrost und gelegentlichem Schnee deutlich strenger. Im Sommer ist der Süden Englands durchschnittlich zwei Grad kühler als Deutschland. Bläst der Wind jedoch aus Osten, kann es heiß und schwül werden – so beträgt in Southampton der Hitzerekord 33,9 °C.

Unentbehrlich: Regenjacke und Sonnenbrille

Die Niederschläge fallen nahezu gleichmäßig über das Jahr verteilt. Kurze Schauer oder plötzliche Wetterumschwünge sind jederzeit möglich. Viele Briten haben daher einen faltbaren Poncho aus klarem Plastik stets dabei. Nichtsdesotrotz scheint die Sonne mit jährlich 1700 Stunden an der Südküste Englands genauso lange wie in Süddeutschland – und 400 Stunden länger als im restlichen Königreich. Generell gilt: je weiter nach Westen, desto weniger Sonne.

SPRACHE

Englisch lernen

Wo ließe sich die englische Sprache besser erlernen als in ihrem Mutterland? Jedes Jahr kommen denn auch mehr als 600 000 Lernwillige nach Großbritannien. Bei Hunderten von **Sprachschulen** hat man die Möglichkeit, auf jedem gewünschten Niveau Sprachfähigkeiten zu erwerben und auszubauen. Eine gute Übersicht findet man auf den Websites von VisitBritain und dem British Council (▶ Auskunft, S. 408).

SPRACHFÜHRER ENGLISCH

AUF EINEN BLICK

Vielleicht.	**Perhaps./Maybe.**
Bitte.	**Please.**
Danke./Vielen Dank!	**Thank you./Thank you very much!**
Gern geschehen.	**You're welcome.**
Entschuldigung!	**I'm sorry!**

Wie bitte?	**Pardon?**
Ich verstehe Sie/dich nicht.	**I don't understand you**
Ich spreche nur wenig (English)...	**I only speak little (English) ...**
Können Sie mir bitte helfen?	**Can you help me, please?**
Ich möchte ...	**I'd like ...**
Das gefällt mir (nicht).	**I (don't) like this.**
Haben Sie ...?	**Do you have ...?**
Wie viel kostet es?	**How much is it?**
Wie viel Uhr ist es?	**What time is it?**

KENNENLERNEN

Guten Morgen!	**Good morning!**
Guten Tag!	**Good afternoon!**
Guten Abend!	**Good evening!**
Hallo! Grüß dich!	**Hello!/Hi!**
Mein Name ist ...	**My name's ...**
Wie ist Ihr/Dein Name?	**What's your name?**
Wie geht es Ihnen/dir?	**How are you?**
Danke. Und Ihnen/dir?	**Fine, thanks. And you?**
Auf Wiedersehen!	**Goodbye!/Bye-bye!**
Tschüs!	**See you!/Bye!**

AUSKUNFT UNTERWEGS

links/rechts	**left/right**
geradeaus	**straight on**
nah/weit	**near/far**
Bitte, wo ist ...?	**Excuse me, where's ..., please?**
... die Bushaltestelle	**... the bus stop**
... der Hafen	**... the harbour**
... der Flughafen	**... the airport**
Wie weit ist das?	**How far is it?**
Ich möchte ... mieten.	**I'd like to hire ...**
... ein Auto	**... a car**
... ein Fahrrad	**... a bike/bicycle**

EINKAUFEN

Wo finde ich ... eine/ein ...?	**Where can I find a ...?**
Apotheke	**chemist/pharmacy**
Bäckerei	**bakery**
Kaufhaus	**department store**
Lebensmittelgeschäft	**grocery store**
Markt	**market**
Was kostet ...?	**How much is ...?**

ÜBERNACHTUNG

Können Sie mir ... empfehlen?	**Could you recommend ... ?**
... ein Hotel/Motel	**... a hotel/motel**

... eine Pension.	**... a guest-house**
Ich habe ein Zimmer reserviert.	**I have reserved a room.**
Haben Sie noch ...?	**Do you have ...?**
... ein Einzelzimmer	**... a single room**
... ein Doppelzimmer	**... a double room**
... mit Dusche/Bad	**... with a shower/bath**
... für eine Nacht	**... for one night**
... für eine Woche	**... for a week**
Was kostet das Zimmer	**How much is the room**
... mit Frühstück?	**... with breakfast?**
... mit Halbpension?	**... with half board?**

ARZT

Ich brauche einen Arzt/Zahnarzt.	**I need a doctor/dentist.**
Ich habe hier Schmerzen.	**I've got pain here.**

BANK/POST/KOMMUNIKATION

Wo ist hier bitte eine Bank?	**Where's the nearest bank, please?**
Ich möchte ... Euro (Franken) wechseln.	**I'd like to change ... Euro (Swiss Francs).**
Was kostet ...	**How much is ...**
... ein Brief ...	**... a letter ...**
... eine Postkarte ...	**... a postcard ...**
nach Deutschland?	**to Germany?**
nach Österreich?	**to Austria?**
in die Schweiz?	**to Switzerland?**
Handy, Mobiltelefon	**mobile phone**
Wo ist das nächste Internetcafé?	**Where is the next internet café?**
Ich brauche eine Prepaid-Karte für mein Handy.	**I need a prepaid card for my mobile phone.**
Ich brauche eine Speicherkarte für meine Kamera.	**I need a memory card for my camera.**

SPEISEKARTE

Breakfast	**Frühstück**
coffee (with cream/milk)	**Kaffee (mit Sahne/Milch)**
hot chocolate	**heiße Schokolade**
tea (with milk/lemon)	**Tee (mit Milch/Zitrone)**
scrambled eggs	**Rühreier**
poached eggs	**pochierte Eier**
bacon and eggs	**Eier mit Speck**
fried eggs	**Spiegeleier**
hard-boiled/soft-boiled eggs	**harte/weiche Eier**
(cheese/mushroom) omelette	**(Käse-/Champignon-) Omelett**
bread/rolls	**Brot/Brötchen/Toast**
brown/white toast	**Körnertoast/Weißbrottoast**
butter	**Butter**
honey	**Honig**

jam/marmalade	**Marmelade/Orangenmarmelade**
yoghurt	**Joghurt**
fruit	**Obst**
Starters and Soups	**Vorspeisen und Suppen**
clear soup/consommé	**(Fleisch-) Brühe**
cream of chicken soup	**Hühnercremesuppe**
cream of tomato soup	**Tomatensuppe**
mixed/green salad	**gemischter/grüner Salat**
onion rings	**frittierte Zwiebelringe**
seafood salad	**Meeresfrüchtesalat**
shrimp/prawn cocktail	**Garnelen-/Krabbencocktail**
smoked salmon	**Räucherlachs**
vegetable soup	**Gemüsesuppe**
Fish and Seafood	**Fisch und Meeresfrüchte**
cod	**Kabeljau**
crab	**Krebs**
eel	**Aal**
haddock	**Schellfisch**
herring	**Hering**
lobster	**Hummer**
mussels	**Muscheln**
oysters	**Austern**
plaice	**Scholle**
salmon	**Lachs**
scallops	**Jakobsmuscheln**
sole	**Seezunge**
squid	**Tintenfisch**
trout	**Forelle**
tuna	**Thunfisch**
Meat and Poultry	**Fleisch und Geflügel**
barbequed spare ribs	**gegrillte Schweinerippchen**
beef	**Rindfleisch**
chicken	**Hähnchen**
chop/cutlet	**Kotelett**
duck(ling)	**(junge) Ente**
fillet	**Filetsteak**
gammon	**Schinkensteak**
gravy	**Fleischsoße**
ham	**gekochter Schinken**
kidney	**Niere**
lamb (with mint sauce)	**Lamm (mit einer sauren Minzsoße)**
liver (and onions)	**Leber (mit Zwiebeln)**
minced meat	**Hackfleisch**
mutton	**Hammelfleisch**
pork	**Schweinefleisch**
porterhouse steak	**Steak mit Filet und Knochen**
rabbit	**Kaninchen**
sausages	**Würstchen**
sirloin steak	**Lendenstück vom Rind**
turkey	**Truthahn**

veal	**Kalbfleisch**
venison	**Reh oder Hirsch**
Dessert and Cheese	**Nachspeisen und Käse**
apple pie	**gedeckter Apfelkuchen**
cheddar	**kräftiger Käse**
cottage cheese	**Hüttenkäse**
cream	**Sahne**
custard	**Vanillesoße**
fruit salad	**Obstsalat**
goat's cheese	**Ziegenkäse**
ice-cream	**Eis**
pastries	**Gebäck**
Vegetables and Salad	**Gemüse und Salat**
baked beans	**gebackene Bohnen in Tomatensoße**
baked potatoes	**gebackene, ungeschälte Kartoffeln**
cabbage	**Kohl**
carrots	**Karotten**
cauliflower	**Blumenkohl**
chips	**Pommes frites**
cucumber	**Gurke**
fritters/hash browns	**Bratkartoffeln**
garlic	**Knoblauch**
leek	**Lauch**
lettuce	**Kopfsalat**
mashed potatoes	**Kartoffelpüree**
mushrooms	**Pilze**
onions	**Zwiebeln**
peas	**Erbsen**
peppers	**Paprika**
spinach	**Spinat**
sweetcorn	**Mais**
tomatoes	**Tomaten**
Fruit	**Obst**
apples	**Äpfel**
apricots	**Aprikosen**
blackberries	**Brombeeren**
cherries	**Kirschen**
grapes	**Weintrauben**
lemon	**Zitrone**
oranges	**Orangen**
peaches	**Pfirsiche**
pears	**Birnen**
pineapple	**Ananas**
plums	**Pflaumen**
raspberries	**Himbeeren**
strawberries	**Erdbeeren**
Beverages	**Getränke**
beer on tap	**Bier vom Fass**
cider	**Apfelwein**
red/white wine	**Rot-/Weißwein**

dry/sweet	**trocken/lieblich**
sparkling wine	**Sekt**
soft drinks	**alkoholfreie Getränke**
fruit juice	**Fruchtsaft**
lemonade	**gesüßter Zitronensaft**
milk	**Milch**
mineral water	**Mineralwasser**

TELEKOMMUNIKATION · POST

WLAN

Einen freien WLAN-Zugang zu finden, ist vielerorts in Südengland kein Problem. Vor allem in den Städten, aber auch in ländlichen Regionen bieten sehr viele Cafés, Restaurants und Kneipen die Möglichkeit, mit dem Smartphone oder Tablet kostenlos zu surfen; manche Hotels erheben noch eine Gebühr. Besonders komfortabel ist die Situation in **London**: In über 150 U-Bahn-Stationen ist der Zugang für Kunden der führenden Anbieter (z. B. Vodafone, O2, Orange, Virgin Media) frei, andere können sehr preiswert einen Tages- oder Wochenpass unter https://wifipass.virginmedia.com erstehen.

Telefon

Mobiltelefone (»mobile phone«, »cell phone«) wählen sich in das entsprechende britische Partnernetz ein. Roaming-Gebühren fallen seit Juni 2017 auch fürs mobile Internet bis zu einer bestimmten Obergrenze nicht mehr an. Die meisten **öffentlichen Telefone** von British Telecom (BT) funktionieren mit Münzen (10, 20, 50 p, 1 £), einer Telefonkarte (»Phonecard«, u. a. in Postämtern und Kiosken) und Kreditkarten. Wer von einer BT-Telefonzelle ins Ausland telefonieren will, muss mindestens 1 £ einwerfen. Ermäßigte Tarife gelten wochentags 18 bis 8 Uhr und übers Wochenende.
Bei Ortsgesprächen von Festnetztelefonen aus muss die drei- bis sechsstellige Ortsvorwahl nicht gewählt werden, mit Mobiltelefonen hingegen schon. Die jeweilige Vorwahl ermittelt man unter www.thephonebook.bt.com/area/.

Post

Postfilialen sind in der Regel Mo. bis Fr. 9 bis 17.30 und Sa. bis 12.30 Uhr geöffnet. Länger offen haben Hauptfilialen wie das Londoner Postamt in der William IV St. etwas östlich vom Trafalgar Square: Mo. bis Fr. 8.30 bis 18.30, Sa. 9 bis 17.30 Uhr. Postkarten und Briefe bis 20 g nach Festlandeuropa müssen mit 1 £ frankiert werden. Briefmarken erhält man auf den Postämtern, in vielen Kiosken und Souvenirläden. Portorechner auf www.royalmail.com.

VERKEHR

Mit Auto und Motorrad

Verkehrsvorschriften

Auf den Britischen Inseln herrscht **Linksverkehr**, überholt wird rechts! Doch nicht automatisch hat der von links kommende Verkehr Vorfahrt. »Vorfahrt gewähren« wird durch die Schilder »Stop« oder »Give Way« angezeigt. An Straßenmündungen mit doppelter Linie muss man anhalten, an doppelt unterbrochene Linien langsam heranfahren. Im Kreisverkehr (roundabouts) haben Fahrzeuge im Kreis Vorfahrt.
Folgende **Höchstgeschwindigkeiten** gelten, sofern nicht anders durch Schilder angegeben: auf Autobahnen und Straßen mit zwei Spuren 70 mph (112 km/h), mit Anhänger 60 mph (96 km/h); auf anderen Straßen 60 mph (96 km/h), mit Anhänger 50 mph (80 km/h); innerhalb geschlossener Ortschaften 30 mph (48 km/h). Fahrzeuge mit Anhänger dürfen auf dreispurigen Autobahnen nicht die äußere Überholspur benutzen, also nicht ganz innen fahren.
Es besteht **Anschnallpflicht**, auch auf den Rücksitzen. Für Motorrad- und Mopedfahrer besteht **Helmpflicht**. Die Höchstgrenze für den Blutalkoholgehalt beträgt **0,8 Promille**. Wer mit dem eigenen Auto anreist, muss die für den Rechtsverkehr eingestellten Scheinwerfer mit Folienstreifen abkleben: Die sogenannten **Eurolites** – erhältlich u. a. beim ADAC – verhindern ein Blenden des Gegenverkehrs.

Mietwagen

Wer ein Auto mieten möchte, muss mindestens 21, mitunter gar 25 Jahre alt sein, seit einem Jahr einen Führerschein besitzen und vor Ort eine Kaution hinterlegen – in bar oder per Kreditkarte. Spartipp: das Auto bereits in Deutschland buchen, die Autoversicherung aber am besten vor Ort beim Vermieter abschließen, da man sonst oft doppelt zahlt.

Parken

In den Stadtzentren ist kostenloses **Parken** kaum noch möglich. Beim Parken am Straßenrand und auf Parkplätzen ist »Pay & Display« üblich, d. h. man wählt im Voraus die Parkzeit und bezahlt am Automaten. Halten Sie deshalb Münzen vorrätig. Achtung – manche privaten Parkplatzbetreiber befestigen ganz schnell eine Kralle an Autos, die diese Parkzeit überziehen! Gelbe Doppellinien bedeuten Parkverbot. An einer einfachen gelben Linie darf zu den Zeiten, die auf einem Schild angegeben sind, nicht geparkt werden.

Traditionalisten wollen es nicht wahrhaben, doch das Londoner Taxi, das Black Cab, ist mittlerweile auch in anderen Farben unterwegs.

BANANA REPUBLIC
BANANA REPUBLIC
SWAROVSKI CRYSTALLIZED
TAXI
L00 CXA

Benzin Es gibt bleifreies (unleaded) Super plus mit 98 Oktan und bleifreies Eurosuper mit 95 Oktan. Der Biosprit E10 soll in Südengland schrittweise eingeführt werden. Derzeit gibt es dort ein Super-Benzin mit 4 % Ethanol-Beimischung. Wann von diesem »E4« auf »E10« umgestellt wird, ist noch unklar. Dieselkraftstoff und Flüssiggas (LPG = Liquid Petroleum Gas) sind fast überall erhältlich.

Mit öffentlichen Verkehrsmitteln

Mit der Bahn von London nach Südengland Von sechs der zehn Londoner Hauptbahnhöfe fahren Züge nach Südengland ab (▶ S. 406). **IC-Züge** verbinden London mit Brighton und Poole sowie via Exeter mit Torquay, Plymouth und Penzance. Vom IC-Zug über Reading und Swindon nach Bristol bestehen Anschlüsse via Exeter und Plymouth nach Penzance. Ein landesweites **Hochgeschwindigkeitsbahnnetz** mit Topgeschwindigkeiten von 225 km/h ist derzeit im Aufbau. Bislang gibt es neben dem Shuttle durch den Ärmelkanaltunnel nur die Hochgeschwindigkeitslinie »High Speed 1«, auf der Züge zwischen London/St Pancras International und dem Eurotunnel-Bahnhof Ashord International, vorbei an Ramsgate und Canterbury, mit Tempo 200 verkehren.

Bahnermäßigungen Stark ermäßigt sind **Point-to-Point-Tickets** für die zweite Klasse – Gruppen von sechs Erwachsenen erhalten einen zusätzlichen Rabatt von 30 %. Freie Fahrt gewähren **BritRail-Pässe** mit einer Gültigkeit von vier bis 22 Tagen; diese berechtigen auch zur Fahrt in den Flughafen-Zubringern Heathrow Express, Gatwick Express und Stansted Express. Die Bahntickets und -pässe erhält man online unter www.visitbritainshop.com, in Reisebüros oder bei der Deutschen Bahn. Preisgünstig wird der Londoner Nahverkehr durch die **Visitor Travelcard** oder **Oyster Card** (▶ S. 204).

Fernbuslinien Südengland durchzieht ein dichtes Netz von Fernbuslinien, das von **National Express** und anderen betrieben wird. Kommunale und private Gesellschaften ergänzen das regionale Busnetz. Wichtig: Fernbusse heißen »Coaches«, »Buses« verkehren nur örtlich. **Backpacker-Busse** fahren von einer Herberge zu nächsten.

Busermäßigungen Besonders günstig wird die Busfahrt für Senioren über 60. Für sie gibt es die **Senior Coach Card** – nach einer einmaligen Zahlung von 10 £ kosten dann ein Jahr alle Busfahrten ein Drittel weniger. Mit dem **Skimmer-**Buspass (7 Tage 69 £, 14 Tage 119 £, 28 Tage 199 £) von **National Express** können 1000 Routen im Streckennetz unbegrenzt genutzt werden. Spartipp für Senioren: Am verkehrsarmen Dienstag bietet National Express die Hin- und Rückfahrt zu allen Zielen in Großbritannien (Flughäfen ausgenommen) für 15 £ an.

ADRESSEN

ÖFFENTLICHE VERKEHRSMITTEL

WWW.TRAVELINE.INFO
Verbindungen mit allen Verkehrsmitteln im ganzen Land, auch via App

BUSUNTERNEHMEN

NATIONAL EXPRESS
www.nationalexpress.com

MEGABUS
https://uk.megabus.com/

STAGECOACH
www.stagecoachbus.com

BAHNFAHRTEN

BRITRAIL
BritRail-Pässe für England und London unter:
www.visitbritainshop.com

NATIONAL RAIL
Fahrpläne und Tickets
www.nationalrail.co.uk

Taxis kann man einfach auf der Straße heranwinken. Ob es frei ist, erkennt man am erleuchteten Schild »Taxi« oder »For Hire«. **Wichtig:** Lizensierte Taxen haben eine Wagennummer! Die Fahrpreise und Zuschläge sind im Taxi angeführt; sie sind nach Entfernung und Strecke gestaffelt. Der Mindestpreis beträgt 2,40 £. **Minicabs** können nur direkt bestellt werden. Sie sind günstiger als die Black Cabs. Taxi

REGISTER

F

G

H

I

J

K

M

N

O

P

Q

R

S

T

BILDNACHWEIS

akg-images S. 354 u.
AWL Images S. 78 (Robert Birkby), 253 (Travel Pix Collection)
Baedeker Archiv S. 341
Bilderberg S. 107 (Steinhilber)
Branscheid, Ursula S. 174
DuMont Bildarchiv/Franz Marc Frei S. 26, 57, 65, 84, 120, 135, 177, 183, 199, 286, 297, 308, 313, 323, 325, 327, 371, 374, 376, 379 o., 389, 394, 403
DuMont Bildarchiv/Rainer Kiedrowski S. 244
DuMont Bildarchiv/Holger Leue S. 3 u., 38, 52, 98, 101, 132, 164, 283, 316, 337, 351, 380 o.
DuMont Bildarchiv/Jörg Modrow S. 372
DuMont Bildarchiv/Martin Sasse S. 225, 226, 241, 253
Fotolia: S. 381 (Joe Gough)
Getty Images S. 14 (Corbis/Bob Krist), 20/21 (Matt Cardy), 24/25 (Joff Lee), 81 (Manfred Gottschalk), 128/129 (Ben Pipe Photography), 188 u. (Simon Greenwood), 195 (Nik Wheeler), 196 (Visit Britain/Britain on View), 200 (Future Light), 239 (Danny Martindale), 243 (Visit-Britain/Eric Nathan), 265 (Ellen Rooney), 386 (Cate Gillon)
glowimages S. 212, 250 (deposit), 380 u. (imagebroker)
huber-images S. 7 (Sebastian Wasek), 16/17 und 18 (Maurizio Rellini), 2, 19 und 47 (Justin Foulkes), 124 (Leimer), 148 (Maurizio Rellini), 153 (Alessandra Albanese), 155 und 169 (Christian Müringer), 171 (Maurizio Rellini), 214/215 und 218 (Alessandro Saffo), 248 (Susanne Kremer), 255 (Matteo Carassale), 295 (Tom Mackie), 398 o. (Lawrence), U7 (Richard Taylor)
iStock S. 74 (oversnap), 379 u. (lostinbids)
laif S. 5 (Andrea Artz), 8/9 (Robert Haidinger), 11 o. (H. & D. Zielske), 12/13 (Martin Sasse), 32 (Kuerschner), 62, 69 (Loop/Matt Gibson), 76 (H. & D. Zielske), 104 (REA/Emile Luider), 110 (Gollhardt & Wieland), 126, 159 (Andrea Artz), 188 o. (Loop Images/Andrew Ray), 221, 232 (Allpix/Ian Jones), 259 (Charlie Harding/robertharding), 260 (REA Report Digital/P. Wolmuth), 275 (Loop Images/Craig Joiner), 290 (Le Figaro Magazine/Quidu), 305 (H.& D. Zielske), 320, 330, 349 (robertharding/Ethel Davies)
Lookphotos S. 3 o., 11 u. (Heinz Wohner), 157 (age fotostock)
mauritius images S. 23 (Alamy/Carolyn Jenkins), 27 (Steve Vidler), 29 (robertharding/Tim Graham), 49 (Pixtal), 141 (Alamy/Carolyn Eaton), 147 (age fotostock/Brian Jannsen), 166 (Steve Vidler), 185 (Steve Vidler), 190, 247 (Travel Collection), 279, 382 (Loop Images)
picture-alliance S. 22 (empics/PA Wire/Ben Birchall), 117 (ZUMA Press/Mark Hemsworth), 335 (dpa), 344 (robertharding/Nigel Hicks), 347 (Peter Barritt), 358 (Prismaarchivo), 360 (Adina Tovy), 367 o. (dpa/Axel Heimken), 367 u. (dpa), 385 (robertharding)
Reincke, Madeleine S. 205, 206, 270, 310, 396, 421
Rennbahn Bath, www.bath-racecourse.co.uk S. 390
Schapowalow S. 138
Shangri-La Hotels & Resorts S. 208
The Beach: 398 u.
vario images S. 92 (Westend61)
Visum S. 87 (Landmarker/Rolf Nobel)
Wrba, Ernst S. 354 o.
Titelbild: Getty Images/Victor Ovies Arenas

VERZEICHNIS DER KARTEN UND GRAFIKEN

BAEDEKER VERLAGSPROGRAMM

Viele Baedeker-Titel sind als E-Book erhältlich:
shop.baedeker.com

A
Algarve
Allgäu
Amsterdam
Andalusien
Australien
Australien · Osten

B
Bali
Barcelona
Bayerischer Wald
Belgien
Berlin · Potsdam
Bodensee
Brasilien
Bretagne
Brüssel
Budapest
Burgund

C
China

D
Dänemark
Deutsche Nordseeküste
Deutschland
Deutschland · Osten
Dresden
Dubai · VAE

E
Elba
Elsass · Vogesen

F
Finnland
Florenz
Florida
Franken
Frankfurt am Main
Frankreich
Frankreich · Norden
Fuerteventura

G
Gardasee
Golf von Neapel
Gomera
Gran Canaria
Griechenland
Großbritannien

H
Hamburg
Harz
Hongkong · Macao

I
Indien
Irland
Island
Israel
Istanbul
Istrien · Kvarner Bucht
Italien
Italien · Norden
Italienische Adria
Italienische Riviera

J
Japan
Jordanien

K
Kalifornien
Kanada · Osten
Kanada · Westen
Kanalinseln
Kapstadt · Garden Route
Kenia

Köln
Kopenhagen
Korfu · Ionische Inseln
Korsika
Kos
Kreta
Kroatische Adriaküste · Dalmatien
Kuba

L
La Palma
Lanzarote
Leipzig · Halle
Lissabon
London

M
Madeira
Madrid
Maldavien
Mallorca
Malta · Gozo · Comino
Morrokko
Mecklenburg-Vorpommern
Menorca
Mexiko
Moskau
München

N
Namibia
Neuseeland
New York
Niederlande
Norwegen

O
Oberbayern
Oberitalienische Seen · Lombardei · Mailand
Österreich

P
Paris
Polen
Polnische Ostseeküste · Danzing · Masuren
Portugal
Prag
Provence · Côte d'Azur

R
Rhodos
Rom
Rügen · Hiddensee
Rumänien

S
Sachsen
Salzburger Land
Sankt Petersburg
Sardinien
Schottland
Schwarzwald

Schweden
Schweiz
Sizilien
Skandinavien
Slowenien
Spanien
Spanien · Norden · Jakobsweg
Sri Lanka
Stuttgart
Südafrika
Südengland
Südschweden · Stockholm
Südtirol
Sylt

T
Teneriffa
Tessin
Thailand
Thüringen
Toskana
Tschechien
Türkische Mittelmeerküste

U
USA
USA · Nordosten
USA · Nordwesten
USA · Südwesten
Usedom

V
Venedig
Vietnam

W
Weimar
Wien

Z
Zürich
Zypern

ATMOSFAIR

nachdenken • klimabewusst reisen

atmosfair

Reisen verbindet Menschen und Kulturen. Doch wer reist, erzeugt auch CO2. Der Flugverkehr trägt mit bis zu 10% zur globalen Erwärmung bei. Wer das Klima schützen will, sollte sich nach Möglichkeit für die schonendere Reiseform entscheiden (wie z.B. die Bahn). Gibt es keine Alternative zum Fliegen, kann man mit atmosfair klimafördernde Projekte unterstützen.
atmosfair ist eine gemeinnützige Klimaschutzorganisation unter der Schirmherrschaft von Klaus Töpfer. Flugpassagiere spenden einen kilometerabhängigen Betrag und finanzieren damit Projekte in Entwicklungsländern, die den Ausstoß von Klimagasen verringern helfen. Dazu berechnet man mit dem Emissionsrechner auf **www.atmosfair.de** wieviel CO2 der Flug produziert und was es kostet, eine vergleichbare Menge Klimagase einzusparen (z.B. Berlin – London – Berlin 13 €). atmosfair garantiert die sorgfältige Verwendung Ihres Beitrags. Alle Informationen dazu auf www.atmosfair.de. Auch der Karl Baedeker Verlag fliegt mit atmosfair.

IMPRESSUM

Ausstattung:
145 Abbildungen, 33 Karten und grafische Darstellungen, eine große Reisekarte

Text:
John Sykes, Dr. Madeleine Reincke und Hilke Maunder; mit Beiträgen von Stephanie Bisping und Martina Johnson

Bearbeitung:
Baedeker-Redaktion (Guido Huss, Gerhard Junker, Frank Müller und Anja Schlatterer für red.sign Stuttgart)

Kartografie:
Christoph Gallus, Hohberg; Franz Huber, München; Klaus-Peter Lawall, Unterensingen; MAIRDUMONT Ostfildern (Reisekarte)

3D-Illustrationen:
jangled nerves, Stuttgart

Infografiken:
Golden Section Graphics GmbH, Berlin

Gestalterisches Konzept:
RUPA GbR, München

Chefredaktion:
Rainer Eisenschmid, Baedeker Ostfildern

12. Auflage 2018
Völlig überarbeitet und neu gestaltet

Trotz aller Sorgfalt von Redaktion und Autoren zeigt die Erfahrung, dass Fehler und Änderungen nach Drucklegung nicht ausgeschlossen werden können. Dafür kann der Verlag leider keine Haftung übernehmen.
Kritik, Berichtigungen und Verbesserungsvorschläge sind jederzeit willkommen. Schreiben Sie uns, mailen Sie oder rufen Sie an:

Verlag Karl Baedeker / Redaktion
Postfach 3162
D-73751 Ostfildern
Tel. 0711 4502-262
info@baedeker.com
www.baedeker.com

Printed in Italy

FSC
www.fsc.org
MIX
Papier aus verantwortungsvollen Quellen
FSC® C015529

Meine persönlichen Notizen

Meine persönlichen Notizen

Meine persönlichen Notizen

Meine persönlichen Notizen

Meine persönlichen Notizen

Meine persönlichen Notizen

EIRE
Kilkenny
Carlow
Glendalough
Arklow
Thomastown
Jerpoint Abbey
Clonmel
Cluain Meala
Waterford
Port Láirge
Wexford
Loch Garman
Rosslare Harbour
Irish Sea
Holyhead
Anglesey
Bangor
Snowdon
1085
Snowdonia National Park
Aberdaron
Dolgellau
Oswestry
Liverpool
Chester
Aberystwyth
Llangurig
St. George's Channel
St. David's
Fishguard
Wales
Builth Wells
Prembrokeshire Coast National Park
Carmarthen
Pembroke Dock
Brecon Beacons N. P.
Merthyr Tydfil
Swansea
Rhondda
Newport
Cardiff
Bristol Channel
Bristol
Ross
ATLANTIC OCEAN
Exmoor N. P.
Barnstaple
Wells
Taunton
Devon
Tintagel Castle
Okehampton
Yeovil
Sherborne
Bodmin Moor
Exeter
Bodmin
Dartmoor National Park
Dorset
Dorchester
Jurassic Coast
St. Ives
Cornwall
Fowey
Penwith
St. Austell
Torquay
Penzance
Plymouth
Weymouth
Land's End
Kynance Cove
Lizard
Salcombe
Isles of Scilly
Alderney
Guernsey
St. Peter Port
Sark
Channel Islands (U.K.)
Jersey
St. Helier
100 km
© BAEDEKER
M8
M9
M11
N 11
N 25
A55
A5
A483
A487
A40
M4
M5
A38
A303
A30
A35